培育发展绿色生产力

绿色低碳产业、技术、布局和政策体系研究

王晓明　蔡　睿　许金华　李婉君　等　著

科 学 出 版 社

北 京

内 容 简 介

本书分为总体篇、产业篇、技术篇、区域篇和政策篇五部分。总体篇明确绿色低碳产业的概念内涵、主要特征及分类目录，阐述绿色低碳产业发展面临的形势与问题挑战，提出绿色低碳产业体系布局和本书研究范畴。产业篇将绿色低碳产业分为低碳零碳能源产业、低碳制造业、负碳产业和低碳综合服务业等四大类一级产业、15 类二级产业和 51 类三级产业，按照产业发展现状、产业链、产业经济性和减碳效果、产业规模和前景分别进行阐述。技术篇从绿色低碳产业发展需求出发，围绕多能融合创新技术体系，统筹分析传统能源绿色升级、可再生能源、核能、生物质能等新能源规模化利用、储能、氢能等技术发展方向和可行性。区域篇对重点区域、重点产业的区域布局展开分析，探讨我国绿色低碳产业布局存在的问题，提出优化区域布局的思路及建议。政策篇主要以国际形势为切入点，讨论主要国家绿色低碳产业发展战略及对我国影响，梳理我国绿色低碳产业政策历史演进、现状及问题，提出加快构建绿色低碳产业政策体系的建议。

本书可供从事"双碳"研究的科研人员，以及高等院校环境保护、能源、区域规划等专业的师生阅读使用。

图书在版编目（CIP）数据

培育发展绿色生产力：绿色低碳产业、技术、布局和政策体系研究 / 王晓明等著. -- 北京：科学出版社，2024. 9. -- ISBN 978-7-03-079383-6

Ⅰ. F264

中国国家版本馆 CIP 数据核字第 20240CT155 号

责任编辑：彭胜潮　赵晶雪/责任校对：郝甜甜
责任印制：赵　博/封面设计：图阅盛世

科学出版社 出版
北京东黄城根北街 16 号
邮政编码：100717
http://www.sciencep.com
涿州市般润文化传播有限公司印刷
科学出版社发行　各地新华书店经销
*
2024 年 9 月第 一 版　开本：787×1092 1/16
2025 年 1 月第二次印刷　印张：19 3/4
字数：465 000
定价：180.00 元
（如有印装质量问题，我社负责调换）

《培育发展绿色生产力：绿色低碳产业、技术、布局和政策体系研究》编写组

组　　长：王晓明　蔡　睿

副 组 长：许金华　李婉君

统　　稿：许金华

审　　校：薛俊波

主要成员：郭　琛　黄冬玲　靳国忠　李　甜　刘　陆

　　　　　刘正刚　孟小燕　苏利阳　许　毛　王艳青

　　　　　王政威　袁小帅　于立东　詹　晶　杨丽平

　　　　　朱汉雄　朱永彬　张葵叶　张锦威　张　鑫

序 一

实现碳达峰、碳中和，是党中央统筹国内国际两个大局作出的重大战略决策，是实现中华民族永续发展的必然选择。实现"双碳"目标，不是别人让我们做，而是我们自己必须要做。我国经济社会发展已进入加快绿色化、低碳化的高质量发展阶段，大力发展面向碳中和战略目标的低碳产业体系，是顺应技术进步趋势、实现高质量发展、推进美丽中国建设的内在要求。习近平总书记作出"新质生产力"的重要论述，深刻阐述了科技创新是发展新质生产力的核心要素，及时应用科技创新成果改造提升传统产业、培育壮大新兴产业、布局建设未来产业。当前，我国低碳领域技术创新活动极其活跃，以碳中和为目标，科技创新将引领产生多种绿色低碳的新质生产力，围绕碳中和产业，将持续孕育形成新业态、新模式、新动能的战略性新兴产业和未来产业，带动产生绿色、低碳、智能的重大技术变革和产业变革，为我国构建绿色、低碳、循环经济产业体系提供了源源不断的动能。

2023 年以来，我国加强绿色低碳技术和产业的战略部署，国家发展和改革委员会先后印发《绿色低碳转型产业指导目录（2024 年版）》《绿色低碳先进技术示范项目清单（第一批）》，国家能源局印发《绿色低碳先进技术示范工程实施方案》，工业和信息化部先后印发《关于加快推动制造业绿色化发展的指导意见》《关于推动未来产业创新发展的实施意见》，部署推动绿色低碳先进适用技术在低碳产业变革中的创新示范应用，促进能源、工业、制造等关键行业和未来产业向低碳产业体系转型。

《培育发展绿色生产力：绿色低碳产业、技术、布局和政策体系研究》一书围绕国家碳中和重大目标，着眼于我国低碳产业体系战略，深入探讨新时代新阶段我国发展碳中和产业的技术路径和政策战略，明晰碳中和产业概念内涵与战略定位，结合理论与案例，解析碳中和产业布局和发展形势，系统阐述能源技术体系、低碳制造业技术体系、低碳零碳综合服务业体系以及碳捕集与利用技术体系的技术战略路径和对产业支撑可行性，对我国优化绿色低碳产业区域布局、构建绿色低碳产业政策体系方面提出了建议。

该书对低碳产业的研究恰逢其时，对我国系统构建绿色低碳技术体系创新路径、完善绿色低碳政策体系具有参考意义；对我国谋划部署低碳产业体系发展格局，加快能源、工业等产业绿色低碳变革，塑造低碳产业新业态，打造低碳产业新质生产力具有积极作用，相信对关心关注我国碳中和技术、产业、战略趋势研究的同行有所启发和借鉴。

中国工程院院士

中国科学院大连化学物理研究所所长　刘中民

2024 年 8 月

序　二

近年来，在新一轮科技革命和产业变革驱动下，绿色低碳领域新技术、新业态、新模式正在加速涌现，产业数字化、绿色化、低碳化趋势席卷而来，成为全球科技创新和产业竞争的重要趋势。《可持续发展的亚洲与世界 2022 年度报告——绿色转型亚洲在行动》显示，截至 2021 年底，全球已有 136 个国家（地区）提出了碳中和目标及其时间表和路线图，覆盖了全球 88%的二氧化碳排放、90%的 GDP 和 85%的人口。自 2020 年我国提出碳达峰碳中和目标后，制定并形成了"1+N"政策体系，其中，2021 年 10 月发布的《中共中央 国务院关于完整准确全面贯彻新发展理念做好碳达峰碳中和工作的意见》中，明确提出"大力发展绿色低碳产业"。2024 年 1 月 31 日，习近平在中共中央政治局第十一次集体学习时强调，加快绿色科技创新和先进绿色技术推广应用，做强绿色制造业，发展绿色服务业，壮大绿色能源产业，发展绿色低碳产业和供应链，构建绿色低碳循环经济体系。可见，我国当前的生态文明建设已经进入推进实现碳达峰碳中和目标和全面绿色转型的新阶段，培育发展绿色生产力、壮大绿色低碳产业和科技力量已成为当前面临的重要任务。

中国科学院科技战略咨询研究院作为中国科学院率先建成国家高水平科技智库的综合集成平台，在国家科技发展方面发挥着重要的战略咨询和研究支撑作用，同时也在绿色低碳科技创新、发展战略、产业发展和支持政策方面有着长期研究积累，产出了一批高水平学术研究成果和决策咨询报告，培养了一支高水平研究队伍，为这本《培育发展绿色生产力：绿色低碳产业、技术、布局和政策体系研究》的出版提供了扎实的研究基础。

绿色低碳产业概念的提出由来已久，但目前尚缺乏对绿色低碳产业内涵、产业体系、技术体系、区域布局等的清晰表述及发展趋势的明确判断。追溯官方对绿色低碳产业的相关表述，在 2016 年 3 月颁布的《中华人民共和国国民经济和社会发展第十三个五年规划纲要》中，绿色发展成为贯彻"纲要"通篇的一个主基调，低碳被包含在"绿色发展"理念之中，成为"创新、协调、绿色、开放、共享"五大发展理念的有机组成部分。2016 年 11 月 4 日发布的《国务院关于印发"十三五"控制温室气体排放工作方案的通知》中，首次提出"加快发展绿色低碳产业，打造绿色低碳供应链"，标志着绿色低碳从理念阶段正式进入产业化发展阶段。

绿色低碳产业同时是国家战略性新兴产业的重要组成部分。2016 年 12 月 19 日发布的《国务院关于印发"十三五"国家战略性新兴产业发展规划的通知》中提出，到 2020 年，形成新一代信息技术、高端制造、生物、绿色低碳、数字创意等 5 个产值规模 10 万亿元级的新支柱。为进一步推进绿色产业发展壮大，2019 年，国家发展改革委等五部委联合发布《绿色产业指导目录（2019 年版）》，进一步厘清绿色产业边界；2023 年，为更好适应绿色发展的新形势、新任务和新要求，国家发展改革委组织对《绿色产业指导目录（2019年版）》进行修订，并于 2024 年 2 月印发了《绿色低碳转型产业指导目录（2024 年版）》，进一步延伸了绿色产业的概念内涵，在节能、环保、资源循环利用、生态保护修复等概念基础上更加突出"降碳""低碳"的产业内涵，提升了减碳零碳负碳相关产业的层级。

随着我国经济社会加快进入绿色化、低碳化的高质量发展阶段，习近平总书记指出："高质量发展需要新的生产力理论来指导""绿色发展是高质量发展的底色，新质生产力本身就是绿色生产力"。因此，绿色生产力的发展同样需要新的理论探索，有必要在产业、技术、空间布局和政策方面进行系统化、体系化的研究，将绿色低碳产业培育发展为新的经济增长点，推动经济社会向绿色低碳方向全面转型。

当前，我国正处于形成新一轮中长期规划和"十五五"规划思路的关键起步阶段，处于发展新质生产力和绿色生产力的重要时期，《培育发展绿色生产力：绿色低碳产业、技术、布局和政策体系研究》的出版正逢其时。该书从产业体系、技术体系、空间布局体系和政策体系四个方面入手，深入分析了新时期我国发展绿色生产力的体系结构，并提出了相应的政策建议，是中国科学院科技战略咨询研究院作为智库型研究院的一项有价值的研究成果。全书内容丰富、体系完整、案例翔实，对于科研院所、高校具有一定的理论参考价值，也为产业部门和政府一线实践工作者提供了参考，可以作为全面了解我国绿色低碳产业、技术、空间布局、政策发展现状和未来趋势的重要参考书。

中国科学院科技战略咨询研究院研究员　王　毅[*]

2024 年 5 月 20 日

---

　　[*] 王　毅　第十四届全国人大常委会委员、环境与资源保护委员会委员，民进中央常委、人口资源环境委员会主任，国家气候变化专家委员会副主任，中国科学院科技战略咨询研究院碳中和战略研究中心主任，中国科学院可持续发展战略研究组首席科学家，国合会委员、气候专题政策研究组中方组长，中国科学院大学公共政策与管理学院教授。

前　言

　　生产力是人类社会发展的根本动力，也是一切社会变迁和政治变革的终极原因。人类社会的不同历史阶段，生产力发展所依赖的技术支撑和工具各不相同，突出表现为新技术的应用和扩散，新产业及新型生产关系的形成和演化，带来经济产出和单位产品附加值的大幅跃升。习近平总书记在中共中央政治局第十一次集体学习时强调："绿色发展是高质量发展的底色，新质生产力本身就是绿色生产力""必须加快发展方式绿色转型，助力碳达峰碳中和"，同时强调"要加快绿色科技创新和先进绿色技术推广应用，做强绿色制造业，发展绿色服务业，壮大绿色能源产业，发展绿色低碳产业和供应链，构建绿色低碳循环经济体系"。

　　发展绿色生产力意味着绿色转型进入新发展阶段，从被动适应转变为主动发展绿色低碳新兴产业，从过去的治理模式转变为发展模式，体现为价值取向的重大转变。从概念内涵看，绿色生产力具有科技含量高、资源消耗低、环境污染少等特征，是高质量发展的生态底色和新质生产力的绿色属性，是以绿色技术创新为引领，以构建绿色低碳循环发展经济体系为目标，以转变生产方式和生活方式为主要途径，培育发展新兴绿色低碳产业，不断提升单位产品绿色含量和附加值的先进生产力质态。

　　我国已经进入高质量发展阶段，绿色生产力在实践中形成并展示出对高质量发展的强劲推动力、支撑力。例如，欧盟将推动绿色转型作为经济复苏计划的核心内容之一，在 2020 年制定的总额超过 1.8 万亿欧元的经济复苏计划中，37%的资金将被投入与绿色转型目标直接相关的领域。英国政府公布"净零战略"，提出将在 2030 年前为绿色产业创造 44 万个就业岗位，并为此计划投资 900 亿英镑。据不完全统计，目前有 150 多个国家作出了碳中和承诺，其中 70%以上为发展中国家，这意味着在低碳模式下经济同样具有巨大发展空间。在环境与发展的关系问题上，我国早已超越了"先污染、后治理"的传统发展理念，从过去的相互冲突走向了相互促进的关系。2023 年，我国电动载人汽车、锂离子蓄电池和太阳能电池等"新三样"产品合计出口 1.06 万亿元，首次突破万亿大关，增长 29.9%。

　　发展绿色生产力需要新的理论和实践探索，培育发展绿色生产力是一个体系化的系统布局问题。本书遵循智库研究"DIIS-MIPS 双螺旋法"的内在逻辑机理，将培育发展绿色生产力进一步解析、分解，将研究重点落在培育发展绿色低碳产业上；从谋篇布局上，将绿色低碳产业研究分为总体篇、产业篇、技术篇、区域篇和政策篇。各篇之间贯穿"DIIS-MIPS 双螺旋法"的机理分析、影响分析、政策分析与方案设计四个阶段，内部又渗透着 DIIS 的数据收集、揭示信息、综合研判和形成方案四个环节。

　　一是总体篇，分为三章。从宏观视角对绿色低碳产业的概念内涵与产业分类进行梳理界定，给出新时期绿色低碳产业的特征、边界及分类目录，阐述了绿色低碳产业发展面临的形势与问题挑战，提出了绿色低碳产业体系布局和本书研究范畴。

二是产业篇，分为四章。将绿色低碳产业分为低碳零碳能源产业、低碳制造业、负碳产业和低碳综合服务业等四大类一级产业、15 类二级产业和 51 类三级产业，分四章分别研究了产业发展现状、产业链、产业经济性和减碳效果、产业规模和前景。

三是技术篇，分为四章。从绿色低碳产业发展需求出发，将绿色低碳技术体系分为低碳能源技术体系、低碳制造技术体系、低碳零碳综合服务技术体系、碳捕集与利用技术体系，分析技术现状、发展方向、成熟度和研发主体情况。

四是区域篇，分为五章。阐述了绿色低碳产业布局的理论基础及影响因素，分析了我国绿色低碳产业布局基本原则与重点区域定位，调研了产业区域布局现状及规划，探讨我国绿色低碳产业布局存在的问题，提出优化区域布局的思路及建议。

五是政策篇，分为三章。以国际形势为切入点，讨论了主要国家绿色低碳产业发展战略及对我国影响，梳理了我国绿色低碳产业政策历史演进、现状及问题，提出加快构建绿色低碳产业政策体系的建议。

本书在研究和成稿过程中，凝聚了中国科学院科技战略咨询研究院、中国科学院大连化学物理研究所、中国能源网研究中心众多研究人员的集体力量。王晓明研究员和蔡睿研究员负责本书的总体研究和撰写，许金华副研究员负责本书统稿工作，朱永彬副研究员负责总体篇的组织撰写和统稿工作，许金华副研究员负责产业篇的组织撰写和统稿工作，李婉君研究员和张锦威高级工程师负责技术篇的组织撰写和统稿工作，张葵叶研究员负责区域篇的组织撰写和统稿工作，苏利阳副研究员负责战略与政策篇的组织撰写和统稿工作。需要说明的是，本书的省份分析，由于数据原因，暂不包含港澳台地区。

感谢刘中民院士和王毅研究员对本书的指导。感谢薛俊波副研究员对书稿的审校工作。我们衷心感谢所有对本书完成给予帮助的人，您的支持、建议和付出是本书得以顺利问世的重要力量。本书的出版要特别感谢科学出版社的相关编辑，他们对内容审核的严谨性和责任心令人敬佩。

本书适合政府部门从事产业、科技和政策的研究工作人员以及关心关注我国绿色低碳产业发展的业界和学界人士阅读，为理解绿色低碳产业发展的逻辑体系、把握相关产业科技政策的影响及未来走向提供有价值的参考。希望本书能激发广大读者对绿色低碳产业发展的兴趣，让我们一起聚沙成塔、汇流成河，共同推进绿色转型发展，践行国家"双碳"战略，实现"双碳"目标。

目　　录

第二部分 产 业 篇

第三部分　技　术　篇

第五部分　政　策　篇

第一部分 总 体 篇

经济活动是人类社会最基本的社会活动，也是人类生存和发展的根本保障。因此，经济增长一直是各国消除贫困、积累财富与促进发展的首要追求目标。由于过度追求经济增长而忽视增长方式，历史上出现了一系列严重的环境污染和生态灾难事件，使人类逐渐认识到经济发展与环境保护同等重要，从而转向可持续发展道路，由此提出了绿色发展、循环发展、生态经济等诸多发展理念，积极探索资源节约型和环境友好型的发展模式。

20世纪90年代开始，人为温室气体排放，尤其是二氧化碳排放导致的全球气候变化问题受到国际社会普遍关注，如何减缓气候变化以及增强对气候变化的适应能力提上日程。但当时主要的手段仍是通过行政、法律、政策等途径将碳排放的外部成本强加到企业身上，使之做出符合社会收益最大化的生产决策。在此背景下，绿色低碳产业这一新的产业业态和商业模式逐渐成形。尤其是在各国相继提出碳中和目标以来，绿色低碳产业迎来新的发展机遇。碳减排不再仅仅被视为社会成本，而是可以作为一种新的产业拉动未来经济增长，甚至可能成为战略性新兴产业或未来产业，在国家产业竞争中占据重要地位。

为此，本书总体篇试图从宏观视角对绿色低碳产业的概念、内涵与产业分类进行梳理界定，给出新时期绿色低碳产业的特征、边界和具体产业业态。然后对绿色低碳产业的发展形势进行分析，从国际视野看全球绿色低碳产业发展现状和未来趋势，尤其是绿色低碳产业的发展孕育方式；从中国视角看待我国绿色低碳产业发展的实践路径及重要抓手，与其他国家分享我国的成功经验。在分析我国绿色低碳产业发展面临的问题和挑战基础之上，构建绿色低碳产业体系，其由产业体系、技术体系、空间布局体系和政策制度体系构成，相应具体内容会在后续各篇中详细讨论，由此构成本书的主要框架。

第 1 章 绿色低碳产业概念、内涵与分类 [*]

1.1 绿色低碳产业概念的提出

近年来，在科技革命与产业变革驱动下，在绿色低碳发展理念引领下，数字化和绿色化趋势正席卷而至，成为未来全球科技竞争和产业竞争的核心特征。《可持续发展的亚洲与世界 2022 年度报告》显示，截至 2021 年底，全球已有 136 个国家（地区）提出了碳中和目标及其时间表和路线图，覆盖了全球 88%的 CO_2 排放、90%的国内生产总值（GDP）和 85%的人口。碳中和目标的确立，为绿色化发展赋予了新的内涵，绿色化不仅包含传统的节能环保和循环再生等降低污染物的发展方式，而且将 CO_2 等温室气体这一非污染物纳入范畴，着力依靠科技创新实现降碳、零碳和负碳排放。各国均在着力推动经济社会的低碳化转型，尤其是欧盟作为绿色发展的引领者，在减缓气候变化方面一直走在全球前列，并希冀将低碳产业打造成其产业优势和未来经济新的增长点。在此背景下，围绕实现碳中和目标的新产业、新业态、新模式层出不穷，并将持续处于孕育过程之中。

"绿色低碳产业"概念的提出由来已久，但是学术界和政界尚未给出关于绿色产业和低碳产业的正式定义。2003 年，英国政府发表题为《我们未来的能源：创建低碳经济》（*Our Energy Future—Creating A Low Carbon Economy*）的能源白皮书，首次提出"低碳经济"概念。作为第一次工业革命的先驱和资源并不丰富的岛国，英国充分意识到能源安全和气候变化的威胁，该报告将低碳经济理解为"在可持续发展理念指导下，通过技术创新、制度创新、产业转型、新能源开发等手段，尽可能地减少高碳能源消耗和温室气体排放，达到经济社会发展与生态环境保护双赢的一种经济发展形态"。2007 年，国际绿色产业联合会（International Green Industry Union, IGIU）发表声明认为："如果产业在生产过程中基于环保考虑并借助科技手段，以绿色生产机制力求实现资源节约和污染减少，即可称为绿色产业。"鉴于绿色产业的概念非常宽泛，有专家学者进一步将绿色产业分为狭义和广义两种范畴。

国内方面，与学术界形成鲜明对比的是，国家相关部门一直试图明确划定绿色低碳产业的范围和边界。2011 年 3 月颁布的《中华人民共和国国民经济和社会发展第十二个五年规划纲要》中提到："树立绿色、低碳发展理念，以节能减排为重点，健全激励与约束机制，加快构建资源节约、环境友好的生产方式和消费模式，增强可持续发展能力，提高生态文明水平"。可见，在"十二五"时期，作为可持续发展目标之一，绿色低碳是一种发展理念，尚未形成一种产业模式。

2016 年 3 月颁布的《中华人民共和国国民经济和社会发展第十三个五年规划纲要》（以下简称"十三五"规划）中，与以往相比，绿色发展成为贯彻"十三五"规划通篇的

主基调，低碳被包含在"绿色发展"理念之中，成为"创新、协调、绿色、开放、共享"新发展理念的重要组成部分；国务院2016年10月27日发布的《"十三五"控制温室气体排放工作方案》中，首次提出"加快发展绿色低碳产业，打造绿色低碳供应链"，标志着绿色低碳从理念阶段进入产业化发展阶段；同年11月29日国务院发布的《"十三五"国家战略性新兴产业发展规划》中提到："形成新一代信息技术、高端制造、生物、绿色低碳、数字创意等5个产值规模10万亿元级的新支柱"。2021年9月22日发布的《关于完整准确全面贯彻新发展理念做好碳达峰碳中和工作的意见》中，明确提出"大力发展绿色低碳产业""推动互联网、大数据、人工智能、第五代移动通信（5G）等新兴技术与绿色低碳产业深度融合"，绿色低碳产业发展模式日渐清晰。

2019年，为推进绿色发展、有力促进绿色产业发展壮大，国家发展和改革委员会（以下简称"国家发改委"）等部门联合发布《绿色产业指导目录（2019年版）》，进一步厘清绿色产业边界，该目录将绿色产业的范围界定在节能环保产业、清洁生产产业、清洁能源产业、生态环境产业、基础设施绿色升级、绿色服务六大类29中类212小类。2023年，国家发改委组织对《绿色产业指导目录（2019年版）》进行修订，以更好地适应绿色发展的新形势、新任务和新要求。

2024年2月，国家发改委等部门印发了《绿色低碳转型产业指导目录（2024年版）》。相比《绿色产业指导目录（2019年版）》，其主要变化是提升了减碳降碳产业的产业层级，进一步丰富完善了"低碳产业"分类目录。在《绿色低碳转型产业指导目录（2024年版）》中，绿色低碳转型产业包括节能降碳产业、环境保护产业、资源循环利用产业、能源绿色低碳转型、生态保护修复和利用、基础设施绿色升级、绿色服务七个一级产业类别。由此可见，2024年版"绿色低碳转型产业"的内涵更加丰富，进一步延伸了2019年版"绿色产业"的概念内涵，在节能、环保、资源循环利用、生态保护修复等概念的基础上更加突出"降碳""低碳"产业概念，进一步提升了"碳"相关产业的重要性。

此外，为了准确反映生态文明建设成效和绿色发展新动能培育情况，科学界定节能环保清洁产业统计范围，满足统计上测算节能环保清洁产业发展规模、结构和速度的需要，国家统计局以《绿色产业指导目录（2019年版）》为依据，于2021年发布《节能环保清洁产业统计分类（2021）》，将节能环保清洁产业范围设定为节能环保产业、清洁生产产业和清洁能源产业三大类，同时与现行国民经济行业分类进行对照，对符合节能环保清洁产业特征的有关活动进行再分类，进一步细化绿色产业的类型。

2021年2月，国务院印发《关于加快建立健全绿色低碳循环发展经济体系的指导意见》，首次从全局高度对建立健全绿色低碳循环发展的经济体系作出顶层设计和总体部署，全方位全过程推行绿色规划、绿色设计、绿色投资、绿色建设、绿色生产、绿色流通、绿色生活、绿色消费。其中，绿色低碳循环发展经济体系涵盖生产体系、流通体系、消费体系三大关键环节，以及基础设施、技术创新、法律制度三大关键支撑。

同时，为了落实国家碳达峰碳中和（以下简称"双碳"）目标，发挥技术创新的驱动作用，国家知识产权局2022年编制形成《绿色低碳技术专利分类体系》，围绕"双碳"目标，明确了绿色低碳技术专利统计监测依据，以实现促进绿色低碳技术专利国际交流和转移转化、推进绿色低碳技术创新和专利产业化的目标。从这些国家相关部门发布的关于绿色低碳相关产业目录及分类体系上可以看出，随着生态文明建设的内涵从传统环境污染治理与生态保护修复扩展到温室气体排放减缓与应对气候变化领域，绿色产业的范围边界也在发生相应调整，将降碳减碳纳入绿色产业发展的支持范围，并且有望成为未来绿色产业发展的重点方向。

2024 年 1 月 31 日，习近平总书记在中共中央政治局第十一次集体学习时强调："绿色发展是高质量发展的底色，新质生产力本身就是绿色生产力。必须加快发展方式绿色转型，助力碳达峰碳中和""坚定不移走生态优先、绿色发展之路。加快绿色科技创新和先进绿色技术推广应用，做强绿色制造业，发展绿色服务业，壮大绿色能源产业，发展绿色低碳产业和供应链，构建绿色低碳循环经济体系。持续优化支持绿色低碳发展的经济政策工具箱，发挥绿色金融的牵引作用，打造高效生态绿色产业集群。同时，在全社会大力倡导绿色健康生活方式。"①

当前，我国经济社会发展已进入加快绿色化、低碳化的高质量发展阶段。在着力实现中国式现代化、发展新质生产力、全面推进美丽中国建设的新的时代背景下，绿色低碳产业概念应更加聚焦碳达峰碳中和目标，通过技术创新、产业创新、业态创新、模式创新，推动经济社会向低碳方向全面转型，依靠技术和制度双重驱动，在走向减碳、零碳、负碳之路的同时，培育新的经济增长点。

1.2　绿色产业与低碳产业辨析

随着联合国可持续发展目标的提出以及世界各国对可持续发展模式的不断探索，相继提出了绿色发展、循环发展、低碳发展等理念，在此基础上演绎出一系列相关类似概念。在这些发展理念的基础上，聚焦到相关产业便出现了绿色产业、循环产业、低碳产业等相似概念。这些概念均以生态保护、环境改善、资源节约等为目的，追求经济社会与生态环境的全面协调可持续发展，但又各有侧重，因此有必要对其内涵进行辨析。

1.2.1　绿 色 产 业

环境保护是发展绿色产业的出发点和落脚点，绿色发展强调顺应自然的环境友好型发展模式。维基百科对"绿色经济"的定义为：为了整个人类与我们行星的共同利益，而伦理地、理智地、生态地对精神财富和物质财富做出可持续的创造和公平合理的分配。简而言之，绿色经济是指因节约资源和保护环境而产生经济、社会和环境效益的经济形态，也是维护人类生存环境、合理保护资源能源以及有益于人体健康的一种发展状态，其基本特征是低消耗、低排放、低污染、高效率、高循环、高碳汇（周惠军和高迎春，2011）。

近半个世纪以来，世界范围内的经济快速发展，导致全球资源耗竭与环境污染问题越来越突出。转变经济发展方式，实现经济增长与资源消耗、环境污染之间的脱钩，已

---

① 中国政府网. https://www.gov.cn/yaowen/liebiao/202402/content_6929446.htm.

成为摆在各国面前的首要任务。各国政策制定者对此展开广泛讨论，其中一大焦点就是将"绿色"纳入政策议程之中。美国、欧盟和日本等相继制定了绿色经济发展战略，以期通过适当的政策干预，将环境外部性成本内部化的同时，实现经济的可持续性增长（李晓萍等，2019）。

绿色产业是推动生态文明建设的基础和手段，广义的绿色发展贯穿于国民经济和社会发展的各领域和全过程。根据国际绿色产业联合会的界定，如果产业在生产过程中基于环保考虑并借助科技手段，以绿色生产机制力求节约资源使用以及减少污染排放（节能减排）的产业，即可称为绿色产业。可见，"绿色"概念较为宏观、抽象，难以对"绿色产业"的边界进行统一界定，由此也导致"泛绿化"现象，不利于绿色产业健康发展。为此，国家发改委等部门先后联合印发《绿色产业指导目录（2019 年版）》与《绿色低碳转型产业指导目录（2024 年版）》，厘清绿色产业的边界，以便将有限的政策和资金引导到对推动绿色发展最重要、最关键、最紧迫的产业上。

具体而言，绿色产业是指积极采用清洁生产技术，运用无害或低害的新工艺、新技术，大力降低原材料和能源消耗，实现少投入、高产出、低污染，尽可能把环境污染物的排放消除在生产过程中的产业。《绿色产业指导目录（2019 年版）》对绿色产业边界进行界定，包括节能环保产业、清洁生产产业、清洁能源产业、生态环境产业、基础设施绿色升级、绿色服务等产业部门。在新形势下，国家从绿色产业目录转到绿色低碳转型产业目录，《绿色低碳转型产业指导目录（2024 年版）》将降碳低碳相关产业也纳入产业目录，说明绿色产业和低碳产业两者不是包含与被包含关系，需要有所区分和侧重。

1.2.2　低碳产业

低碳产业是在气候变化背景下产生的，强调通过改变经济增长方式减少温室气体排放。发展低碳经济的核心是碳减排，其涵盖经济、自然、社会等各领域，贯穿生产、流通、消费等各环节，具有较强的针对性和综合性。

发展低碳产业，实质上就是对现代经济体系进行一场深刻的能源经济革命，通过推进两个根本转变以构建一种温室气体排放量最低的经济发展模式：一是能源系统由以碳基能源为基础的能源系统向以低碳与无碳能源为基础的可再生能源系统转变；二是经济系统（用能端）由高耗能、高碳型的黑色经济结构向低碳与零碳型的绿色经济结构转变。实现这两个转变的中心环节：一方面是要着力推进新能源对化石能源的替代，实现能源供给的低碳化；另一方面是要构建以新能源开发利用为主的经济体系，使整个社会经济活动实现低碳或零碳化。

1.2.3　绿色产业与低碳产业的区别

绿色产业的范围大于低碳产业，由于绿色发展理念的范畴较为宽泛，凡是资源节约型和环境友好型的产业形态都可以纳入绿色产业的范畴。从我国《绿色产业指导目录（2019 年版）》的内容演变过程可以看出，绿色产业包括资源节约型的节能产业、资源循环利用产业，以及环境友好型的环境保护产业、生态保护修复产业，还包括清洁能源产业、绿色建筑、绿色交通和绿色服务等。

低碳产业聚焦与碳排放相关的产业业态，以能否降低碳排放为评判标准。若某个产业如高效节能装备制造产业带来了能源效率的显著改善，垃圾资源化利用产业实现了资源循环利用，工业脱硫脱硝除尘改造实现了大气污染减少，天然林保护修复实现了生态保育，即可视为绿色产业。但如果这些产业相比传统业态并没有带来直接且显著的碳排放减少，则不应归为低碳产业范畴。

1.3　绿色低碳产业的内涵

绿色低碳产业是指具有绿色低碳属性的产业业态。广义的绿色低碳产业是指资源节约型和环境友好型的绿色产业，狭义的绿色低碳产业特指具有直接和显著减碳效应的产业。本书对绿色低碳产业的界定和理解更倾向于狭义概念，即支撑碳达峰碳中和目标，实现降碳、零碳和负碳效果的产业形态。

首先，绿色低碳产业是实现经济社会低碳转型的物质基础，"双碳"目标则为绿色低碳产业提供了价值体系和价值指向。为实现"双碳"目标，我国初步构建完成"1+N"政策体系，已形成完整的绿色低碳转型推进体系，涉及能源供给侧的能源系统转型，以及能源需求侧的各个产业门类和终端消费模式转变，因此必须依靠行业企业参与，以产业化方式推进我国绿色低碳转型和"双碳"目标实现。产业组织作为经济活动的基本组成单元与重要基础，发展绿色低碳产业是实现碳达峰碳中和目标的基本保障。明确绿色低碳产业内涵与核心特征，有利于科学制定绿色低碳产业发展体系，从而更好地促进绿色低碳产业发展，在引领全球产业低碳转型发展的同时，培育我国未来经济增长点和产业竞争力。

从各产业部门的碳源和碳汇特征出发，碳排放主要来自能源、交通、制造、建筑等部门，农业和服务业也产生一部分碳排放，同时农业尤其是种植业和林业还是吸收碳的部门，即碳汇部门。因此，从实现碳中和目标的角度来看，就是要发展新兴的零碳技术和业态，推动传统的碳排放产业部门实现零排放或近零排放，同时增大碳汇潜力，将无法避免的碳排放以碳汇的方式固定下来，最终在整个国家经济社会层面两相抵消，实现碳中和。

以能源生产部门为例，人类生产生活离不开能源，而能源消费是碳排放的最主要来源，尤其是我国的能源长期严重依赖化石能源，同时我国"多煤少油缺气"的资源禀赋特征不仅带来能源安全问题，也在很大程度上加大了我国实现碳中和目标的难度。能源部门实现碳中和存在多条技术路线，包括核能、氢能、太阳能、风能、水能、地热能等。未来的能源供给，也必然是各地根据自身资源禀赋和技术成熟度进行综合考量的多个技术路线组合。能源领域的绿色低碳产业，则是围绕新能源生产和利用所产生的一系列新产业和新业态，如围绕氢能的制氢、储氢、加氢、用氢等产业链上相关的产业，还有围绕风能、太阳能等可再生能源高效利用配备的储能产业，均是能源部门低碳转型中孕育的绿色低碳产业。

再以交通运输部门为例，交通碳排放所占比例同样很高，既包含公路、铁路、水运、航空等不同交通运输方式，还包括货运和客运等不同的交通运输内容。交通运输部门碳排放，涉及生产端的材料周期碳排放以及使用端的燃料周期碳排放。其中，实现材料周期低碳发展意味着在交通工具生产制造环节所使用的钢铝金属及其他复合新型材料，以及各种零部件和整车制造环节要实现降碳，这就需要各环节的能源使用全部实现电气化及绿电全覆盖，同时要创新材料制备工艺，如使用可再生能源电解铝、高炉氢气炼钢等；实现燃料周期低碳发展意味着通过新能源汽车，如纯电驱动、氢燃料电池汽车等替代传统燃油车。此外，在船舶、航空器等交通工具上，也出现了各种燃料替代技术方案，因此，生产制造绿色低碳运载工具和低碳燃料的相关产业都可以归为绿色低碳产业。

本书将"绿色低碳产业"做如下界定：绿色低碳产业是在碳达峰和碳中和目标约束下，以降碳、零碳和负碳技术为驱动，在经济社会绿色低碳转型中利用政策手段和市场机制所孕育形成的新型产业业态。与2024年版"绿色低碳转型产业"内涵有所不同，本书特指以前沿新兴技术为驱动、改变能源利用方式、具有减碳降碳效应的产业形态，以生产绿色低碳产品和服务为主的产业。

因此，绿色低碳产业是为落实"双碳"战略而需要重点关注，同时也需要特殊的政策工具箱予以支持的产业。其既包括现有产业体系低碳化转型中形成的新产业，如新能源与传统能源清洁高效利用产业、低碳装备制造产业、低碳交通、低碳建筑等传统产业中具有低碳属性的新兴产业业态，本质上还是属于现有产业体系的一部分，只是该细分产业所生产的产品具有减碳或零碳效果；此外，还包括一些战略性新兴产业，如氢能产业、固碳产业以及低碳服务业等，这些是在现有产业体系中不存在的增量产业业态。同时，绿色低碳产业作为以产业化方式实现绿色低碳转型的手段，其具有动态性，是随着绿色低碳产业的不断发展而动态调整的，当减碳效果更好的产业，如零碳和负碳产业出现之后，减碳效果相对不明显的产业便应排除在绿色低碳产业范畴之外。

1.4 绿色低碳产业的特征

相对于现有的产业体系来说，绿色低碳产业本质是为落实"双碳"目标而发展的产业，其核心特征主要表现为三个方面。

一是减碳降碳特征。绿色低碳产业是通过技术创新和制度创新而形成的新的产业业态和发展模式，相比传统的产业发展模式，它具有大幅降低温室气体排放的效应，可以有效地减缓气候变化。该特征是绿色低碳产业区别于其他产业的本质属性，也是识别绿色低碳产业以及评判某个产业发展模式是否属于绿色低碳产业范畴的重要依据。

二是经济自持性。绿色低碳产业作为"产业"，区别于"事业"活动，其生产活动可以创造市场价值，满足消费需求，通过市场机制进行资源配置，在产业发展过程中能够带来持续的投资收益用于再生产活动。即在市场竞争条件下，绿色低碳产业能够长期可持续地健康发展，有望在未来形成一定的产业规模，参与国民经济体系整体运行。

三是政策依赖性。绿色低碳产业是在"双碳"战略这一国家政策倒逼下孕育而生的，离不开国家碳排放目标的约束。同时作为一种新生的产业形态，在发展初期也需要一系列政策予以扶持，如财政补贴政策、建立碳市场机制、碳金融政策等。这些政策手段与传统的产业政策手段有所不同，利用其他领域的政策，如战略性新兴产业发展政策，不足以促进绿色低碳产业的发展壮大，因此有必要在一般的政策框架下设计一套有针对性的、特殊的政策工具和手段。

此外，绿色低碳产业还具有以下一般性特征。

一是资源节约特征。绿色低碳产业实现零排放的重要途径之一，就是通过大幅提高资源利用效率，大力采取低能耗、零排放以及高效率、高质量、高收益的技术和商业模式来实现的，从而在产品研发、制造、使用和回收等全生命周期实现节能降碳与资源循环利用，达到经济增长与排放脱钩的最终目标。

二是技术驱动特征。绿色低碳产业顺应了由传统粗放的要素依赖型增长模式向创新驱动型增长模式转变的趋势性规律，更加依赖高科技创新投入与高强度研发活动，推动降碳、零碳、负碳技术不断成熟，技术成本不断下降，使绿色低碳产业带来更高的经济效益、社会效益与环境效益，在市场竞争中更具优势。因此，高科技和高效益始终贯穿于绿色低碳产业发展全过程，以科技创新实现绿色低碳产业发展。

三是基础渗透特征。绿色低碳产业并不是独立于传统产业体系之外，而是根植于市场经济，与传统产业紧密结合、深度融合。其中，降碳零碳负碳技术研发、碳中和服务等产业是经济社会向碳中和发展模式转型的基础，低碳零碳能源与低碳零碳制造产业则是碳中和技术向能源、制造等传统产业深度渗透与融合，推动其实现零碳化转型的具体过程。总之，绿色低碳产业涉及国民经济各个领域，属于基础产业。

四是综合效益特征。绿色低碳产业首先作为一项战略性新兴产业，必然具有满足人们物质和精神需要的能力，其创造的产品和服务可以带来较高的经济价值。同时，绿色低碳产业发展的根本目的，是实现低排放甚至净零排放，进而改善生态环境、减缓气候变化，可以带来明显的环境效益。此外，绿色低碳产业发展还会带来就业增加和技术进步，通过环境改善提高人们健康福祉，增进人民群众的获得感和幸福感，产生实实在在的社会效益。

五是正外部性特征。绿色低碳产业发展有助于推进资源节约和环境改善，尤其是减缓气候变化、极端天气事件频发、海平面上升等带来的气候损失，从而使所有社会主体和公众均可以无偿地享受到这种福利。因此，绿色低碳产业的发展，不仅使产业主体自身受益，还使社会其他主体受益，具有明显的正外部性。

六是可持续发展特征。绿色低碳产业改变了传统环境治理的思路，即通过设定环境标准或实施环境税等经济手段，强制企业进行减排或增加企业排放合规的成本，通过培育一个新型产业，为传统产业提供低碳产品和服务，并从中获得相应回报，体现了自我实现的市场价值导向。绿色低碳产业的培育和发展，既能促进经济高质量发展，促进产业健康可持续发展，还能在产业发展过程中促进环境改善，是一种可持续的发展模式。

1.5　绿色低碳产业的分类目录

首先基于绿色低碳产业的内涵与特征，可以将绿色低碳产业进行有效识别，进而按照一定的分类标准，将绿色低碳产业进行类别划分，形成绿色低碳产业分类目录，提出绿色低碳产业发展方向和产业体系概貌，可以供学术界进行理论研究、供政策制定者开展有针对性的政策设计，供产业界进行技术研发和产业化应用。

从产业遴选的角度来看，绿色低碳产业需要满足以下三个主要标准：一是具有明显的减碳降碳效果，可以从根本上改变现有的能源利用方式和工业排放方式，实现减碳降碳，如可再生能源替代传统能源、电能替代传统能源；二是具有经济性潜力，即最终可以不依赖政策性补贴实现自我赢利，形成成熟的商业模式；三是前沿新兴技术驱动，即通过前沿新兴技术创新驱动传统产业变革，培育发展形成新产业、新业态、新模式。

根据前面对绿色低碳产业概念、内涵和特征的分析界定，参考《绿色产业指导目录（2019年版）》《节能环保清洁产业统计分类（2021）》《绿色低碳技术专利分类体系》《绿色低碳转型产业指导目录（2024年版）》等文件，并遵循国民经济行业分类采用的经济活动同质性原则，将绿色低碳产业分为一级、二级、三级等不同层次，最终将绿色低碳产业划分为低碳零碳能源产业、低碳制造业、低碳综合服务业、负碳产业4类一级产业、15类二级产业和若干三级产业。

其中，低碳零碳能源产业由4个二级产业构成，分别是零碳能源设施建设和运营，化石能源清洁高效低碳开发利用，融合能源低碳化利用，能源系统低碳运行；低碳制造业包括3个二级产业，分别是原材料低碳加工业，低碳零碳专用设备和产品制造业，低碳基础设施建设、改造和运营；低碳综合服务业涉及5个二级产业，分别为低碳咨询服务，低碳零碳技术服务，低碳供应链服务，碳市场服务，低碳运营管理服务；负碳产业包括3个二级产业，分别是二氧化碳捕集利用与封存，二氧化碳资源化利用及固碳，生态系统固碳服务（表1.1）。

表 1.1　绿色低碳产业体系

一级分类	二级分类	三级分类
低碳零碳能源产业	零碳能源设施建设和运营	• 风力发电设施建设和运营
		• 太阳能利用设施建设和运营
		• 生物质能利用设施建设和运营
		• 水力发电设施建设和运营
		• 地热能利用设施建设和运营
		• 核电站建设和运营
		• 海洋能利用设施建设和运营
	化石能源清洁高效低碳开发利用	• 煤炭清洁开采、洗选、高效利用
		• 清洁燃油生产
		• 天然气清洁生产
		• 非常规油气资源清洁高效低碳勘探开发
	融合能源低碳化利用	• 氢能"制储输用"设施建设和运营
		• 储能建设和运营

续表

一级分类	二级分类	三级分类
低碳零碳能源产业	能源系统低碳运行	• 电力源网荷储一体化及多能互补工程建设和运营 • 煤电机组灵活性改造和运行 • 智能电网建设和运营 • 分布式能源系统建设和运营 • 能源产业数字化智能化升级
低碳制造业	原材料低碳加工业	• 黑色金属低碳加工 • 石化产品低碳加工 • 有色金属低碳加工 • 低碳建筑材料加工
	低碳零碳专用设备和产品制造业	• 风力发电、太阳能发电、生物质、水力发电和抽水蓄能、核电、地热、非常规油气、氢能、新型储能、智能电网等低碳零碳能源装备制造 • 工业生产用能电能替代装备制造 • 新能源汽车关键零部件、船用低碳动力装备、先进轨道交通装备、新能源飞行器等先进低碳交通装备制造 • 绿色低碳建筑专用设备制造 • 工业生产过程电能替代改造
	低碳基础设施建设、改造和运营	• 超低能耗、近零能耗、零能耗、低碳、零碳建筑建设和运营 • 绿色低碳交通系统建设和运营 • 城乡能源基础设施低碳改造、建设和运营 • 低碳数据中心改造、建设和运营
低碳综合服务业	低碳咨询服务	• 碳监测、认证、计量、核算、交易等咨询服务
	低碳零碳技术服务	• 低碳零碳技术研究开发 • 低碳零碳技术认证及推广 • 低碳产品认证及推广
	低碳供应链服务	• 低碳供应链管理 • 低碳供应链认证 • 低碳供应链金融
	碳市场服务	• 碳市场融资服务 • 碳市场交易服务 • 碳市场支持服务
	低碳运营管理服务	• 低碳综合能源系统和智慧微网建设 • 电力需求侧管理
负碳产业	二氧化碳捕集利用与封存（CCUS）	• 二氧化碳先进高效捕集生产工艺、设备制造、新型溶剂或材料加工 • 石化、煤化工、煤电、钢铁、有色金属、建材、石油开采等行业碳捕集、利用与封存全流程建设和运营
	二氧化碳资源化利用及固碳	• 二氧化碳制备合成气、甲烷等液体燃料 • 二氧化碳制备聚合物材料等化学利用 • 二氧化碳人工生物转化 • 二氧化碳矿化固定
	生态系统固碳服务	• 生态系统碳汇服务

参 考 文 献

李晓萍, 张亿军, 江飞涛, 2019. 绿色产业政策: 理论演进与中国实践. 财经研究, 45(8): 4-27.

周惠军, 高迎春, 2011. 绿色经济、循环经济、低碳经济三个概念辨析. 天津经济, (11): 5-7.

第 2 章　绿色低碳产业发展形势与挑战 *

2.1　绿色低碳产业发展形势

在日益严峻的全球气候变化形势下，绿色化、低碳化是人类社会发展的时代潮流，也是科技产业变革的必然要求。绿色低碳与可持续发展已成为国际社会的普遍共识和各国追求的发展目标，从联合国可持续发展目标到更加聚焦气候变化议题，减缓气候变化和实现近零排放日益成为全球关注的焦点。在世界主要国家相继提出碳中和目标的时代背景下，绿色低碳产业的发展也提上议程，有望成为气候变化约束条件下探寻新的经济增长点、培育未来国家竞争力的战略抓手。

2.1.1　绿色低碳产业发展的战略意义

培育壮大绿色低碳产业体系、构建绿色低碳循环经济体系，是促进经济社会发展全面零碳转型的基础之策。长期以来，我国通过制定国家战略性新兴产业发展规划、未来产业发展规划以及绿色产业指导目录等方式，大力支持推动绿色低碳发展方式和生活方式，以绿色低碳技术创新和应用为重点，引导绿色消费，推广绿色产品，提升新能源汽车和新能源的应用比例，全面推进高效节能、先进环保和资源循环利用产业体系建设。在新的历史阶段，发展绿色低碳产业具有两方面重要作用和意义。

首先，发展绿色低碳产业是实现"双碳"目标的必经之路。如前所述，产业发展具有经济自持性，可以通过创造市场价值实现自我可持续发展；同时碳排放主要来自生产过程，只有完成传统产业的绿色低碳转型才能从根本上实现碳达峰碳中和目标。从绿色低碳产业分类目录来看，绿色低碳产业的大部分业态将从传统产业中孕育和产生出来，如低碳建筑一方面采用被动式建筑设计中的高效保温、高效节能窗等被动式节能技术减少能源消耗；另一方面通过主动技术措施提高能源设备与系统的效率，引入更多的智能控制技术，充分利用可再生能源，注重实现材料和产品的循环利用，从而有效地减少建筑全生命周期的碳排放。由此颠覆传统建筑产业，从建筑设计、建筑材料、建筑建造、能源管理等全周期实现低碳转型，对于低碳交通、低碳电力、低碳制造等传统高耗能高排放产业来说亦是如此。

其次，发展绿色低碳产业是培育未来经济新增长点的战略抓手。当前绿色化已成为全球经济社会转型的重要趋势之一，在世界各国竞相提出碳中和目标并为之付诸实践之际，谁在降碳、零碳、负碳技术上率先实现突破，在碳中和技术应用和新产业新业态培育上率先抢占先机，谁就能在未来的产业发展和国际竞争中占据一席之地，在国际规则

---

* 本章作者：朱永彬、王晓明、许金华。

制定与国际合作中争夺主导权和话语权。当前新能源汽车发展以及可再生能源开发利用方面已经初露端倪，低碳技术应用和产业培育为中国在全球科技与产业竞争中占据制高点和优势地位提供了难得的历史契机。

当前，尽管绿色低碳产业市场机制尚不健全，产业发展尚未实现从成本向收益的转变，碳减排仍被众多市场主体视作成本，导致社会减排投资的动力不足，但是一旦面向碳中和目标的低碳技术研发、低碳装备制造、低碳市场服务等产业体系得以建立，碳排放总量约束下的碳交易机制得以完善，消费端的低碳溢价被广泛接受，届时绿色低碳产业在价值驱动下将正式开启可持续低碳转型之路。绿色低碳产业体系的构建和自主运行，离不开碳价形成机制以及围绕碳排放核算、审计、交易、认证等一系列服务体系的建立，而后者也是绿色低碳产业的重要组成部分。因此，绿色低碳产业体系的培育健全对实现碳中和目标至关重要。

2.1.2 绿色低碳产业发展从全球共识走向全球行动

控制温室气体排放以减缓气候变化趋势，已成为国际社会的普遍共识。根据清华大学研究团队发布的《2023 全球碳中和年度进展报告》，截至 2023 年 9 月，全球已有 150 多个国家做出了碳中和承诺，覆盖了全球 80%以上的二氧化碳排放量、GDP 和人口。在实现温室气体净零排放的目标之下，积极发展绿色低碳产业也成为各国实现碳中和目标的首要选择，并且这一选择正从全球共识加快向全球行动发展。

从全球各国的情况来看，世界各国应对气候变化政策进展表现为三个重要阶段，即提出净零承诺、制定减排目标与实施路径、设立政策框架等保障体系。其中，大部分国家已经完成第一阶段，正在步入第二阶段，根据净零承诺制定分步减排目标和碳中和实施路径，而达到这一阶段的国家数量大幅锐减，其所覆盖的温室气体排放量也大幅减少，我国目前正处于这一阶段。全世界仅有部分欧洲国家处于第三阶段，这些国家既有强烈的政治意愿，又有雄厚的财政实力，目前正在着手根据减排路径设立相关的政策框架，包括法律法规和市场机制等，以保障碳中和路径的执行。

总体而言，大多数国家的碳排放与经济增长正在实现相对脱钩，但面向碳中和的脱碳进度差异较大，同时各国碳中和政策的完整性和碳中和行动力度也存在较大差异，发达国家在国内碳中和政策和行动进展上表现较为突出。为践行碳中和目标，各国在财政政策支持方面都予以倾斜，并从行业层面进行碳排放的约束，涉及的相关行业领域包括绿色建筑、可再生能源、电动汽车、工业制造等，同时加大低碳技术投资与产业应用。在国家碳中和目标约束与碳减排政策激励下，各行业及相关行业的龙头企业已经纷纷行动起来，制定自己的碳中和行动路线图。

尽管国家减排目标有高有低，减排进度有快有慢，但从产业层面来看，在欧美等发达国家和地区的引领下，在全球统一市场竞争条件下，各国均面向未来经济转型着力培育绿色低碳产业，将之作为未来经济增长点和国家竞争力的重要途径，以在未来的低碳经济转型中掌握"碳标准"、"碳规则"和"碳定价"的全球话语权。无论是从世界主要经济体的国家战略，还是从全球各行业领军企业的发展方向来看，绿色低碳产业发展的大趋势是不可逆转的。绿色低碳产业不是简单的一个或数个单一产业的集合体，也不仅仅局限于中国本土，而是涉及全球经济社会各个方面且体量巨大的世界性产业。

美国拜登政府上任后宣布重回《巴黎协定》，提出 2050 年实现净零排放的目标。为此，美国众议院通过《重建美好未来法案》，旨在大力支持新能源领域，应对气候变化，刺激经济复苏。以《重建美好未来法案》为蓝本，《2022 年通胀削减法案》获得参众两院通过并由总统签署成法，该法案从技术、产业、资金等方面为应对气候变化和绿色低碳产业发展指明了方向，被认为是美国历史上最重要的气候立法。该法案提出了美国有史以来最大的一笔气候投资，计划在未来 10 年内投资 3 690 亿美元用于能源安全及气候转型。该气候投资计划主要分为五个部分，包括降低消费者能源成本、保障美国能源安全和国内制造业、助力各领域脱碳实现经济去碳化、推动社区和环境公平以及支持农场、林地、偏远地区转型等，目标是到 2030 年将碳排放量较 2005 年减少 40%。具体而言，该法案全面涵盖新能源行业各个细分领域，对新能源汽车、光伏、风电、储能、氢能等清洁能源相关领域均给予了较大力度的政策与税收补贴支持。

在制造业领域，美国通过《清洁空气法案》、联邦政府制定的各项法案和颁布的行政命令等手段推动制造业低碳发展。例如，联邦环境保护署围绕碳核算、碳信息披露、碳经济和金融、碳国际合作等方面制定相应标准和政策；制定"能源之星"计划，为具有卓越能源性能的工业设施提供能效认证、基准工具、技术援助和认可；针对乘用车和轻型卡车制定温室气体排放标准，为汽车制造商投资电动汽车和其他清洁技术提供激励；美国能源部推出清洁能源项目和先进技术汽车生产贷款计划；设立绿色采购计划，利用联邦政府巨大的购买力来支持美国工业制造业的绿色低碳生产。美国制造业企业也联合采取气候行动，依托行业协会、联合会或研究会等开展低碳倡议和技术研发等行动。例如，美国交通研究委员会推动美国汽车制造商合作研发车辆电气化、轻量化材料、燃料电池、发动机效率和减排等领域的先进技术；美国化学理事会支持化学品制造商提高能源效率、降低温室气体强度、提高回收率和开发应对气候挑战的创新解决方案；全国制造商协会代表不同行业和规模的制造商，大力倡导支持创新、竞争力和创造就业的政策等（李志青，2023）。

欧盟方面，作为全球气候行动的领导者和绿色低碳产业先行者，在绿色低碳转型雄心和政策上都走在世界前列。2023 年 3 月，欧盟委员会、欧盟理事会和欧洲议会采用"三方会谈"方式就加强欧盟能源效率指令达成临时协议，提出《净零工业法案》和《关键原材料法案》。欧盟《净零工业法案》特别支持 8 项战略净零技术：太阳能光伏和太阳能光热技术、陆上风能和海上可再生能源、电池和储能、热泵和地热能、电解槽和燃料电池、沼气/甲烷、碳捕集与封存（CCS）、电网技术；将通过多种政策组合大幅提升光伏、风电、电池、电解槽、热泵、智能电网、碳捕集与封存等战略性净零技术的本土制造能力。《关键原材料法案》亦提出，要确保到 2030 年，每年 10% 以上的关键原材料开采、至少 40% 的关键原材料加工、15% 的关键原材料回收都来自欧盟内部，并且在任何加工阶段，来自单一国家的原材料消耗量不得超过 65%。总体而言，短期内欧盟将通过国家资金、欧盟资金和私人资金等方式支持欧盟战略性"净零"生产项目，对战略清洁技术价值链中的生产设施提供有针对性的援助；中长期来看，欧盟拟设立欧洲主权基金，旨在保持欧洲在绿色和数字化转型等新兴关键领域的优势，并维护欧盟成员国的凝聚力及欧盟单一市场的公平机制（冯相昭等，2023）。此外，欧盟"碳边境调节机制"正式成为欧盟法律，使得欧盟成为全球第一个征收"碳关税"的经济体，由此导致对绿色低碳产业发展的激励作用从欧盟内部扩展到世界其他国家，会对全球产业绿色低碳转型带来深远影响，无疑也将极大地推动绿色低碳产业发展。

2.1.3　绿色低碳产业发展呈现多元孕育路径

从各国推动绿色低碳产业发展的政策手段，以及企业自下而上努力实现低碳转型的具体实践来看，当前绿色低碳产业发展呈现多元化的路径，主要包括以下五个方面。

一是以低碳技术创新和产业化应用为特点的发展模式。技术创新是绿色低碳产业发展的重要驱动力，尤其是降碳、减碳、零碳甚至负碳技术的研发及产业化对传统产业低碳化以及孕育低碳产业具有重要作用。在当前各国大力支持的关键前沿新兴技术中，很多都属于新能源和低碳技术。例如，美国最新发布的《关键和新兴技术清单》（2024年）包括先进的燃气轮机技术、支持清洁可持续和智能制造的先进制造技术、清洁能源发电和储能技术等绿色低碳技术；欧盟的"地平线欧洲"计划聚焦气候、能源等六大群组，服务于欧盟的绿色化和数字化双转型，并成立创新理事会推动先进技术成果产业化。我国发布的《绿色低碳技术专利分类体系》，旨在促进绿色低碳技术专利国际交流和转移转化，推进绿色低碳技术创新和专利产业化，为绿色低碳产业发展提供技术支撑。

二是以完善碳价机制为低碳产业提供价值补偿的模式。由于传统市场机制未能将低碳产业的减排环境效应以市场价值的形式回馈给市场主体，低碳产业相比传统高耗能高排放产业缺乏竞争优势，为此，很多国家均在尝试建立碳价形成机制，其中最主要的两种机制分别为碳税和碳市场。欧盟碳排放交易系统是全球最成熟的碳市场，自2005年建立至今已经运行了近20年。此外，还有英国的排放权交易机制、美国的芝加哥气候交易所等，我国自2011年启动碳排放权交易试点以来，先后在8个省市进行试点，并于2017年启动全国碳排放权交易市场，均为绿色低碳产业发展营造了良好的市场环境。

三是以减排政策强制力倒逼绿色低碳产业发展的模式。减排政策约束是绿色低碳产业发展的外部驱动力，在《联合国气候变化框架公约》（UNFCCC）和《巴黎协定》框架下，全球多数国家均提出了自主贡献减排目标以及相关具体减排政策，如"欧洲绿色协议"将减排目标设定为"到2030年将温室气体净排放量与1990年的水平相比至少减少55%，并在2050年实现净零排放"，并为此制定了"Fit for 55"一揽子减排计划，包括可再生能源占比提高到40%、一次能源效率提高到39%、2035年开始禁售燃油车以及航空航运燃料替代等，这些计划对所有欧盟成员方均有法律效力，将对能源、工业、交通、建筑等各领域的产业产生深远影响，推动绿色低碳产业加速发展。

四是依托企业环境、社会、治理（ESG）信息披露制度建立绿色低碳供应链。绿色低碳转型从企业个体向产业链延伸，有助于传统产业加快实现低碳化。2006年联合国全球契约组织和联合国环境规划署可持续金融倡议共同发布的负责任投资原则将 ESG 确认为重要的投资决策考量因素。当前 ESG 信息披露已经成为上市公司和跨国企业塑造自身负责任企业形象的重要手段，并且很多企业已经将碳排放作为其中一项重要内容，碳排放核算范围也从企业自身活动排放（范围一和范围二）向产业链上游延伸（范围三），由此将推进产业链龙头企业牵引、倒逼产业链各环节企业低碳转型。此外，ESG 信息披露还有助于绿色金融发展，鼓励社会投资与绿色低碳产业加强匹配，从而建立绿色低碳产业供给体系，助力绿色低碳产业发展。

五是以绿色贸易壁垒倒逼域外产业实现绿色低碳转型。国际贸易引发的碳泄漏问题已被欧盟等绿色发展引领者长期诟病，因实施严格减排政策导致区域内产业面临不公平竞争甚至产业向区域外转移等问题，致使很多国家拟引入碳边境调节机制，对进口贸易征收绿色关税，通过绿色贸易壁垒引导或倒逼区域外国家实施更严格的减排政策，进而促进区域外绿色低碳产业发展。

当然，以上所列的绿色低碳产业发展主要路径并非单一地存在，而是很多种路径同时实施，多措并举来促进绿色低碳产业的加快培育和发展。例如，欧盟几乎采取了以上所列的全部路径，由此支撑起其雄心勃勃的减排目标和减排行动，也使得欧盟成为绿色低碳产业发展最为快速的地区。

2.2　绿色低碳产业发展的中国实践

2.2.1　我国绿色低碳产业政策演进

我国在减缓温室气体和应对气候变化方面始终持有积极态度，主动承担自身减排义务，先后做出一系列减排承诺，不断强化减排力度："十二五"规划首次提出约束性、可量化的减碳目标，即 2015 年相比 2010 年单位 GDP 碳排放强度降低 17%；2009 年自主提出 2020 年相对 2005 年单位 GDP 碳排放强度下降 40%～45%；"十三五"规划提出，到 2020 年单位 GDP 碳排放强度下降 18%；2015 年提出到 2030 年左右碳排放达到峰值并争取尽早达峰、单位 GDP 碳排放强度相比 2005 年下降 60%～65%等约束性目标。2020 年 9 月，习近平主席在第 75 届联合国大会上进一步做出"碳排放力争于 2030 年前达到峰值，努力争取 2060 年前实现碳中和"的承诺。

为落实好碳达峰碳中和战略部署，尽早实现"30-60"这一宏伟目标，中国采取了一系列积极有效的减排行动，陆续发布重点领域和行业碳达峰实施方案和一系列支撑保障措施，制定能源、工业、城乡建设、交通运输、农业农村等分领域分行业碳达峰实施方案，积极谋划科技、财政、金融、价格、碳汇、能源转型、减污降碳协同等保障方案，加快构建碳达峰碳中和"1+N"政策体系。2021 年 10 月，发布《中共中央　国务院关于完整准确全面贯彻新发展理念做好碳达峰碳中和工作的意见》，随后国务院印发《2030年前碳达峰行动方案》，共同构成贯穿碳达峰碳中和两个阶段的顶层设计。在顶层政策引领下，由各部门和各地区制定的实施方案和保障方案共同构建起碳达峰碳中和工作的支撑体系，包括能源、工业、交通运输、城乡建设等分领域分行业碳达峰实施方案，以及对外开放、科技支撑、能源保障、财政金融价格政策、标准计量体系、督察考核等保障方案。由此，绿色发展在中国被赋予新的含义，涵盖范围既包含以往的绿色节能减污环保领域，同时还新增了低碳发展的新内涵。中国的生态文明建设进入减污降碳协同的绿色低碳发展新轨道。

在具体行动方面，我国近期陆续出台了一系列推动各领域各行业绿色低碳发展的相关政策文件，积极探索符合中国国情的绿色低碳发展道路。例如，能源领域的《关于完善能源绿色低碳转型体制机制和政策措施的意见》《"十四五"现代能源体系规划》，工业领域的《"十四五"工业绿色发展规划》《工业领域碳达峰实施方案》，交通领域的《绿色交通"十四五"发展规划》，城乡建设领域的《关于推动城乡建设绿色发展的意见》《"十四五"建筑节能与绿色建筑发展规划》《城乡建设领域碳达峰实施方案》，循环经济方面的《关于加快建立健全绿色低碳循环发展经济体系的指导意见》《"十四五"循环经济发展规划》，以及《"十四五"节能减排综合工作方案》《银行业保险业绿色金融指引》《减污降碳协同增效实施方案》《科技支撑碳达峰碳中和实施方案（2022～2030年）》《关于构建市场导向的绿色技术创新体系的指导意见》《关于加快建立绿色生产和消费法规政策体系的意见》《加强碳达峰碳中和高等教育人才培养体系建设工作方案》《绿色低碳发展国民教育体系建设实施方案》等绿色低碳发展的相关保障措施。

我国出台的一系列落实碳中和目标的政策文件及其采取的一系列减排行动，有效推动了碳中和相关技术体系的建立，促进了各领域各行业的降碳零碳负碳技术创新，同时也推动了相关新技术的加速应用以及新业态新模式的探索，为绿色低碳产业的培育壮大及绿色低碳产业体系的不断健全发挥了关键性作用。

2.2.2　我国绿色低碳产业发展提速

党的十八届五中全会提出"创新、协调、绿色、开放、共享"新发展理念，国家"十三五"规划中，绿色发展再次被列为确保我国全面建成小康社会的五大发展理念之一，相应的政策手段也从以命令-控制型的环境法律政策转向更加灵活市场化的产业政策手段，意味着我国解决环境问题的思路也由"解决经济发展的环境负外部性"的从属问题转变为"引领新的发展模式"的主动性战略（陈玲和谢孟希，2018）。

以国家"十三五"规划将"发展绿色环保产业"作为改善生态环境的重要举措为标志，开启了我国加快发展绿色产业的新篇章，并将绿色产业发展作为"五位一体"总体布局的重要抓手，推动经济社会与生态环境协调发展。2015年，先后发布《中共中央 国务院关于加快推进生态文明建设的意见》和《生态文明体制改革总体方案》，分别提出大力扶持节能环保产业、新能源产业和新能源汽车产业等绿色产业发展，以及推进与绿色发展相关的体制机制改革，加快建立以绿色生态为导向的绿色金融体系、农业补贴制度和统一的绿色产品体系，并研究制定将绿色发展纳入指标考核体系的办法。

在生态文明思想形成广泛社会共识以及一系列强有力政策的推动下，我国在绿色低碳产业培育方面取得了举世瞩目的成就，尤其是在可再生能源与新能源汽车领域，我国相关产业的市场规模和技术水平已经处于世界领先水平。英国经济学人智库的一篇调研报告认为，中国在激励绿色能源技术及制造业方面处于全球领先地位，尤其是在太阳能、风电和电池技术等领域（林子涵，2023）。

在当前绿色低碳产业的发展中，中国被认为在一定程度上取得了先发优势。绿色低碳产业中的三大核心产品，新能源汽车、锂电池和太阳能电池被称为中国外贸"新三样"，逐渐替代了服装、家具和家电"老三样"，成为中国外贸增长的新动能。从市场占有率、生产规模、贸易规模等各方面的数据来看，国内外的众多报告都表明中国在绿色低碳产业中拥有较为明显的比较优势。以商务部国际贸易经济合作研究院发布的《中国绿色贸易发展报告（2022）》为例，2012~2021 年，中国绿色贸易的规模从 7 934.2 亿美元增长至 1 1610.9 亿美元，甚至超过欧盟，一跃成为全球第一大绿色贸易经济体。

未来，中国仍将是推动绿色发展的关键力量。法国《回声报》网站报道称，2023 年，中国生产的太阳能电池板预计将占全球总产量的 3/4，全球一半以上的电动汽车将在中国的道路上行驶，全球新增可再生能源装机容量的 55%将由中国实现。布鲁塞尔智库战略展望研究所发表的题为《零碳工业新时代的竞争》研究报告指出，中国在零排放领域掌控着 60%的制造技术，主导着几乎整个电池供应链，贡献了锂电池生产总量的 74%。其中，2022 年太阳能电池全球出货量排名前五的企业全部为中国企业，在全球太阳能发电主要零部件领域，中国产品的市场占有率将有望在 2025 年前扩大至 95%（林子涵，2023）。国家能源局数据显示，截至 2023 年上半年，中国可再生能源装机已突破 13 亿 kW，历史性超过煤电比重，约占能源总装机的 48.8%，10 年增长约 3 倍。与此同时，中国新能源车渗透率呈现快速提升趋势，目前已经达到 28%，远高于德国、美国、日本等传统汽车强国，中国新能源汽车产销量连续 8 年位居世界第一，占世界新能源车份额已高达 66%。中国新能源车企业近年来也强势崛起，2023 年上半年，比亚迪在全球电动汽车销量排名中位居第一，约为宝马、大众、奔驰销量总和的 2 倍。

2.2.3　我国培育绿色低碳产业的主要抓手

实现碳中和意味着经济要经历从企业到产业链的全方位绿色低碳转变，摆脱工业化时期的资源依赖理念和发展模式，走向绿色低碳技术驱动的可持续发展道路。但是目前来看，世界范围内绿色低碳产业体系尚未形成，更多表现为政策驱动和政府强制力推动下的一项经济社会转型行动。受制于低碳转型的巨大经济社会成本，目前除中国、美国、欧盟等部分国家和地区低碳转型推进速度相对较快以外，对于大多数国家而言，碳中和仍然仅仅是一项政治主张和很难完成的任务，尤其是对于"小政府大社会"的国家和经济基础薄弱的欠发达国家来说更加困难，前者的政府强制力、公权力有限，难以抗衡社会转型阻力，后者财政实力与资金储备不足，难以支撑碳中和转型成本。因此，加快构建以价值为驱动的绿色低碳产业体系，才是支撑碳中和目标实现和经济社会低碳转型的根本途径，而依靠政治推动将面临很大的不确定性。

近年来，中国绿色低碳产业快速崛起，短时间内已在一定程度上取得了先发优势，并且在产业培育和发展中探索出一套具有自身特色的政策组合拳，可以为其他国家提供参考借鉴。具体来说，中国培育发展绿色低碳产业的主要做法包括以下五个方面。

一是构建碳达峰碳中和"1+N"政策体系、理顺政策落实体制机制。2021 年，中共中央、国务院印发《关于完整准确全面贯彻新发展理念做好碳达峰碳中和工作的意见》，成为落实"双碳"战略的顶层文件，同年国务院印发《2030年前碳达峰行动方案》，提出"碳达峰十大行动"，有关部门根据方案部署制定能源、工业、城乡建设、交通运输、农业农村等具体行业领域的碳达峰实施方案，并在科技支撑、碳汇能力、统计核算、督查考核等以及财政、金融、价格等方面加强保障。在体制机制方面，国家层面成立由国务院总理任组长，30个相关部委为成员的国家应对气候变化及节能减排工作领导小组，各省（区、市）均成立了省级应对气候变化及节能减排工作领导小组；同时，国家层面成立碳达峰碳中和工作领导小组，各省（区、市）陆续成立碳达峰碳中和工作领导小组，以加强应对气候变化和地方碳达峰碳中和工作统筹协调。

二是明确绿色产业边界，制定针对性产业政策。为推动绿色产业健康发展，国家发改委等部门联合印发《绿色产业指导目录（2019年版）》与《绿色低碳转型产业指导目录（2024年版）》，厘清绿色产业的边界，以便将有限的政策和资金引导到对推动绿色发展最重要、最关键、最紧迫的产业上。基于该目录，国家在重大战略、重大工程和重大政策上向绿色产业方面予以倾斜；各地方、各部门围绕绿色产业目录出台投资、价格、金融、税收等方面的政策措施；依托社会力量为绿色产业标准制定提供专业意见，建立绿色产额认定机制，引入社会中介组织开展相关服务等，从而形成全社会共同支持绿色产业发展的合力。

三是加强立法和市场体系建设。为促进绿色低碳产业发展有法可依，相关立法工作加快推进，《中华人民共和国能源法》《中华人民共和国电力法》《中华人民共和国可再生能源法》《中华人民共和国煤炭法》等制修订工作提上日程，各地方的立法工作也取得明显进展。例如，《天津市碳达峰碳中和促进条例》已于2021年开始施行，《河北省新能源发展促进条例》于2023年9月通过，浙江省2023年公布《浙江省绿色低碳转型促进条例（草案）》并公开征求意见。此外，排放权交易是利用市场机制控制和减少温室气体排放的重大制度创新，国家发改委、生态环境部先后于2014年和2020年公布《碳排放权交易管理暂行办法》和《碳排放权交易管理办法（试行）》，以规范全国碳排放权市场建设及交易相关活动。相较于前述部门规章，2024年1月通过的《碳排放权交易管理暂行条例》以专项行政法规形式，对碳排放权交易制度进行确立和完善，确保了碳排放权交易活动有法可依，也为绿色低碳产业发展提供了法律支撑。

四是引导重点行业和重点企业有效行动。国家和地方的五年规划以及部门的行业重点专项规划，是政策引导行业发展的重要手段。针对重点行业，我国在碳达峰碳中和"1+N"政策体系中，积极引导重点行业开展碳减排行动，具化减碳路径和相关支持政策，为传统产业低碳化转型提供了方向指引和行动支持。此外，国有企业作为行业龙头企业和负有社会责任的市场主体，也是落实碳达峰碳中和的主力。在我国特殊的政治体制下，绿色低碳转型已成为国有企业的一项政治任务和国企领导人的重要考核内容，由此将极大地助力我国产业低碳化发展。

五是不断完善相关政策体系。中国政府遵循循序渐进和"先立后破"的减排路径，通过制定五年规划不断更新阶段性减排目标，并将阶段性目标转化为各行业的减排行动与任务，统筹考虑国家目标、区域目标和行业目标，在实践中不断完善减排时间表、路线图和优先序，兼顾绿色转型发展和经济社会平稳运行之间的关系，强调"先立后破"，极力避免运动式减排，通过各项政策手段的有效配合，不断探索可持续的绿色低碳产业发展之路。

2.3　我国绿色低碳产业发展面临的问题与挑战

当前，我国已经初步形成了体系完整、分工明确、重点突出的绿色低碳转型组织推进方式：在低碳发展体系上，形成了源头减碳、过程降碳、末端固碳 3 个环节构成的完整体系；在部门分工上，形成了国家发改委、国家能源局、工业和信息化部、自然资源部、国务院国有资产监督管理委员会（以下简称"国资委"）等职责分工格局；在重点领域上，科学技术部 2023 年 9 月出台《国家绿色低碳先进技术成果目录》，共收录了 6 个领域 85 项技术，加速绿色低碳技术升级；国家发改委等部门 2024 年 2 月印发《绿色低碳转型产业指导目录（2024 年版）》，进一步聚焦绿色低碳产业发展；国家能源局在能源领域、工业和信息化部在工业领域、住房和城乡建设部在建筑领域、交通运输部在交通领域分别出台相应的规划方案，明确各重点领域的发展路径及方向。

此外，我国绿色低碳转型的市场机制不断完善。碳相关交易市场体系初步形成，从各地区的试点，到全国碳市场的建构，已经历十多年，在碳减排和区域环境目标的实现方面发挥了显著作用。重点行业的碳交易机制逐渐完善，我国碳交易覆盖主体不断拓展，涵盖了电力、钢铁、水泥、建筑、交通运输、有色金属、造纸、石油化工等行业的重点排放企业，部分事业单位、政府部门、外资企业与金融机构也参与其中。碳价形成机制开始建立，从微观和近期来看，我国碳价主要由配额供需情况决定；从宏观和长远来看，碳价由经济运行和行业发展总体状况与趋势决定。

同时，以企业为主体的绿色低碳转型模式逐渐清晰。主要企业已将"双碳"战略纳入发展战略，2021 年 11 月，国资委印发《关于推进中央企业高质量发展做好碳达峰碳中和工作的指导意见》，推动中央企业实现绿色低碳转型发展。中央企业纷纷把"双碳"战略纳入企业发展战略，建立健全碳减排管理体系，切实推进交通物流业务绿色低碳发展，积极推动绿色建筑和低碳园区建设，创新高效提供绿色金融服务，加快培育零碳负碳产业，为集团和经济社会碳达峰碳中和提供有力支持。民营企业也纷纷落实"双碳"战略，华为通过提供持续创新的绿色 ICT 技术（如建设智慧数据中心、打造绿色低碳网络等），支持客户节能减排，提升网络能效，共同迈向碳中和。企业发挥科技创新的支撑引领作用，完善科技创新体制机制，开展低碳零碳负碳关键核心技术攻关，强化企业创新主体地位，加快绿色低碳科技革命，基本建立以科技创新为支撑、业务为主体的绿色低碳转型模式。重点企业发挥自身行业引领作用，主持或参与业务领域规范标准的制修订工作，同时积极参与碳市场交易活动，推动行业及企业绿色转型发展。

但与此同时，我国绿色低碳产业发展也面临一些问题和挑战。

一是缺乏跨部门、跨行业、跨领域的协同推进机制。例如，从用能和排放的关系来看，缺少上游（能源）、中游（产业）、下游（服务和应用）之间的联动。从产业和科技合作来看，缺乏融合发展机制，产学研合作模式尚待进一步完善。总之，相关政策尚未形成完整的体系链条，相关部门制定分领域政策时缺乏整体协同。

二是绿色低碳产业发展的体制机制不完善，发展动力不足。主要表现在绿色低碳还缺乏明确的产业定义和产业分类、产业的内涵和外延；缺乏包含技术、场景、应用、生态组合起来的系统的产业指导规划；产业发展的相关政策分散，市场和价值驱动的能力弱。

三是技术创新对绿色低碳转型的支撑作用不足。技术创新比较活跃，但由于当前处于起步阶段，总体来看技术成熟度不够，缺乏标志性的技术和产品。面向绿色低碳转型的技术创新体系构建尚不成熟，缺乏系统性、集成性、面向场景化。以企业为主体的产学研联合创新模式和机制尚在构建，还未发挥重要作用。

基于以上问题和挑战，我国绿色低碳产业发展的推进思路应以产业化方式推动绿色低碳转型，促进跨部门、跨行业、跨领域协同，以产业化方式带动科技创新，为绿色低碳先进技术提供方向指引，并把绿色供应链建设纳入产业化推进的工作重点。

具体而言，要借鉴战略性新兴产业的发展经验，谋划一批方向清晰、重点明确、带动性强的绿色低碳产业；制定绿色低碳战略产业的指导规划，明确技术路线、应用场景、产业发展、生态建设等相关内容；制定系统的绿色低碳战略性产业的相关政策，促进跨部门、跨行业、跨领域的协同发展。通过产业发展战略规划，为绿色低碳先进技术中长期路线布局和阶段性目标提供指引，面向绿色低碳产业建立技术创新体系，从创新链条、创新组织和创新政策等方面形成合力，加强以企业为主导的产学研深度合作和联合创新模式，加强技术攻关能力，加快产业技术熟化。从重点领域、重点行业梳理出一批需要绿色低碳转型的产业链、供应链。围绕供应链，结合行业发展趋势，整合技术、市场、贸易等关键要素，制定专项方案，制定供应链绿色转型的组合型政策，弥补市场失灵，加快绿色低碳转型。

总之，展望未来实现碳中和目标时的产业、经济和社会形态，绿色低碳产业将成为我国未来现代化产业体系的重要组成部分，以及未来产业发展和经济运行的主流形态。培育绿色低碳产业将是搭建从现阶段产业体系向未来零碳产业体系转型的一座桥梁。发展绿色低碳产业，要以降碳、零碳、负碳技术研发突破为切入点，以绿色低碳技术的产业化应用及零碳产业转型为主要手段，发挥有为政府和有效市场作用，在政策法规驱动和市场机制牵引下，形成以价值为核心的具有内生可持续动力的产业发展闭环。为此，要明确绿色低碳产业的内涵定义和战略定位，加快构建产业体系、技术体系、空间布局体系和政策体系。

参 考 文 献

陈玲, 谢孟希, 2018. 十八大以来我国环境治理体系的五大变革. http://www. cideg.tsinghua.edu.cn/
    upload_files/file/20180510/1525940870949068959.pdf[2024-03-18].
冯相昭, 黄晓丹, 赵卫东, 2023. 欧美低碳转型新动向及我国应对策略. 可持续发展经济导刊, (5): 18-21.
李志青, 2023. 美国制造业的绿色低碳转型. https://www.sohu.com/a/701233856_100053378[2024-03-18].
林子涵, 2023. 中国可再生能源发展"加速跑". 人民日报海外版, 2023-09-18(10). DOI:10.28656/
    n.cnki.nrmrh.2023.003193[2024-03-18].

第3章 绿色低碳产业体系布局*

3.1 绿色低碳产业发展体系

绿色低碳产业发展体系，涉及产业体系、技术体系、空间布局体系以及政策保障体系等四大体系。四大体系中，产业体系是核心，以绿色低碳产业分类目标为基础，构成绿色低碳产业体系；技术体系是以降碳、零碳、负碳技术以及数字技术等为驱动，所构建的支撑绿色低碳产业发展的技术体系；空间布局体系则是对绿色低碳产业的空间布局、区域发展分工以及产业集群发展模式的刻画；政策保障体系是以实现经济社会绿色零碳转型和碳达峰、碳中和为目标，在法律法规、行业标准、战略规划、财税金融等产业政策、市场机制、供应链体系等方面的政策保障措施集合。其中，技术体系、空间布局体系和政策保障体系均是服务于绿色低碳产业发展的基础体系。最终，四大体系有效配合助力绿色低碳产业持续健康发展，为全社会创造经济效益、社会效益和环境（气候）效益，共同服务于我国生态文明建设以及碳达峰和碳中和目标实现。绿色低碳产业发展体系框架图如图 3.1 所示。

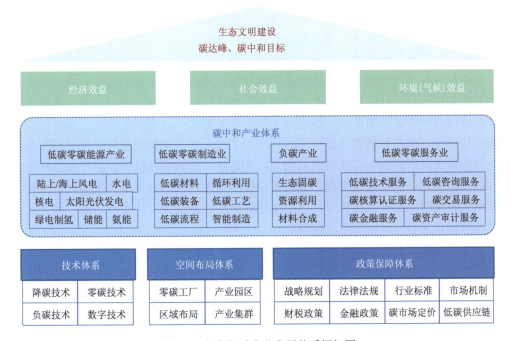

图 3.1 绿色低碳产业发展体系框架图

---

* 本章作者：朱永彬、王晓明、许金华。

3.2　绿色低碳产业体系研究范畴

绿色低碳产业发展的逻辑起点是为解决粗放型经济增长方式过度依赖化石能源要素投入导致温室气体排放，进而引发气候变暖以及一系列极端气候事件所带来的环境负外部性问题。由于环境负外部性无法通过市场机制自发实现资源最优配置，必须依靠政府政策干预或新的市场机制设计，使绿色低碳产业的环境价值得以实现，并融入现有产业经济体系之中，从而在新的制度和政策环境下实现价值驱动的绿色低碳产业健康可持续发展。

绿色低碳产业发展有其特殊的内在逻辑，既不同于传统的物质和服务生产部门，如农业、制造业、服务业等以满足人们物质和精神需求为产业根基，需求带动产业供给是传统产业生存和发展的基础；也不同于战略性新兴产业和未来产业等由前沿技术驱动，以培育未来需求进行前瞻性引领布局，通过先发优势抢占未来竞争先机。绿色低碳产业的需求创造和价值变现途径还有待探索，绿色低碳产业的发展规律也尚不明确，作为产业可持续健康发展的重要基础，绿色低碳产业的基础理论研究还亟待加强，包括绿色低碳产业生命周期发展规律、绿色低碳产业发展的动力机制和发展模式等。

此外，绿色低碳产业体系的研究范畴，除要明确绿色低碳产业的范围边界以外，还要对绿色低碳产业的发展现状和未来趋势进行分析、对潜在产业规模和发展前景进行研判，对绿色低碳产业的产业组织结构、产业发展模式和路径等进行研究，以及对产业发展存在瓶颈、短板和问题进行剖析，并提出产业发展的对策建议。其中，产业组织研究主要聚焦绿色低碳产业主体培育、产业竞争和产业创新，研究作为新兴幼稚产业如何培育市场主体，引导绿色低碳产业与传统产业竞争，不断促进产业创新，塑造产业竞争优势，最终形成规模结构合理的产业体系，支撑碳达峰碳中和目标的实现。产业经济学中的产业组织理论与产业结构理论是该研究的重要理论基础，前者研究企业主体的经济行为，后者研究产业之间的资源配置以及不同产业发展水平与各产业占比。绿色低碳产业组织结构理论，就是要研究在碳中和目标约束下以及相关政策制度环境下，绿色低碳产业内的企业如何开展新业态新模式的创新，为传统产业碳中和转型提供产品与服务，并实现利润最大化，以及绿色低碳产业与其他传统产业之间的最优结构关系，以实现社会效用最大化和资源配置最优化等，这是绿色低碳产业健康可持续发展、碳中和企业在市场竞争中得以生存与发展的重要基础。

产业发展模式和路径研究主要聚焦绿色低碳产业的产业业态、商业模式以及发展路径。绿色低碳产业目前还处于培育初创阶段，产业业态和模式发育还不充分，未来仍有待探索。随着经济绿色低碳转型的深入和产业业态模式的成熟，产业将步入成长乃至成熟阶段。绿色低碳产业发展路径研究，就是针对绿色低碳产业的特点，研究适合该产业的新业态和新模式，使其在市场竞争中立足壮大，根据产业生命周期曲线的形态，以及产业不同发育阶段推动产业演化的动力，为企业进入和退出绿色低碳产业提供竞争战略支持，为产业政策制定提供科学依据。

3.3　绿色低碳技术体系研究范畴

绿色低碳产业技术创新既是促进绿色低碳产业发展、促进经济社会绿色低碳转型的关键因素，又是顺应全球新一轮科技革命与产业变革、加快抢占世界科技与未来产业制高点的重要抓手。现有研究主要围绕绿色低碳技术创新的属性特征研究、绿色低碳技术研发及应用的问题与困境分析、绿色低碳技术创新发展的方向与路径，以及绿色低碳技术创新战略和政策等。

围绕绿色低碳产业技术创新，国家也相继作出了一系列部署和要求，提出了绿色低碳技术创新的发展方向和重点。习近平总书记指出，要狠抓绿色低碳技术攻关，加快先进适用绿色低碳技术研发和推广应用。党的十九大报告提出"构建市场导向的绿色技术创新体系"，国务院印发的《关于加快建立健全绿色低碳循环发展经济体系的指导意见》，将"构建市场导向的绿色技术创新体系"作为重点任务之一，要求鼓励绿色低碳技术研发，加速科技成果转化。党的二十大报告提出，要完善科技创新体系，加快节能降碳先进技术研发和推广应用。2022 年中央经济工作会议也提出，要加快绿色低碳前沿技术研发和推广应用。

绿色低碳产业技术创新作为绿色低碳产业发展的重要研究内容，需要重点关注如何构建高效协同的绿色低碳技术创新体系。具体研究范畴包括绿色低碳技术体系的总体框架与技术内容、绿色低碳技术细类的具体发展方向、绿色低碳技术成熟度与商业可行性研判，以及推动绿色低碳技术研发创新与产业化应用的体制机制等，针对绿色低碳技术的公共属性特征，研究如何更好发挥政府引导和市场机制作用，建立合理有效的创新要素投入机制、创新主体协作与产学研用一体化机制、科技攻关与推广应用衔接机制等，进而激发创新主体活力和积极性，引导社会资金更多进入绿色低碳技术研发领域，推进科技成果产业化应用，并转化为经济价值回馈到技术创新环节，由此形成良性循环。

3.4　绿色低碳空间布局体系研究范畴

绿色低碳产业发展是对传统产业的整体性、系统性转型，同时也是一个循序渐进的过程，必须遵循以点带面、重点推进的发展原则，以提高政策有效性和产业低碳转型效率。绿色低碳产业空间布局体系涉及绿色低碳产业分类目录中重点产业的全国区域布局，以及省市各层级区域重点产业布局及产业分工体系。同时，产业园区是推进绿色低碳产业转型的主战场，因此，绿色低碳空间布局体系还包括重点产业园区，如国家级（省市级）高新技术产业园区、技术开发区等典型重点区域的绿色低碳产业空间布局研究等。

此外，打造产业链一体化的绿色低碳产业集群、营造多元创新主体和产业主体协同发展的绿色低碳产业生态也是绿色低碳空间布局体系的研究重点。打造全国重点绿色低碳产业集聚区，推动重点绿色低碳产业集聚发展，有助于绿色低碳产业发展壮大和差异化发展。

为此，绿色低碳空间布局体系的研究范畴包括绿色低碳产业布局的理论基础与关键影响因素、重点区域绿色低碳产业发展定位、典型绿色低碳产业区域布局现状、创新链产业链各环节在区域上的分工关系、绿色低碳产业空间布局合理性研判和问题分析，以及绿色低碳产业空间布局优化和产业集群发展路径等。

3.5　绿色低碳政策制度体系研究范畴

绿色低碳产业是在环境容量约束下实现碳减排目标的新型产业业态，具有典型的政策驱动型产业发展特征，表现为"推动"和"拉动"双向驱动。绿色低碳产业发展既需要相关法律法规及行业标准的约束，使所有行业面临相同的排放标准和市场竞争条件，防止其他传统产业规避减排而带来相对成本优势的"搭便车"行为；同时也需要战略规划指引、财税金融等各项政策的扶持，大力支持碳中和技术研发，加快培育绿色低碳的新兴产业业态，促进其专业化发展并与其他产业深度融合，进而实现碳达峰碳中和目标。因此，绿色低碳产业发展离不开有效的政策和制度设计。绿色低碳产业政策制度研究，就是要根据绿色低碳产业的发展规律制定有利于绿色低碳产业发展的支持政策和制度体系。

此外，市场是实现资源高效配置的重要手段，绿色低碳产业也必须在市场竞争的框架下实现健康可持续发展。作为一种新兴的产业业态，绿色低碳产业在发展之初往往要经历市场需求从无到有和从小到大的阶段，也即创造市场的过程。与绿色低碳产业相对应的有两个市场：一是产品和服务市场，即碳中和技术以产品或服务的形式为其他传统产业赋能，从而创造对绿色低碳产业的需求，主要指产业低碳化对低碳产业的需求；二是碳交易市场，即绿色低碳产业发展促进碳排放减少，将增加企业可出售的碳排放权或减少企业需要购买的碳排放权，为企业带来价值增值，间接强化了对绿色低碳产业发展的需求。市场对绿色低碳产业发展至关重要，如何进行市场机制设计，为绿色低碳产业快速健康发展提供良好的外部环境，也是绿色低碳产业政策制度研究的重要内容。

为此，绿色低碳政策制度体系包括总体战略政策顶层设计、促进绿色低碳产业发展的政策、促进绿色低碳技术创新的政策、强化绿色低碳产业发展的要素支撑政策、培育绿色低碳产业需求的市场政策、涉及相关产品服务定价及税费和投融资的政策，以及促进开放共享的国际合作政策等。

第二部分 产 业 篇

本篇将绿色低碳产业划分为低碳零碳能源产业、低碳零碳制造业、负碳产业和低碳综合服务业4大类一级产业、15类二级产业和51类三级产业，按照产业发展现状、产业链、产业经济性和减碳效果、产业规模和前景分别进行阐述。

第 4 章　低碳零碳能源产业 *

经过多年努力发展，在能源革命的推动下，我国低碳零碳能源产业实现了长足发展，初步形成了具有国际竞争力的产业态势，产业分类体系见表 4.1。传统能源领域，立足以煤为主的基本国情，抓好化石能源清洁高效低碳利用，大力发展先进开采技术以及节能技术，加快产业结构调整，推动化石能源和新能源优化组合。在新能源领域，我国光伏产品已出口全球 200 多个国家和地区，2022 年，全年光伏产品（硅片、电池片、组件）出口总额超过 512 亿美元，同比增长 80.3%。作为全球最大的风机生产中心，我国占全球供应量的 65%，全球风电铸件 80% 以上产能集中在中国。根据国家规划文件，2025 年、2030 年、2060 年非化石能源消费比例分别达到 20% 左右、25% 左右、80% 以上，非化石能源将呈现逐年攀升趋势，产业发展空间潜力巨大，见图 4.1。

表 4.1　低碳零碳能源产业分类体系

一级分类	二级分类	三级分类
低碳零碳能源产业	零碳能源设施建设和运营	• 风力发电设施建设和运营 • 太阳能利用设施建设和运营 • 生物质能利用设施建设和运营 • 水力发电设施建设和运营 • 地热能利用设施建设和运营 • 核电站建设和运营 • 海洋能利用设施建设和运营
	化石能源清洁高效低碳开发利用	• 煤炭清洁开采、洗选、高效利用 • 清洁燃油生产 • 天然气清洁生产 • 非常规油气资源清洁高效低碳勘探开发
	融合能源低碳化利用	• 氢能"制储输用"设施建设和运营 • 储能建设和运营
	能源系统低碳运行	• 电力源网荷储一体化及多能互补工程建设和运营 • 煤电机组灵活性改造和运行 • 智能电网建设和运营 • 分布式能源系统建设和运营 • 能源产业数字化智能化升级

---

* 本章作者：詹晶、许金华、王政威、袁小帅、朱汉雄、张锦威。

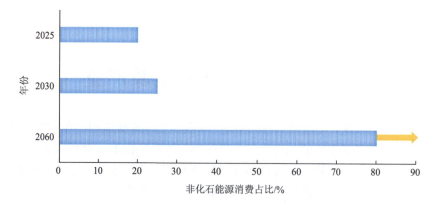

图 4.1　我国 2025 年、2030 年、2060 年非化石能源消费占比发展趋势

资料来源：①中共中央 国务院.关于完整准确全面贯彻新发展理念做好碳达峰碳中和工作的意见. https://www. gov.cn/ zhengce/2021-10/24/content_5644613.htm[2021-10-24]；②国务院.关于印发 2030 年前碳达峰行动方案的通知. https:// www.gov.cn/zhengce/content/2021-10/26/content_5644984.htm[2021-10-26].

　　能源低碳化转型是我国政府实现"双碳"目标的重要手段，其目的在于降低能源消耗和温室气体排放，推动社会可持续发展。其具体措施主要包括：能源结构调整（大力发展低碳能源、减少化石能源消费）、节能和能效提升、电气化水平提高等。2022 年，我国万元国内生产总值（GDP）能耗比上年下降 0.1%、万元 GDP 二氧化碳排放下降 0.8%，节能降耗减排稳步推进。2012 年以来，我国以年均 3% 的能源消费增速支撑了年均 6.6% 的经济增长，单位 GDP 能耗下降 26.4%，成为全球能源强度下降最快的国家之一。

　　从能源消费总量及结构来看，2022 年我国能源消费总量为 54.1 亿 t 标准煤，比上年增长 2.9%。煤炭消费量增长 4.3%，原油消费量下降 3.1%，天然气消费量下降 1.2%，电力消费量增长 3.6%。煤炭消费量占能源消费总量的 56.2%，比上年上升 0.3 个百分点；天然气、水电、核电、风电、太阳能发电等清洁能源消费量占能源消费总量的 25.9%，上升 0.4 个百分点[①]。

　　从电源结构来看，我国已建成世界最大清洁发电体系，风、光、水、生物质发电装机容量都稳居世界第一。2022 年末，我国发电装机容量 256 405 万 kW，比上年末增长 7.8%。其中，火电装机容量 133 239 万 kW，增长 2.7%；水电装机容量 41 350 万 kW，增长 5.8%；核电装机容量 5 553 万 kW，增长 4.3%；并网风电装机容量 36 544 万 kW，增长 11.2%；并网太阳能发电装机容量 39 261 万 kW，增长 28.1%（图 4.2）。

　　分区域来看，近年来各省包括可再生能源、新能源在内的清洁能源的生产量、消费量不断提高。其中，西北地区在可再生能源发展方面具有区位优势，发展势头强劲。2022 年，内蒙古自治区风力和光伏发电量分别位居全国第一和第三，且积极开展风光制氢一体化示范项目建设，打造 7.2 万 t/a 绿氢生产能力；青海省电力装机达到 4 357 万 kW，清洁能源装机占比达到 91%，非化石能源消费占一次能源消费的比重达到 43.1%。

　　① 2022 年我国能源生产和消费相关数据. https://www.ndrc.gov.cn/fggz/hjyzy/jnhnx/202303/t20230302_1350587.html.

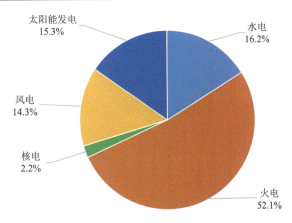

图 4.2　2022 年我国电源装机结构

资料来源：国家能源局发布 2022 年全国电力工业统计数据. http://www.nea.gov.cn/2023-01/18/c_1310691509.htm.

继"双碳"政策体系两大纲领性文件发布后，国家各部委及各地方积极谋划，逐渐形成多方协同发力推进产业优化升级新局面。一方面推进互联网、大数据、人工智能、5G 等新兴技术与传统产业发展深度融合；另一方面，加快绿色环保、新能源、新材料等战略性新兴产业的发展，带动整个经济社会的绿色低碳发展。据估算，"十四五"期间供应端的可再生能源发电和电网数字化、智能化升级将催生超过 4.7 万亿元的投资（周子勋等，2023），与电力部门脱碳相配套的储能技术也将形成规模超万亿元的市场，绿色环保产业目标产值达到 11 万亿元[①]。

4.1　零碳能源产业

零碳能源产业主要指光伏发电、风力发电、水力发电、核能、生物质能、地热能、海洋能利用等近零碳排放的能源设施装备制造、建设和运营。

4.1.1　光伏发电产业

1. 产业发展现状

在光伏发电建设及运营方面，根据国家能源局公布数据[②]，2022 年我国新增并网容量 8 740.8 万 kW，其中集中式光伏电站达到 3 629.4 万 kW，分布式光伏电站 5 111.4 万 kW。截至 2022 年底，光伏发电累计并网容量达到 39 204 万 kW，其中集中式光伏电站 23 442 万 kW，分布式光伏电站 15 762 万 kW。从区域装机情况来看，2022 年，我国华北、华东、西北地区装机规模位居全国前三位，装机容量分别达到 10 137 万 kW、7 861.14 万 kW、7 831.7 万 kW，占全国装机规模的 60% 以上，详见图 4.3。

[①] 资料来源：工业和信息化部关于印发《"十四五"工业绿色发展规划》的通知. https://www.gov.cn/zhengce/zhengceku/2021-12/03/content_5655701.htm.

[②] 资料来源：2022 年光伏发电建设运行情况. http://www.nea.gov.cn/2023-02/17/c_1310698128.htm.

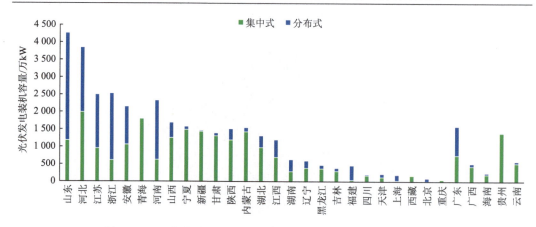

图 4.3 2022 年我国各省（自治区、直辖市）太阳能装机容量概况

资料来源：http://www.nea.gov.cn/2023-02/17/c_1310698128.htm。

由于数据来源限制，本书的省份数据分析，不包含港澳台地区，下同。

在产业制造方面，中国光伏龙头企业在晶硅技术及成本控制方面有明显优势，低成本先进产能持续释放。2022 年，我国光伏产业规模实现持续性增长（表 4.2）。全国多晶硅、硅片、电池片、组件产量分别达到 85.7 万 t、371.3GW、330.6GW、294.7GW，同比增长均超过 55%，中国产量在全球产量占比均超 80%。光伏产品（硅片、电池片、组件）出口总额约 512.5 亿美元，同比增长 80.3%；光伏制造端（不含逆变器）产值突破 1.4 万亿元，同比增长超过 95%[①]。据《PVBL2023 全球光伏品牌影响力调研分析报告》，在 2023 年全球光伏 100 强名单中，中国企业依旧占据着绝对的优势，占比达 90%。

表 4.2 2022 年中国光伏产业主要环节发展概况

	多晶硅	硅片	电池片	组件
全球产能	134.1	664	583.1	682.7
中国产能在全球占比/%	87	97.90	86.70	80.80
全球产量	100.1	381.1	366.1	347.4
中国产量在全球占比/%	85.60	97.40	90.30	84.80

注：在全球产能和全球产量中，多晶硅的单位为万 t，硅片、电池片、组件的单位为 GW。

在产品生产方面，2022 年，国内主流企业规模化生产的 P 型单晶电池均采用 PERC 技术，平均转换效率达到 23.2%；N 型 TOPCon 电池初具量产规模，平均转换效率达到 24.5%；HJT 电池量产速度加快。新投产的量产产线仍以 PERC 电池产线为主，但下半年部分 N 型电池片产能陆续释放，PERC 电池片市场占比下降至 88%，N 型电池片占比合计达到约 9.1%。其中，N 型 TOPCon 电池片市场占比约 8.3%，异质结电池片市场占比约 0.6%，XBC 电池片市场占比约 0.2%。未来随着生产成本的降低及良率的提升，N 型电池将会成为电池技术的主要发展方向之一（中国光伏行业协会，2023）。

① 资料来源：中国光伏行业协会 CPIA. http://www.chinapv.org.cn/index.html.

2. 产业链

中国光伏产业在过去的十年中高速增长，产业规模不断扩大，已经形成了完整的产业链。从硅料、硅片、电池片到组件，中国均具备了世界级的生产能力，全产业链发展模式使得中国的光伏产业具有强大的竞争优势。光伏产业链主要包括上游原材料采集加工，中游电池片组件制造，以及下游光伏电站建设运营（图4.4）。目前我国光伏产业已基本实现了全产业链自主可控，其持续增强的制造能力、逐步完善的产业链、持续扩大的市场规模、不断提升的技术化水平都为其在国际上更加强劲的竞争发展奠定了坚实基础。

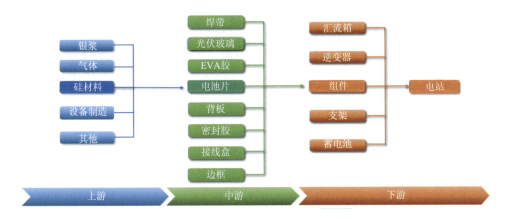

图 4.4 光伏产业链示意图

从光伏产业链供应链关键环节来看，中国光伏产业已具备较高的生产制造能力，在光伏组件制造的各个阶段都占有最大份额，主要加工制造环节约占全球产品供应的80%，但在部分环节中仍存在"卡脖子"风险。例如，我国高纯石英砂的制备研究起步较晚，目前主要能够生产中低端产品，高端石英砂仍需从国外进口；光伏银浆中低温银浆的最大供应商来自日本；光伏靶材目前基本被美国、日本、韩国的企业垄断等。

在光伏设备领域，我国主要光伏设备生产企业近年来相继发布了规模宏大的光伏产能扩张计划，覆盖硅棒、硅片、电池、组件等各个产业链环节。这种扩产势头拉动了相关设备厂商订单的不断增加，2022 年我国光伏设备产业规模超过 650 亿元，同比增长62.5%。在产业方面，我国光伏设备企业销售收入持续增长，随着大尺寸、薄片化、SMBB 等先进技术不断更新，企业对 TOPCon、HJT 等高效电池技术更加关注，我国市场上已经难以找到非国产化光伏制造设备。同时，光伏设备企业的海外出口迅速增长，印度、美国、土耳其等海外市场迎来了新一轮扩产潮。我国多家头部光伏企业在东南亚等地区加速进行一体化产能建设，为我国光伏设备制造企业带来大量海外订单。

3. 产业经济性和减碳效果

在经济性发展方面，过去十年，光伏发电成本降低了 80%～90%，技术进步和大规模产业应用有效促进了光伏成本的快速下降。2021 年起，我国对新备案集中式光伏电站、工商业分布式光伏项目和新核准陆上风电项目不再补贴，风光发电正式步入平价上网时代。2007~2022 年，我国光伏组件成本从 36 元/W 下降至 1.95 元/W、系统成本从 60 元/W 下降至 4.13 元/W。在光伏系统初始投资方面，2022 年我国地面光伏系统的初始全投资成本约为 4.13 元/W，工商业分布式光伏系统初始投资成本约为 3.74 元/W。在光伏度电成本（LCOE）方面，2022 年，全投资模型下地面光伏电站和分布式电站在 1 800h、1 500h、1 200h、1 000h 等效利用小时数的 LCOE 分别为 0.18 元/（kW·h）、0.22 元/（kW·h）、0.28 元/（kW·h）、0.34 元/（kW·h）和 0.18 元/（kW·h）、0.21 元/（kW·h）、0.27 元/（kW·h）、0.32 元/（kW·h）。随着产业链各环节新建产能的逐步释放，组件效率稳步提升，整体系统造价将显著降低，预计 2030 年，光伏组件成本将下降至 1.1 元/W，地面光伏系统和工商业分布式光伏系统初始全投资成本下降至 3.17 元/W、2.81 元/W，集中式、分布式光伏发电度电成本将下降到 0.13~0.22 元/（kW·h）、0.15~0.20 元/（kW·h）[1]。

在减碳效果方面，光伏发电作为清洁电力的一种，每一瓦光伏组件的生产约耗电 0.4kW·h，其全生命周期中可产生大约 45kW·h 绿电，能源产出是消耗的 100 倍以上[2]。光伏发电系统的使用寿命一般是 20~25 年，目前作为主流技术路线的晶硅太阳能电池光伏发电的碳排放约 50g/（kW·h），仅为化石能源碳排放的 5%~10%（刘思棋，2023），减碳效果显著。

4. 产业规模和前景

光伏产业作为基于半导体技术和新能源需求而兴起的朝阳产业，是未来全球先进产业竞争的制高点。市场前景方面，在《联合国气候变化框架公约》第 28 次缔约方大会（COP28 会议）上，超过 100 个国家达成协议：2030 年全球可再生装机量将增至 3 倍，至少达到 11 000GW；具体来看，光伏装机量将增加至 5 457GW。根据中国光伏行业协会的预测，未来我国光伏市场将继续维持高位平台运行，2030 年光伏新增装机量在保守情况下为 252GW，乐观情况下为 317GW。主要环节产能方面，预计 2024 年多晶硅、硅片、电池片、组件产量超过 210 万 t、935 GW、820 GW、750 GW。产品市场分布方面，电池片大尺寸化、N 型电池技术市场占比快速提升，预计 2030 年以后下一代 N 型晶硅电池将成为市场主流技术，钙钛矿太阳能电池、有机太阳能电池等有望实现低成本规模化生产，行业将呈现出晶硅电池和新型电池、高效单结电池和双结叠层电池共存局面。

在设备发展领域，我国光伏设备企业已经具备了从硅材料生产、硅片加工、光伏电池片、组件设备的生产到相应的纯水制备、环保处理、净化工程建设，以及与光伏产业链相应的检测设备、模拟器等一套供应能力。部分产品如清洗设备、制绒机、扩散炉、氧化退火炉、LPCVD、管式 PECVD、印刷机、单晶炉、串焊机、层压机、检测及自动化设备等已基本实现全国产化，并出口到不同国家。2022 年，光伏行业逐步确定了以大尺寸硅片、TOPCon 电池片为主要技术路径的新趋势，带来了相关设备领域的变革，包括 TOPCon 电池产线产能累计投产约 80GW，规划产能达到 190GW，TOPCon 电池产线投资成本迅速降低至约 19 万元/MW。此外，HJT、钙钛矿等新型电池技术路线也取得了

---

① 资料来源：中国碳中和目标下的风光技术展望. https://www.efchina.org/Reports-zh/report-snp-20240131-zh.

② 资料来源：http://www.nea.gov.cn/2023-11/06/c_1310748989.htm.

较大进展，设备国产化比例迅速提高，成本显著下降。

表 4.3　光伏设备分类

生产设备类型	设备种类
硅棒、硅锭生产设备	铸锭炉、单晶炉、检验测试设备、切割研磨设备
硅片生产设备	开方机、多线切割机、检验测试设备、抛光研磨设备、清洗设备、自动分拣设备
电池片制造设备	制绒机、清洗机、扩散炉、多晶硅层沉积设备、钝化膜沉积设备、PECVD 设备、烧结炉、丝网印刷机、激光开槽机、离子注入机
晶硅电池组件制造设备	层压机、串焊机、汇流条自动焊接机、EL 测试仪、切割划线设备、IV 测试仪
薄膜电池组件制造设备	CVD 设备、PECVD 设备、PVD 设备、清洗机、激光刻划机、层压机

4.1.2　风力发电产业

1. 产业发展现状

在风电建设及运营方面，根据国家能源局公布数据[①]，2022 年我国风电新增装机容量 3 763 万 kW，其中陆上风电新增 3 289 万 kW，海上风电新增 407 万 kW。截至 2022 年底，风电累计装机容量达到 36 544 万 kW，其中陆上风电 33 498 万 kW，海上风电 3 046 万 kW。2022 年，我国各区域装机容量中，西北、华北、南方地区位列前三位，风电装机容量分别达到 82 79.23 万 kW、7 585.53 万 kW、6 260 万 kW，占全国总装机量的 50% 以上。2022 年，我国部分省（自治区、直辖市）风电装机容量概况详见图 4.5。

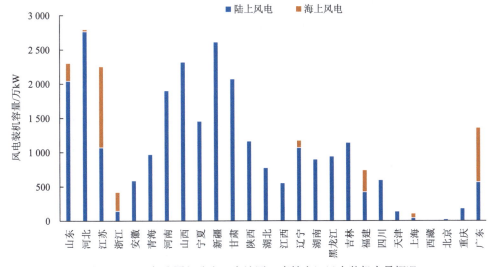

图 4.5　2022 年我国部分省（自治区、直辖市）风电装机容量概况

资料来源：https://sgnec.sgcc.com.cn/renewableEnergy/developmentSituation.

---

① 资料来源：http://www.nea.gov.cn/2023-02/13/c_1310697149.htm.

风电制造方面，全球风电产业正加速向中国转移，中国风电产业链整体呈集中化、一体化趋势发展。现阶段，我国风电机组的产量占到全球的 2/3 以上，发电机、轮毂、机架、叶片、齿轮箱、轴承等关键部件的产量占全球 60%～70%。根据国际能源署（IEA）发布的《2023 年能源技术展望报告》，截至 2021 年，中国海上风电市场占有率为 70%，陆上风电市占率为 59%。根据《2023 全球风能报告》，从 2023 年全球风电机组制造产能分布来看，中国占比达到 60%（含三家西方整机商），全球风电叶片、发电机和齿轮箱等关键部件中，中国占比均值超过 65%。

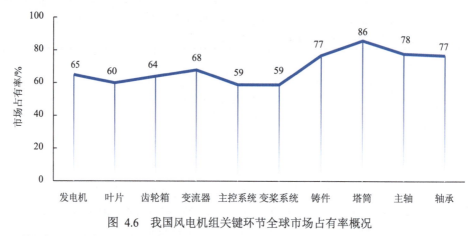

图 4.6　我国风电机组关键环节全球市场占有率概况

数据来源：中国碳中和目标下的风光技术展望. https://www.efchina.org/Reports-zh/report-snp-20240131-zh.

根据中国可再生能源学会风能专业委员会公布的数据，2022 年，全国风电市场新增装机的整机制造业企业有 15 家，新增装机容量 4 983 万 kW，排名前五的企业市场份额达到 72%。2022 年中国风电整机制造企业装机容量和市场份额概况参见图 4.7。

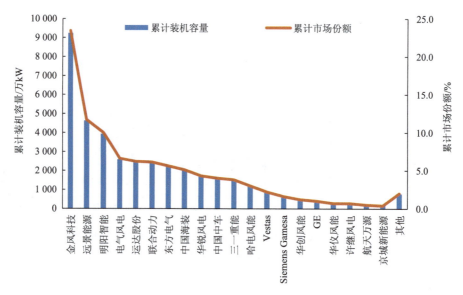

图 4.7　2022 年中国风电整机制造企业装机容量和市场份额概况

截至 2022 年底，前 5 家整机制造业企业累计装机市场份额超过 57%。陆上风电方面，共有 15 家整机制造业企业在陆上风电有新增装机，前 5 家新增容量占比 75%，前 10 家占比 98.4%；前 5 家累计装机容量占比 58%，前 10 家占比 81.6%。海上风电方面，我国共有 7 家整机制造业企业有海上风电新增装机，目前海上风电整机制造企业共 14 家。

在产品出口方面，根据《中国风电产业地图 2022》发布数据，2022 年中国向海外市场出口风电机组共计 610 台，容量超过 220 万 kW。截至 2022 年底，我国自主研发的风电机组已经遍布全球近 50 个国家和地区，累计出口风电机组共计 4 224 台，累计容量超过 1 100 万 kW。其中，陆上风电机组累计出口 4 112 台（容量约 1 143 万 kW）、海上风电机组累计出口 112 台（容量约 49 万 kW）。

2. 产业链

中国的风力发电行业经过多年的发展，已经建立了一个较为完善的产业链，包括风机制造、风电场建设和风电运维等各个环节。风机制造是该行业的核心环节，主要包括风机整机制造和风机零部件制造。风电场建设则是指将风机安装在风电场的过程，主要由风电场开发商、风电场总包商和风电场施工单位完成。风电运维是指对风电场进行日常检修、维护和管理的过程，主要由风电场运营商、风电场运维服务商和风电场监测系统提供商完成。

风电产业链整体呈集中化、一体化趋势发展，其产业链长而复杂，上游、中游、下游各环节涉及材料、制造等多个领域。从产业链供应链关键环节来看，全球风电产业国际分工体系发达，风机、轴承、环氧树脂、风机叶片、齿轮箱等关键环节的生产制造分布在多个国家，产业链核心环节生产地分布于亚太、欧洲和北美地区的多个国家（白玫，2023）。目前，我国在风电领域取得了阶段性成就，但风电某些关键环节仍对国外依赖程度较高。例如，风电主轴承的生产基本由国外八大公司垄断；碳纤维生产工艺流程长，技术壁垒极高，核心生产技术集中在日本、美国，我国龙头企业正逐步打破国外技术垄断；在芯材方面，全球 90% 以上的轻木都是来自南美洲的厄瓜多尔等。

中国的风力发电设备行业产业链的上游主要是风机零部件的原材料和设备供应商，包括钢材、铸件、锻件、轴承、电机、变频器、传感器、控制器、液压系统、制动器、叶片、塔筒等（图 4.8）。上游供应商众多，竞争激烈，产品质量、价格、供货周期等是影响上游供应商核心竞争力的因素。上游供应商的利润水平受风机制造商的议价能力和市场需求的影响，一般较低。中国风力发电设备行业产业链的中游主要是风机整机制造商，包括金风科技、明阳智能、上海电气、联合动力、中车风电等。中游制造商数量相对较少，竞争较为集中，产品技术、品牌、服务等是影响中游制造商核心竞争力的因素。中游制造商的利润水平受风电场开发商的选择和政策补贴的影响，一般较高。中国风力发电设备行业产业链的下游主要是风电场开发商、运营商和运维服务商，包括国家电投、三峡集团、华能集团、大唐集团、中广核、龙源电力、华仪电气、特变电工等。

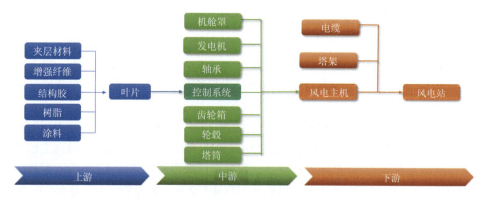

图 4.8　风电产业链示意图

3. 产业经济性和减碳效果

经济性发展方面，在技术创新和市场需求驱动下，2000～2022 年，我国风电机组成本从 12 000 元/kW 下降至 1 800 元/kW 左右，下降幅度高达 85%。2022 年，我国陆上风电机组价格下降至 1 800 元/kW，海上风电机组价格下降至 3 300 元/kW 左右。风电机组价格持续下降的同时，推动了风电项目总投资同比有所降低。风电初始投资成本方面，2021 年我国陆上风电初始投资成本在 5 000～6 500 元/kW，海上风电初始投资成本 11 500～15 500 元/kW，未来将呈持续下降态势。风电度电成本方面，2006 年以来，中国陆上风电项目的平均度电成本下降了 70%，2010～2022 年海上风电度电成本下降了 64%。2022 年，我国陆上风电度电成本约为 0.17 元/(kW·h)，海上风电度电成本约为 0.46 元/(kW·h)。随着风电机组的大型化发展趋势，未来风电成本预计还有很大下降空间。根据中国可再生能源学会风能专业委员会评估测算，2025～2035 年，陆上风电项目的平均造价为 4 200～5 500 元/kW、3 800～5 000 元/kW、3 500～4 800 元/kW，度电成本为 0.17～0.22 元/(kW·h)、0.15～0.20 元/(kW·h)、0.14～0.19 元/(kW·h)；海上风电项目的平均造价为 10 000～11 000 元/kW、8 500～9 500 元/kW、8 000～9 000 元/kW，度电成本为 0.26～0.28 元/(kW·h)、0.22～0.24 元/(kW·h)、0.21～0.23 元/(kW·h)[①]。

减碳效果方面，在风机全生命周期中，原材料生产环节产生的二氧化碳占比最大，占风机全生命周期内碳排放总量的 49.3%，其次是风电场建设环节（40.1%），风电运维阶段占风机全生命周期排放总量的比例最低。近年来，风机碳足迹仅为 5～15 g CO_2-eq/(kW·h)，远低于火力发电的碳足迹（远景科技集团，2023）。

4. 产业规模和前景

未来 5～10 年是中国能源转型和绿色发展的关键期，对风电装备的需求及技术创新要求也将进一步提升。截至 2022 年，中国风力发电设备行业市场规模约为 900 亿美元，同比增长 4.1%。其中，风机制造市场规模约为 500 亿美元，同比增长 3.5%；风电场建

---

① 资料来源：中国碳中和目标下的风光技术展望. https://www.efchina.org/Reports-zh/report-snp-20240131-zh.

设市场规模约为 300 亿美元，同比增长 5.0%；风电运维市场规模约为 100 亿美元，同比增长 4.5%。风机制造市场占据了风力发电设备行业市场规模的 55.6%，风电场建设市场占据 33.3%，风电运维市场占据 11.1%。在海上风电方面，为完成各省份"十四五"规划目标，2024～2025 年海上风电并网需求将达到 30 GW。当前，存量海风项目审批和开工节奏正在加快，预计 2024 年海风开工规模将达到 15 GW，年内并网规模将超过 10 GW。另外，2023 年国家能源局表示将推出《深远海海上风电开发建设管理办法》，并制定全国深远海海上风电规划，深远海将成为海上风电开发的重要组成部分。

4.1.3　核　电　产　业

1. 产业发展现状

核电具有安全、低碳、清洁、经济、稳定和能量密度高的特点，发展核电对于我国突破资源环境的瓶颈，保障能源安全，减缓 CO_2 和污染物排放，实现绿色低碳发展具有不可替代的作用（叶奇蓁，2015），核电将成为我国未来可持续能源体系的重要支柱之一。我国核工业从 1955 年创建以来，取得了辉煌的成就，核电产业已经初具规模，成为世界上少数几个拥有完整核工业体系的国家，核电技术装备、建设运营达到国际先进水平。

近年来，我国在发布碳达峰碳中和"1+N"政策体系的基础上，党的二十大将"积极安全有序发展核电"写入大会报告中，并将核电技术作为我国进入创新型国家行列的重大成果之一，充分凸显了我国对核电发展的高度重视。《"十四五"能源领域科技创新规划》围绕三代核电技术型号优化升级、小型模块化反应堆、先进核能系统关键核心技术攻关、推进核能全产业链上下游可持续发展等方面积极布局核能科技创新。国家发改委、国家能源局印发了《"十四五"现代能源体系规划》，明确提出加快推动能源绿色低碳转型，到 2025 年，核电运行装机容量达到 7 000 万 kW 左右。2022 年国务院常务会议相继核准 10 台核电机组开工建设，核准机组数量大幅增加。

在核电研发设计方面，我国科技创新能力不断增强，自主品牌逐步建立。我国高度重视核能科技的创新工作，把安全高效核能技术列为重点任务，围绕"三步走"战略持续发展我国核能技术，加强基础研究、原始创新，不断缩小与国际先进水平的差距。目前，我国率先实现由二代向自主三代核电技术的全面跨越，自主第三代核电国内外首堆相继投入商运，进入大规模应用阶段，标志着我国真正自主掌握了三代核电技术，商业化核电技术水平跻身世界前列。第四代核电技术全面开展研究工作，其中，在钠冷快堆、高温气冷堆及钍基熔盐堆等方面处于世界先进水平。在聚变能技术方面，我国也已成为世界上重要的研究中心之一。

在核电建造方面，核电工程建设管理及总承包能力不断加强。在确保安全的基础上，我国有序推进核电建设取得显著成绩。目前，我国是世界上在建设核电机组最多的国家。在建设核电机组采用的核电技术包括二代改进型核电技术、三代核电技术。核电工程建造队伍通过 30 多年的发展，全面掌握了 30 万 kW、60 万 kW、100 万 kW 装机容量，涉及压水堆、重水堆、高温气冷堆和快堆等各种堆型的核心建造技术，形成了核电站建造的专有技术体系。

在装备制造方面，核电装备产业布局已基本完成，核心环节自主可控。通过实施核心设备和零部件国产化攻关，推进核电装备制造业高质量发展，我国已形成年供 10 台/套左右百万千瓦级压水堆核电主设备成套供货能力（张廷克等，2022），核电主要堆型设备国产化率达到 90%以上（中国核能行业协会等，2023），核电装备技术及研制能力达到了世界先进水平。

在核电运营方面，商运机组运行业绩处于世界领先水平。我国在运核电机组的安全性有保障，机组安全水平和运行业绩良好，安全风险处于受控状态，放射性流出物水平远低于国家标准。目前，中国核工业集团有限公司（以下简称"中核集团"）、中国广核集团有限公司（以下简称"中广核"）、国家电力投资集团有限公司（以下简称"国家电投"）三家企业控股运营国内核电站。截至 2022 年底，中广核控股在运核电机组 26 台，装机容量 2 938 万 kW，国内占比 52.6%；在建机组 7 台，装机容量 838.4 万 kW。中广核是中国最大、世界第三大核电企业。中核集团控股在运核电机组 25 台，装机容量 2 255 万 kW，国内占比 40.4%；在建机组 10 台，装机容量 1 008.6 万 kW，中核集团是中国第二大核电企业。

2. 产业链

随着我国核电的持续发展，核电产业链各环节逐步建立并不断完善，已形成涵盖核电研发设计、核电建造、天然铀生产、核燃料加工、装备制造、核电运营、核电退役、乏燃料及核废物管理等的核电全产业链（图 4.9），我国是世界上极少数几个拥有核工业全产业链的国家之一。

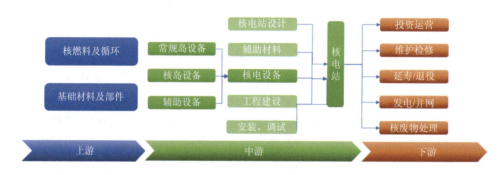

图 4.9　核电产业链示意图

受益于我国核电市场多年来的快速稳步发展，我国核电形成了以中广核及中核集团为核心的研发设计、建造运营体系。同时，国产化装备得以逐步推广应用并持续改良优化，我国核电装备自主化水平不断提高，各大型成套设备均取得了技术突破，部分装备的制造和配套技术达到了世界先进水平。近年来，我国通过实施核心设备和零部件国产化攻关，推进核电装备制造业高质量发展。目前，我国已建成较为完整的核电装备产业链，形成了以东北、四川、山东和上海等地为代表的核电装备制造基地（王言杰，2022）。

3. 产业经济性和减碳效果

核电大规模产业应用和技术进步促进核电成本具有竞争力，在核电成本结构中，核电站建造费占 50%～0。就核电机组造价而言，二代核电造价 13 000～14 000 元/kW，三代核电造价 16 000～17 000 元/kW。核电站二代及二代+一般设计寿命为 40 年左右，三代核电机组为 60 年左右，一般可延寿 20 年。综上，核电平均发电成本约为 220 元/（MW·h），平均上网电价约为 350 元/（MW·h）。由于核电的发电成本相对较低，且对调峰电源的需求相对较低，增加核电发展规模可显著降低全社会用电成本，具有较好的经济性。未来随着核电技术的发展及建造成本的下降，核电将具有更高的安全可靠性、更少的废物产生量、更好的经济性，并且具备多用途功能。核能发电将是未来能源发展的重要方向。

核电是低碳、清洁、稳定能源。其在运行过程中不会排放 CO_2 等温室气体，也不会排放有害气体和固体尘粒。从核电全生命周期来看，核电碳排放低于光伏、风电等清洁能源，属于低碳能源。在新能源发电占比上升的背景下，核能作为一种稳定性强的基荷，有望与新能源形成互补，支持电网运行。1 kg 铀-235 的原子核全部裂变，可以释放相当于 270 万 kg 标准煤完全燃烧释放的能量，一台百万千瓦核电机组每年可减排二氧化碳约 600 万 t。与燃煤发电相比，2023 年核能发电相当于减少燃烧标准煤 12 339.56 万 t，减少排放二氧化碳 32 329.64 万 t（图 4.10）。核电减排能力显著，在"双碳"目标下其潜力非常巨大。

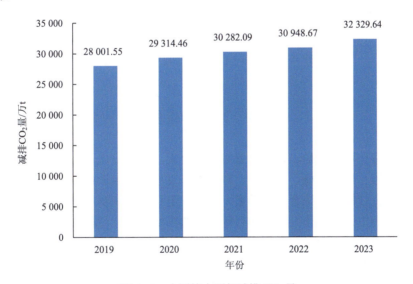

图 4.10　中国核电历年减排 CO_2 量

资料来源：中国核能行业协会历年全国核电运行情况. https://www.china-nea.cn/site/term/65.html.

4. 产业规模和前景

目前我国核电发电量占全国发电量份额比较小，核电发展仍然有较大的空间。根据"十四五"规划，"十四五"核电装机容量将达到 7 000 万 kW。2030 年，结合国内能源结构，预计核电运行装机容量约为 1.5 亿 kW，在建容量为 5 000 万 kW。届时国内总电量需求为 8.4 万 kW·h，核电发电量占 10%～14%，达到规模化发展。另据《我国核电发展规划研究》（图 4.11），到 2030 年、2035 年和 2050 年，我国核电机组规模将达到 1.3 亿 kW、1.7 亿 kW 和 3.4 亿 kW，占全国电力总装机的 4.5%、4.1%、6.7%，发电量分别达到 0.9 万亿 kW·h、1.3 万亿 kW·h、2.6 万亿 kW·h，占全国总发电量的 10%、13.5%、22.1%（中国核电发展中心和国网能源研究院有限公司，2019）。2030～2050 年，预计将实现快堆和压水堆匹配发展，核电装机容量有望达到 3 亿～4 亿 kW。

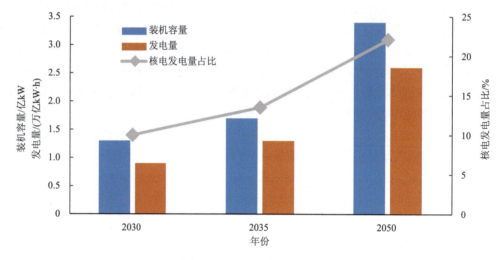

图 4.11　中国核电预测数据

资料来源：中国核电发展中心和国网能源研究院有限公司，2019。

4.1.4　其他零碳能源

水电发展存在资源总量、地理位置等制约因素，且开发成本呈现上升趋势，产业未来增长空间有限；生物质能、潮汐能、地热能等发电形式由于资源、成本、技术限制等多方面原因，发展较慢；综合各项因素，风力发电和太阳能发电是未来低碳能源产业发展和能源转型的主力军。作为碳中和目标实现的重要力量，可再生能源产业将在科技持续创新下，加快解决产业发展中"卡脖子"问题，继续释放产业先进产能，进一步助推产业升级，推进产业稳链、强链、延链、补链等协同发展。

在生物质能领域，其装备主要涉及从生物质资源中提取、转化、利用能量的相关装备和技术的研发、制造和销售，以及相关工程的服务和维护。该行业主要涉及的产品包括生物质能源加工设备、生物质燃气化发电装置、生物质热电联产装置、生物质成型加工设备等。生物质能利用装备制造行业是一个新兴的高科技产业，具有广阔的市场前景和巨大的经济社会效益。生物质能利用装备主要包括生物质燃烧装备制造、生物质气化装备制造、生物质液化装备制造、生物质发酵装备制造。目前中国生物质能利用装备整体竞争格局较为激烈，市场集中度较低，大量的小型企业参与竞争，国际竞争也在加剧。

受资金、技术和管理等条件制约，中国生物质能利用装备企业的规模相对较小，难以形成规模效应和竞争优势，导致市场竞争激烈。生物质能利用装备制造行业对技术有较高的要求，需要具备相应的技术实力和研发能力。由于该行业技术更新换代较快，企业需要不断进行技术研发和创新，以保持竞争力。

目前生物质能利用装备制造行业技术不断创新，推动了装备成本和性能方面的稳定改善，在未来会有更多的市场需求得到满足，尤其是在新能源市场的推广和支持下，这个行业的未来市场规模有望进一步扩大。随着环保政策的加强和能源需求的持续增长，生物质能装备制造行业将会有更大的市场空间。

4.2   化石能源清洁高效低碳开发利用产业

4.2.1   煤炭清洁高效低碳开发利用

1. 产业发展现状

煤炭是我国能源产业的主导资源，也是基础工业的主要燃料和原料。"富煤、贫油、少气"的能源资源禀赋决定着煤炭将在我国经济发展中发挥长期作用。2022 年，我国原煤生产 45.6 亿 t，同比增长 10.5%，创历史新高。同年我国能源消费总量达 54.1 亿 t 标准煤，其中煤炭占比 56.2%。煤炭消费总量增长 4.3%，超过能源消费总量增速。我国煤炭主要用于燃煤发电、工业生产及化工原料，是我国能源供应和消费的主体。以 2020 年煤炭消耗为例，燃煤发电占 52%，钢铁占 17%，化工占 8%。电力工业及高能耗工业（钢铁、化工、水泥、有色金属等）占二氧化碳排放总量的 80% 左右（刘中民，2022；蔡睿等，2022）。然而，现有的煤炭利用方式不可避免地产生二氧化碳排放，在"双碳"目标背景下，推进煤炭清洁高效利用具有重大的战略意义。习近平总书记在视察榆林时提出，"要按照绿色低碳的发展方向，对标实现碳达峰、碳中和目标任务，立足国情、控制总量、兜住底线，有序减量替代，推进煤炭消费转型升级"，为我国煤炭发展指明了方向。

煤炭清洁高效低碳开采利用包括开采与利用两个环节。

1）煤炭清洁高效低碳开采

煤炭开采环节，需在保持煤炭大规模开采的基础上，最大程度减轻煤炭开采与自然环境间的矛盾。2020 年，王双明院士按照煤矿全生命周期，提出"采前精细勘查，采中有效减损，采后恢复利用"的绿色开采地质保障理念，丰富了煤矿绿色开采内涵（王双明等，2020）。近年来，随着"双碳"目标提出，煤矿绿色开采在原有理念基础上，纳入低碳内涵，扩展为煤矿绿色低碳开采（刘具和秦坤，2023）。近年来，我国煤炭开采的绿色、智能、低碳化水平显著提升。

绿色开采是指煤炭开采过程中注重煤矿全生命周期的近零生态环境损伤，不断提高矿井水、煤层气（瓦斯）的资源综合利用率，减少煤矸石等大宗固废的排放并提升其利用水平，加强废弃矿井的资源化和功能化（刘峰等，2021）。近年来，我国构建了以充填开采、煤与瓦斯共采、保水开采、优质遗煤精采细采、无煤柱开采等为主的绿色开采理论与技术体系，有效降低煤炭开采对地下水的影响，减少了煤矿区地表沉陷。截至 2022 年底，纳入全国绿色矿山名录的煤炭企业共 1 100 多家，煤矿区土地复垦率达 57.8%，矿区生态环境质量稳定向好，矿井水综合利用率达到 79.3%（中国煤炭工业协会，2023）。

智能开采是煤炭工业高质量发展的核心技术支撑。一方面，能通过自动化、智能化水平提升替代危险繁重的岗位，实现煤矿开采总体少人化、主要工艺流程无人化；另一方面，在少人（无人）情况下保证煤炭安全高效开采，以满足经济社会的发展需求。目前，煤矿智能化逐步由试点示范转向大范围推广应用，据国家矿山安全监察局统计，截至 2022 年底，全国智能化采掘工作面达到 1 019 个；智能化煤矿 572 处，产能 19.36 亿 t（宗合，2023）。

低碳开采是指在煤炭开采过程中减少化石能源利用及甲烷等温室气体逸散排放的开采方式，如加强煤矿瓦斯回收利用、减少煤炭开采过程中甲烷逸散排放；开发煤矿地热资源；充分利用煤矿沉陷区，发展煤矿开采与可再生能源融合；充分发挥煤矿地下空间资源，开展煤矿二氧化碳封存、地下抽水蓄能/压缩空气储能等。近年来，随着国家对甲烷排放治理的重视，煤炭行业已经重视对甲烷逸散的治理，如 2020 年 11 月，生态环境部、国家发改委、国家能源局三部门联合发布了《关于进一步加强煤炭资源开发环境影响评价管理的通知》，首次提出管控煤炭行业温室气体排放。充分利用煤矿废弃的采煤沉陷区及周边土地资源，发展光伏发电、风电等新能源，推进以煤电为核心，风电、光伏发电协同发展的格局，建立多能互补的清洁能源体系，将煤矿区建设成为多种能源协同的清洁能源基地（李云舒和管筱璞，2021）。

2）煤炭清洁高效低碳利用

煤炭清洁高效低碳利用包括煤炭燃烧与煤炭转化两类。近年来，我国在煤炭清洁高效低碳利用技术方面已经取得了明显的进步，持续推动煤炭利用由燃料属性向燃料属性与原料属性耦合转变，部分技术已经走在世界前列，煤化工进入快速发展期，高能耗工业能耗指标明显降低，具体进展如下。

A. 燃煤发电机组供电煤耗逐步降低，正在努力提升可再生能源接纳能力

我国现役煤电机组平均供电煤耗约为 310g/（kW·h），其中高于 300g/（kW·h）的约 6.5 亿 kW，低于 300g/（kW·h）的约 4.3 亿 kW。按国家发改委最新要求，新建超超临界机组设计供电煤耗低于 270g/（kW·h），湿冷煤电机组设计供电煤耗低于 285g/（kW·h），空冷煤电机组设计供电煤耗低于 300g/（kW·h）的要求，预计到 2025 年，全国火电平均供电煤耗可降至 300g/（kW·h）以下。

煤电正在逐步推进深度灵活调峰技术的研究与实施，以平抑可再生能源的间歇性、波动性问题，提升电力系统对可再生能源的接纳能力，在电力系统安全可靠运行中发挥稳定器作用。近年来，部分煤电企业不断下探负荷深度调峰空间，如国家能源集团开发的超低背压微出力切缸技术和高低旁联合供热技术，实现煤电机组 20% 负荷深度调峰及灵活性供热改造调试。

B. 煤化工技术和产业快速发展

截至 2022 年，煤制油、天然气、烯烃、乙二醇四大类投产项目产能分别达到 823 万 t/a、61.25 亿 m³/a、1 772 万 t/a、1 083 万 t/a，投产率分别增长至 89%、100.6%、104.4%、37.5%，呈现稳步增长趋势，主要产品产量 2 749 万 t，年转化煤炭约 1.07 万 t 标准煤。煤化工技术持续创新，第三代甲醇制烯烃技术正在开展百万吨级工业示范装置建设，可实现吨烯烃甲醇单耗 2.6~2.7 t，比目前行业指标降低 10% 以上。世界首套 50 万 t/a 煤制乙醇装置投产，有望在替代粮食乙醇方面发挥作用。

2. 产业链

煤炭是我国的基础能源，其产业链长且深入各个行业。宏观来看，煤炭产业链包括开采、加工与利用三大环节（具体见图 4.12）。本节分析的煤炭产业链主要关注煤炭开采和洗选行业、电力行业和煤化工行业，其他部门的消费主要受宏观经济和各行业政策影响，与煤炭行业本身关系不大，在此不进行分析。

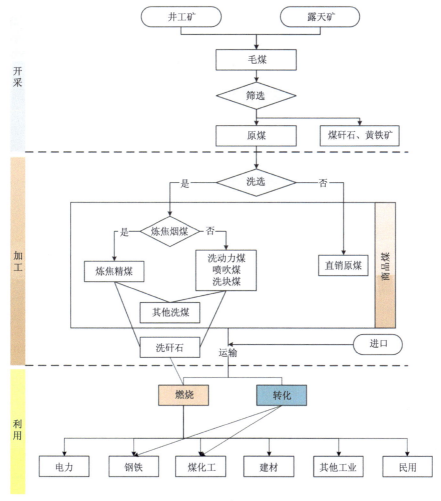

图 4.12　煤电产业链示意图

（1）煤炭开采：根据煤炭资源赋存情况，煤矿开采方法分为露天开采和井工开采。毛煤是煤的最原始状态，毛煤经过简单加工处理，去除肉眼可见的石块、黄铁矿等之后为原煤。

（2）煤炭加工：采用物理、化学等方法有效分离煤和杂质，形成满足特定煤质要求的洗煤产品的煤炭加工过程。实际洗选加工中，主要分为炼焦煤洗选和动力煤洗选。随着钢铁工业喷吹煤技术发展，用低灰的无烟煤、贫煤和年轻烟煤替代焦炭的需求增加，高炉喷吹煤洗选过程也逐渐增加。

（3）煤炭利用：主要为以煤炭为燃料、原料的各个工业部门、三产部门和民用部门。工业部门中电力、钢铁、煤化工、建材是我国消费煤炭四个最主要的部门。

3. 产业经济性和减碳效果

在经济性方面，近年来，随着煤炭保供形势严峻，煤炭价格处于高位，煤炭开采和洗选加工行业营业收入和利润大幅增长（图4.13）。2022年，全国规模以上煤炭企业（煤炭开采与洗选业）营业收入4.02万亿元，同比增长19.5%；利润总额超过万亿，达到1.02万亿元，同比增长44.3%；资产负债率60.7%。经济效益进一步向资源条件好的企业集中，前5家、前10家大型煤炭企业利润占规模以上煤炭企业利润总额的比重分别达到25.9%、33.6%。

图4.13 煤炭开采和加工行业的营业收入和利润总额

电力行业经济性除受发电供热规模影响外，更受电煤价格影响。近年来电力行业持续发展，发电供热规模上升，带来营业收入快速上升，从2017年的5.87万亿元增长到2022年的9.28万亿元，年均增长9.6%；但受电煤价格在2021年大幅增长影响，电力行业利润总额下降56.1%。2022年，随着国家对电煤价格管控加强，电力行业利润总额有所回升，具体见图4.14。

图 4.14　电力、热力的生产和供应业的营业收入和利润总额

现代煤化工是在我国"富煤、缺油、少气"资源禀赋的基础上，通过科技创新创建的独特产业。其在保障经济性的同时，更需要保障国家油气供应安全。国家整体布局了"四大现代煤化工产业升级示范基地"，推动煤制油（直接法和间接法）、煤制气、煤制烯烃、煤制乙二醇以及煤制芳烃等产业的发展，目前都取得了重大创新和突破，积累了工程化和产业化的重要经验，并在煤化工与石油化工互补、煤化工与新能源耦合发展等方面开展了深入研究和探索，更为国家能源安全提供了技术储备和战略保障。2022 年，煤（甲醇）制烯烃产能为 1 772 万 t，煤制气产能为 61.25 亿 m^3，煤制乙二醇产能为 1 803 万 t，煤制油产能 823 万 t；年转化煤炭 1.069 亿 t 标准煤；年营业收入合计 2 017.9 亿元；年利润总额 131.9 亿元。其中，俄乌战争导致原油价格高企，带动煤制油产品价格上升，使煤制油利润实现大幅增长，达到 71.7 亿元；俄乌战争导致国际天然气价格高涨，抑制国内天然气进口被抑制，使煤制气产能利用率提升，达到 100.6%，年营业收入合计达 230.8 亿元，利润总额为 60 亿元，扭转了亏损局面。煤制烯烃产能利用率为 104.4%，比上年提高 10.2 个百分点，年营业收入达 1 109.3 亿元，利润总额为 30.1 亿元，但较上年有所下滑。煤（合成气）制乙二醇产能产量双增长，产能利用率保持低位运行，仅为 37.5%。因产品应用受到进口低价产品冲击等因素影响，煤制乙二醇效益难有提高，行业营业收入为 165 亿元，亏损 29.9 亿元。

在减碳效果方面，煤炭自身属于高碳资源，其减碳效果更多通过开采节能、终端用能能效提升和煤化工固碳三方面体现。以 2012 年为基准年，在开采节能方面，2022 年大型煤炭企业原煤生产综合能耗由 2012 年的 17.1kg 标准煤/t 下降到 9.7kg 标准煤/t，2022 年原煤产量 45.6 亿 t，煤炭原煤生产耗能减少 3 374 万 t 标准煤，折二氧化碳排放约 8 800 万 t。在终端用能能效提升方面，煤电供电煤耗由 2012 年的 324.6g 标准煤/（kW·h）下降到 2022 年的 300.7g 标准煤/（kW·h），按 2022 年煤电发电量计算，减少煤炭消费 1.2 亿 t 标准煤，折二氧化碳排放约 3.2 亿 t。在煤炭转化固碳方面，2022 年转化煤炭 1.07 亿 t 标准煤，按 30%固碳率计算，约减少二氧化碳排放 0.85 亿 t。

4. 产业规模和前景

在"双碳"目标下，为满足经济和社会发展，我国能源消费总量还将继续增加，在2030~2040年达到消费峰值，为60亿~64亿t标准煤，随后稳步下降。到2030年和2060年，我国能源消费总量将分别为60亿和56亿t标准煤。考虑到当前煤炭消费总量高企，预计在"十五五"期间煤炭消费总量达峰，并出现"拐点"后有所下降；2030年以后，煤炭在能源结构中主体能源地位弱化，其战略性矿产资源与煤基原料的作用不断凸显，如煤炭作为煤制油气的战略性资源依然重要；煤炭仍然是钢铁工业不可或缺的原料；随着煤化工产业发展，煤基化学工业将更能充分发挥煤炭特有物理化学性质，形成与石油化工互补的产业；同时，煤电作为调峰电源，持续支撑可再生能源大规模高比例消纳；到2050年以后，煤矿废弃矿井也可作为二氧化碳埋存的潜在空间。为此，未来煤炭需在保障稳定充足供应的前提下，持续做好煤炭开采与加工行业的绿色智能低碳转型，在煤炭开采与太阳能、风能、地热能利用方面进行融合，为煤炭开采与加工行业稳步转型提供支撑。

4.2.2　石油天然气清洁高效低碳开发利用

1. 产业发展现状

石油和天然气是不可或缺的能源和化学品来源。2022年，全球石油剩余探明储量为2 407亿t[①]，天然气剩余探明储量为211万亿m^3。全球油气资源格局不变，石油储量仍主要集中在中东和美洲地区，天然气储量仍主要集中在中东和东欧及原苏联地区。

截至2021年底，我国石油、天然气剩余探明技术可采储量分别达36.89亿t、63 392.67亿m^3。在石油勘探方面，陆上常规石油探明率已近50%，进入勘探中后期，勘探领域主要在陆上深层轻质油、凝析油气、海洋石油、致密油、页岩油；在天然气勘探方面，陆上常规天然气探明率达15%，未来深层海相碳酸盐岩是天然气勘探的重要领域，南海具有发现大气田的资源潜力；我国致密气、页岩气、煤层气均处于勘探早期，是未来天然气增储上产的主力（贾承造等，2023）。

在油气生产上，自2015年我国原油产量达到历史高位21 455万t之后，2016~2018年连续三年下降，自2019年实施增储上产"七年行动计划"后产量全面回升。2022年，我国原油产量达20 472万t，同比增长2.9%，增速进一步提高，天然气产量2 201亿m^3，同比增长7.2%。2022年，我国原油进口5.08亿t，同比下降1.0%，对外依存度降至71.2%；天然气进口量在多年连续大幅增长的情况下，2022年进口量1 520.7亿m^3，同比下降10.4%，对外依存度降为40.2%，保障油气安全供给始终是能源工作的重点。进入2023年，国内持续加大勘探开发力度，油气勘探开发投资约3 900亿元，同比增加10%。

---

① 欧佩克年度统计公报。

图 4.15　2010～2022 年我国原油产量及增速

图 4.16　2010～2022 年我国天然气产量及增速

　　油气开采是一项包含地下、地上等多种工艺技术的系统工程。不同的作业工程都有各自的排污行为，同一个作业环节也可能同时造成多处污染，产生各种污染物，油气清洁低碳开采规划中，超过 50% 的企业选择在 2035 年前实现净零排放[①]，主要采取的降碳策略路径包括技术节能、清洁替代和末端固碳并进。其中，技术节能指通过新技术开发减少能耗实现减碳，包括深层三维地震勘探技术、水平井"一趟钻"技术、光纤成像测井技术、数字化技术等新型开采技术的攻关及应用。清洁替代指采用清洁能源替代化石能源开采原油，2023 年底青海油田低碳示范区中 6 个试验平台采用光热加热炉替代传统的燃气加热炉，试验数据显示在原油开采中，通过以清洁能源替代化石能源，平均日节电量 657 kW·h、日节约天然气量 720 m³，可替代 40% 用电量[②]。末端固碳主要包括二

　　① https://www.idc.com/getdoc.jsp?containerId=prCHC51362323.

　　② https://www.qh.chinanews.com.cn/cj/news/2024/0330/124299.html.

氧化碳驱油等 CCUS 技术的应用。

在"双碳"目标下，我国油气行业面临能源安全和低碳发展的双重挑战：一方面，要积极推动国内油气稳产增产，大力提升国内油气勘探开发力度，推动勘探开发投资稳中有增；另一方面，电动车等新能源汽车行业发展迅速，油气下游消费结构将发生较大变化。预计到 2030 年前，全国石油石化行业产品结构中，成品油生产比例将达到顶峰。油气行业绿色转型正加速推进，逐步加大可再生能源的开发利用和绿氢应用，从勘探开发到油品生产各个环节将尽可能引入绿色能源以减少碳排放，将减排技术与绿色能源技术、储能技术、二氧化碳封存驱油技术等相结合，实现行业绿色创新发展。

2. 产业链

油气开发产业集中在石油、天然气产业链的上游和中游，包括油气勘探开采、油气装备制造、勘探开采服务、管输等（图 4.17）。

图 4.17　油气产业链示意图

3. 产业经济性和减碳效果

油气勘探开发行业一直以来都是国家重要的战略性产业，未来一段时间，石油仍将是国内主导能源和重要的化工原料，需求将持续增长，在"双碳"目标下，天然气消费占比预计翻倍，为油气开发产业发展奠定了基本方向。2022 年，中国油气勘探开发投资约为 3 700 亿元，其中勘探投资约 840 亿元，创历史最高水平；开发投资约 2 860 亿元，投资增量主要用于超深层、深水、页岩油气等重要接替领域的勘探开发。油气公司坚持兼顾能源安全和碳减排的总体目标，不断拓展低碳与新能源业务，大力推动地热、风光气电融合发展，加强 CCUS 产业布局，促进氢能的产运储用全产业链发展。

4. 产业规模和前景

面对复杂的国际形势和能源结构调整等产业背景，油气开发行业发展面临着巨大的挑战。一方面，受乌克兰危机及欧洲能源危机的影响，许多国家对能源安全的重视程度已超越能源转型，部分欧洲国家重启煤电，脱碳进程减速。另一方面，全球绿色低碳技术创新依然非常活跃，新能源汽车、先进核能、氢能、储能、光伏发电及风电技术已经实现产业化或处于大规模产业化前期，可再生能源的快速发展、以电动汽车为主的新能源汽车的大量普及，将加速对油气行业的替代（刘满平，2023）。未来油气开发行业将朝低碳化、高效化、数字化等方向发展。

4.3 融合能源低碳化利用产业

4.3.1 氢能产业

1. 产业发展现状

氢能是一种来源丰富、绿色低碳、应用广泛的二次能源，正逐步成为全球能源转型发展的重要载体之一。目前，全球累计有近 50 个国家和地区发布了氢能战略，并积极规划氢能相关项目建设。世界氢能理事会与麦肯锡公司 2023 年联合发布的《氢能洞察 2023》报告显示，到 2030 年全球清洁制氢产能将从当前的 80 万 t/a 增至 3 800 万 t/a，电解水制氢装机规模将从 700 MW 增至 230 GW。随着全球能源转型发展，氢能产业发展迎来重要机遇期，目前国家层面已经出台了许多氢能产业政策，地方政府也在政策引导、产业基金等方面支持发展。

在"双碳"目标下，发展氢能已经成为能源行业减碳共识，我国氢能产业迎来快速发展。2021 年，中国碳达峰碳中和"1+N"相关文件的发布、燃料电池汽车示范城市群的启动、各级利好政策密集出台以及大中型央企积极布局、资本市场高度青睐等，都极大助推了中国氢能产业的发展。2022 年 3 月，我国《氢能产业发展中长期规划（2021~2035 年）》进一步将氢能定位为未来国家能源体系的重要组成部分、用能终端实现绿色低碳转型的重要载体、战略性新兴产业和未来产业重点发展方向。

目前，我国氢气生产以化石能源制氢为主，工业副产氢为辅，氢能消费主要集中在传统工业领域。2022 年，我国氢气产量约 3 533 万 t，制氢产能主要集中在西北地区、华北地区和华东地区。在化石能源制氢方面，我国煤制氢产量约 1 985 万 t；其次是天然气制氢，约 750 万 t；余下部分主要是工业副产氢，产量约 712 万 t。从终端消费来看，合成氨、合成甲醇、石油化工是最大下游消费领域。其中，合成氨消费量占总氢能消费的 32%，合成甲醇占 26%，石油化工占 23%，其他工业供热等用途占 19%（图 4.18 和图 4.19）[①]。

在氢能装备方面，制氢环节的可再生能源电解水制氢技术是当前产业发展的热点。国的碱性（ALK）电解槽技术成熟，成本较低，在国际上占有显著优势，目前布局的产能占全球 ALK 电解槽产能的 70%，因此本书以 ALK 电解槽为例进行详细介绍。国外有代表性的制造商企业主要有挪威 Nel Hydrogen、德国 Thyssenkrupp、比利时 John Cockerill 及德国 Sunfire 等。其中，挪威 Nel Hydrogen 公司的 A 系列碱性电解槽是世界上能效最高的电解槽之一，功耗低至 3.8（kW·h）/Nm³，单堆容量可达 2.1 MW，负荷动态调节范围 15%~100%。国内代表性企业主要有派瑞氢能、考克利尔竞立、西安隆基及天津大陆等。其中，隆基氢能发布的 ALK G 系列电解槽，单槽规模高达 3 000 Nm³/h，ALK Hi1 Plus 系列电解槽能耗低至 4.1（kW·h）/Nm³，居世界领先水平。ALK 制氢系统的关键

---

① 中国氢气生产与消费——氢流图（2022 年）. https://www.chinah2data.com.

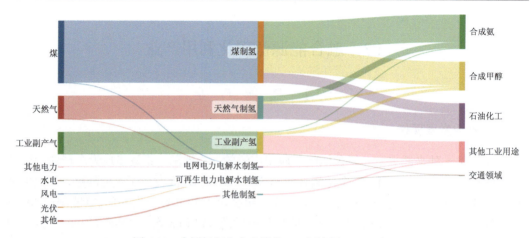

图 4.18 中国氢气生产和消费——氢流图（2022 年）

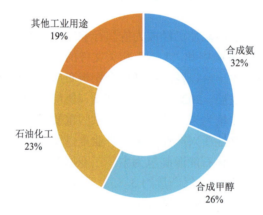

图 4.19 中国氢能消费结构（2022 年）

部件主要包括电极、隔膜、极板、密封垫等。据《势银氢能与燃料电池产业年度蓝皮书（2023）》，电极材料国产化率高，以传统镍基电极为主，如纯镍网、泡沫镍或者以纯镍网/泡沫镍为基底喷涂高活性催化剂。多元合金（如镍/铝）、贵金属等新型电极暂未实现大规模商业化应用；隔膜材料国产化率偏低，聚苯硫醚（PPS）隔膜绝大部分依赖进口，由日本东丽提供；极板与密封垫片等已实现全部国产化。

2. 产业链

目前，我国已基本建立氢能产业链，主要包括制氢、储氢、运氢、加氢、用氢，制氢包含电解水制氢、工业副产氢、化石能源制氢及其他制氢技术，储氢、运氢和加氢过程中氢气状态有气态氢、液态氢和固态氢，氢气的应用领域有交通领域、工业领域、建筑领域和能源领域，具体如图 4.20 所示。

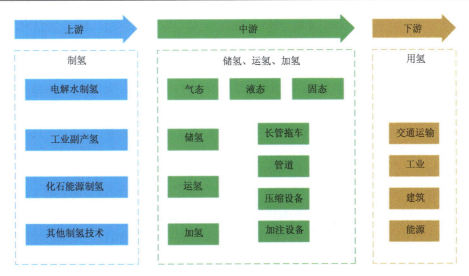

图 4.20 氢能产业链示意图

在国家能源战略转型背景下，我国氢能产业发展火热程度持续高涨。国内以大型央企为代表的企业对氢能产业进行了全面布局，产业链覆盖"制、储、运、加、用"等各个环节，通过积极部署绿氢示范项目，推动国内绿氢项目的发展。此外，众多地方政府的政策将绿氢项目和风光项目指标进行绑定，鼓励企业在风光项目落地的同时配套绿氢项目，并在政策上对绿氢项目给予支持。

在供给方面，可再生能源制氢备受关注，绿氢规模持续扩大。2023 年，我国已规划建设超过 500 个可再生能源制氢项目，建成运营项目达 60 个，氢气年产能约 7.9 万 t。在地区分布上，西北地区通常借助可再生资源优势，发展大规模制氢项目示范，探索可再生能源制氢与传统工业过程的耦合与替代；东部地区则主要为小规模示范项目，探索氢能的多元化应用。在建成运营的项目中，可再生能源制氢的电力主要为光伏，项目规模占比 82%；技术路线以碱性电解水制氢为主，项目规模占比 95%[①]。

在储运氢环节，高压气态氢储运是目前各类氢储运方案中使用最普遍、最直接的氢储运方式，其产业链的各个环节中，涉及的氢储运核心设备有储氢罐、输氢管道、长管拖车、站用储氢瓶组及车载储氢瓶等，以氢能专用设备储氢瓶为例进行详细介绍。其中，Ⅳ型高压储氢气瓶具有更轻的重量、更好的疲劳性能以及更便宜的价格，成为国内外研究的重点。国外Ⅳ型瓶制备技术成熟，日本丰田公司研制的 70MPa 的Ⅳ型储氢瓶，质量储氢密度为 5.7%，已应用于 Mirai 系列燃料电池车。挪威 Hexagon 公司研制的Ⅳ型储氢瓶最高储氢压力可达 95 MPa。我国的 35 MPa 和 70 MPa 的Ⅲ型瓶技术较为成熟，Ⅳ型瓶与国外先进水平还存在一定差距，主流储氢瓶生产企业如中材科技（苏州）、科泰克、天海工业、佛吉亚斯林达等正加紧推进Ⅳ型瓶产品的生产验证和产能建设。

在应用方面，氢能下游产业不断扩展，进入多元化发展阶段，五大示范城市群燃料电池汽车推广、"氢进万家"科技示范工程、氢冶金示范工程、风光氢储一体化示范等

① 中国氢气生产与消费——氢流图（2022 年）. https://www.chinah2data.com.

项目推动氢能在交通、工业、建筑、能源领域的应用。在交通领域，我国 2023 年氢燃料电池汽车保有量累计达到 1.8 万辆，建成加氢站 428 座。在工业领域，内蒙古、宁夏、新疆、吉林等地区依托丰富的可再生资源优势，大力布局绿氨、绿色甲醇、绿色炼化、氢冶金等项目。2023 年，我国两个万吨级绿氢项目投产。其中，中国石化新疆库车绿氢示范项目于 8 月 30 日全面建成投产，年绿氢产能 2 万 t，就近供应中国石化塔河炼化有限责任公司。12 月 28 日，内蒙古鄂尔多斯纳日松光伏制氢示范项目 40 万千瓦光伏绿电成功并网，年绿氢产能 1 万 t，生产的氢气大部分用于绿氨合成，少部分用于加氢站。

在用氢环节，交通领域的燃料电池汽车已逐步转入商业化应用阶段。燃料电池系统是氢燃料电池汽车的核心部件，包括燃料电池堆、氢气循环、氧气供应等组件（图 4.21），日本丰田发布的 TL Power 150 氢燃料电池系统额定功率达到了 150 kW，额定效率 47.1%，最高效率达到 64.9%，使用寿命 30 000 h，最低启动温度可达–30℃，可满足城际客车、重卡等动力需求。我国燃料电池系统的国产化进程自 2019 年以来显著加速，现阶段已接近 100% 自主化。捷氢科技自主设计的 PROME P4H 燃料电池系统，额定功率达到 140 kW，额定效率 43%，低温启动温度–30℃，体积功率密度达到 4.08 kW/L，寿命大于 15 000 h，属于国内性能比较好的燃料电池系统，但与国外先进水平相比仍然存在一定差距，主要在系统效率和寿命上。此外，我国氢燃料电池系统成本仍然较高（2 500 元/kW）。因此，需要进一步提升自主化产品性能和制造规模，降低成本。

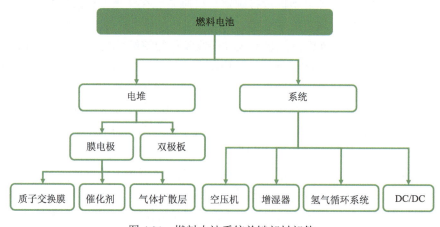

图 4.21　燃料电池系统关键部材部件

3. 产业经济性和减碳效果

在我国现有的氢气生产和消费结构中，化石能源制氢通常为专门的制氢工厂，制取的氢气就地消纳，氢气成本低廉，主要应用于化工过程。以煤制氢为例（IEA，2022），制氢成本仅为 7～11 元/kg，但制氢过程碳排放高达 17.8～21.6 kg CO_2/kg H_2，不符合清洁低碳的发展要求，需要采取积极措施推动低碳清洁氢制备技术发展，促进氢源结构的低碳转型。我国工业副产氢的规模也比较大，通常来源于焦炭、氯碱、烷烃脱氢等工业过程的副产气，碳排放相对较低，在低碳氢气供应方面具有优势。以焦炉煤气制氢为例，当焦炉煤气价格为 21～42 元/（GJ·h），制氢价格为 14～24 元/kg；如果采用电网电力进行氢气纯化，碳排放约为 2 kg CO_2/kg H_2。目前，该部分氢气主要应用于燃烧供热等工业用途。

目前，电解水制氢技术相比煤制氢等技术成本更高，根据不同的电力来源，成本为 20～62元/kg（IEA，2022），但与化石能源制氢相比，可再生能源电解水制取的氢气可以视为零碳排放，在"双碳"目标下，发展潜力巨大。未来，随着可再生能源电力成本以及电解槽投资成本的持续下降，可再生电力制氢成本将有望降低至 8.4～9.7 元/kg（IEA，2021），届时，由可再生能源电力驱动的电解水制氢技术将变得更具竞争力。

4. 产业规模和前景

依据中国氢能联盟的预测，2030 年我国氢气的年需求量可达到 3 715 万 t，2060 年我国氢气的年需求量将增加至 1.3 亿 t 左右（图 4.22），其中可再生能源制氢将提供约 80%的氢能需求，电解槽装机有望达到 500 GW 以上，降低 CO_2 排放约 17 亿 t/a。在终端应用部门上，工业领域用氢约 7 794 万 t，占氢能总需求的 60%，交通领域用氢约 4 051 万 t，建筑领域用氢约 585 万 t，发电与电网用氢约 600 万 t[1]。中国能源革命战略提出，到 2030 年天然气在一次能源中的占比将达到 15%，非化石能源占比达 20%，到 2050 年，能源消费的增量基本来自非化石能源，这一能源结构变化的大趋势决定了我国氢能将逐渐向绿氢方向发展。

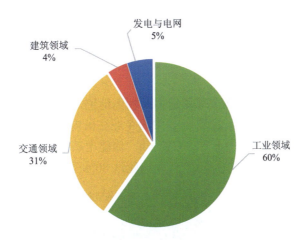

图 4.22　2060 年我国氢能各领域用氢量预测

虽然我国氢能产业发展已取得积极进展，但在面临巨大发展机遇的同时仍存在诸多问题。例如，氢能相关政策和标准体系建设仍不健全，国内已有多个省市发布了氢能产业发展规划，但普遍缺少落地政策和产业发展路线图，产业发展面临制氢成本高、应用场景少、配套政策缺失等问题。特别是以可再生能源电解水为代表的清洁氢生产成本仍

---

[1] 中国氢能联盟. 2021. 中国氢能源及燃料电池产业发展报告：碳中和体系下的低碳清洁供氢体系. 北京：人民日报出版社.

然较高，竞争力不足，严重制约了氢能产业的发展。此外，我国技术装备对产业发展支撑有待提升，如氢气储运仍是短板，产业链部分环节关键技术装备与核心零部件等与国外先进水平相比，仍存在较大差距，制氢、储氢、运氢及用氢尚未形成完备高效的产业链。

4.3.2 储能产业

1. 产业发展现状

据中国化学与物理电源行业协会主编的《2024年中国新型储能产业发展白皮书》（以下简称白皮书），2023年全球储能累计装机容量约294.1GW，其中，新型储能累计装机容量约88.2GW，占比为30.0%；抽水蓄能累计装机容量约201.3GW，占比为68.4%；蓄冷蓄热累计装机容量约4.6GW，占比为1.6%。2023年全球储能新增装机容量约48.6GW，其中，新型储能新增装机容量约42.0GW，占比为86.4%；抽水蓄能新增装机容量约6.0GW，占比12.3%，蓄冷蓄热新增装机容量约0.6GW，占比1.2%。2023年全球新型储能新增装机中，锂离子电池占比为92.7%，压缩空气储能占比为1.4%，飞轮储能占比为0.4%。

具体到中国储能产业，2023年中国储能累计装机功率约为83.7GW。其中，新型储能累计装机功率约为32.2GW，同比增长196.5%，占储能装机总量的38.5%；抽水蓄能累计装机功率约为50.6GW，同比增长10.6%，占储能装机总量的60.5%；蓄冷蓄热累计装机功率约为930.7MW，同比增长69.6%，占储能装机总量的1.1%。2023年中国储能新增装机容量约26.6GW，新型储能新增装机容量约21.3GW，约占2023年储能新增装机容量的80.3%，抽水蓄能新增装机容量约4.9GW，占比为18.4%；蓄冷蓄热新增装机容量约0.38GW，占比为1.4%。

我国储能锂离子电池产业在全球快速占据领跑地位，全球出货量最大的储能电芯及储能系统集成商均为中国企业。2022年，中国企业在国内、海外的储能系统集成（除户用储能）出货量分别为25GW·h和9GW·h。储能电芯及正极、负极、电解液、隔膜四大关键材料出货量全球领先，市场占有率均超过80%（图4.23）。

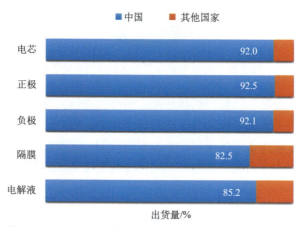

图4.23 2022年全球储能锂离子电池产业关键产品出货量

2. 产业链

目前我国储能产业以锂离子电池为主，已经形成较为完善的产业链。上游主要包括电池原材料（正极、负极、电解液、隔膜及结构配件）及零部件供应商，中游包括储能设备供应商，包括电池组、电池管理系统（BMS）、能量管理系统（EMS）、储能逆变器（PCS）和其他电气设备，以及储能系统集成与安装，下游主要包括发电侧、电网侧和用户侧等终端用户（图 4.24）。

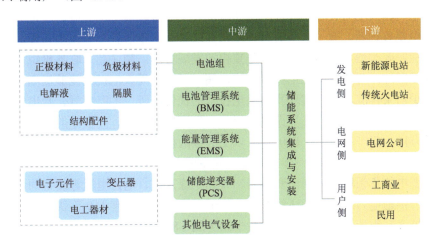

图 4.24　锂离子电池产业链

3. 产业经济性和减碳效果

根据白皮书，各地区的交钥匙工程储能项目成本差异较大。中国交钥匙工程储能项目成本为 135～268 美元/（kW·h），平均成本为 187 美元/（kW·h），约 1 340 元/（kW·h），比欧洲低 43%，比美国低 50%。欧洲储能项目成本为 244～477 美元/（kW·h），平均成本为 328 美元/（kW·h）。美国储能项目成本为 241～580 美元/（kW·h），平均成本为 376 美元/（kW·h）。未来，随着储能技术的不断发展，储能资源回收利用率不断提高，储能系统成本将不断降低。预计至 2030 年，全球平均储能成本将降为 179 美元/（kW·h）。

4. 产业规模和前景

白皮书预计，到 2025 年，全球储能累计装机容量约为 440 GW，其中新型储能累计装机容量约为 328 GW、抽水蓄能累计装机容量约为 105 GW、蓄冷蓄热累计装机容量约为 7 GW。到 2030 年，全球储能累计装机容量达到 970 GW，其中新型储能累计装机容量约为 770 GW、抽水蓄能累计装机容量约为 190 GW、蓄冷蓄热累计装机容量约为 10 GW。到 2025 年，中国储能累计装机功率约为 142 GW，其中新型储能累计装机约为 70 GW、抽水蓄能累计装机约为 70 GW、蓄冷蓄热累计装机约为 2 GW；到 2030 年，中国储能累计装机功率约为 315 GW，其中新型储能累计装机约为 170 GW、抽水蓄能累计装机约为 140 GW、蓄冷蓄热累计装机约为 5 GW。

4.4 能源系统低碳运行

能源系统低碳运行产业的内涵非常丰富，涵盖电力源网荷储一体化及多能互补、煤电机组灵活性改造和运行、智能电网建设和运营、分布式能源系统建设和运营、能源产业数字化智能化升级等多个细分产业。限于篇幅，本书不一一展开论述，以下仅介绍智能电网建设和运营相关内容。

智能电网相关电力装备主要包括清洁低碳发电装备、输变电装备、用电装备。在清洁低碳发电装备领域，除了风电装备、太阳能装备、水电装备、氢能装备外，火电装备相关的节能降碳改造、灵活性改造也是重要的发展方向。超（超）临界机组是火电装备的关键大型部件，与传统的火电机组相比，超（超）临界火电机组能够提高燃煤的发热效率、减少污染排放，从而实现我国火电技术的优化升级。上海电气、哈电集团、东方电气是我国主要的超（超）临界火电机组生产厂商，大容量、高参数的绿色环保机组为主要发展方向，其产品多以 1 000 MW 以上等级的机组为主，未来行业主要攻关方向为700℃超超临界发电技术、进一步提升发电效率至50%以上等。

在输变电装备领域，应加快变压器、气体绝缘开关、电力电缆等装备的低碳零碳化替代，大力推进电力装备无氟环保替代，位于无锡的国内首座 110 千伏"零碳"变电站采用了该技术，预计全生命周期内将减少碳排放 1.8 万 t。

在用电装备领域，高效能电机等机电系统，以及虚拟电厂、微电网等能源管理平台是促进低碳零碳转型、实现绿色发展的重要载体。以美的公司为例，其推出的"碳中和"智能家电和家庭智慧能源解决方案，利用家庭光伏储能与全屋智能家居智慧联动，预计可降低 70% 的家庭电网所需电量。南方电网公司研发的电碳融合计量表计，能够实时计算并给出企业用电带来的碳排放量，将有助于企业更直观地了解和掌握数据，全面挖掘企业碳减排潜力。

参 考 文 献

白玫, 2023. 要保护好新能源产业链供应链韧性. 中国经济时报, 2023-02-23, A04 版.

蔡睿, 朱汉雄, 李婉君, 等, 2022. "双碳"目标下能源科技的多能融合发展路径研究. 中国科学院院刊, (4): 502-510.

戴宝华, 赵祺, 2024. 我国石化产业碳中和路径展望. 石油炼制与化工, 55(1): 62-67.

戴厚良, 陈建峰, 袁晴棠, 等, 2021. 石化工业高质量发展战略研究. 中国工程科学, 23(5): 122-129.

国家发展改革委, 2023. 2022 年我国能源生产和消费相关数据, 2023-03-02. https://www.ndrc. gov. cn/fggz/hjyzy/jnhnx/202303/t20230302_1350587.html.

国家能源局, 2023. 国家能源局 2023 年一季度新闻发布会文字实录. http: //www. nea. gov. cn/2023-02/13/c_1310697149. htm[2023-09-03].

国家能源局石油天然气司, 国务院发展研究中心资源与环境政策研究所, 自然资源部油气资源战略研究中心, 2022. 中国天然气发展报告(2022 年). 北京: 国家能源局石油天然气司, 国务院发展研究中心资源与环境政策研究所, 自然资源部油气资源战略研究中心.

国家油气战略研究中心, 中国石油勘探开发研究院, 中国石油国际勘探开发有限公司, 2023. 全球油气勘探开发形势及油公司动态(2023 年). 北京: 国家油气战略研究中心, 中国石油勘探开发研究院, 中国石油国际勘探开发有限公司.

韩红梅, 2020. 煤化工生产和消费过程的碳利用分析. 煤化工,48(1): 1-4,14.

贾承造, 王祖纲, 姜林, 等, 2023. 中国油气勘探开发成就与未来潜力: 深层、深水与非常规油气——专访中国科学院院士、石油地质与构造地质学家贾承造. 世界石油工业, 6-28.

靳国忠, 张晓, 朱汉雄, 等, 2021. 应对碳减排挑战现代煤化工多能融合创新发展研究. 中国煤炭,47(3): 15-20.

李云舒, 管筱璞, 2021. 从欧洲能源危机看绿色低碳转型. 中国纪检监察报, 2021-10-14.

刘峰, 曹文君, 张建明, 等, 2021. 我国煤炭工业科技创新进展及"十四五"发展方向. 煤炭学报, 46(1): 1-15.

刘具, 秦坤, 2023. 我国煤炭绿色开采技术进展. 矿业安全与环保, 50(6): 7-15.

刘满平, 2023. 油气转型,看清前路. 中国石油石化, (22): 34-35.

刘思棋, 2023. 光伏发电在应用中的经济效益与减碳成效. 电力设备管理, (9): 259-261,264.

刘中民, 2022. 以多能融合思维促进煤化工与石油化工协调发展. 中国石油企业, (12): 12-13.

全球能源互联网发展合作组织, 2021. 中国 2030 年能源电力发展规划研究及 2060 年展望. http://www.chinapower. com. cn/tynfd/zcdt/20210320/59388. html[2023-01-07].

石化盈科, 2022. 石油石化行业绿色低碳发展白皮书.

王双明, 孙强, 乔军伟, 等, 2020. 论煤炭绿色开采的地质保障. 煤炭学报. 45(1): 8-15.

王言杰, 2022. 我国核电装备"走出去"问题及对策分析. 现代商贸工业, 34(13): 30-32.

叶奇蓁, 2015. 我国核电及核能产业发展前景. 南方能源建设, 2(4): 18-21.

远景科技集团, 2023. 全球产品碳足迹与低碳发展系列报告之——风机碳足迹与低碳发展报告. https://www.djyanbao. com/preview/3534065[2023-12-05].

张廷克, 李闽榕, 白云生, 2023. 中国核能发展报告(2023). 北京: 社会科学文献出版社.

张廷克, 李闽榕, 尹卫平, 2022. 中国核能发展报告(2022). 北京: 社会科学文献出版社.

中国光伏行业协会, 赛迪智库集成电路研究所, 2023. 中国光伏产业发展路线图(2022~2023 年). http://www. chinapv. org. cn/road_map/1137. html[2023-06-05].

中国光伏行业协会, 赛迪智库集成电路研究所, 2024. 中国光伏产业发展路线图(2023~2024 年). http://www. chinapv. org. cn/road_map/1380. html[2024-03-05].

中国核电发展中心, 国网能源研究院有限公司, 2019. 我国核电发展规划研究. 北京: 中国原子能出版社.

中国煤炭工业协会, 2023. 2022 煤炭行业发展年度报告. 北京: 中国煤炭工业协会.

中国氢能联盟, 2021. 中国氢能源及燃料电池产业发展报告: 碳中和体系下的低碳清洁供氢体系. 北京: 人民日报出版社.

中国石油和化学工业联合会, 2023. 2023 年度重点石化产品产能预警报告. 北京: 中国石油和化学工业联合会.

周子勋, 赵姗, 2023. 绿色低碳产业发展成新风向, 中国经济时报, 2023-01-05(A04 版)

朱妍, 2023. 王双明院士: 煤炭开采对环境的影响可以减小. https://mp.weixin.qq.com/s/S94Gh0rrPAefcHkUbDNiug[2023-09-09].

宗合, 2023. 全国智能化煤矿产能增至 19.4 亿吨. 中国能源报.

Global Wind Energy Council, 2023. Global Wind Report 2023. https: //gwec. net/[2023-08-09].

IEA, 2021. An energy sector roadmap to carbon neutrality in China. Paris: IEA.

IEA, 2022. Opportunities for hydrogen production with CCUS in China. Paris: IEA.

IEA, 2023. World Energy Outlook 2023. https: //www. iea. org/reports/world-energy-outlook-2023.

IEA, 2022. Renewables 2022 Analysis and forecast to 2027. Paris: IEA.

第 5 章 低碳制造业*

低碳制造业是一种以减少碳排放为目标的制造业发展模式，它在当前全球气候变化和环境问题的压力下变得越来越重要，许多国家和地区都开始采取措施鼓励制造业减少碳排放，使用可再生能源、节能技术和绿色材料的制造业正在迅速发展。低碳制造业包括原材料低碳加工业，低碳零碳专用设备和产品制造、低碳基础设施建设、改造和运营（表 5.1）。

表 5.1 低碳制造业产业体系

一级分类	二级分类	三级分类
低碳制造业	原材料低碳加工业	• 黑色金属低碳加工 • 石化产品低碳加工 • 有色金属低碳加工 • 低碳建筑材料加工
	低碳零碳专用设备和产品制造业	• 风力发电、太阳能发电、生物质、水力发电和抽水蓄能、核电、地热、非常规油气、氢能、新型储能、智能电网等低碳零碳能源装备制造 • 工业生产用能电能替代装备制造 • 新能源汽车关键零部件、船用低碳动力装备、先进轨道交通装备、新能源飞行器等先进低碳交通装备制造 • 绿色低碳建筑专用设备制造
	低碳基础设施建设、改造和运营	• 工业生产过程电能替代改造 • 超低能耗、近零能耗、零能耗、低碳、零碳建筑建设和运营 • 绿色低碳交通系统建设和运营 • 城乡能源基础设施低碳改造、建设和运营 • 低碳数据中心改造、建设和运营

近年来，我国政府积极推动传统高碳行业的淘汰和升级，鼓励发展高技术、低能耗、低排放的新兴产业，重点支持高端装备制造、新材料、新能源汽车等低碳产业的发展。同时，持续强化对高能耗、高排放行业的监管和管理，推动企业实施节能减排措施。工业生产过程中，加强了能源利用效率的监管和改进，推广高效节能设备和技术，降低能源消耗和碳排放。2022 年 7 月 7 日，工业和信息化部、国家发展改革委、生态环境部联合印发《工业领域碳达峰实施方案》，分别针对钢铁、有色金属、建材、石化化工四个行业制定了碳达峰方案，并通过顶层设计明确了工业碳达峰的目标、任务、途径和措施。

同时，我国制造业绿色化水平显著提高。截至 2021 年底，我国累计建成 2 783 家绿色工厂、223 家绿色工业园区和 296 家绿色供应链管理企业。此外，低碳清洁生产、绿

---

* 本章作者：刘正刚、许金华。

色制造等技术在我国工业部门的推广应用有效提高了能源利用效率，降低了资源消耗和环境影响。2012～2021 年，我国规模以上工业以年均 2%的能源消费增速，支撑了年均 6.3%的工业经济增长，能耗强度累计下降 36.2%[①]，为支撑工业用能需求和平稳发展、完成全社会能耗"双控"目标做出积极贡献。2022 年，我国重点耗能工业企业单位电石综合能耗下降 1.6%，单位合成氨综合能耗下降 0.8%，吨钢综合能耗上升 1.7%，单位电解铝综合能耗下降 0.4%，每千瓦时火力发电标准煤耗下降 0.2%。

随着全球气候政策受到更广泛，低碳制造业将继续快速增长，制造业企业将越来越关注碳中和与碳减排目标，以减轻政府和市场的压力。智能制造和数字化技术将在低碳制造业中发挥重要作用，帮助企业提高能源效率和减少碳排放。另外，供应链的可持续性和透明度将成为制造业的重要关注点。

5.1 原材料低碳加工业

5.1.1 黑色金属低碳加工

1. 产业发展现状

黑色金属主要指铁、锰、铬及其合金，如钢、生铁、铁合金、铸铁等。我国冶金矿业历经几十年探索和发展，现已形成多座保证我国经济建设所需要的黑色金属冶炼加工基地。黑色金属冶炼及其加工业的主体是钢铁行业，钢铁工业作为国民经济的重要基础产业，是衡量一个国家经济社会发展水平和综合实力的重要标志。自 1996 年中国粗钢产量突破 1 亿 t 以来，中国已经连续保持世界粗钢产量第一，2022 年我国粗钢产量为 10.18 亿 t（图 5.1），占世界粗钢产量的 54%，受需求侧影响，2020 年后产量出现下降，但仍保持在 10 亿 t 的高位。

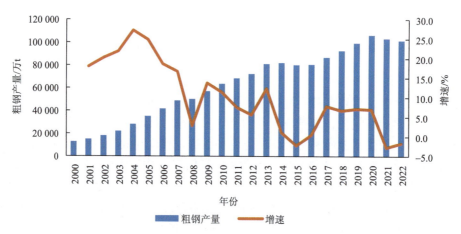

图 5.1 2022 年世界主要钢铁生产国粗钢产量及增速

资料来源：世界钢铁协会. World Steel in Figures-worldsteel.org.

---

① 资料来源：工业和信息化部. https://cj.sina.com.cn/articles/view/1076684233/402ce5c9020022j6f.

　　钢铁行业作为我国仅次于电力行业的碳排放大户，根据中国碳核算数据库统计的数据，中国钢铁行业 CO_2 排放量从 2000 年的 3.91 亿 t 增长到 2021 年的 18.50 亿 t。2021 年，钢铁行业 CO_2 排放量占中国总 CO_2 排放量的约 17.9%。中国钢铁行业碳排放曾经于 2014 年达到过峰值，而后开始下降，近几年因粗钢产量增长过快，有可能出现新的峰值。中国钢铁生产碳排放量以及碳排放强度如图 5.2 所示。

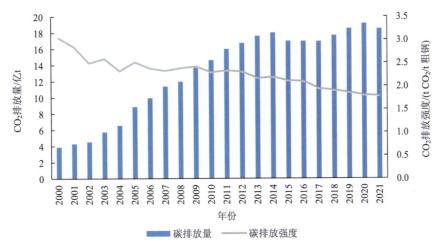

图 5.2　中国钢铁生产碳排放量及碳排放强度

资料来源：中国碳核算数据库. https://www.ceads.net.cn/.

　　未来在碳达峰碳中和目标下，我国钢铁行业需要加快向绿色低碳转型，提前谋划与布局碳减排工作，发展低碳化钢铁工业是我国实现高质量发展的重要组成部分，也是推动产业转型升级的必由之路。钢铁产业低碳化近中期主要从原料结构调整、用能低碳化及现有工艺技术改造降低碳排放方面考虑，远期主要从缩短钢铁制造流程、减少粗钢产量以及突破低碳技术等方面考虑。

　　2022 年 8 月，中国钢铁工业协会印发了《中国钢铁工业"双碳"愿景及技术路线图》（以下简称《路线图》），阐述了钢铁"双碳"愿景、技术路径、实施"双碳"工程和下一步的重点任务。路线图提出了中国钢铁工业碳达峰碳中和愿景：2020～2030 年，为碳达峰阶段；2030～2050 年，为碳减排阶段；2050～2060 年，为碳中和阶段。路线图中设置了各个阶段的减排目标。到 2030 年实现碳达峰，具备二氧化碳排放总量降低 15% 的资源和技术能力，到 2040 年实现二氧化碳排放总量降低 40%，到 2050 年二氧化碳排放总量降低 85%，到 2060 年二氧化碳排放总量降低 95%。明确了中国钢铁工业"双碳"六大技术路线，即系统能效提升、资源循环利用、流程优化创新、冶炼工艺突破、产品迭代升级、捕集封存利用。

2. 产业链

　　钢铁产业链主要分为上游、中游和下游，其中上游主要是铁矿石、煤炭、电力等原料，初加工得到生铁和粗钢，再经过深加工得到螺纹钢、热卷和冷轧，最后应用于各个领域，如地产、基建、机械、船舶、汽车、家电等领域，具体如图 5.3 所示。优化能源结构指节约能源，提高煤炭使用效率，寻找和建立可替代的新能源，推动煤炭与新能源优化组合，增加新能源消纳能力。优化生产工艺主要是通过技术创新和工艺优化进行节能减排，实现短流程技术，如废钢电炉短流程和氢基还原电炉短流程等。优化产业结构主要从产业规模和产业集中度两个维度进行优化升级。

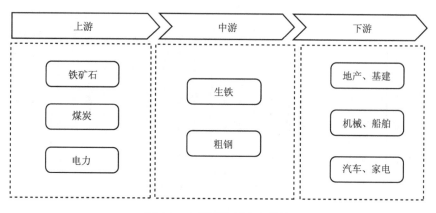

图 5.3　中国钢铁行业产业链

我国钢铁低碳化产业的关键在于低碳冶炼技术的突破与创新。在"双碳"目标下，我国钢铁产业必须增强科技创新的能力，加大核心技术研发投放，培育具有自主知识产权的生产工艺、生产流程、先进设备和高质量产品，形成全新升级的高质量低碳化的钢铁产业链。钢铁作为我国最具有全球竞争力的产业之一，在绿色低碳转型发展中，如果能实现低碳技术重构、低碳技术创新体系重构、低碳运行体系技术重构，将蕴藏着万亿市场。

3. 产业规模和前景

中国工程院发布的报告对我国钢铁产量进行了预测，综合考虑未来我国经济发展和人口增长情况，立足满足国内需求为主，研究认为 2030 年和 2060 年我国粗钢产量定位 8 亿 t 和 6 亿 t[①]。综合折算预估，到 2025 年，中国钢铁行业的产值预计将达到 5.5 万亿元，2030 年产值约为 4.9 万亿元，2050 年产值约为 4.3 万亿元。由于我国钢铁工业二氧化碳排放量约占全国总量的 15%，是制造业 31 个门类中碳排放量最大的行业，目前尚未形成规模化低碳零碳生产体系，在未来仍有巨大的产业低碳化市场空间。

---

① 中国工程院发布《我国碳达峰碳中和战略及路径》成果. https://www.ncsti.gov.cn/kjdt/xwjj/202204/t20220401_64548.html.

5.1.2　石化产品低碳加工

1. 产业发展现状

石化产业是国民经济的支柱产业，对我国社会经济高质量发展具有战略性作用，是构建中国式现代化经济体系的中坚力量，长时间内无法被完全取代。"十三五"以来，我国石化产业抓住全球经济和石化产业迎来新的景气周期的新机遇：一方面加快淘汰和有序退出落后产能；另一方面老装置改造加速、新建炼化一体化装置和新的基地集中建设、集中投产，石化产业的总体规模、产业集中度、整体技术水平和布局结构、产业结构、产品结构都得到持续提升和优化，石化大国的地位进一步巩固（图 5.4）。

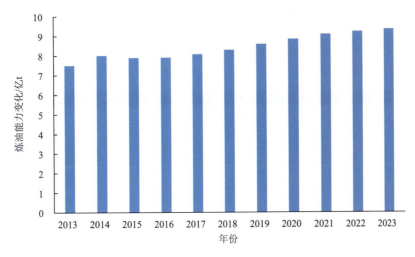

图 5.4　中国炼油能力变化情况

石化产业也是典型的高耗能高碳排放产业，推动石化行业碳达峰是实现"双碳"目标的关键。2021 年，我国石化产业碳排放总量约占全国排放量的 5%，千万吨级炼厂加工每吨原油碳排放量为 0.3t 左右，其中燃烧排放约占 65%、生产过程排放约占 30%、间接排放约占 5%。石化产业减碳压力和责任重大，但考虑到其以化石能源作为主要原料和燃料的特点，石化产业如期实现"双碳"目标面临着巨大的压力和挑战，需要明确方向和思路，对重点路径进行研判，积极稳妥推动产业低碳转型和高质量发展。

为应对气候变化，全球各大石油石化公司均制定了低碳转型方案，在通过技术升级改造提升炼化一体化水平、节能提效的同时，大力投资太阳能、风能、地热能等可再生能源项目，积极研发并应用节能、氢能、CCUS、生物燃料等技术。巴斯夫、沙特基础工业与林德集团计划共同开发并推广蒸汽裂解装置电加热解决方案，利用低碳电力加热蒸汽裂解炉来减少二氧化碳排放量。陶氏化学计划到 2030 年，在 2020 年的基础上总体减少 15%，并在 2050 年实现碳中和，制定碳减排路线图，提出通过优化生产设施和工艺、增加可再生能源电力采购，投资 CCUS 技术，开发低碳新技术和创新材料，助力产业链碳减排的系列行动计划。国内龙头企业如中石化、中石油、中海油等均制定了碳中和相关战略。中石化编制了《中国石化2030年前碳达峰行动方案》，提出加快优化产业结构、能源结构，做到源头节能减碳和能源消费洁净化，将协同推进节能减污降碳实现资源高效利用，同时加快攻坚绿色低碳技术。中石油提出，到2050年左右实现"接近零"排放，明确了清洁替代、战略接替、绿色转型"三步走"的发展图景和路径，提出了企业绿色低碳发展的"时间表"和"路线图"；中海油发布《中国海油碳达峰碳中和行动方案》，力争2028年实现碳达峰，2050年实现碳中和，提出将推动实现清洁低碳能源占比提升至60%以上。

2. 产业链

石油化工产业链结构复杂、上下游关联紧密，涉及油品、化学品加工和下游消费品销售等环节。上游主要是油气开采和运输，中游为炼油和石油化工产品加工制造过程、基本有机与高分子行业，下游为农业、能源、交通、机械、电子、纺织、轻工、建筑、建材等工农业和居民日常生活提供配套和服务（图5.5）。本节重点分析炼化及石油化工产品生产产业链发展情况。

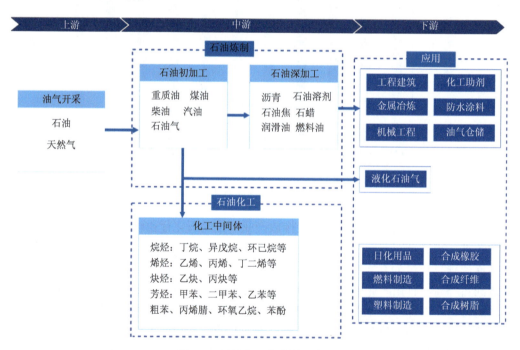

图5.5 石油化工产业链示意图

全球炼化行业低碳发展和转型升级加快，油品需求加速萎缩，烯烃、芳烃等下游化学品需求增长是未来石油需求增长的主要动力。我国虽然已跻身于全球石化大国前列，但存在虽大不强、虽快不优、产品有效供能不足等问题，产业在技术经济水平、竞争力等方面与美国、德国等石化工业强国相比还存在一定的差距，整体处于全球产业链和价值链的中低端，面临低端过剩而高端不足的现实问题。

3. 产业规模和前景

我国 2022 年石油和化工全行业实现营收 16.56 万亿元，同比增长 14.4%，实现利润总额 1.13 万亿元。未来随着我国城镇化率的提高、人均 GDP 的提升、新业态新经济的兴起，化工产品需求仍将持续增长。2025 年，我国乙烯、对二甲苯（PX）产能将分别达到 2020 年的 1.8 倍、2.1 倍，随着"双循环"新发展格局的构建、科技创新引领作用的凸显和新能源汽车等新行业的发展，化工新材料和专用化学品产业将成为石化产业发展和转型的主要驱动力，石化产业链将向高端化、精细化、专用化等方向延伸，进一步延链、补链、强链。

5.1.3　低碳建筑材料加工

1. 产业发展现状

建筑材料加工过程的碳排放约占建筑全生命周期碳排放的 20%，其中最主要来自水泥熟料的生产排放。水泥也是国民经济发展最主要的建筑材料，其用量大、用途广，主要应用于基建工程、房地产、公路等交通工程、水利工程等方面。在水泥生产方面，中国、印度、越南的水泥年产量位居世界水泥生产国家的前三位，其中，中国的水泥产量在近 30 年内连续位居世界第一，2022 年中国水泥产量约 21 亿 t，约占全球水泥总产量的 51%。

中国作为世界最大的水泥生产国，其近年产量如图 5.6 所示，受政策激励与市场需求的影响，2003～2014 年水泥产量持续增加，并在 2014 年达到 24.9 亿 t 的峰值，随后产量波动下降进入平台期，年水泥总产量在 23 亿 t 左右，2022 年由于需求端下降及产能调控，总产量下降到 21 亿 t，但增长率仍处于高位波动阶段。

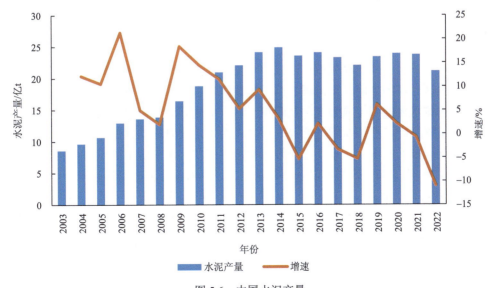

图 5.6　中国水泥产量

资料来源：国家统计局. https://www.stats.gov.cn/sj/tjgb/ndtjgb/.

我国水泥行业的碳排放包括熟料直接排放（指过程排放与燃料消耗产生的直接排放之和）和间接排放（电力消耗）。2022 年，我国水泥行业碳排放总量约 12.5 亿 t，约占全国总碳排放量的 13%，排在电力和钢铁之后，位居第三。水泥生产离不开碳酸盐分解，碳酸盐分解产生的碳排放占全部碳排放的 56%；碳酸盐分解需要大量的热量，热量是由燃料燃烧提供的，这部分碳排放占比约 30%。根据水泥生产原料和生产工艺特点，水泥行业是典型的难减排行业。围绕国家"双碳"目标，我国水泥行业面临严峻的节能减排压力。近 10 年来，中国水泥行业的碳排放量如图 5.7 所示，2010~2014 年，由于基建投资的大幅投入，水泥产量大幅提高，至 2014 年水泥产量达到历年峰值的 24.92 亿 t，相应的水泥碳排放量也达到近年峰值 14.7 亿 t，2015 年至今水泥产量趋于稳定，维持在 23.5 亿 t 左右，碳排放量在 14 亿 t 附近。2022 年，由于水泥产量的较大下降，相应的碳排放量也下降 10%。

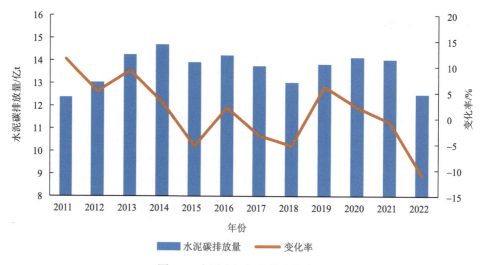

图 5.7　中国水泥行业的碳排放量

水泥行业是工业及建材领域重点减排对象，一方面，通过限产和淘汰落后产能，解决目前多地区存在的产能过剩问题，以减少碳排放总量；另一方面，通过低碳技术的实施，降低单位水泥的碳排放强度。从政策上看，降碳产业政策以淘汰落后产能、产能减量置换、错峰生产、严控新增产能等干预方式为主，同时推动水泥行业产业结构调整优化，促进低碳技术的研发、推广，并推进智能生产在水泥工业中的应用普及。具体在路径方面，2022 年中国建筑材料联合会编制完成了《水泥行业碳减排技术指南》（以下简称指南），为建材企业开展节能降碳技术改造提供参考。指南提供了具有不同的节能降碳潜力且目前较为成熟的技术清单，包括低能耗烧成、高效粉磨、智能化、燃料类及原料类替代等共 28 项。

2. 产业链

水泥产业链主要分为上游、中游和下游。其中，上游主要为原料供应，包含石灰石、黏土、电力、煤炭和其他原材料，中游主要有水泥制造和混凝土制造，下游为水泥终端用户，包含房地产、基础设施建设、农村建设和其他用户等，具体如图 5.8 所示。水泥低碳化产业包括提高能源效率、使用碳密集度较低的替代燃料、减少水泥熟料比例、实施碳捕集等新兴创新技术等。

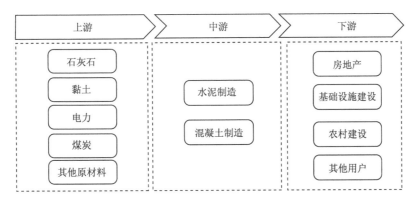

图 5.8　中国水泥产业链示意图

3. 产业规模和前景

从人均水泥消费量来看，中国的水泥产量已于 2014 年达峰，达到 24.8 亿 t，人均消费量达到近 1.8 t/人，远高于发达国家的峰值水平。2015～2021 年，人均水泥消费量一直在 1.6～1.7 t/人，水泥消费量处于峰值平台期。预测到 2060 年，水泥产量将减少到 6.5 亿 t，降幅达 2/3，接近发达国家人均水平，水泥熟料系数也呈略微下降态势。作为经济社会发展所需的基础原材料，未来水泥产量仍然巨大，可保持较为可观的万亿级市场，预计 2025 年行业产值为 7 400 亿元，2030 年行业产值为 6 300 亿元，到 2050 年由于产量的下跌，行业产值下降至约 3 350 亿元。对于水泥企业而言，其需要不断提高创新研发的投入，改良产品设计与结构，动态满足需求变化，主动迎合需求发展变化，开发绿色产品，采用新型技术，获取先行者优势，争取更多更广的合作空间。

5.1.4　有色金属低碳加工

近年来，有色金属行业快速发展，形成上下游贯通的完整产业链，重点品种冶炼及压延加工产能产量全球过半，冶炼技术成熟，单位产品能耗和污染物排放达到国际先进水平。但受产业规模大、用电结构依赖火电、减碳技术缺乏革命性突破、循环经济体系不够完善等影响，碳达峰、碳减排任务依然艰巨（徐俊霞，2023）。其中，电解铝用电量最大，60%以上产能采用燃煤自备电，碳排放强度远高于国外使用清洁能源的同类型产品，用电导致的间接排放占电解铝碳排放量的 85%，占有色金属行业排放总量的 50%以上[1]。

---

[1] 工业和信息化部、国家发展改革委、生态环境部，2022. 有色金属行业碳达峰实施方案. 工信部联原〔2022〕153 号。

从产量来看，2001～2022 年是中国电解铝大发展的时期，中国电解铝总产量超过全球总产量的一半（图 5.9）。从历年产量来看，虽然近年增速有所放缓，但我国电解铝产量仍处于缓慢增长阶段，中国 2022 年铝产量在新投产产能和电力供应限制放松的推动下，增至纪录高位。

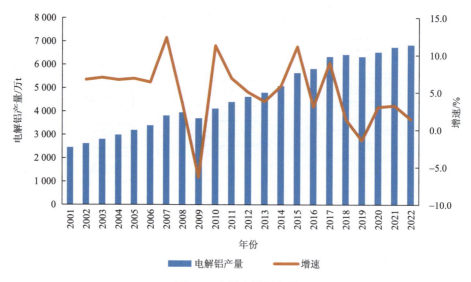

图 5.9　中国电解铝产量

资料来源：国家统计局. https://www.stats.gov.cn/sj/tjgb/ndtjgb/.

2020 年，我国有色行业二氧化碳排放总量约为 6.5 亿 t，氧化铝/电解铝的二氧化碳排放量约 5 亿 t，占我国有色行业总碳排放的 85%，铜、锌、铅和镁冶炼过程排放的二氧化碳约 0.88 亿 t，仅占我国有色行业总排放量的 14%。有色行业碳减排的重点是铝冶炼过程，电解铝过程电耗大（1t 电解铝需耗电约 1.35 万 kW·h），而再生铝资源回收能耗和碳排放较低，因此，冶炼过程中的绿电替代及废金属的循环利用是有色行业节能减排的主要发展方向。

2022 年，工业和信息化部、国家发改委、生态环境部三部门联合印发的《有色金属行业碳达峰实施方案》提出，2025 年前，有色金属产业结构、用能结构明显优化，低碳工艺研发应用取得重要进展，重点品种单位产品能耗、碳排放强度进一步降低，再生金属供应占比达到 24% 以上。目前，我国电解铝产能逐步向可再生能源发电资源丰富的地区转移，可再生能源比例进一步提高，用能结构有望得到进一步清洁化。

5.2　低碳零碳专用设备和产品制造业

5.2.1　工业生产用能电能替代装备制造

随着电力电子技术的发展以及电磁加热、等离子体加热等技术的示范化，使用电能替代传统的能源形式已经逐渐应用普及，能够有效地将电能转化为各种形式的能量，满

足不同工业生产过程的需求。工业用能电能替代技术已经在许多工业生产领域得到广泛
应用，如冶金、化工、石油、煤炭等传统高能耗行业，以及新能源、新材料等新兴产业。
在未来绿电大范围高比例应用的情景下，工业用能的电能替代可以大幅度降低工业生产
的碳排放，并且在一定程度上有所提高。

　　钢铁工业的电能替代是目前工业领域典型且成熟的案例之一。与传统的长流程炼钢
相比，电路炼钢具有多项优势，如设备简单、占地小、投资少、建设周期短、原料适应
性强、生产组织灵活、冶炼温度可控等。目前，电炉炼钢常用的典型技术主要包括高效
低成本冶炼技术、智能化技术、流程优化技术等。随着低碳发展要求的提高，以及环保
要求的不断提高，我国电炉炼钢将更加注重绿色低碳、高效低成本和智能化升级方面的
提升。围绕产品高端化、工艺绿色化、流程智能化等方面持续发展，主要技术包括绿色
低碳电炉原料应用、可再生能源大比例渗透电炉流程设计、电炉绿色低成本冶炼、电炉
装备高效智能、电炉生产高品质钢等（见图 5.10）（中国钢铁工业协会，2023）。

图 5.10　奥地利林茨钢厂超高功率电弧炉

资料来源：世界金属导报. 2024. https://www.sohu.com/a/752716393_313737.

　　2017 年以前，我国 95%的电炉为传统的开盖顶加料式电炉。近年来，国内主要建设
和应用的炉型为废钢水平连续加料预热电炉（Consteel 电炉）。同时陆续引进了 Quantum
电炉、Ecoarc 电炉、Share 电炉等一些竖井预热电炉。中冶赛迪、中冶京诚等公司也设
计研发了 CISDI-AutoARC 和 CERIS-Arc 等新型废钢预热电炉（中国钢铁工业协会，
2023）。从目前应用情况来看，国内在产的康斯迪水平连续加料等新型电炉的指标已经接
近或达到了世界先进水平，尤其是在高效生产方面，并不逊色于同吨位的转炉水平。从
电炉装备结构来看，我国电炉平均炉容仅为 68 t，限制类装备占比较高。100 t 以下电炉
装备数量占比约为 80%，而 100t 及以上电炉则占全部电炉数量的 20%（中国钢铁工业协
会，2023）。

　　此外，在金属加工、铸造、陶瓷、岩棉、微晶玻璃等行业推广电窑炉；在铸造、玻
璃等行业因地制宜地推广电锅炉；利用高温热泵、大功率电热储能锅炉等电能替代设备，
也有利于工业用能的电气化替代的进一步广泛应用。

5.2.2　低碳交通装备制造

低碳交通是以可持续发展为根本理念，以绿色交通系统为发展模式，通过推动运输工具装备的能效提升和低碳转型，构建低碳或无碳清洁能源的交通体系。深入推进交通领域的清洁低碳转型，打造绿色低碳交通运输体系是我国实现"双碳"目标的重点之一。2021 年 10 月，国务院印发了《2030 年前碳达峰行动方案》，将"交通运输绿色低碳行动"作为"碳达峰十大行动"之一，提出了推动运输工具装备低碳转型、构建绿色高效交通运输体系、加快绿色交通基础设施建设三项重点行动，进一步深入和明确了我国交通运输低碳发展需要落实的重点任务和主要指标。

交通运输行业是化石能源消耗和碳排放的主要领域，作为碳排放大户，其占全国终端碳排放的 10%左右，从 2010 年 6.3 亿 t 增长到 2020 年近 11 亿 t，碳排放量年均增速约为 6%。其中，公路运输碳排放占比最大，约占交通运输部门总碳排放的 75%，是交通碳减排的重点；航空、水运和铁路运输碳排放占比分别为 10.7%、8%、5.6%，航空和水运产生的碳排放占比虽小，却是碳减排的难点。近年来，我国政府坚持以交通强国为基本原则，以发展可持续绿色交通的理念，陆续出台了多项支持绿色交通的相关政策和措施，交通产业在低碳发展方面取得了初步成效。

在公路交通产业方面，我国高度重视新能源汽车产业的发展，截至 2030 年底，新能源汽车产销量占全球比重超过 60%，连续 9 年位居世界第一位。首先，新能源汽车的产销规模创历史新高，2023 年新能源汽车产量、销量分别达到 958.7 万辆和 949.5 万辆，同比分别增长 35.8%和 37.9%；新能源汽车出口 120.3 万辆，同比增长 77.2%，均创历史新高。其次，新能源汽车的渗透率稳步提升，全年国内新能源汽车销量占全部汽车销量的比重达 31.6%，较 2022 年提升 6 个百分点；截至 2023 年底，我国新能源汽车保有量为 2 041 万辆，占汽车保有量的 6.1%，较 2022 年底提升 2 个百分点（图 5.11）。中国科学院院士欧阳明高预测，国内新能源车市场渗透率到 2025 年将接近 50%，到 2030 年将超过 70%，届时新能源汽车的保有量将达到约 1 亿辆。最后，新能源汽车的配套设施不断健全。截至 2023 年底，我国累计建成充电设施 859.6 万台，数量居全球第一，逐步形成新能源汽车与充电基础设施相互促进的良性循环。

在铁路交通产业方面，我国在铁路运输量大幅增加的情况下，积极提升电气化率水平，为经济社会发展注入绿色动能。据相关统计，铁路内燃机车占比已由 2013 年的 47.8%降低到 2022 年的 35.5%，铁路电气化率从 2013 年的 54.1%上升至 2022 年的 73.8%。同时，中国电气化铁路运营里程逐年增长，从 2013 年不足 6 万 km 增长至 2022 年 11.4 万 km，居世界第一位（图 5.12）。目前，这些数据指标还在持续优化，2024 年 2 月，国家铁路局、国家发改委、生态环境部、交通运输部和国铁集团联合印发《推动铁路行业低碳发展实施方案》，提出到 2030 年铁路电气化率达到 78%以上，电力机车占比力争达到 70%以上，铁路的电气化的提升，将进一步降低对燃油的使用，从源头减少对大气环境的影响。

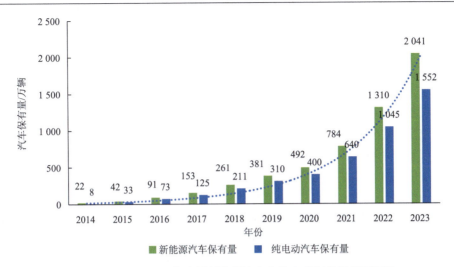

图 5.11　2014~2023 年中国新能源汽车和纯电动汽车保有量情况

资料来源: 中国公安部. https://app.mps.gov.cn/gdnps/pc/content.jsp?id=9384953.

图 5.12　2013~2022 年中国铁路电气化率及铁路营运里程

资料来源: 2022 年交通运输行业发展统计公报. https://xxgk.mot.gov.cn/2020/jigou/zhghs/202306/t20230615_3847023. html.

　　在水运交通产业方面，我国正在加快大宗货物和中长途货物运输"公转铁""公转水"的进度，大力发展公铁、铁水多式联运，交通运输部《绿色交通"十四五"发展规划》和《水运"十四五"发展规划》明确提出，到 2025 年将新增国家高等级航道 2 500 km，营运船舶单位运输周转量 CO_2 排放较 2020 年下降 3.5%等。随着我国航道条件的不断改善，我国船舶在大型化、标准化发展方面成效显著，围绕液化天然气（LNG）、甲醇、氢、锂电池等清洁能源开展了系列航运的应用研究和工程实践。截至 2022 年，我国建造 LNG 动力船舶 300 余艘，拆解改造高污染内河运输船舶 4 万余艘，新建船舶较老旧船舶综合能耗平均下降 27%左右；电动船舶也在进行初步示范，我国已建造内河电动船舶保有量已经超过 700 艘。根据国内相关机构预测，我国电动船舶市场规模有望从 2022 年的 11.9 亿元提升至 2025 年的 162.5 亿元，年增长率达 139%，2030 年可达 370.5 亿元；同时，积极推广靠港船舶使用岸电，国家发布了《关于进一步共同推进船舶靠港使用岸电工作的通知》，有序推进船舶靠港使用岸电的力度，截至 2021 年底，全国已共建成岸电设施 6 000 多套，覆盖泊位 7 500 余个。

在航空交通产业方面，航空是世界范围内脱碳最难、最慢的行业之一，欧盟在《欧洲绿色协议》中明确提出，使用可持续航空燃料（SAF）是航空业减排的关键手段。但目前可持续航空燃料的成本与传统航空煤油相比并不具有成本竞争力，如生物航空煤油的成本是传统航煤的 2～3 倍，且存在着供应端产量不足、原料成本高昂等问题。国内中国石油公司和中国石化公司均在 2007 年开始研发生物航空煤油技术，当前国内在生物航空煤油方面已经具备了自主的研发生产能力。2022 年，中国石化镇海炼化公司 10 万 t/a 的生物航煤装置实现了首次规模化工业试生产，其生物航煤产品在 2023 年 9 月顺利通过可持续生物材料圆桌会议（Roundtable on Sustainable Biomaterials，RSB）认证，为我国自主研发的生物航煤产品进一步拓宽国际应用市场创造了条件。截至 2023 年底，我国已宣布的可持续航空燃料项目总规划产能已达 390 万 t。

未来，随着我国"双碳"目标进程的深入推进，低碳交通产业将以低碳交通技术的迭代更新发展为根基，实现更加日新月异的发展。公路交通将继续聚焦在运载工具的电气化转型方面，随着锂离子动力电池技术、固态电池技术的不断突破，电动汽车的成本将持续降低，续航里程稳步提升，进一步促进电动汽车的广泛推广应用，而氢燃料电池汽车由于续航里程长、加氢时间短、无污染物排放等优点，将更倾向应用于中重型货车等商用车领域。铁路交通基于中国高铁的发展经验，将深入推进电气化的发展，并努力提升绿电在电气化中的应用比例。水运交通的内河短距离运输将以电动化船舶作为主要发展方向，长距离运输可探索利用液化天然气、绿氢、绿氨、绿甲醇等代碳新型燃料。在航空交通领域，可持续航空燃料是实现航空低碳化发展的关键技术，同时短途运输也可考虑蓄电池，中长距离运输探索利用氢燃料电池、氢直接燃烧（涡轮）动力等驱动。

5.2.3 绿色低碳建筑专用设备制造

根据《2022 中国建筑能耗与碳排放研究报告》，2020 年我国建筑全过程（包括建材生产、施工和建筑运营三部分）总能耗为 22.7 亿 t 标准煤，占全国能源消费总量的比例为 45.5%，相应的碳排放总量为 50.8 亿 t CO_2，占全国碳排放的 50.9%（中国经营报，2023）。建筑领域是我国节能减排的三大重点领域（工业、交通、建筑）之一，发展绿色低碳建筑是"双碳"目标下建筑领域的必经之路。

低碳建筑材料的生产与制造在现代建筑领域中发挥的日益重要的作用，其可以显著降低建筑过程和建筑物的碳排放，有助于应对气候变化和推动可持续发展，主要包括以下几个方面：①可回收建筑材料。回收材料是将已使用的建筑和工业产品回收再利用的材料。这些材料包括再生玻璃、再生金属、再生混凝土等。通过使用回收材料，可以减少对原始资源的需求，同时减少建筑行业废弃物的产生，有助于降低资源开采的环境影响，并促进可持续循环经济的发展。②高效绝热材料。高效绝热材料在建筑中用于隔热和隔音，以减少建筑物的热量损失和能源消耗。常见的高效绝热材料包括绝缘材料、双层玻璃、高效保温板等。这些材料有助于提高室内舒适度，降低采暖和冷却的能源需求。③低碳水泥和混凝土。传统水泥制造过程涉及大量的碳排放，因此低碳水泥和混凝土备受瞩目。低碳水泥采用更环保的生产方法，如使用粉煤灰或矿渣等替代原材料、高比例活性混合材料降低水泥熟料系数、新型低碳酸钙凝胶体系、新型低水泥含量混凝土等。④光伏建筑一体化。光伏建筑一体化产业是一种创新性的建筑材料和技术应用，将太阳能电池板集成到建筑物的外部表面或结构中，以产生清洁的电能，并同时充当建筑的一部分。通过将太阳能电池板融入建筑的外观、屋顶、墙壁、窗户、遮阳结构等部位，实现建筑和能源的高度融合。在建筑材料的基础上，相应产业配套也涵盖了太阳能电池板、逆变器和储能系统、监测和控制系统等。⑤高效照明系统和节能设备。使用高效照明系统和节能设备可以显著减少建筑的电能消耗。发光二极管（LED）照明、智能照明控制系统和高效余热供暖、通风、空调系统等都有助于提高建筑的能源效益，减少碳足迹。

　　这些低碳建筑材料不仅有助于降低建筑的环境影响，还可以降低运营成本、提高室内舒适度，并推动可持续建设的实现。建筑行业在不断创新和采用这些材料，为未来创造更加环保和可持续的建筑环境，同时为社会和环境可持续性作出贡献。在应对气候变化和资源有限性的挑战中，低碳建筑材料发挥着巨大的潜力。

图 5.13　国内首个智慧绿色能源建筑示范项目——中国西部科技创新港 7 号楼

资料来源：https://baijiahao.baidu.com/s?id=1766687651886319338&wfr=spider&for=pc.

　　绿色建筑未来有着广阔的市场前景，从新建角度来看，根据《“十四五”建筑节能与绿色建筑发展规划》，到 2025 年，城镇新建建筑全部为绿色建筑，市场规模约 10 万亿元。从改造方面来看，若十年内改造完毕则每年约有 1.37 万亿元的市场规模。绿色建筑行业对产业拉动力强，各项子行业未来发展空间极大。

5.3　低碳基础设施建设、改造和运营

5.3.1　工业生产过程电能替代改造

2022 年 7 月，工业和信息化部、国家发改委、生态环境部联合印发了《工业领域碳达峰实施方案》，其中提出了推动工业用能电气化的措施。为此，综合考虑电力供需形势，计划在铸造、玻璃、陶瓷等重点行业推广电锅炉、电窑炉、电加热等技术，扩大电气化终端用能设备的使用比例，针对工业生产过程中 1 000 ℃以下的中低温热源，进行电气化改造；同时，加强电力需求侧管理，示范推广相关技术产品，优化电力资源配置，以提升消纳绿色电力比例。

从地区情况来看，2020 年，我国东部地区电气化进程加快，即将进入电气化中期转型阶段；中部、西部地区处于电气化中期成长阶段；而东北地区则处于电气化中期孕育阶段。具体而言，东部地区电能消费比重较高，停电时间较短；中部地区电力消费强度较低；西部地区在低碳电力供应方面领先；而东北地区受终端用能结构偏煤等因素影响，电能消费比重较低。粤港澳大湾区和长江三角洲（以下简称"长三角"）区域已进入电气化中期转型阶段，其中粤港澳大湾区电气化进程与英国相当，而长三角区域电气化水平接近德国。截至 2020 年，工业部门电气化率达到 26.2%，维持稳定发展态势，其中，四大高载能行业电气化率达 18.1%，仍有较大发展空间。

进一步提高工业用电替代的渗透率，需要坚持节能优先方针，完善节能政策机制，积极引导全社会节约、高效、绿色用能；加快实施综合能效提升工程，推动实施重点领域电能替代，优先推广高效电能替代技术，推动新型电能替代装备融入更多生产工艺环节，加速工业绿色微电网建设。

5.3.2　超低能耗、近零能耗、零能耗、低碳、零碳建筑建设和运营

我国在"双碳"目标下推动了建筑领域的低碳转型。除了零能耗建筑外，还提出了近零碳建筑、零碳建筑等概念。这些建筑不仅考虑了运行阶段的碳排放，还全面考虑了建造过程中的隐含碳排放，旨在实现建筑全生命周期内的零碳排放。零碳建筑采用主动式和被动式设计理念相结合的方式，最大程度地减少对能源的依赖，从而降低建筑排放的碳量。

在相关政策推动下，我国绿色节能建筑实现了跨越式增长。截至 2020 年底，全国城镇当年新建绿色建筑占新建建筑比例达到 77%，累计建成绿色建筑面积超过 66 亿 m²；累计建成节能建筑面积超过 238 亿 m²，节能建筑占城镇民用建筑面积比例超过 63%。根据《2030 年前碳达峰行动方案》，到 2025 年，城镇新建建筑全面执行绿色建筑标准[①]。

---

① 资料来源：2030 年前碳达峰行动方案. https://www.gov.cn/xinwen/2021-10/26/content_5645001.htm.

从各省（区、市）的推进情况来看，建筑节能改造、新建建筑执行绿色建筑标准等举措得到了较好的落实。2022 年，黑龙江省积极推进城乡建设绿色低碳转型，推广绿色建筑 920 万 m²；青海省居住建筑节能率提升至 75%，公共建筑节能率提升至 72%，现行建筑节能标准执行率达到 100%；天津市新建民用建筑项目 100%执行绿色建筑设计标准；辽宁省完成城市老旧管网改造 6 260 km，东北地区首个核能供暖项目红沿河核电站核能供暖示范项目正式投运供热。

主动式建筑设计包括利用太阳能系统、地道风技术、地源热泵等。例如，太阳能系统主要有附加光伏系统（BAPV）和光伏一体化建筑（BIPV）两种形式。BAPV 是最常见的形式，主要安装在建筑的屋顶上；而 BIPV 则是将光伏建材与建筑融为一体，直接替代原有建筑结构。地道风建筑利用土壤夏冷冬热的特性为建筑提供热（冷）能，通过设计管道来调节能力，有效减少空调开启时间，从而降低建筑的能耗。地源热泵则是利用地球表面浅层地热资源进行能量转换的供暖空调系统。被动式建筑设计以气候特征为指导，通过建筑本身收集、储存能量，与周围环境形成自循环的系统，不需要额外的耗能机械设备。

建造和施工管理方面，可采取多项措施来确保全流程的低碳化。例如，采用智能建造方式提高效率，减少损耗；采用装配式预制构件，并与设计、物流、现场施工协同联动；采用干式法施工工艺和模块化部件等。此外，应实现室外道路、消防管道等设施的永久结合。

建筑运行阶段，应以保障室内环境为前提，以降低建筑运行能耗和碳排放为目标。通过控制和减少碳排放，优化和提升运行管理，实现区域内能源利用效率的持续优化和碳排放量的持续降低；建立综合调适制度，明确各参与方的职责和流程，并建立智能化低碳运行维护工作体系；同时，采取有效的废弃物管理措施，降低建筑施工和运营过程中的环境影响。

此外，应大力推广建筑光伏一体化，在居民生活领域发展电采暖、分布式热泵、电厨炊、智能家居等，推广应用"热泵+蓄能"、建筑电蓄冷；加强碳排放监测与核算，提高能源利用效率，降低能源消费强度，推动全社会形成经济高效、低碳环保的生活方式。

在绿色建材方面，预计 2025 年绿色建材应用比例约 60%，市场规模约为 1.5 万亿元。在光伏建筑一体化方面，"十四五"期间全国新增建筑太阳能光伏装机容量 50 GW 以上[①]，新建公共机构建筑、新建厂房屋顶光伏覆盖率有望达到 50%。未来五年 BIPV/BAPV 将大规模装机，每年市场规模在 3 000 亿元左右。

---

① 资料来源：https://www.gov.cn/xinwen/2022-03/17/content_5679461.htm.

5.3.3　绿色低碳交通系统建设和运营

在"十三五"时期，我国交通基础设施的发展以及绿色低碳转型进入了关键阶段，在推动绿色低碳等方面取得了显著成果，具体表现在以下几个方面：①运输结构持续优化。深入实施铁路运能提升、水运系统升级等六大行动，推动大宗货物及中长距离货物运输向铁路和水运有序转移。②交通运输绿色治理水平持续提升。在节能降碳、生态保护、污染防治等领域制定了 62 项与绿色交通相关的标准规范。在绿色交通新能源、新材料、新装备应用等领域建设了 6 家行业研发中心和 3 家行业重点实验室，绿色交通技术蓬勃发展。

在配套基础设施方面，为促进电动汽车产业发展，我国高度重视充电桩的安装配套。近年来，在政策和市场的双重作用下，国内充电基础设施高速发展，已形成较好的产业基础。截至 2023 年底，我国充电基础设施累计达 859.6 万台，同比增加 65%，桩车增量比为 1∶2.4，距离工业和信息化部规划的目标"到 2025 年实现车桩比 2∶1，2030 年实现车桩比 1∶1"尚有较大的差距。近年来，国内充电桩行业市场规模保持增长趋势，市场规模从 2018 年的 124 亿元增长至 2023 年的 1 200 亿元，预计 2025 年国内充电桩存量市场规模或超过 3 000 亿元。中国换电市场经历了长期的冷遇后也迎来了发展契机。截至 2022 年底，全国累计建成换电站 1 973 座，其中 2022 年新增换电站 675 座，换电站建设速度明显加快。2021 年底，国内前十省份的换电站保有量在总量中占比近 70%。其中，北京拥有的换电站最多，共 255 座；其次是广东、浙江、上海、江苏，分别是 178 座、118 座、96 座、92 座。这些电站主要分布在各省会及较大城市。据有关机构数据，2022 年我国新能源汽车换电市场规模为 208.5 亿元，并预测到 2027 年，中国换电市场总规模将达到 2 251 亿元。

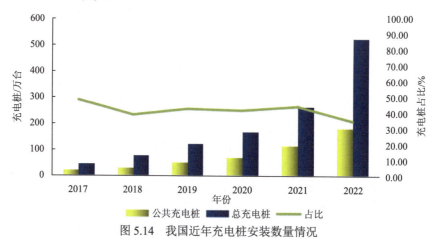

图 5.14　我国近年充电桩安装数量情况

低碳交通产业在减缓气候变化方面，其碳减排虽然已取得了积极成效，但其产业的发展仍面临着技术瓶颈；同时，产业的低碳转型所需的配套基础设施建设、政策金融支持、标准规范等体系尚不完善，所需的碳减排资金需求量巨大。

在公路方面，公路运输碳排放占比最大，约占交通运输部门总碳排放的 75%，是交通碳减排的重点，目前我国的新能源汽车产业实现了飞跃式的发展和规模化的应用，截至 2023 年底，全国新能源汽车保有量达 2 041 万辆，占汽车保有量的 6.1%。我国形成了较为完整的新能源汽车产业链（图 5.15），核心动力电池系统在能量密度、使用寿命、续航里程和成本等方面有待完善改进，动力电池在固态锂电池、钠离子电池、锂硫电池等新型电池方面的技术需进一步突破，实现氢燃料电池的关键材料和零部件国产化方面需要进一步提升；基础配套设施尚不能完全支撑新能源汽车的大规模应用，快速充电技术、充电桩、加氢站等配套技术等有待跟进。长途重型卡车方面还没有成熟的规模化推广方案，氢燃料电池重卡仍处在比较初级的示范应用阶段，存在购置成本高昂、电池使用寿命短等问题，商业化进程比较缓慢，换电式重卡面临换电接口标准不统一、换电站基础建设处于前期阶段、面临区域调配难等系列难题。

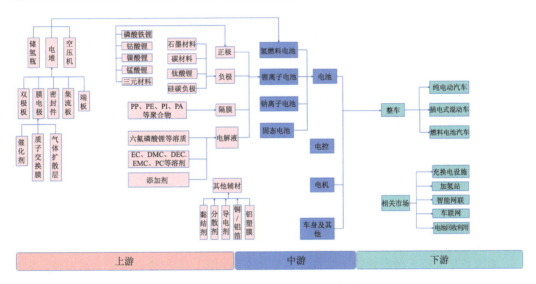

图 5.15　新能源汽车产业链示意图

在铁路方面，铁路的电气化率已达到较高的水平，新型的氢燃料电池列车可替代燃油列车，并可在电力列车难以涉及的地段应用，但氢燃料电池系统在列车上的研发应用尚不成熟，国内只有少量原型机在进行测试，距离实现规模产业化仍需时日。

在水运方面，利用电力、液化天然气、甲醇燃料的船舶已有了初步的示范，正在积极探索规模化应用；氢、氨等零碳能源是未来水运交通实现绿色发展的关键能源，但当前仍处在研发或样机示范阶段，核心动力系统技术面临着成本、寿命和性能多方面的挑战。同时，水运行业的绿色转型在新型能源的配套基础设施建设、安全风险防控、标准规范等各方面均有待进一步的完善。

在航空方面，生物航空燃油技术相对成熟，但目前产业规模较小、生产成本较高，原料供应体系不稳定，产业需要加强引导和培育壮大。电动飞机、氢动力飞机等新能源的航空器，在动力系统的能量密度、功率、寿命等方面还不成熟，很难满足大中型飞机的要求，距离商业化应用需较长时间。

交通低碳化产业碳减排所需的资金量巨大，跨机构协调难度高。联合国政府间气候变化专门委员会（IPCC）第六次评估报告（AR6）指出，交通运输行业碳减排成本显著高于工业、建筑等行业。目前采取的"公转铁""公转水"、新能源和清洁能源车辆推广、老旧柴油货车和船舶的淘汰、配套能源供应体系等减排措施，资金投入大、获得的经济效益少，因此，地方政府、运输企业和个体运输户缺乏减排内生动力，延缓了交通低碳化产业的发展。

5.3.4　城乡能源基础设施低碳改造、建设和运营

城乡能源供给系统包含电力供给、热力供给和燃料供给等要素。目前全社会约70%以上的碳排放来源于该系统的各个环节。为了实现能源结构的改变，需要进行能源革命，将现有的碳基能源系统，由燃煤、燃气、燃油转变为由风能、太阳能、水能、核能以及生物质燃料等构成的新型零碳能源系统。实现这一目标的途径主要包括：全面推进终端用能电气化；发展以风能和太阳能为主的新型电力系统，集中和分布相结合；利用热泵技术充分利用人类活动排放的余热，建立新型零碳热力系统；尽可能减少对传统燃料的依赖，建立基于生物质商品燃料和以绿色氢气合成的新型燃料供给系统。

新型电力系统的建立可以包含以下改造内容，包括从集中电源向集中与分布相结合的电源转变、从电源侧的调节转变为电源和终端共同承担的荷随源变，以及集中和分布的储能设施成为保障电网稳定运行的重要支撑。在这样的驱动下，需要根据不同的系统结构和调控模式制定新的政策机制。零碳新型电力系统建设可采用"建筑+充电桩+电动车"模式的终端柔性用电方式，具备更强的调节和储能能力。通过"光储直柔"技术将这些终端柔性用电资源接入电网，同时采用动态碳排放责任因子激励终端调节，以保证系统的稳定运行。

零碳热量供给系统的建设主要依赖热泵和余热利用。通过建设热量共享系统，实现跨区域热网、跨季节储热和热量变换，最终达到热量供需相匹配的目的。采用热泵技术，利用自然资源和人类活动产生的低温余热供热。分散热泵利用自然界低温热源进行低密度热量供应，而集中供热系统则利用工业和核电等余热满足高密度用热需求。

农村新能源系统的建设是新型电力系统的先行者，不仅是零碳燃料的提供者，也是能源革命的起点[①]。建设以屋顶光伏为基础的农村新型能源系统，推动农村全面电气化和能源结构的转型，对于促进乡村振兴，实现电力系统革命和低碳发展至关重要。在太阳能资源丰富的地区，可以充分利用各类屋顶资源，建立家庭单元和村级直流微网，满足农村全部用能需求。此外，农村还可以充分利用生物质资源，将其加工成燃料，成为零碳能源系统的一部分。

预计2025年的新基建规模超1.5万亿元，其中约40%涉及能源装备与建筑材料，在绿色建筑、绿色基建、新型电力系统大力发展阶段，城乡能源设施低碳化建设改造的占比将继续提升，具有较广阔的市场前景。

---

① 江亿. 2023. 城乡能源供给系统低碳路径. 天府碳中和论坛.

5.3.5　低碳数据中心改造、建设与运营

近年来，我国数据中心规模和能耗总量不断壮大，数据中心绿色发展已成为工业绿色低碳发展的重要组成部分。国家发改委等部门关于印发《贯彻落实碳达峰碳中和目标要求 推动数据中心和 5G 等新型基础设施绿色高质量发展实施方案》的通知中指出，要立足经济社会数字化转型和高质量发展的全局，尊重产业和技术发展规律，在适度超前发展数据中心、5G 等新型基础设施的过程中，坚持科学布局，集约发展，建用并重，在发展中实现低碳转型。

低碳绿色数据中心主要的衡量指标包括电能利用效率（PUE）、可再生能源电力利用水平、余热余冷利用水平、水资源利用水平、绿色公共服务水平、算力算效水平、绿色运维水平等。数据机房改造、建设、运营等环节可实现数据机房的节能降碳，主要方式有：对于已建成的数据机房，应提升电能利用效率，改造电能利用效率超过 1.5 的数据中心；在数据中心规划期间，充分发挥用山洞、山体间垭口、海底等优势自然条件降低数据机房能耗，新建大型、超大型数据中心电能利用效率降到 1.3 以下；推广相变冷却系统技术、单相浸没式液冷技术、海水自然冷却等制冷节能技术，优化气流组织；通过市场化绿色电力交易、直供电、购买绿色电力证书、因地制宜建设分布式可再生能源电站等方式，提高可再生能源电力利用水平。

低碳产业的发展离不开数据中心的大量建设与运行，2022 年市场规模超 2 200 亿元。预计"十四五"期间复合增速保持在 25%左右[①]，2025 年市场规模将达到约 4 300 亿元。

5.4　产业发展面临的问题

落实碳达峰碳中和目标任务过程中，低碳制造业具有许多新的竞争优势，成为现代化产业体系的重要组成部分，但也面临一些问题和挑战，体现在以下几个方面：关键领域技术创新供给不足；采用低碳技术和绿色材料可能会增加制造与建造成本，影响企业的竞争力；绿色低碳标准体系尚不完善；低碳制造业产业链融合发展尚存在许多堵点卡点。

5.4.1　关键领域技术创新对产业的供给不足

我国在绿色低碳技术供给能力方面的短板依然突出。在新能源发电领域，亟待解决废旧光伏组件、风力发电机组叶片等新型固废综合利用技术；在新型电力系统方面，高比例可再生能源电力系统的高波动性、间歇性、不稳定性问题需要在电力系统技术和政策两个方面加大探索力度，破解可再生能源电力的占比限制；在新能源汽车领域，亟须加强废旧动力电池综合利用体系，推动规范化回收、分级资源化利用；在核电领域，部

---

① 中国通服数字基建产业研究院. 2023. 中国数据中心产业发展白皮书.

分大型核电分析设计软件、部分满足核级标准的仪控系统尚依赖国外，制约了产业发展空间；在低碳交通领域，航空航天低碳化发展仍依赖电动飞机等新能源航空器研发，液化天然气（LNG）、甲醇、氨、电池等动力形式的绿色智能船舶研制及示范应用仍处于实验或示范阶段。

5.4.2　低碳技术产业化成本偏高

低碳制造产业的发展离不开对低碳技术的运用，由于低碳制造产业具有"绿色"和"低碳"的属性，在研发、成果转化和推广应用等环节往往需要投入额外成本。当前，我国绿色能源、绿色低碳产业发展非常迅速，成本下降得很快，但是总的来看，绿色能源和低碳产业的成本还是比传统化石能源行业成本要高，大部分新兴制造产业尚不能满足大规模低成本使用的需求，需要碳市场、碳税等市场机制的支持，让减碳可以获得直接经济效益。例如，在绿氢技术发展方面，绿氢已成为应对气候变化的重要选项，中国和世界上主要发达国家都出台了氢能发展战略，并有诸多企业已深入布局氢能源产业链的上下游，但目前我国可再生能源制氢的成本仍远高于化石能源制氢，电解水制氢成本是化石能源制氢的 2～3 倍。其中，可再生能源发电成本是制取绿氢的关键部分，以国内较为成熟的碱性电解水制氢为例，其成本中电费占比近 70%，制氢成本较高成为阻碍其大规模发展的最大障碍。

5.4.3　低碳制造标准支撑有待加强

标准体系在低碳制造体系建设中有引领作用。目前虽然绿色低碳制造标准体系框架初步建立，但各领域绿色制造标准化工作推进程度各不相同。截至 2022 年 9 月，国家发布绿色工厂评价行业标准 41 项，其中化工行业 14 项，建材行业 9 项，而电子、通信、钢铁行业仅各 1 项；从绿色制造标准体系建设的不同进程来看，我国的绿色制造标准仍亟待完善，尤其是绿色设计产品标准缺失较多，需要加快建立健全绿色制造标准体系。

5.4.4　绿色低碳产业链融合发展尚存在障碍

当前，我国绿色供应链在天津、上海、东莞等地区进行了示范实践，虽已积累了一定的经验，但在后续创新发展中呈现出动力不足、制度不完善、创新能力弱等问题，难以深入推进。一方面，绿色供应链制度不完善，需加强政府对绿色供应链的引导和规制者作用。绿色供应链是一项系统工程，涉及的主体众多，包括核心企业、上游企业、下游企业等，但当前针对绿色供应链的各环节和主体，我国缺少专门的、综合性的绿色供应链法律，现行的法规政策较零散尚不成体系，散见于环保类、采购类、制造类、回收利用类等，难以有效引导企业实施和执行，需进一步加强政府在政策法规方面的引导和绿色采购的参与。与发达国家相比，我国的法律法规中缺少与绿色供应链发展相关的经济激励机制、制度创新机制和相应的监督和惩罚机制，如回收再利用环节，尽管有《中华人民共和国循环经济促进法》《中华人民共和国环境保护法》《再生资源回收管理办法》等，但缺少必要的程序性规定和惩罚措施及配套性实施标准，执行力度不足，影响企业绿色供应链的实施效果。另一方面，企业实施绿色低碳供应链创新的动力不足、管理创新能力弱。目前，绿色低碳供应链创新试点企业数量少、规模小，示范效应有限。尽管一些大型企业已主动实施绿色低碳供应链的管理模式，但广大中小企业对绿色低碳供应链的认识仍不足，缺乏有效的激励政策或惩罚性制度安排。如何通过经济约束、财税刺激等手段鼓励企业参与到绿色供应链管理进程中来，是今后亟须解决的问题。

5.5　产业发展思路

5.5.1　以技术创新支撑制造创新

（1）打造低碳制造业创新平台。主动与能源结构改革的国家战略需要相结合，力争搭建高水平创新平台，在产业链上下游协同上提高企业的核心竞争能力，以技术创新带动制度创新，以制造产业化反哺科技研发投入；加快推进低碳领域科技创新综合改革试验区的建设，加强产学研结合，构建高校研究院、产学研联盟和产教融合基地，提高技术对产业化及相关制造业的整体支持能力。

（2）加快科技成果转化和应用。积极培育并发展各种类型的科技成果转移转化机构，加快建立起低碳制造技术转移体系，建立起以市场为导向、以企业为主体的低碳制造科技成果转移转化直通机制，促进科研成果系统化、配套化和工程化，强化其应用示范和场景创新；构建企业与高校、科研院所之间的协作网络，联合从事技术开发转移、中试、示范等全链条研发转化；鼓励自主创新示范区、高新技术产业开发区和成果转移转化示范区等企业建立协作关系，为企业提供有针对性、"定制化"的成果转移转化服务，并支持以产业链的形式，构建从咨询、孵化、加速到市场的整个科技创新工程系统。

（3）以低碳制造为核心，推动核心设备国产化水平。加速研发拥有独立知识产权的低碳制造领域重大核心、共性和关键技术，对双碳领域涉及的相关产业链的成套技术和设备进行研究，推动其在国内的创新推广和使用。特别是在低碳制造技术方面，加快重点设备和核心部件的国产化进程，提高整个设备和相关产业链的自主性。

5.5.2　以低碳产业园推广低碳制造

（1）多层分步推动低碳示范园区建设。在原有园区低碳化改造示范方面，重视城市更新过程中产业园区新建建筑的节能低碳改造及既有建筑的绿色低碳改造，实现降低高能耗建材的碳排放；推进国家级低碳园区、零碳园区试点建设，构建优秀低碳产业园区、星级绿色建筑、低碳产品标识等认证体系，以点带面，发挥对低碳制造和建造的示范带动作用。

（2）加强低碳产业园的绿色低碳能源基础设施建设。通过建设绿色电力供应、绿氢供应、储能电站等基础设施，将绿色制造体系融入产业园的日常生产和使用中，构建低能耗、低污染、低碳排放的产业体系；建立起低碳基础设施共享体系，设置能源智能应用和可视化管理平台、产业园区综合监管等公共服务平台，促进产业园区低碳管理和服务的智慧化、精细化、低碳化。

（3）利用园区的试点示范作用，推广先进低碳制造技术。依托低碳园区内的碳中和科技公众服务平台，加大对低碳技术的研究与开发力度；对于符合条件的入园区企业，建立起低碳技术研发机构，并与科研机构进行协作，强化对绿色低碳技术的研究、应用与前瞻性展示，使得低碳园区成为既是具备经济效益的产业园，又是规划未来产业的孵化器。

5.5.3　以标准化建设引导低碳制造业快速发展

标准化程度是衡量一国工业核心制造能力水平的重要标志，先进标准体系已是一个成熟工业系统中不可或缺的一部分。要强化标准顶层设计和规范性管理，推动低碳制造业标准化制度体系发展；加快制定碳排放基础通用、核算与报告、低碳技术与装备等国家标准、行业标准和团体标准，2030年前完成碳达峰急需标准制修订；持续完善节能、节水、资源综合利用、环保装备标准，稳步升级绿色工厂、绿色产品、绿色工业园区、绿色供应链，协同推进数字赋能绿色低碳领域标准；加强国际标准研究和对比分析，推动先进国际标准在我国转化应用，积极参与国际标准规则制定，推动我国绿色低碳标准转化为国际标准。

参 考 文 献

程茉莉, 2022. 钢铁企业二氧化碳减排路径分析及展望. 冶金经济与管理, 217(4): 18-22.

董明, 2023. 有色金属行业推进绿色低碳发展的思考. 绿色矿冶, 39 (4): 1-5.

方海, 2022. 加快建设新时代绿色低碳交通运输体系. 中国交通报, 2022-06-14.

傅向升, 2023. 石化产业高质量发展与转型升级的思考——在2023年(第十一届)亚洲炼油和化工科技大会上的报告. 中国石油和化工, (6): 10-16.

郭阳琛, 张家振, 2023. "碳排放大户"占比过半, 建筑领域龙头企业探索节能减碳路径. 中国经营报, 2023-07-03, (15).

江亿, 2021. 生物质能源: 零碳能源系统中最重要的燃料. 第三届全球生物质能创新发展高峰论坛.

卡特彼勒(中国)投资有限公司, 2022. 如何实现国际基础设施建设产业链的低碳运营. 国际工程与劳务, (5): 28-31.

李婉君, 王秀丹, 刘正刚, 等, 2022. 水泥生产碳减排路径评述. 中国水泥, (7): 24-29.

刘佩成, 2022. 我国石化工业实现"双碳"目标的路线图探讨. 当代石油石化, (12): 9-14.

孙明华, 王继勇, 等, 2021. "双碳"大考. 国企管理, (6): 28-56.

徐俊霞, 2023. 电解铝节能降碳新路径的探索. 世界有色金属, (8): 144-146.

中国钢铁工业协会电炉短流程炼钢发展研究课题组, 2023. 我国电炉短流程炼钢发展研究报告(上). 中国钢铁业, (9): 5-9, 22.

中国经营报, 2023. "碳排放大户"占比过半, 建筑领域龙头企业探索节能减碳路径. 2023-07-03(版次: 15版).

中国通服数字基建产业研究院, 2023. 中国数据中心产业发展白皮书.

第6章 生态系统固碳及碳捕集利用
与封存产业[*]

生态系统固碳及碳捕集利用与封存产业被统称为负碳产业，是人类最终实现碳中和目标的必要产业。负碳产业是以产业化的方式对人类活动排出的二氧化碳进行固碳、封存或再利用。目前，负碳产业主要有三类：二氧化碳捕集利用与封存（CCUS）、二氧化碳资源化利用及固碳、生态系统固碳，见表6.1。

表6.1 生态系统固碳及CCUS产业体系

一级分类	二级分类	三级分类
负碳产业	二氧化碳捕集利用与封存（CCUS）	• 二氧化碳先进高效捕集生产工艺、设备制造、新型溶剂或材料加工 • 石化、煤化工、煤电、钢铁、有色金属、建材、石油开采等行业碳捕集、利用与封存全流程建设与运营
	二氧化碳资源化利用及固碳	• 二氧化碳制备合成气、甲烷等液体燃料 • 二氧化碳制备聚合物材料等化学利用 • 二氧化碳人工生物转化 • 二氧化碳矿化固定
	生态系统固碳	• 生态系统碳汇服务

6.1 生态系统固碳产业

6.1.1 产业发展现状和趋势

生态系统是由生物群落及其生存环境共同组成的动态平衡系统，按类型可划分为陆地生态系统和水域生态系统，其中陆地生态系统包括森林生态系统、草原生态系统、湿地生态系统、农田生态系统、荒漠生态系统等，水域生态系统包括淡水生态系统、河口生态系统、海洋生态系统等。生态碳汇是指森林、草原等陆地生态系统和红树林、滨海盐沼等海岸带生态系统吸收二氧化碳的过程、活动或机制，生态碳汇不仅包含林业碳汇（即通过植树造林、植被恢复等措施吸收大气中二氧化碳），还包括草原、湿地、海洋等生态系统对碳吸收的贡献，以及土壤、冻土对碳储存和碳固定的维持作用（图6.1）。陆地碳汇和海洋碳汇是生态碳汇的两大重要组成。据统计，地球上每年化石燃料所产生的碳排放约13%被陆地植被吸收，35%被海洋吸收，其余部分暂留存于大气中，因此增强生态系统的碳汇能力被视为减缓气候变化、实现碳中和目标的重要手段（朱静慧等，2022）。

---

* 本章作者：李甜、杨丽平。

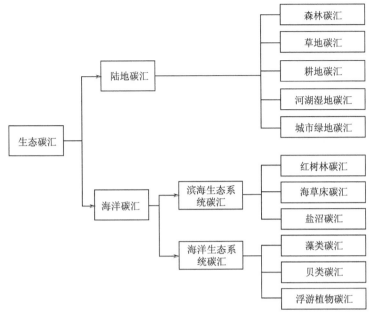

图 6.1　生态碳汇组成

陆地生态系统是自然界碳循环的主要部分，我国以占世界 6.5%的陆地面积贡献了全球 10%～31%的陆地碳汇。已有研究结果表明，我国陆地生态系统的碳汇强度为 195～246 Tg C/a（1 Tg = 10^{12} g）。不同陆地生态系统类型的碳储量存在差异，森林是陆地生态系统中最大的碳库。其中，第九次全国森林资源清查数据显示，我国现有森林面积 2.2 亿 hm^2，森林蓄积量 175.6 亿 m^3，是全球森林资源增长最多、最快的国家。我国陆地生态系统在过去几十年一直扮演着重要的碳汇角色，根据相关研究，2004～2014 年，我国陆地生态系统的碳储量为 3 652.7 亿 t CO_2，主要分布在森林（含灌丛）（1 520.2 亿 t CO_2）、草地（含荒漠）（1 424.2 亿 t CO_2）、农田（576.0 亿 t CO_2）及湿地（132.3 亿 t CO_2），如表 6.2 所

表 6.2　1979～1985 年和 2004～2014 年中国陆地生态系统的碳储量及 1980～2010 年均碳汇

（单位：亿 t CO_2）

类型	碳储量（1979～1985 年）			碳储量（2004～2014 年）			1980～2010 年均碳汇		
	植被[a]	土壤[b]	生态系统	植被[c]	土壤	生态系统	植被	土壤	生态系统
森林（含灌丛）	196.8	1055.6	1252.4	437.1	1083.1	1520.2	8.01	0.92	8.93
草地（含荒漠）	42.1	1283.9	1326.0	90.5	1333.7	1424.2	1.61	1.66	3.27
农田	20.2[d]	553.5	573.5	20.2	555.8	576	0	0.08	0.08
湿地	7.3[d]	165.3	172.6	7.3	125.0	132.3	0	−1.34	−1.34
合计	266.4	3058.3	3324.5	555.1	3097.6	3652.7	9.62	1.32	10.94

　　a. 1979～1985 年的植被碳储量主要通过文献获取，其中森林（含灌丛）碳储量数据来源于文献（Jiao et al.,2010；方精云等，2007）。

　　b. 土壤碳储量均指 1m 深土壤中的有机碳储量。

　　c. 2004～2014 年的主体数据来源于碳专项和文献历史数据（12 000 个植被样地、9 000 个土壤样地），农田植被碳储量数据来源于文献（Tang et al.，2018）。

　　d. 考虑到农田植被定期收割，早期湿地生态系统植被的部分数据缺失，本部分研究中按 1979～1985 年的农田和湿地植被碳储量近似等于 2004～2014 年的农田和湿地植被碳储量。

示。我国陆地生态系统具有强大的碳汇功能，主要得益于国家大规模发展植树造林、退耕还林还草等生态工程。近 40 年来，中国的植被恢复对陆地生态系统碳储量及其增加做出了重要贡献。

我国启动实施了天然林资源保护、退耕还林（草）、"三北"防护林体系工程（四期）、长江及珠江防护林体系建设（二期）、京津风沙源治理及退牧还草等重大生态工程，中国科学院战略性先导科技专项"国家重大生态工程固碳量评价"项目最新研究结果揭示，我国实施的重大生态工程显著提升了工程区域碳储量和碳汇功能，发挥了巨大固碳效应。研究表明，2000~2010 年，6 项重大生态工程实施对生态系统碳储量和固碳能力提升发挥了重要作用，重大生态工程区内生态系统碳储量增加达到 1.5Pg C（1 Pg = 10^{15} g），年均碳汇功能达到 132Tg C/a，抵消了同期我国化石燃料燃烧 CO_2 排放的 9.4%。其中，天然林资源保护工程的生态碳汇为 68.4Tg C/a，退牧还草的生态碳汇为 15.5Tg C/a，"三北"防护林体系工程（四期）的生态碳汇为 12.4Tg C/a，京津风沙源治理工程的生态碳汇为 5.2Tg C/a，退耕还林工程的生态碳汇为 24.6Tg C/a，长江及珠江防护林体系建设（二期）的生态碳汇为 5.9Tg C/a。以上重大生态工程区生态系统碳汇的 56%（74 Tg C/a）可直接归因于重大生态工程的实施，其中，天然林资源保护的增汇效应为 14.0 Tg C/a，退牧还草的增汇效应为 14.7 Tg C/a，"三北"防护林体系工程（四期）的增汇效应为 12 Tg C/a，京津风沙源治理的增汇效应为 7Tg C/a，退耕还林（草）的增汇效应为 18 Tg C/a，长江及珠江防护林体系建设（二期）的增汇效应为 8.3 Tg C/a（Guo et al.，2022）。

除了陆地生态碳汇外，海洋碳汇也是生态碳汇的重要组成部分。海洋是地球上最大的碳库，储存了地球上约 93% 的 CO_2，极大地抵消了大气中 CO_2 的积累。海洋碳汇总量相当于陆地生态系统的 20 倍，单位海域生物固碳量是森林的 10 倍，对吸收大气 CO_2、缓解全球气候变暖、支持生物多样性起到至关重要的作用，是生态碳汇的一条重要路径（朱静慧等，2022）。中国约有 300 万 km^2 的管辖海域和 1.8 万 km 的大陆岸线，是世界上少数几个同时拥有海草床、红树林、盐沼这三大蓝碳生态系统的国家之一，670 万 hm^2 的滨海湿地也为蓝碳发展提供了广阔空间。按全球平均值估算，我国三大滨海蓝碳生态系统的年碳汇量约为 126.88 万~307.74 万 t CO_2。其中，红树林每年可埋藏 27.16 万 t CO_2，海草床每年可埋藏 3.2 万~5.7 万 t CO_2，滨海盐沼每年可埋藏 96.52 万~274.88 万 t CO_2，均具有巨大的固碳储碳潜能[①]。

中国林业碳汇项目起始于国际碳交易，2004 年开始，我国先后在广西、内蒙古、云南、四川、山西、辽宁等省（自治区）推动林业碳汇试点项目落地。为推进林业碳汇生态价值的挖掘与实现，我国从 2011 年开始启动林业碳汇交易，并逐步完善交易机制。经过近 10 年的探索后，2021 年我国发布了全国首个林业碳汇国家标准《林业碳汇项目审定和核证指南》，并明确将林业碳汇纳入全国核证自愿减排交易市场中，同时开展碳汇权益交易试点。2023 年以来，多地都在积极推动碳汇项目的签约和实施，相关企业也加快了林业碳汇项目的布局，如西藏首个林草碳汇项目、鄂尔多斯市首单林业碳汇开发项目等，江西还在 2023 年 9 月完成了与赞比亚合作的首个海外林业碳汇合作开发

---

① 海洋固碳，秘籍在哪儿？https://mp.weixin.qq.com/s/GCiXrbj0WuMQP_83P51GNA.2021-06-21.

项目签约。

由于海洋碳汇交易尚未纳入全国碳排放权交易市场体系，相关实践目前仍以地方先行先试为主。2016 年 12 月，威海南海新区启动国家海洋碳汇研发基地建设，推动海洋碳汇交易核算及碳汇渔业发展。2021 年 6 月，湛江完成我国首笔红树林碳汇交易项目，交易的 CO_2 减排量达 5 880 t。2021 年 7 月，厦门设立全国首个海洋碳汇交易平台，并完成首笔碳汇交易，交易的 CO_2 减排量达 2 000 t。2022 年 1 月，连江县依托厦门产权交易中心（厦门市碳和排污权交易中心）全国首个海洋碳汇交易平台，完成 15 000 t 海水养殖渔业海洋碳汇交易项目，该项目也是地方碳汇建设先行先试中首宗海洋渔业碳汇交易项目（毛竹等，2022）。

6.1.2　生态系统固碳产业链

碳汇产业链包括上游的生态资源、中游的 MRV 体系，以及下游的碳汇交易，通过生态资源资产化、资产交易化、交易持续化三大路径，系统构成碳汇产业的发展脉络（图 6.2）。上游的生态资源包括森林碳汇资源、草地碳汇资源、耕地碳汇资源、海洋碳汇资源等，资源作为生态碳汇的基础，其质量和数量对碳汇能力具有重要影响。通过对这些碳汇资源进行科学检测、核查、报告，形成具有交易属性的碳汇资产，经由市场认可的合法交易场所进行交易，企业可以将生态碳汇产生的减排量转化为经济效益，并将交易所得的资金再次投入上游生态资源的开发维护中，形成碳汇产业链良性发展的闭环。

图 6.2　生态碳汇产业链示意图

6.1.3　产业发展面临的问题

当前，生态系统固碳产业仍处于发展初级阶段，产业发展面临以下主要问题。

（1）不同区域生态系统碳储量本底和增汇潜力不清晰，亟待完善与国际接轨的、符合我国国情的生态系统碳汇计量体系。我国幅员辽阔，各地区自然条件和生态系统差异较大，明确生态系统碳库储量和碳汇需要基于统一的系统设计和调查方法，结合现有的森林清查、生态状况遥感评估等调查体系，建立制度化、规范化、业务化的生态系统碳库储量和碳汇调查监测计量体系，满足支撑我国"双碳"目标如期实现的生态系统管理需要。

（2）生态系统碳汇的科学原理尚未完全明晰，如生态碳汇科学原理涉及生态系统的碳循环、气候变化与碳循环之间的互作关系以及人类活动如何影响碳循环。当前的相关理论和方法缺乏系统性，一些碳汇基础理论尚未得到广泛认可，难以在全域国土空间范围内大面积推广或实施。

（3）生态固碳的财政金融多元投入机制尚未建立。我国陆地生态系统固碳的主体是森林和草地，固碳效益主要通过国家重大生态工程来实现，这些重大工程以政府投入为主，投资渠道单一，且由于明显的公益性和外部性，经济收益低。目前我国市场投入机制、生态保护补偿机制仍不完善，缺乏有效的政策和措施激励社会资本投入生态保护、生态修复（周子勋，2023）。另外，由于生态工程建设的重点区域多为老、少、边、穷等本身财力不足地区，当地民众存在不同程度的"等、靠、要"思想，缺乏鼓励各地统筹多层级、多领域资金、吸引社会资本积极参与重大工程建设的内生动力。

（4）碳汇交易机制及配套服务有待完善。我国碳交易机制虽起步较晚，但发展较快，目前已初具规模，但与欧洲碳排放交易市场规模相比仍然存在巨大差距。2023 年，全球碳市场总交易额达 8 810 亿欧元，欧盟排放交易体系（EU ETS）是全球最大的市场，占 2023 年全球碳市场总价值的 87%左右，约 7 665 亿欧元（约合 6 万亿人民币），我国 2023 年碳排放配额年度成交量为 2.12 亿吨，年度成交额 144.44 亿元人民币。但随着分配、核查、履约等政策文件的出台，我国碳市场交易意愿逐步增强，2023 年 8 至 12 月市场成交量大幅攀升。

6.1.4 生态系统固碳经济性和固碳效果

我国碳汇交易仅是碳排放权市场交易的一种补充，我国境内可再生能源、林业碳汇等项目已明确纳入核证自愿减排量（CCER），其减排量可在碳排放权交易市场中进行交易获利。在林业碳汇 CCER 项目发展过程中，我国具有 CCER 市场快速发展、交易管理机构不断健全、林业碳汇计量和方法学不断更新进步等优势，但也存在着林业碳汇 CCER 备案签发率低、项目形式单一、交易成本高、抵消比例低及地域限制的问题。2022 年，CCER 交易量仅有 795.9 万 t，同比下降 95.46%。一方面是因为当前市场中剩余的可流通 CCER 数量约为 1 000 万 t，远低于第一履约期间的可流通数量；另一方面是因为 2021～2022 年实际排放量的履约工作将在 2023 年底进行，2022 年底并无履约清缴要求，重点控排企业对 CCER 项目需求不强。目前，我国林业碳汇 CCER 项目的核证减排量成交规模占比较低，2022 年成交规模约为 0.14 亿元（图 6.3）①。

---

① 中国林业碳汇行业发展趋势分析与投资前景预测报告. https://mp.weixin.qq.com/s/ Gw0Ou4vqFXNuxfWvhGnIXg.

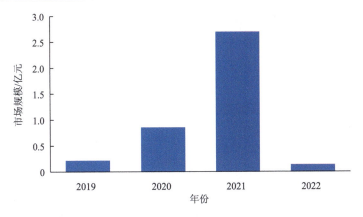

图 6.3　2019～2022 年我国林业碳汇行业市场规模

根据中国科学院战略性先导科技专项"应对气候变化的碳收支认证及相关问题"（以下简称"碳专项"，2011～2015 年）16 000 个调查样地的清查成果，中国陆地生态系统固碳能力为每年 10.96 亿 t CO_2。综合同期各种研究和判断发现，近 10 年来，中国陆地生态系统固碳能力保守估计为每年 10 亿～13 亿 t CO_2。陆地生态系统作为全球碳循环的重要组成部分，它的碳固存能力是应对未来气候变化的关键环节，将其纳入了联合国可持续发展战略目标。根据地面数据，结合遥感资料和生态模型，对我国陆地生态系统固碳潜力进行了全面测算（丁仲礼和张涛，2022），预计我国陆地生态系统 2030～2060 年的固碳潜力为每年 13.06 亿～13.18 亿 tCO_2（丁仲礼和张涛，2022），具体数据参见表 6.3。

表 6.3　2030～2060 年我国陆地生态系统固碳潜力预测结果　　（单位：亿 t CO_2）

来源	措施/植被类型	不同年份陆地生态系统固碳潜力			
		2030 年	2040 年	2050 年	2060 年
自然固碳	森林	7.79	6.65	6.16	8.23
	灌丛	1.27	0.98	0.83	1.14
	草地	0.13	0.09	0.10	0.07
	农田	1.14	0.98	0.88	0.82
	湿地	0.31	0.33	0.34	0.34
	荒漠	0.06	0.09	0.10	0.12
	全国小计	10.70	9.12	8.41	10.72
生态建设固碳	退化草地恢复	1.51	1.51	1.51	1.51
	农田优化管理	0.77	0.93	0.92	0.87
	（其中黑土地保护）	（0.08）	（0.14）	（0.16）	（0.15）
	南水北调工程	0.01	0.01	0.02	0.01
	湿地恢复	0.07	0.07	0.07	0.07
	全国小计	2.36	2.52	2.52	2.46
	总计	13.06	11.64	10.93	13.18

据《2022 年中国碳价调查报告》，2022 年的全国碳市场平均碳价预期为 59 元/t，到 2025 年将升至 87 元/t，2030 年之前将达到 130 元/t，2050 年将达到 239 元/t。依此估算我国陆地生态系统固碳产值在 2030 年约为 1 698 亿元，2050 年约为 2 612 亿元。

6.1.5　产业发展思路

生态碳汇可以促进温室气体的减排和自然环境的改善，从而缓解气候变化对人类和地球的影响。未来其产业发展的模式与路径主要有以下几个方面。

（1）保住现有基础，进一步统筹海陆全域国土空间，发挥森林、草原、湿地、滨海固碳作用。例如，增加城市绿化面积、发展人工造林、建设海洋牧场等，均可以增加部分碳汇。此外，当前我国森林平均年龄为 30～40 年，通常林龄小于 80 年的森林均具有较强碳汇能力，近年来随着气温的升高，中国区域降水量增加，同时氮沉降也增加，预计生态系统碳汇将进一步提升。通过多种途径，中国区域生态系统碳汇能力有望达到每年 20 亿～25 亿 t，具有实现倍增的潜力。同时，积极推进经济绿色转型，促进产业结构调整，降低生态功能区各排放源的排放量，打造近零碳排放区，推动碳汇科技和方法学应用。

（2）强化科学基础知识，开展系统化研究。把整个中国国土空间当作一个大系统来认知，通过网络化动态观测获取基础科学数据，理解整个海陆碳循环机理，模拟评估全组分、全统计口径、全区域的生态系统源汇格局及动态演变，用更扎实的科学理论和技术支撑国家环境治理及"双碳"战略行动的实施（于贵瑞，2022）。

（3）通过强化约束、政策激励和责任引导，激发碳汇市场需求。加快建设自愿减排交易市场，逐步提高碳汇所占份额，同时允许符合条件的优质碳汇生态产品接入碳市场；引导企业参与碳汇项目，并对适宜的企业和企业家作为典型案例进行宣传。

（4）完善生态功能区碳汇交易机制及配套服务。建立生态功能区碳交易信息平台，推动生态功能区内碳汇"走出去"和区外需求"引进来"；研制和开发碳汇产品；结合生态功能区生态资源特色推动碳汇产品创新，开发碳汇期货、期权、远期、互换等碳汇衍生品（李建伟，2023）。

6.2　二氧化碳捕集利用与封存

除生态系统固碳外，还可以通过人工手段固碳，即二氧化碳捕集利用与封存（CCUS）技术。该技术是指将 CO_2 从工业、能源生产等排放源或空气中捕集分离，并输送到适宜的场地进行转化、利用或在一定的地质条件下封存，最终实现 CO_2 减排。就整个 CCUS 产业而言，受限于经济成本的制约，目前仍处于商业化的早期阶段。按照 CCUS 产业链各环节的组合关系，可将国内外 CCUS 产业模式分为 3 类：①捕集、利用与封存型（CCUS 型），利用方式主要为 CO_2 驱油，这种模式为 CCUS 全流程模式；②捕集与利用（CCU 型），将捕集的 CO_2 进行直接应用或运输至利用地点，利用方式主要为化工利用和生物利用；③捕集与封存（CCS 型），将捕集的 CO_2 直接封存或输送至封存场地后进行地质封存。

6.2.1　产业发展现状和趋势

在碳中和目标的推动下，各个国家都高度重视 CCUS 产业化发展，加快战略规划布局和技术创新研发投入，以推动 CCUS 技术的商业部署。中国 CCUS 示范项目也在快速发展，规模不断扩大。据《中国二氧化碳捕集利用与封存（CCUS）年度报告（2023）》统计，从 2004 年我国第一个 CCUS 示范项目在山西建成投运以来，截至 2022 年底，我国现处于各阶段的 CCUS 项目已超过百项，其中已经投入运营的项目超过半数，捕集能力超过 400 万 t/a；CO_2 注入能力每年超过 200 万 t。中国 CCUS 项目中捕集源的行业和封存利用的类型呈现多样化分布。目前中国示范项目主要集中在电力、油气、石化化工、水泥、钢铁等难减排领域，如图 6.4 所示。从 CO_2 捕集源类型来看，电力行业 CCUS 项目占多数，石化化工行业 CCUS 项目逐年增加，钢铁、水泥等行业 CCUS 项目近年来开始逐渐兴起。

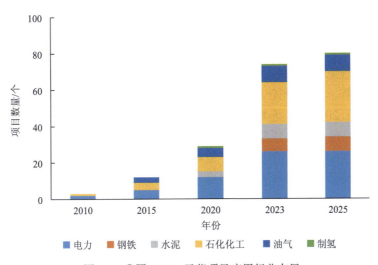

图 6.4　我国 CCUS 示范项目应用行业布局

我国运行及在建项目主要包括全产业链的 CCUS 型和聚焦碳资源利用的 CCU 型。其中，CCUS 全流程项目受限于碳源、捕集工艺、利用方向、封存地质体等因素，捕集、运输、利用和封存等各技术环节的科学衔接和集成匹配十分重要。目前，已形成的 CO_2 捕集技术覆盖了主要的碳排放源类型，CO_2 利用与封存技术在工业领域的电力、化工、石油天然气开采、氢气制备等行业均有工程示范和实践探索。超过 50% 的 CCUS 全流程项目为中石油、中石化、中海油、延长石油等大型石油企业自行投资建设的垂直一体化模式，且利用方向多用于驱油。中石化建成"上游稳产-下游减排-工程配套"技术创新体系，已开展我国首个百万吨级 CCUS 项目——齐鲁石化-胜利油田百万吨级 CCUS 项目、中石化华东油气田 CCUS 全流程示范项目等；中石油基本构建起 CCUS 全流程技术与标准规范体系，吉林油田建成了国内首个 CCUS-EOR 全流程示范项目；中海油将重点开展海上 CCUS 全流程技术与示范项目。此外，CCUS 项目环节复杂，涉及较多通用设备。其中，捕集环节中涉及的通用设备主要为吸收塔、分离塔、换热器、再热器等。为提升余热回收工艺并达到节能效果，CO_2 捕集工艺中可通过热泵系统有效降低捕集能耗，因此关键设备制造及工艺优化、实现全系统能量梯级利用是捕集过程产业化的关键。

CCU 项目将是未来 CCUS 产业实现规模化发展、经济可行的主要途径，主要是由于 CO_2 资源化利用技术是具有附带经济效益的减排途径，二氧化碳基产品不仅具有绿色低碳的属性，可降低产品全生命周期的碳减排量，而且产品在市场上需求量大且具备一定的价值，大规模应用后可获得可观的经济收益。目前大多数项目处于中试及示范阶段，如在 CO_2 制备合成气、甲烷、甲醇等燃料方面，中国科学院上海高等研究院联合山西潞安集团建成了国际首套万方级规模甲烷二氧化碳自热重整制合成气工业侧线装置，日转化利用 CO_2 高达 60 t，成功实现工业示范。中国科学院大连化学物理研究所在兰州新区建成我国首个规模化液态太阳燃料合成工业化示范工程，正在进行 10 万 t 以上规模的工艺包设计与开发。2023 年，全球首个 10 万 t 级绿色低碳甲醇工厂在安阳正式投产。在 CO_2 制备碳酸二甲酯、聚碳酸酯等聚合物材料方面，开展了相关示范项目和有益探索。早在 2008 年，中海油就与中国科学院长春应用化学研究所共同出资建设 CO_2 可降解塑料项目。此外，开工投产的河北中煤旭阳生物可降解材料项目中包含 7 500 t/a 焦炉烟气 CO_2 捕集装置和 3 万 t/a 生物可降解塑料制备装置。我国在 CO_2 光电催化与人工生物转化方面仍处于实验室研究与中试验证阶段，整体技术成熟度偏低，如 CO_2 人工合成淀粉、葡萄糖及脂肪酸等。但其中有一些技术已经开展了产业化示范，如微藻固碳制备高附加值产品方向，早在 2010 年，新奥集团在鄂尔多斯市达拉特旗启动了微藻固碳生物能源产业化示范，依托当地 60 万 t 煤制甲醇项目产生的 CO_2 生产生物柴油；而后华润电力（海丰）电厂与浙江大学合作建成国内首个立柱式微藻光合反应器，每年可捕获 2 万 t CO_2，实现了规模化、高效、低成本的微藻固碳工艺路线。

6.2.2　产　业　链

CCUS 技术作为一种大规模的温室气体减排技术，需要依靠各个环节技术与能源系统间的耦合集成。CCUS 产业链按照其技术环节，可分为上游捕集、中游运输与下游利用及封存，如图 6.5 所示。从产业流程来看，CCUS 各技术环节紧密相连，相辅相成，位于上游的碳捕集环节实现不同碳排放源中 CO_2 的分离和富集，并为利用与封存环节提供 CO_2；中间运输环节提供 CO_2 运输保障；位于下游的资源化利用环节将 CO_2 变废为宝，形成具有商业价值的下游相关产业链，是 CCUS 实现减排效应的主要依托。CCUS 技术已有 40 多年，产业链相对完整。但是，从整个 CCUS 产业链来看，我国目前仍处于商业化的早期阶段，CCUS 产业发展仍面临多个因素制约。

一是与其他减排技术相比，CCUS 技术竞争优势不明显。尽管我国在 CCUS 技术研发方面取得了显著进展，但仍然面临许多技术共性问题，如在低浓度 CO_2 规模化捕集方面尚面临诸多挑战，涉及关键的吸附/解吸设备、吸附剂/溶剂性能、配套技术等。其中，专用设备与新型材料的需求与挑战日益增长，亟须加强关键核心技术研发，推动大规模、高性能设备制造的国产化。

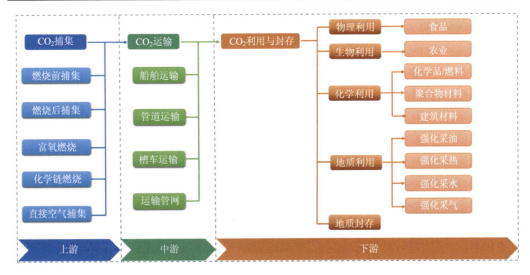

图 6.5　CCUS 产业链示意图

二是 CCUS 项目成本普遍较高，企业融资风险及难度较大。CCUS 项目投资成本巨大，投资额在数千万元甚至上亿的规模，如果无法实现减排收益，将会严重影响企业开展 CCUS 示范项目的积极性。目前国内项目基本为示范类项目，主要资金来源为企业自有资金，除个别项目有地方政府政策、资金支持或国内外研发赠款外，几乎没有金融机构参与。而国外 CCUS 项目融资方式较为多样，从企业自筹到政府资助、企业联合投资或成立合资公司、绿色基金、多边银行或国际金融机构、商业贷款等。

三是 CCUS 产业缺乏市场化的激励机制和商业模式。我国没有形成规模化的 CO_2 去除或封存需求，商业化发展的基础较弱。CCUS 当前在国际上的主要发展方式分为政策驱动和市场驱动。在我国 CCUS 项目缺乏明确的产业政策支持，在低碳技术竞争中被看作是"预备役"。因此，缺少有效的政策激励和成熟的商业化模式成为企业开展 CCUS 研究和示范项目的重要障碍。

四是 CCUS 涉及的产业链周期长且空间范围广，在责任分摊和权属分配方面存在一定的风险。例如，在运输、注入和封存过程中可能存在泄漏，因此运营方应关注 CCUS 项目全流程的安全监测，尤其是封存后阶段。目前国际上 CCUS 项目关闭均未超过 30 年，尚无成熟的法律规范或监管机制。同时，从运输阶段管道占地到封存阶段厂址占有使用等都会涉及所有权或使用权问题，尤其是地下存储空间使用权、注入存储空间的 CO_2 所有权等；海上 CCUS 项目还需考虑到用海相关问题。为实现 CCUS 产业链的完善，需要进一步明确产业链上中下游的参与主体商业模式、利益链条中的利润分配等。

6.2.3　产业经济性和减碳效果

经济可行性是决定 CCUS 技术能否实现大规模推广的关键因素。中国 CCUS 示范项目整体规模较小，成本较高，CCUS 经济成本的首要构成是运行成本，是 CCUS 技术在实际操作的全流程过程中，各个环节所需要的成本投入。从技术环节来看，捕集技术成本在全流程 CCUS 项目中占比最大，如图 6-6 所示。

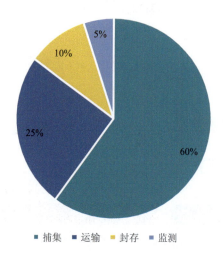

图 6.6　CCUS 项目经济成本各环节占比

CO₂ 资源化利用技术直接减排效应明显，其中用于制备甲醇、甲烷等能源燃料、可降解塑料等化学品和矿化处理固废等技术已初具规模，但在后续使用过程中仍可能存在 CO₂ 释放问题，因此全生命周期的减碳效应需要进一步深入研究。此外，CO₂ 资源化利用技术间发展的成熟度差别显著，加之部分资源化利用技术一次性投入成本较高，需配备昂贵的高性能催化剂，极大地限制了其商业化发展进程。积极发展 CO₂ 的资源化利用技术可以推动 CCUS 产业规模化发展，在很大程度上提高 CCUS 的技术经济性。未来，碳利用成本的下降主要依赖技术创新和规模效应，以及能否获得清洁廉价的能源。值得一提的是，零碳能源发电技术的快速发展助力着可再生能源/核能发电耦合 CO₂ 生产燃料/化学品技术的发展，该类技术将成为近、中期最具竞争力的 CO₂ 大规模利用技术。进一步优化开发高附加值碳利用技术及创新拓展应用场景，实现碳价值增值，将会使得 CO₂ 资源化利用技术更具市场竞争力。

6.2.4　产业规模和前景

现阶段，主要发达国家已经加大对 CCUS 技术的投资和布局，据国际能源署预测，全球利用 CCUS 减碳量将在 2030 年、2035 年、2050 年分别达到 16 亿 t、40 亿 t、76 亿 t，相当于 2020 年全球碳排放总量的 4.7%、11.8%、22.4%。《中国二氧化碳捕集利用与封存（CCUS）年度报告（2023）》显示，碳达峰碳中和目标下中国 CCUS 减排需求，2030 年将增长为近 1 亿 t/a，2050 年后将超过 20 亿 t/a。CCUS 技术作为减排技术，未来有可能被纳入 CCER 等碳减排市场，因此参考《2022 中国碳价研究报告》（Slater et al.，2022）中对中国碳市场的碳价的预测，2025 年将升至 87 元/t，2030 年之前将达到 130 元/t，2050 年有望达到 239 元/t。最终得出 CCUS 产业产值在 2025 年约为 20 亿元/年，2030 年预计达到百亿年产值，即 130 亿元/年，2050 年产值将突破千亿元，超 4 000 亿元/年。

开发 CCUS 产业集输中心/集群网络越来越被视为加速应用的关键，是未来 CCUS 产业的重要发展趋势。目前 CCUS 产业处于培育期，随着未来碳减排需求规模化增长，2030 年后产业链将逐步完善。在 CCUS 产业化发展方面。预计到 2030 年，我国 CCUS 技术开始进入商业化应用阶段并具备产业化能力；到 2035 年，部分新兴技术实现大规模运行；到 2040 年，CCUS 系统集成与风险管控技术得到突破，初步建立 CCUS 集群；到 2050 年，CCUS 技术实现广泛部署，建成多个 CCUS 集群。

6.2.5 产业发展思路

CCUS 技术是一项应对气候变化的关键性技术，具有负碳属性，发展具有全周期、多维度、智能化的特征，其内涵和应用范围正在不断拓展。其未来产业发展模式与路径主要包括以下几个方面。

一是 CCUS 产业与煤电等传统产业融合，构建低碳/零碳产业链。目前中国 CO_2 捕集主要集中在煤化工行业，其次为煤电行业等。无论从捕集份额、难度、成本等各维度来看，煤基能源都是 CCUS 技术最主要的应用领域，完备的煤基能源产业链也为 CO_2 利用技术发展提供了多种选择，CCUS 技术与煤基能源体系呈现出相互契合、协同互补的耦合发展态势（林伯强，2021）。

二是 CCUS 技术与可再生能源、氢能等协同耦合发展，为能源转型和碳中和目标实现提供全新的解决方案。可再生资源涵盖太阳能、风能、地热能、生物质能等，CCUS 的发展离不开能源的使用，将 CCUS 与可再生能源进行耦合，利用可再生能源提供 CCUS 工艺过程中的热能、电力、冷能等，能够扩展可再生能源的应用范围，是一项拓展清洁能源应用空间、延展清洁固碳产业链的有效方式。低碳氢能和 CCUS 技术间互为条件、相互补充，两者耦合可解决现有制氢过程中的碳排放问题，将捕集的 CO_2 与氢气转化为含氢燃料，用于交通等领域脱碳，促进 CCUS 和氢能产业低成本、大规模发展。

三是 CCUS 产业与化工、钢铁、水泥等难减排行业融合，促进工业部门深度脱碳。上述工业部门的技术相对成熟，惯性大、换代成本高、速度慢。另外，工业过程往往需要高温、高压等操作条件，多数情况下难以与可再生能源进行深度耦合，因此从其能源需求的源头角度来看，工业部门的减排难度较高。除此之外，部分工业技术中还伴随着与能源消耗不相关的、无法避免的过程排放。因此，CO_2 的末端减排技术是重点行业深度脱碳必不可少的技术选择。例如，CO_2 与烃类重整制备合成气的过程在化工和钢铁行业中具有一定的应用潜力，一方面，化工过程的弛放气中富含大量烃类组分，现有过程大多将其作为燃料气直接燃烧，大大加重了碳排放，通过 CO_2 与烃类的重整反应制备合成气，并将其循环进入化学品合成工段能够显著提升过程碳效；另一方面，钢铁生产尾气中含有 CO、CO_2、H_2 等组分，通过 CO_2 与烃类的重整反应制备合成气提升尾气中合成气的浓度，将得到的合成气作为还原剂用于钢铁冶炼过程。

参 考 文 献

澳大利亚全球碳捕集与封存研究院, 2023. 全球碳捕集与封存现状: 2022.

蔡博峰, 李琦, 张贤, 等, 2021. 中国二氧化碳捕集利用与封存(CCUS)年度报告(2021)——中国 CCUS 路径研究. 北京: 生态环境部环境规划院, 中国科学院武汉岩土力学研究所, 中国 21 世纪议程管理中心.

陈倩倩, 顾宇, 唐志永, 等, 2019. 以二氧化碳规模化利用技术为核心的碳减排方案. 中国科学院院刊, 34(4): 478-487.

丁仲礼, 张涛, 等, 2022. 碳中和: 逻辑体系与技术需求. 1 版. 北京: 科学出版社.

樊杰, 王红兵, 周道静, 等, 2022. 优化生态建设布局提升固碳能力的政策途径. 中国科学院院刊, 37(4): 459-468.

方精云, 郭兆迪, 朴世龙, 等, 2007. 1981~2000 年中国陆地植被碳汇的估算. 中国科学(D 辑: 地球科学), 37(6): 804-812 .

简尊吉, 朱建华, 王小艺, 等, 2023. 我国陆地生态系统碳汇的研究进展和提升挑战与路径. 林业科学, 59(3): 12-20.

李建伟, 2023.大力发展碳汇产业 增强生态功能区可持续发展能力[EB/OL].https://www.drc.gov.cn/DocView.aspx?chnid=379&leafid=1338&docid=2906822.2023-04-27.

刘婧, 王娜, 程凡, 等, 2021. 加速迈向碳中之碳捕集、利用与封存技术. 张江科技评论, (6): 11-13.

刘牧心, 梁希, 林千果, 等, 2021. 碳中和驱动下 CCUS 项目衔接碳交易市场的关键问题和对策分析. 中国电机工程学报, 41(14): 4731-4739.

罗智展, 舒琥, 许瑾, 等, 2019. 利用微藻处理污水的研究进展. 水处理技术, 45(10): 17-23, 39.

毛竹, 陈虹, 孙瑞钧, 等, 2022. 我国海洋碳汇建设现状、问题及建议. 环境保护, 50(7): 50-53.

桑树勋, 刘世奇, 陆诗建, 等, 2022. 工程化 CCUS 全流程技术及其进展. 油气藏评价与开发, 12(5): 711-725, 733.

宋欣珂, 张九天, 王灿, 2022. 碳捕集、利用与封存技术商业模式分析. 中国环境管理, 14(1): 38-47.

孙海萍, 孙洋洲, 周彦希, 等, 2023. 我国 CCUS 产业化发展前景分析与建议. 现代化工, 43(12): 1-6, 10.

邢力仁, 武正弯, 张若玉, 2021. CCUS 产业发展现状与前景分析. 国际石油经济, 29(8): 99-105.

张帆, 2022. "双碳"目标下 CCUS 产业化模式面临的挑战、对策及发展方向. 现代化工, 42(9): 13-17.

张九天, 张璐, 2021. 面向碳中和目标的碳捕集、利用与封存发展初步探讨. 热力发电, 50(1): 1-6.

张丽, 马善恒, 2023. CO_2 资源转化利用关键技术机理、现状及展望. 应用化工, (6): 1874-1878.

张贤, 李阳, 马乔, 等, 2021. 我国碳捕集利用与封存技术发展研究. 中国工程科学, 23(6): 70-80.

张贤, 杨晓亮, 鲁玺, 等, 2023. 中国二氧化碳捕集利用与封存(CCUS)年度报告(2023). 北京: 中国 21 世纪议程管理中心, 全球碳捕集与封存研究院, 清华大学.

赵志强, 张贺, 焦畅, 等, 2021. 全球 CCUS 技术和应用现状分析. 现代化工, 41(4): 5-10.

周子勋, 2023. 我国生态系统碳汇巨大 缓解气候变化大有可为. 中国经济时报, 2023-04-27. .

朱静慧, 高佳, 余欣梅, 等, 2022. 碳中和背景下我国生态碳汇发展形势及建议. 内蒙古电力技术, 40(6): 1-8.

Guo X, Guo Q, Li Y, et al., 2022. Comparison of the application of different process-based models in the study of spatio-temporal patterns of ecosystem service value. Journal of Resources and Ecology, 14: 147-157.

Jiao N, Herndl G J, Hansell D A, et al, 2010. Microbial production of recalcitrant dissolved organic matter: Long-term carbon storage in the global ocean. Nature Reviews Microbiology, 8: 593-599.

Slater H, Shu W, Li R, 2022. 2022 China Carbon Pricing Survey. Beijing: ICF.

Tang X L, Zhao X, Bai Y F, et al., 2018. Carbon pools in China's terrestrial ecosystems: New estimates based on an intensive field survey. Proceedings of the National Academy of Sciences of the United States of America, 115: 4021-4026.

第 7 章　低碳综合服务业[*]

低碳综合服务业是指运用新的技术、生产方式、商业模式帮助传统的能源及相关产业实现绿色低碳转型，推动生产、生活方式向绿色低碳转变，属于一种以低碳技术为主导的新型服务方式，结合与之相适应的商业模式，将升级为新的未来产业业态，见表 7.1。

实现"双碳"目标，不仅需要产业内部的协同合作，同时更需要加强产业外部的跨界交互融合，低碳综合服务业作为生产性服务业，通过低碳咨询服务、低碳零碳技术服务、低碳供应链服务、碳市场服务和低碳运营管理服务等模式，有效运用节能降碳技术、数字科技、碳金融、运营管理等服务手段，聚焦产业和产业间的高碳环节和技术瓶颈，基于科技创新、资源配置、市场机制，实现生产技术的改进、生产设备的升级、生产方式的低碳革新和资源的可持续循环利用，在推动传统产业绿色低碳转型方面发挥了重要的支撑作用。

表 7.1　低碳综合服务业体系

一级分类	二级分类	三级分类
低碳综合服务业	低碳咨询服务	• 碳监测、认证、计量、核算、交易等咨询服务
	低碳零碳技术服务	• 低碳零碳技术研究开发 • 低碳零碳技术认证及推广 • 低碳产品认证及推广
	低碳供应链服务	• 低碳供应链管理 • 低碳供应链认证 • 低碳供应链金融
	碳市场服务	• 碳市场融资服务 • 碳市场交易服务 • 碳市场支持服务
	低碳运营管理服务	• 低碳综合能源系统和智慧微网建设 • 电力需求侧管理

7.1　产业发展现状和未来趋势

低碳综合服务业作为一种新兴业态，服务于政府、企业、社会团体和公众等多类主体，当前尚未有明确的相关定义和范围。本书参考国家发改委发布的《绿色产业指导目录（2023 年版）》（征求意见稿）中对"绿色服务"的阐释，并通过梳理总结目前市场上

---

[*] 本章作者：靳国忠、许金华、张　鑫、张葵叶。

已有或正在萌发的低碳综合服务业的多个种类,将其归纳整理,重点聚焦于低碳咨询服务、低碳零碳技术服务、低碳供应链服务、碳市场服务、低碳运营管理服务五个子产业。

7.1.1　低碳咨询服务

低碳咨询服务作为咨询服务业的一种,除具备传统咨询服务的通用架构外,还更突出"碳"的属性,低碳咨询的业务多种多样,提供低碳咨询服务的主体主要是咨询公司及碳中和方案解决商等,通过运用专业知识和各类方法手段,如碳监测、碳计量、碳核算、碳认证、碳交易等咨询方式,为不同的服务委托方提供政策/行业等专业研究、碳达峰碳中和路径设计、企业 ESG 信息披露与评级提升、减排项目开发等多方面的系统性服务(图 7.1)。

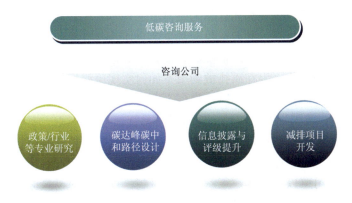

图 7.1　低碳咨询服务全景图

(1)低碳咨询服务企业及业务蓬勃发展。随着我国"双碳"系列政策的落地,全国各地的碳咨询公司数量也出现飞速的增长,既有传统咨询公司新成立碳咨询部门,也有各类专注于碳咨询服务的新创企业。据不完全统计,截至 2023 年底,我国新注册双碳类业务咨询公司超过 10 万家,原有公司增加双碳类业务范围的超过 300 万家。各类机构开展的碳咨询业务多种多样,在专业研究方面,包含政策研究、行业研究、科学研究、专题研究、社会调查研究等;在政策研究方面,主要是在应对气候变化、低碳发展、环境监管等多方面开展的研究,可为各类政策制定提供建议或对已实施的政策进行效果评估;在企业和园区碳达峰、碳中和路径规划方面,核算企业或园区碳排放总量,分析不同层面或部门的碳排放量,识别出碳排放量较大、减排空间较大的环节,在不同情景下预测不同措施带来的减排量和经济投入,提供关于优化能源和产业结构、提高能源管理水平和资源利用效率、推广智能化与数字化等方面的专业意见,为企业、园区规划碳达峰和碳中和路径;在自愿减排项目开发方面,咨询机构可以提供自愿减排项目开发服务,包括我国温室气体自愿减排项目、国际自愿减排机制项目[如清洁发展机制(CDM)与国际航空碳抵消和减排计划(CORSIA)]以及第三方独立自愿减排机制项目[国际如核证减排标准(VCS)和黄金标准(GS)]的全过程开发咨询业务,具体包括减排项目的识别、设计、审定、登记、实施、监测以及减排量的核算、核查、审定、登记、交易等过程的服务。2024 年 1 月 22 日，我国温室气体自愿减排交易市场启动，进一步完善了强制碳市场和自愿碳市场协同发力的全国碳市场体系。同时，我国也正在积极探索与国际减排市场衔接合作，不断扩大自愿减排市场的影响力。

根据全球研究公司 Source 发布的研究报告数据[①]，2022 年，全球低碳可持续发展的咨询服务市场规模同比增长了 9.8%，突破 450 亿美元，未来各行业将面对更加苛刻的环境报告法规，清洁技术投资继续蓬勃发展，向净零排放过渡的势头持续增强，报告预测到 2026 年，低碳可持续发展咨询服务的复合年增长率将达到 8%。

（2）未来碳咨询市场的规模将不断扩大，有更为广阔的应用前景。在"双碳"目标推进下，国家和地方各级政府正在不断完善健全碳达峰、碳中和相关政策制度，筹划制定相关的各类规划、实施方案，而政策的制定、实施、优化、评估等环节均需大量政策研究的碳咨询服务，为低碳转型和绿色发展提供科学性支撑。伴随我国政府发布越来越多的"双碳"管理政策，企业和园区作为碳排放的基本管理和减排单元，将碳减排和可持续发展作为关键战略目标，并要求供应链中的合作伙伴共同努力实现，将为碳咨询提供更广阔的市场和客户需求。这就需要碳咨询公司具备跨行业和跨领域的专业能力，分析和评估外部环境的变化，为在碳排放约束下如何实现更好发展和利益最大化而寻求对策方法，未来碳达峰路径、碳中和路径规划方面的咨询服务需求将持续增加。

2023 年 10 月，我国《温室气体自愿减排交易管理办法（试行）》正式施行，标志着国家核证自愿减排量正式重启，自愿减排交易市场与碳排放权交易市场互为补充，多元化的碳市场体系将进一步提升全国绿色低碳发展水平，更多行业和企业也必将进入碳交易市场。碳咨询公司可以帮助客户了解碳市场机制，规划碳交易策略，并提供碳资产管理和交易执行等专业服务，未来减排项目开发的咨询需求将进一步提升。可以预见，未来在国家、社会、企业层面形成与碳咨询相关的巨大市场需求，碳咨询成为工程咨询单位创新发展的重要机遇和寻求新兴业务的"蓝海"区域（胡晓刚和杨俊，2023）。

7.1.2　低碳零碳技术服务

绿色低碳技术服务主要包括绿色低碳技术创新和绿色低碳产品的认证推广两个方面。绿色低碳技术创新主要指降低消耗、减少污染、改善生态的技术研发和应用活动，包括节能环保、清洁生产、清洁能源、生态保护与修复、城乡绿色基础设施、生态农业等领域，涵盖产品设计、生产、消费、回收利用等环节。绿色低碳技术创新正成为全球新一轮工业革命和科技竞争的重要新兴领域[②]。绿色低碳产品认证是指由具备资质的认证机构，依据国家对绿色低碳产品认证的相关要求，按照绿色低碳产品标准及实施规则所开展的自愿性产品认证，可以引导全社会消费绿色低碳产品，推动企业进行管理和技术创新，生产绿色低碳产品，影响和带动产业升级转型。随着"双碳"目标进程的深入

---

① Source. 2023. The Sustainability Consulting Market in 2023.

② 国家发展改革委、科技部关于构建市场导向的绿色技术创新体系的指导意见. https://www.ndrc.gov.cn/xxgk/zcfb/tz/201904/t20190419_962441.html.

实施，我国生态文明建设进入以降碳为重点战略方向、推动减污降碳协同增效、促进经济社会发展全面绿色转型的关键时期，绿色低碳技术创新及绿色低碳产品认证推广对低碳发展的关键支撑作用愈加凸显。

以市场为导向的绿色低碳技术创新政策体系逐步完善。近年来，我国高度重视绿色低碳技术发展，陆续出台多项政策措施、规划方案推动相关工作。例如，《中华人民共和国国民经济和社会发展第十四个五年规划和 2035 年远景目标纲要》提出，构建市场导向的绿色技术创新体系，实施绿色技术创新攻关行动。2021 年，国务院印发的《关于加快建立健全绿色低碳循环发展经济体系的指导意见》提出，鼓励绿色低碳技术研发。实施绿色技术创新攻关行动，围绕节能环保、清洁生产、清洁能源等领域布局一批具有前瞻性、战略性、颠覆性的科技攻关项目。2023 年，国家发改委、科学技术部印发的《关于进一步完善市场导向的绿色技术创新体系实施方案（2023～2025 年）》和科学技术部发布的《国家绿色低碳先进技术成果目录》提出前瞻布局低碳、零碳、负碳等技术创新，要加快节能降碳先进技术研发和推广应用，推动科技成果转化和产业化，最终更好地服务"双碳"目标。在一系列举措推动下，我国绿色低碳技术创新工作已取得长足进步和显著成效。

我国已成为绿色低碳技术创新的领军国家。根据国家知识产权局的统计数据，在绿色低碳技术方面，2016～2022 年，全球绿色低碳技术发明专利授权量累计达 55.8 万件，其中，中国国家知识产权局授权 20.6 万件，占全球 36.8%；我国申请人提交的首次申请并公开的绿色低碳专利数量达到 39.8 万件，占全球 58.2%，见图 7.2。2016～2022 年，中国绿色低碳专利授权量年均增长 9.3%，除中国以外全球其他国家（地区）呈现–1.9% 负增长[1]，我国已成为全球绿色低碳技术创新的重要带动力量。我国在能源降碳、清洁能源、新型电力系统、储能、节能与能源回收、碳捕获封存等方面有着丰富的技术积累，初步具备了相对完整的绿色低碳技术布局。例如，高性能装备、智能机器人、绿色制造

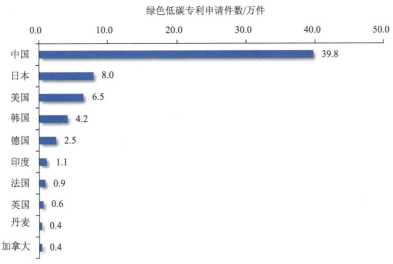

图 7.2　全球绿色低碳专利首次申请来源主要国家及其申请件数（2016～2022 年累计）

① 全球绿色低碳技术专利统计分析报告. https://www.cnipa.gov.cn/module/download/down.jsp?i_ID=185467&colID=88.

等绿色低碳技术推动"中国制造"迈向"中国智造"。煤炭清洁高效利用、新型核电、特高压输电等绿色低碳技术走在世界前列，新能源汽车产销量连续 9 年居世界首位，光伏行业保持良好发展态势，装机规模连续 10 年位居全球第一，新增总装机容量连续 8 年位居全球第一。同时，我国科技创新投入力度逐步加大，全社会研发投入由 2012 年的 1.03 万亿元增长到 2022 年的 3.09 万亿元，研发投入强度突破 2.5%，按近年来 7%的年均增速，预计 2025 年我国研发经费投入总量将达 3.76 万亿元。绿色低碳科技创新降低了产业能耗和碳排放强度，提高了产业链韧性与安全水平，对我国产业结构调整和绿色低碳生产生活方式的形成起到了巨大支撑服务作用，成为引领绿色低碳发展、实现"双碳"目标的关键因素与核心动力。

绿色产品认证服务体系已初步建立。目前我国已形成了由绿色产品认证、绿色建材产品认证、快递包装绿色产品认证和电器电子产品有害物质限制使用认证共同构成的绿色产品认证体系。2016 年，国务院办公厅发布《关于建立统一的绿色产品标准、认证、标识体系的意见》，通过整合建立绿色产品标准、认证、标识体系，提出以"产品全生命周期理念"为基础的综合评价指标，标志着绿色产品认证评价工作拉开序幕。2020 年，国家认证认可监督管理委员会《关于发布绿色产品认证机构资质条件及第一批认证实施规则的公告》，标志着我国绿色产品认证工作正式启动，并在 2021 年《关于发布绿色产品认证实施规则的公告》中对人造板和木质地板等 12 种绿色产品的实施规则进行了修订。2020 年 8 月，市场监管总局办公厅等部门联合发布《关于加快推进绿色建材产品认证及生产应用的通知》，将建筑门窗及配件等 51 种产品纳入绿色建材产品认证实施范围，实施分级认证。以上绿色认证项目都将产品对生态环境的影响作为主要的评价焦点，尤其是绿色产品认证与绿色建材产品认证项目，具有相同的评价体系结构与评价方法，在某种程度上代表了未来有关绿色产品评价的技术走向。

我国绿色产品相关认证制度的出台，进一步拓展了认证服务的有效供给，为推进生态文明建设提供了重要的合格评定工具、方法与技术支撑。截至 2022 年底，我国在绿色产品认证方面，目前已覆盖电器电子、洗涤用品、厨卫五金等 90 余种与消费者密切相关的产品，共发出绿色产品认证证书 2.6 万张，涉及获证企业 6 000 多家。2023 年，我国绿色建材营业收入超过 2 000 亿元，根据国家印发的《绿色建材产业高质量发展实施方案》提出的目标，到 2026 年，绿色建材年营业收入将超过 3 000 亿元，2024～2026 年均增长 10%以上。

绿色产品的认证体系需要进一步完善和推广。目前在国民经济、工业制造体系与消费品体系中，绿色产品认证所占的比例还相对较小，未来有广阔的发展空间，需要进一步拓展绿色产品认证的种类，提高绿色认证的覆盖面。同时，进一步加强认证机构能力建设，抓住发展绿色产品认证的良机，全方位提升认证机构自身的能力，补齐短板，确保认证服务的质量，实现认证服务供给侧的提档升级；进一步加大监督管理力度，维护公平公正的市场环境，不断提升社会各界对绿色产品认证制度与认证结果的信任度，保障行业持续健康发展。

7.1.3 低碳供应链服务

绿色低碳供应链代表着全产业链的协调发展、协同共生，是将环境保护、资源节约、减碳降碳的发展理念贯穿于企业从产品设计到原材料采购、生产、运输、储存、销售、使用和报废处理的全生命周期的过程。因此，绿色低碳供应链是碳中和背景下绿色制造理论与供应链管理技术结合的产物，企业要建立以资源节约、环境友好为导向的生产经营全流程，并推动上下游企业共同提升资源利用效率、改善环境绩效，最终实现绿色和可持续发展（夏平，2022）。低碳供应链服务主要是通过绿色供应链管理、绿色供应链金融等方式，推动企业供应链上下游的协同脱碳。

绿色供应链管理正在加快发展步伐。绿色供应链管理包括以供应端、物流端和消费端为一体的产品生命周期的全过程，考虑了供应链中各个环节的环境问题，在传统供应链管理中融入了全生命周期、生产者责任延伸等理念，依托上下游企业间的供应关系，以核心企业为支点，主要通过绿色供应商管理、绿色采购等工作，持续推动链上企业提升环境绩效，进而扩大绿色产品供给[①]。近年来，我国对绿色供应链的关注程度越来越高，政策制定步伐明显加快，相继出台了《关于积极推进供应链创新与应用的指导意见》《环境保护部推进绿色制造工程工作方案》《关于加快建立绿色生产和消费法规政策体系的意见》等一系列引导企业打造绿色供应链的相关政策。同时，绿色供应链标准的出台步伐明显加快，2017 年制定实施了《绿色制造 制造企业绿色供应链管理 导则》（GB/T 33635—2017），规定了制造企业绿色供应链管理的参照标准，并在实施与控制中提出"收集本企业及供应商的温室气体排放"等信息。目前国家、行业、团体和企业等层面绿色供应链标准建设工作稳步推进，机械、电子电器、纺织服装、石油化工、汽车、建材等分行业的绿色供应链标准正在逐步出台。截至 2022 年底，我国已在国家层面创建绿色工厂 3 616 家、绿色工业园区 267 家、遴选出绿色供应链管理示范企业 403 家，累计推广绿色产品近 3 万个，绿色制造和绿色供应链体系不断培育壮大，在行业中形成了很好的引领和示范作用。

第三方机构成为绿色供应链管理工作的重要参与者和推动者。2007 年，公众环境研究中心联合相关机构共同发出"绿色选择倡议"，并于 2014 年联合自然资源保护协会（NRDC）合作开发了评价品牌企业在华供应链环境管理表现的指标体系——绿色供应链 CITI 指数。此外，分别于 2017 年和 2018 年成立的绿色消费与绿色供应链联盟、中国绿色供应链联盟，凝聚了一大批企业、高校、科研院所、金融机构及行业协会资源，获得大批行业企业的关注，纷纷开始打造绿色供应链，涌现出一批优秀的绿色供应链企业，目前华为、金风等制造企业，阿里巴巴、京东等电商平台，朗诗、万科等房地产企业率先开展绿色供应链管理工作，并已经形成了行业典范，为全球绿色供应链发展贡献了中国力量（毛涛，2021）。

绿色供应链金融处于发展初期。绿色供应链金融基于绿色供应链的发展要求，通过

---

① 中国绿色供应链联盟. 2020. 中国绿色供应链发展报告（2019）。

供应链金融产品的应用，引导社会资金流向供应链环节中的绿色领域，以减少供应链管理过程中的环境影响并降低资源消耗。与传统的供应链金融不同，绿色供应链金融重在实现"绿色"，将绿色理念贯穿供应链全周期，需要关注链条上各环节融入资金用途的绿色属性，通过采集核心企业及其供应商的碳排放数据和环境绩效数据等，评估企业可获得绿色供应链融资的资格和金额。绿色供应链金融产品融合了供应链金融和绿色金融产品的核心要素，通过在传统供应链金融产品中植入绿色标准，引导资金精准支持绿色供应链体系建设。

在国外，绿色供应链金融主要实行"绿色供应链+供应链金融"模式。美国、欧盟、日本等国家和地区较早开展绿色供应链研究，关于绿色供应链的政策发展、理论研究和实践都已相对成熟。例如，欧盟为构建绿色供应链体系，制定了废电机电子指令（WEEE）、有害物质禁用指令（RoHS）和用能产品生态设计框架指令（EUP）三大绿色供应链法令。这些国家和地区的绿色供应链金融主要采取"绿色供应链+供应链金融"模式，即依托核心企业建立的绿色供应链体系，参照核心企业或第三方对供应商的绿色评级，提供差异化的供应链金融服务。

国内主要实行"绿色金融+供应链金融"模式。经过多年的探索，我国绿色供应链管理实践日趋成熟，但多数企业关注的重点是与其存在直接采购关系的一级供应商，绿色供应链管理要求尚未影响到供应链上的所有企业。国内绿色供应链金融处于"短链"阶段，更多的是绿色金融和供应链金融进行组合，本质上属于供应链金融在绿色企业或项目上的应用。自 2017 年以来，我国出台多项法规和政策，加速供应链金融创新发展。按供应链金融市场资产余额计算，2018～2022 年我国供应链金融市场从 20.1 万亿元扩大到 32.3 万亿元，复合年增长率为 12.5%，随着国民经济发展、资本市场不断完善、技术创新以及利好政策法规陆续出台，预计 2027 年我国供应链金融市场规模将达到 51.6 万亿元，2022～2027 年的年复合增长率为 9.8%。

未来需加快建立完善的绿色供应链管理体系和绿色供应链金融体系。2017 年，国家标准化管理委员会发布了《绿色制造企业绿色供应链管理 导则》（GB/T 33635—2017），在供应链管理过程中强调了绿色理念导向，但尚未给出科学系统的评价标准。未来绿色供应链金融需要在传统供应链金融的物流、信息流、资金流的基础上增加"绿色流"，实现四流合一，"绿色流"体现为环境绩效的提升和温室气体的减排效应。对"绿色流"信息的获取、识别和准确评估是推进绿色供应链金融发展的关键。

7.1.4　碳市场服务

碳市场是为减少二氧化碳排放、促进温室气体减排而提出的将二氧化碳排放权作为商品进行交易的市场机制，即鼓励减排成本低的企业超额减排，将富余的碳排放配额通过交易的方式出售给减排成本高、无法达到碳排放要求的企业，从而帮助后者达到减排要求，同时降低社会碳排放总成本。碳市场交易业务范围主要包含碳排放权交易及其衍生品交易、碳资产的管理以及相关的碳金融服务等活动。

（1）碳排放权交易方面。2021 年 7 月，中国的全国碳排放权交易市场开市，在第一个履约周期（2019～2020 年）内，共纳入发电行业重点排放单位 2 162 家，年覆盖二氧化碳排放量约 45 亿 t，按履约量计，履约完成率为 99.5%。截至 2023 年底，全国碳排放权交易市场累计成交量达到 4.4 亿 t，成交额约 249 亿元。第二个履约周期（2021～2022 年）成交额比第一个履约周期（2019～2020 年）增长 89%。企业参与交易的积极性明显提升，第二个履约周期参与交易的企业占总数的 82%，较第一个履约周期上涨了近 50%，是目前全球规模最大的碳交易市场。企业在碳市场履约时除可购买碳排放配额（CEA）外，还可购买国家自愿核证减排量（CCER）进行抵消。基于此，各类为碳排放权交易市场服务的碳资产管理以及与碳排放交易相关的金融服务应运而生。

　　碳交易市场将逐步完善。当前全国性碳排放权交易市场仍处于建设初期，未来国内碳市场的试点将有序退出，试点地区的重点排放行业及单位将逐步纳入全国市场；碳市场行业将持续扩充，有望从电力逐步扩展至石化、钢铁、化工等行业，随着未来八大高载能行业逐渐纳入碳交易市场，预计覆盖 100 亿 t 左右的二氧化碳的排放量，以 55 元/t 的平均价格计算，碳交易市场规模将达到 5 500 亿元，同时伴随碳金融产品的丰富和碳金融交易机制的完善，未来预计全国碳市场交易规模将达到 10 万亿级别；碳交易市场配额由免费分配逐步向有偿分配倾斜；碳金融市场将逐步完善，交易产品由现货逐步向期货、期权等衍生品扩展。

　　（2）碳资产管理方面。在碳排放履约机制压力下，企业通过进行碳监测、碳披露、碳减排、碳交易等手段主动管理碳资产，并合理运用各种碳金融工具，降低履约成本或获利，以实现企业效益及社会价值最大化、损失最小化。碳资产管理主要涉及碳数据盘查/核查、CCER 项目开发、碳资产履约、碳交易、碳金融等（江艳，2023）。随着金融机构被逐步纳入碳市场，碳交易未来或将在更多类型的不同主体间进行。碳资产管理则主要发生在"金融机构-碳控排企业"以及"碳控排企业-碳资产服务机构"之间，这一职能主要依托碳资产管理工具而产生，因此碳资产管理自然地较接近碳控排企业，有望成为控排企业用来管理、盘活碳资产的重要手段或途径。企业进行碳资产管理的模式，技术力量雄厚的集团可在集团总部成立碳资产管理部门，如 BP、中石化，或者在集团中下设独立的碳资产管理公司，如华能集团、国家能源投资集团等，详见表 7.2。此外，还有混合模式，即总部碳资产管理部门与下设碳资产管理公司同时存在。技术力量薄弱的企业，可借助市场上第三方机构进行碳资产管理，如华测检测、中碳能投等。《中国碳管理服务市场规模预测报告》对中国碳管理服务市场规模进行了测算，预计在 2025 年、2030 年和 2060 年将分别达到 1 099 亿元、4 504 亿元和 43 286 亿元，发展前景十分广阔。

　　未来碳资产管理的内涵日益丰富。为应对碳市场发展的新趋势，作为碳市场控排的行业需要做好碳资产管理工作，有利于国有企业控制碳排放成本并增加碳减排收益，以成本最有效的方式落实"双碳"目标，也将有助于国有企业在碳市场领域发挥引领作用，支持和推动国内碳市场稳步向前发展。在国内进行碳资产管理的企业可分为重点排放企业及非重点排放企业，目前全国市场的重点排放企业仅包含发电行业的企业，钢铁、石化、水泥等行业的自备电厂也进入重点排放企业名单，包括石化、化工、建材、钢铁、有色金属、造纸、航空七大高排放行业亟待纳入。从碳资产管理规模来看，电力行业的碳排放量最大，因此政府分配的碳排放权配额最多。钢铁、石化、水泥行业的碳排放量低于电力，尤其是目前这三个行业尚未纳入全国碳市场，其分配的碳排放权配额主要来自行业内自备电厂，碳排放权配额量较小。另外，区域试点市场仅包括少数几个省市，区域市场分配的碳配额量也有限。未来随着国内碳市场建设的推进，更多的温室气体重点排放行业将陆续纳入全国碳市场，涉足碳资产管理的企业数量也将越来越多，碳资产管理的内容也日益丰富，国内企业将重点从碳资产管理模式、碳数据库建设、碳资产盘活及碳资产管理专业人才建设入手，逐步建立符合自身发展需要的碳资产管理体系。总体而言，碳资产管理有望成为碳控排企业等用来管理、盘活碳资产的重要途径，全球碳资产管理方面虽已有较多实践，但整个行业依然处在起步和发展期，中国市场建设需要不断创新探索，逐步形成相对平稳的业务模式（表7.2）。

表 7.2　五大电力集团碳资产公司

电力集团	碳资产公司	成立时间	主营业务
国家能源投资集团	龙源（北京）碳资产管理技术有限公司	2008 年 8 月 27 日	CCER/CDM 碳减排项目开发、控排企业碳盘查、碳资产管理及交易以及碳管理领域的科技研究等
中国华能集团	华能碳资产经营有限公司	2010 年 7 月 9 日	碳资产综合管理、节能减排开发与投资、低碳能源与技术贸易、低碳金融服务等
中国大唐集团	大唐碳资产有限公司	2016 年 4 月 12 日	投资管理、资产管理、信息咨询、低碳节能减排领域的技术开发及服务等
中国华电集团	中国华电集团碳资产运营有限公司	2021 年 6 月 11 日	资产管理、信息咨询、低碳节能减排领域的技术开发及服务等
国家电力投资集团	国家电投集团智慧能源投资有限公司	2022 年 4 月 13 日	资产管理服务、新能源技术研发、合同能源管理等

（3）碳金融支持方面。碳金融是以碳配额和碳信用等碳排放权益为媒介或标的资金融通活动，服务于减少温室气体排放或者增加碳汇能力。随着相关碳金融产品的不断涌现，中国证券监督管理委员会于 2022 年 4 月 12 日发布了《碳金融产品》（JR/T 0244—2022），对碳金融产品的范围做出了明确规划（姚前，2023），其中包括碳市场产品分类和碳金融产品实施要求两方面内容，界定 3 大类 12 种产品和其中 6 种产品的实施流程，明确了更多非企业特别是碳市场中介和服务机构的参与（图7.3）。近年来，我国金融行业（由银行、券商和保险公司三个核心机构构成）持续布局碳金融市场，碳金融产品不断丰富：2021 年 1 月设立广州期货交易所，推出碳权期货品种。2021 年 5 月，厦门碳中和低碳发展基金成立。2021 年 7 月，宝武碳中和股权投资基金成立，是我国规模最大的碳中和主题基金。2021 年，中国人民银行推出了碳减排支持工具，按照市场化原则，为清洁能源、节能环保和碳减排技术三个领域内的企业提供 1.75% 的优惠利率贷款。截至 2022 年底，碳减排支持工具发放再贷款超 3 000 亿元，支持商业银行发放碳减排贷 5 100 多亿元，2022 年带动碳减排超 1 亿 t 二氧化碳当量。以相对成熟的欧洲碳市场为参照，2021 年欧盟排放交易体系（EU-ETS）发放配额约 16 亿 t，产生了 122 亿 t 的成交量和 6 830 亿欧元的交易额，而欧洲碳市场上衍生品交易量占碳市场总交易量的 90% 以上，其中主要是碳期货。按照欧洲碳市场的比例匡算，未来我国全国碳市场逐步发展成

熟后，碳市场成交量有可能超过 300 亿 t，碳远期、期货等碳金融衍生产品的市场规模将有望达到万亿元级。

　　未来碳金融产品发展将不断完善。自碳交易市场试点建立以来，我国金融机构相继开展了一系列的碳金融产品服务和探索，已积累了一定的碳金融工具和机制的发展经验，但是碳金融的发展仍未形成规模，多数产品处于零星试点状态，开展力度偏低，可复制性不强；此外，我国碳市场流动性不足的重要原因在于参与主体相对受限，国家对机构投资者进入碳市场进行投资或提供经济、做市等一系列服务的资质尚未出台明确的政策。未来碳金融产品将不断进行完善，在政策方面，落实相关政策细则以明确投资者资质，加快纳入机构投资者将成为提升我国碳市场流动性、保障碳价稳定的重要议题。

　　在碳市场交易工具方面，碳期货作为最为重要的风险规避手段，是优先级最高的碳金融工具，有望成为碳市场的主力交易工具，碳远期及碳掉期等其他衍生工具虽然有较为多样的场外交易尝试，但由于场外交易风险可控度相对较弱，可择机发展。在融资工具方面，碳质押在我国已有多个落地项目，市场经验充足，是重要发力方向；碳债券及碳基金作为控排企业的重要融资手段，同样具有较好发展前景，然而由于当前碳价波动相对较大，其产品设计等方面相对复杂，优先级位于碳质押之后；碳回购/逆回购等融资能力相对前三者较差，可择机发展。在支持工具方面，碳指数作为参与者了解碳市场全貌的重要工具，其发展完善的优先级最高；碳保险、碳托管等在当前全国及区域碳市场履约率较高的前提下，需求相对较弱，未来随碳配额收紧，其重要性将逐渐体现，见图 7.3。

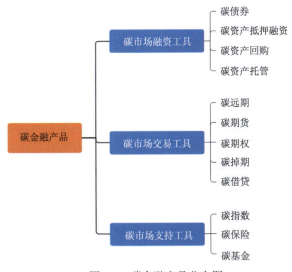

图 7.3　碳金融产品分布图

7.1.5　低碳运营管理服务

　　随着科技发展和能源结构的改变，低碳综合能源系统、智慧微网、电力需求侧管理等低碳运营管理服务相关行业逐步壮大，能源公司相继建设相应的示范项目和典型应用案例，积极拓宽低碳运营管理服务行业的发展。

（1）低碳综合能源系统：是指一定区域内的能源系统利用先进的绿色能源技术、数字化智能化技术和管理模式，整合区域内风能、太阳能、水能、核能、石油、煤炭、天然气多种能源资源，依靠智能电网、智慧能源平台、虚拟电厂、智慧微网、储能电站等系统，实现能源系统的优化运行、协同管理、经济安全、交互响应和互补互济，在满足多元化用能需求的同时有效提升能源利用效率和降低碳排放量，进而促进形成能源绿色低碳可持续发展的新型一体化能源系统。相较于传统能源系统，低碳综合能源系统有助于构建清洁低碳、安全高效的能源体系。其中，高效低碳、多能互补、协调优化是低碳综合能源系统的基本内涵（曾鸣，2018）。低碳综合能源系统涉及多个环节，包括能源生产、能源传输、能源消费、能源服务等部分，目前相关项目较多地运用在产业园区或可再生资源丰富地区，国家电网、南方电网、国家电力投资集团是国内主要的建设主体。2023 年 12 月，由国网山东省电力公司承担的青岛中德生态园多能互补综合能源示范工程建成，可实现"近零碳"排放。项目研制并投运了直流台区（光储充能量路由器）、重要负荷高可靠供电设备、区域综合能源优化调度系统、区域协调控制器、虚拟同步发电机、重要负荷独立运行保护装置和基于实时仿真的多能互补综合能源数字孪生系统 7 个综合能源领域国内首台（套）装备系统，实现了工程建设与科技创新的深度融合。工程投运后，每年可节约煤炭量 1 927 t，减排二氧化碳 3 167 t、烟粉尘 1 310 t、二氧化硫 145 t、氮氧化物 72 t。

未来，通过更先进更智能的设备与算法，可以进一步优化系统配置，低碳综合能源系统将逐步从减碳降碳向零碳过渡，不仅可以消纳更多的可再生能源，也可以为用能客户提供更高效、更安全的定制化用能服务，甚至在用能的同时，通过碳交易和绿电交易等方式为客户带来经济价值。

（2）智慧微网：随着分布式电源数量和种类的增多以及大电网的相关局限性，微电网系统得到了越来越广泛的应用，智能微电网是指一个具有大量负荷、分布式电源、储能、智能控制系统和通信设施的能源系统，可以分为离网型微电网和并网型微电网，离网型微电网以孤岛模式运行，与大电网没有电气连接。与传统大电网相比，微电网减少了远距离输电带来的线损，也降低了电价价格。大电网遇到自然灾害和故障事故时，可以自我隔离，保证用能安全。通过智能控制系统，微电网可以有效提升综合能源利用效率，协调分布式电源接入与运行，灵活高效（余贻鑫，2021）。此外，微电网对于减轻大电网调峰负担，提高大电网稳定运行也有积极的意义，但也面临着微电网的建设成本高、技术复杂、维护困难等问题。中国电力科学研究院、中国科学院电工研究所、天津大学、西安交通大学在微电网的技术研究方面处于国内领先地位。国家电网、南方电网则是微电网建设的主要单位，目前在全国范围内已建设了一批示范工程项目，主要围绕边远、海岛等供电困难地区，以及促进可再生分布式能源消纳的城市园区。随着智能化技术、电力技术与微电网的融合发展，智能微电网将实现与大电网协调运行、与用户需求侧灵活互动、与分布式电源高效兼容，逐步成为能源互联网的重要组成部分，客户在降低电价的同时，也提升了电能质量与供电稳定性。

（3）电力需求侧管理：是指加强全社会用电管理，综合采取合理可行的技术、经济和管理措施，优化配置电力资源，在用电环节实施节约用电、需求响应、绿色用电、电能替代、智能用电、有序用电，推动电力系统安全降碳、提效降耗[①]。提升电力需求侧管理主要的实现路径包括提升工业、建筑、交通、农业等重点领域综合能效，推动终端能源消费以电代煤、以电代油，实现以绿电为主的电力消费模式，逐步提升地区及企业绿电消费比例；鼓励负荷聚合商、售电公司、虚拟电厂运营商、综合能源服务商等电力需求侧管理服务机构开展合同能源管理、综合节能、电力交易、绿证交易、碳交易等多元化能源服务，推动新型储能、分布式电源、电动汽车、空调负荷等主体参与需求响应；通过新一代信息技术与用电技术的融合应用，推动用电技术进步，培育电能服务新业态，推动产业数字化转型。

当前我国电力需求侧管理相关产品的研发主体较为分散，以电力电子、环保、储能等方向的企业为主。项目主要集中在工业领域水泥、钢铁、铝业、矿业等高耗能企业电力需求侧管理方面，以陕西锦界工业园为例，园区建立了电力需求侧管理专项工作监督小组，从能源互联网系统建设、物联网平台建设、智慧园区建设三方面开展电力需求侧管理工作，实现了园区多能流协同管理，提高园区清洁能源比例，促进园区循环化改造。通过长期的需求侧管理工作，2021 年园区中 9 户企业共节约电量 4 256 万 kW·h，削减或转移负荷 2 702 kW；2022 年节约电量 19 903 万 kW·h，削减或转移负荷 19 735 kW。

未来，电力需求侧管理体系将逐步扩大范围，使电力用户、电力需求侧管理服务机构、电网企业等各个主体运用高效、智能的电力需求侧管理体系，形成成熟的电力需求侧管理服务行业，企业通过实施电力需求侧管理降低电力消耗，减少电费支出，降低企业的经营成本。电网公司实施电力需求侧管理减少电网压力，提高供电可靠性和服务水平。

7.2　产业发展面临的问题

当前，绿色低碳发展成为当下和未来我国经济社会实现高质量发展的基本要求，进而对低碳综合服务业的高质量服务需求更加迫切，对综合服务品质、技术创新和业态模式等也提出了更高的要求。低碳综合服务业作为我国新兴的产业，仍处于产业生命周期的萌芽期和成长期，产业的总体规模较小，在产业政策、生态建设、标准体系、技术创新等方面仍面临发展的瓶颈。

7.2.1　产业政策法规体系有待完善

低碳综合服务业是近年来新兴的服务业，目前尚未建立完善的政策和法规体系，尤其是在碳市场排放权交易、碳资产管理、绿色供应链、绿色技术产品认证等方面的产业政策支持偏少，对于产业链缺失环节和技术薄弱领域，缺乏有针对性的政策引导和鼓励。

---

① 电力需求侧管理办法（2023 年版）. https://www.ndrc.gov.cn/xxgk/zcfb/ghxwj/202309/P020230927316131533276.pdf.

在我国实现绿色低碳产业高质量发展的过程中，对产业链、价值链、供应链的安全保障程度不足，标准体系和市场准入制度不完善，还未能提供完善全面的系统性支撑。例如，我国碳交易机制虽起步较晚，但发展较快，已初具规模，但相关政策不够成熟，我国现行的《温室气体排放交易管理暂行条例》遵循公开、公平、公正和诚信的原则，相关的配额分配方案、监管规则以及交易细则在各地执行不统一，限制了不同地区和行业之间的连接。

同时，我国目前仍未有针对碳中和、应对气候变化等方面的专门立法，仅有各地方、各行业颁布的部分相关政策文件，不能作为执法依据，面临众多法治化困境，具有执法主体不明确、法律责任不具体等多类问题。例如，尚未有法律对碳市场覆盖企业未完成履约、数据造假等问题的处罚方式做出明确规定，导致碳减排目标难以落实到责任主体。目前碳金融市场缺少相关的立法建设来规范碳金融产品发展，完善配额分配方式；尚未设立明确的碳排放配额总量控制目标及相应的动态调控机制，为金融机构开展碳金融业务提供广泛的法规基础。

7.2.2　产业标准体系支撑有待加强

标准是国家基础性制度的重要组成部分，在实现碳达峰碳中和目标过程中发挥着基础性、引领性作用。当前，中国碳中和、低碳发展领域的标准主要采用各类国际标准，如温室气体核算核查运用 GHG Protocol、ISO14064 系列标准，产品碳足迹标准核算、核查运用 PAS2050、PAS2060 标准。因此，建立服务于中国本土、符合中国国情的标准体系成为当前工作重点，需进一步研究制定绿色技术产品、绿色工厂、绿色园区和绿色供应链等评价标准体系，加快重点领域标准制定或修订工作。例如，加快绿色供应链认定标准体系建设，将企业的 ESG（environmental、social、governance）表现作为供应链中绿色企业的评价标尺，构建 ESG 评级方法，积极用于识别供应链中的绿色企业，并准确评估其绿色化程度。随着中国碳排放核算标准体系的完善、碳中和计量标准体系的建设，各类碳监测、碳核查、碳认证工具的应用，以碳咨询服务、绿色供应链服务、工业节能服务等为主的低碳综合服务业需求将持续增加，并实现快速、有序发展。

7.2.3　产业生态体系尚不健全

低碳综合服务业是近年来刚刚兴起的产业，部分服务业的产业链存在较多空白，产业生态体系尚未完全建立。例如，目前全国碳排放权市场交易主体较为单一，全国碳市场启动初期仅纳入发电行业，并且只有控排企业可以参与交易，尚未引入机构和个人投资者，起到的减排效用相对有限，石化、水泥、钢铁、航空等高碳行业有待进一步纳入市场。全国碳市场的交易品种单一，碳期货、碳远期等碳金融衍生品尚未推出，从欧盟碳市场的发展经验来看，碳金融衍生品，尤其是远期与期货产品对提高碳市场非履约期交易活跃度起到了重要作用，期货成交量远大于现货成交量，碳金融衍生品也能为市场主体提供对冲价格风险的工具，而目前我国碳市场交易品种只有碳配额现货交易，会导致碳交易集中在履约截止期前而其他时间段交易量较少的情况出现,缺乏风险管理工具。又如,我国碳市场金融工具目前仍处于起步阶段,碳金融工具的产品创新不足,虽然上海、北京等交易所先后推出了碳质押贷款、碳远期、碳借贷、碳互换等试点产品,其中碳质押贷款是应用范围最广的产品,但碳质押贷款以外的碳金融产品更是仅处于理论研究阶段,国内试点案例比较有限,区域发展不均衡,缺乏系统完善的碳金融市场,碳金融的整体规模与绿色金融预期规模相比仍存在较大差距。

7.2.4　产业技术创新供给不足

低碳服务业一般采用新兴低碳技术为客户提供服务,面对日益增长的绿色低碳服务需求,产业技术创新供给严重不足。在碳中和目标下,低碳服务业要对能源系统的边界进行重新界定,需要深入各能源领域,打破原来能源产业之间的壁垒,建立化石能源与氢能、储能、核能、可再生能源的新型能源体系。低碳服务业需要顺应新型能源体系的构建需求,发展化石能源与可再生能源之间融合互补、工业流程再造、新型节能技术或绿色低碳技术等。例如,绿氢与煤化工生产过程的耦合技术、氢冶金技术、钢铁行业与化工行业的耦合技术,新能源电动汽车与电网间能量互动的耦合技术等。面临新型的能源体系,必须加强低碳服务业的关键技术攻关,同时优化科技创新成果与示范应用等综合服务。

7.3　产业发展模式和路径

7.3.1　低碳综合服务业发展模式

当前,在能源革命和数字革命的深度融合下,低碳综合服务业正在加速演进,在节能服务、多能融合互补、能源互联网、碳金融服务、绿色供应链等各产业、各学科领域间都有深度交叉融合趋势,呈现广泛扩散渗透,多点、群发性突破的态势。同时,以"互联网+""智能+"为代表的数字服务型经济蓬勃发展,驱动经济社会加速向数字化转型,助力能源、产业、技术和生态系统向绿色低碳方向发展。

未来,低碳综合服务业将主要为能源、工业、交通、建筑等多领域进行多维度多层次的协同服务,本书通过对低碳综合服务类型和服务内容进一步细分归纳,对低碳综合服务发展模式进行了梳理,主要分为能源服务、碳金融服务、供应链服务、碳市场服务、数字服务、科技服务、消费服务、国际合作服务等模式,见图 7.4。总的来讲,低碳综合服务业产业链条长,市场主体多,各服务模式在低碳综合服务业产业生态的位置不同、扮演角色不同,但相互之间的发展又呈现"你中有我、我中有你"的密切关系,需在发展过程中不断地进行跨界融合,线上线下融合,集合能源、技术、信息、金融为一体的组织形态,共同打造共享、共赢的低碳综合服务生态。

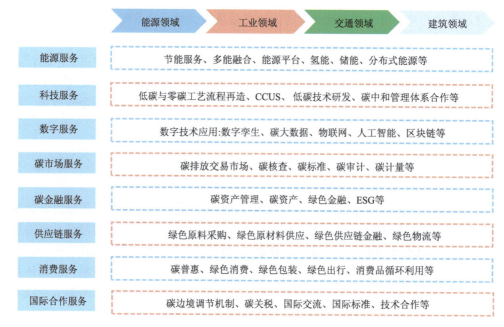

图 7.4　低碳综合服务业主要的发展模式

7.3.2　低碳综合服务业发展路径

未来低碳综合服务业主要有以下发展路径。

建立绿色低碳产业的先行示范区，加快低碳综合服务业的产业集聚发展。根据区域的发展基础和特色，针对性地建立节能服务、碳市场交易、绿色供应链、碳咨询服务等先行先试的产业示范区。在示范区优选行业推广碳足迹核算、节能减排等运用试点工作，推动企业开展供应链管理，减少全流程温室气体排放，更好促进产业低碳升级和结构调整。同时，通过构建专业的数字化服务平台，为示范区汇聚引进专业的企业，建立建成碳数据服务业产业集群，对标国际先进的低碳综合服务的区域性建设经验，为绿色低碳产业的发展提供碳核算、碳核查、碳认证等多项服务一站式、系统性的低碳综合服务。

加强低碳综合服务业的多区域协调发展。充分利用现有城市群发展规划，探索低碳综合服务的合作互动新模式。在国家已设立的京津冀城市群、长江三角洲城市群、珠江三角洲城市群，由牵头城市设立成立低碳综合服务业枢纽专项工作组、城市经济协调会、各委办协调会等，依托城市群内的各类资源和优势，以深化合作为重点，探索多地政府、企业、社会多层次合作模式，也可考虑综合多地区优势，谋划"一核多极"的发展模式，打造低碳综合服务业产业高地，通过区域性协同合作，共同推动低碳综合服务业的培育和发展。

扩展低碳综合服务业的服务范围。我国低碳综合服务业已初具规模，需要通过国家顶层设计、地方深化发展、企业参与落实等多方面共同努力，扩展低碳综合服务业的服务深度和广度；拓展碳交易试点的区域覆盖面，持续引入更多的省市、更多的行业进入碳交易市场，强化碳交易市场的影响力；合理推动碳金融在融资工具、交易工具、支撑工具方面的产品类型的试点实践，丰富碳金融的服务方式；完善绿色供应链管理的评价和绿色认定标准体系，在产品全生命周期中融入绿色生态理念，量化评估供应链资源利用效率、企业环境绩效的提升程度。

推进低碳综合服务相关企业的积极参与。当前各类低碳综合服务业发展正处于起步阶段，各类政策倾斜较多，市场需求较大，目前是企业布局业务的黄金时间。通过政策引导、融资支持、税收优惠等措施，推进企业参与到低碳综合服务领域。企业可考虑新设部门或新成立子公司专营低碳综合服务业，在充分调研市场需求的前提下，为未来快速发展做出积极部署，广泛吸纳各类资金，占领市场份额，在环境、节能、金融、互联网等领域广泛挑选、吸纳人才，形成背景多元、能力综合的专业团队，积极拓展低碳综合服务业全产业链业务。

参 考 文 献

国家发展改革委, 科技部, 2019. 国家发展改革委 科技部关于构建市场导向的绿色技术创新体系的指导意见. https://www.ndrc.gov.cn/xxgk/zcfb/tz/201904/t20190419_962441.html

国家发展改革委员会, 2023. 电力需求侧管理办法(2023 年版).

国家知识产权局, 2023. 全球绿色低碳技术专利统计分析报告. https://www.cnipa.gov.cn/module/download/down.jsp?i_ID=185467&colID=88.

胡晓刚, 杨俊, 2023. 浅析"双碳"背景下咨询单位碳咨询业务能力建设. 中国工程咨询, (04): 68-73.

江艳, 2023. 中国企业碳资产管理的现状、问题及建议. 金融, 13(3): 608-615.

毛涛, 2021. 绿色供应链管理实践进展、困境及破解对策. 环境保护, 49(02): 61-65.

社会价值投资联盟, 2023. 成都高新区低碳综合服务业枢纽策略研究报告.

夏平, 2022. "双碳"目标下绿色供应链金融发展的若干思考与对策建议. 金融纵横, (09): 3-10.

姚前, 2023. 《碳金融产品》标准研制与应用发展. 清华金融评论, (2): 14-16.

余贻鑫, 2021. 智能电网基本理念与关键技术. 北京: 科学出版社.

曾鸣. 人民要论: 构建综合能源系统 人民日报, 2018-04-09: 07 版.

中国绿色供应链联盟, 2020. 中国绿色供应链发展报告(2019).

中国能源研究会双碳产业合作分会, 等, 2022. 中国碳中和产业合作发展报告 2022. https://mp.weixin.qq.com/s/izIqkZTop6OZmvoToAaqsA

周伏秋, 邓良辰, 王娟, 2021. "十四五"综合能源服务产业发展展望. 中国能源, 43(02): 13-15+20.

Source, 2023. The Sustainability Consulting Market in 2023.

第三部分 技 术 篇

技术创新是支撑产业发展的根基,一方面,推动化石能源、石化、钢铁等传统产业提升效率,降低传统产业成本,增强传统产业供给新消费产品和服务的能力,构建传统产业新的竞争优势,实现传统产业转型升级;另一方面,新兴市场促生新兴产业,可再生能源、氢能、储能、碳捕集利用、双碳服务业等战略性新兴产业代表新一轮科技革命和产业变革的方向,是以重大前沿技术突破和重大发展需求为基础的,是国家培育发展新动能、赢得未来竞争新优势的关键领域。基于技术创新对产业发展的引领作用,技术篇通过梳理分析能源、工业制造业、碳捕集和利用、双碳服务业等领域的基本介绍、技术发展方向、技术成熟度及商业可行性和技术研发及应用主体,分析传统产业升级和新兴产业发展的技术支撑可行性。

第 8 章　能源类技术[*]

在"双碳"目标要求下，能源供给侧结构性改革将持续深化，我国将逐步构建多元清洁的能源供应体系，实施创新驱动发展战略，不断深化能源体制改革。

"多能融合"（蔡睿等，2022）是推进化石能源清洁高效开发与利用和建设新型能源体系的可行路径，是指综合考虑能源资源在加工利用过程中的能源属性和物质（原料/材料）属性（图 8.1），通过新技术、新模式破除各能源种类之间条块分割、互相独立的技术和体制壁垒，促进化石能源与非化石能源、各能源子系统之间、各能源资源加工利用不同过程之间的能量流、物质流和信息流的集成融合，实现能源资源利用的能量效率、物质效率、环境效益、生态效益、经济效益和社会效益等多目标的优化。

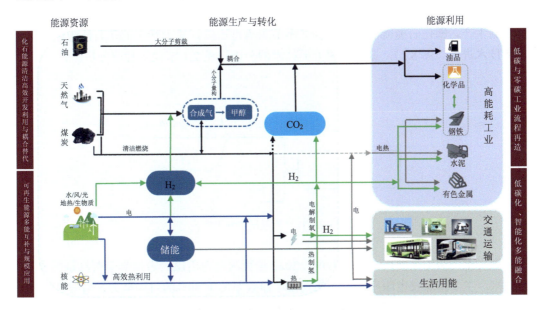

图 8.1　煤炭燃料属性利用途径

多能融合技术是实现多能融合理念的根本，在能源生产端主要包括化石能源清洁高效利用与耦合替代、非化石能源多能互补与规模应用以及新型的储能和氢能等能源系统形式。以保障能源安全为目标，重在化石能源绿色低碳转型技术；非化石能源多能互补与规模应用，重在新型电力系统构建的理论与技术；四平台是合成气/甲醇平台、储能平台、氢能平台、二氧化碳平台，是支撑各主线内、各主线间不同能源多能融合的关键技术平台。

---

* 本章作者：李婉君、张锦威、王政威、詹　晶、袁小帅、郭　琛。

8.1　化石能源利用技术

化石能源在我国能源系统结构中长期占据主体地位，而"富煤、缺油、少气"的资源禀赋特点，又决定了煤炭是我国的主要消费能源，并将在未来较长时期内仍然作为我国能源消费的主体。煤炭在工业快速发展的几十年里作出了巨大贡献，但也带来了一系列的环境污染、高二氧化碳排放的问题。在既要保障国家能源安全稳定供应、满足社会经济持续发展对能源增长的需求，又要满足生态文明建设要求、实现"双碳"目标的约束条件下，研究如何用好煤炭资源具有重要的现实意义。

8.1.1　基　本　介　绍

化石能源的利用方向主要有两个：一是化石能源通过燃烧发电或供热，即化石能源的燃料属性，在我国主要集中在煤炭燃烧利用；二是石油、煤炭等通过高效转化，实现化学品生产，即化石能源的原料属性。本节重点讨论以煤炭为代表的化石能源燃料属性应用技术进展（图 8.2），原料利用方面技术的分析详见 2.1 节化工行业分析。

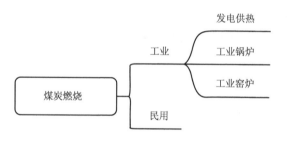

图 8.2　煤炭燃料属性利用途径

煤炭燃烧利用主要用于集中发电，2022 年我国电力用煤约占煤炭消费总量的 53%。近年来，主要燃煤发电国家都在为实现发电净效率大于 50% 的目标努力，研发多能互补发电技术、智能发电技术，以实现燃煤发电的安全高效和灵活智能。同时，随着对污染物协同控制机理的认识，对燃煤烟气中两种及以上污染物进行联合控制，降低烟气净化成本，实现锅炉在全负荷范围内的污染物高效脱除，已经成为燃煤污染物控制技术发展的重要趋势，并成为研究热点和难点。

除电力领域外，中、小型燃煤工业锅炉供热是工业领域煤炭燃烧利用的主要形式。在欧洲等发达国家和地区，目前大多数燃煤工业锅炉为链条锅炉和煤粉锅炉，其燃料质量控制、燃烧技术及自动控制均已达到很高水平。在我国，燃煤工业锅炉以链条炉技术为主，近年来循环流化床锅炉技术也得到了很好的应用，总体上技术发展趋势是以大容量化为主。

8.1.2　技术发展方向

在煤炭燃烧发电方面，"双碳"目标提出后，随着可再生能源比例的不断提高，煤炭燃烧利用面临低碳新挑战，"要做好煤炭这篇文章，大力推进煤炭清洁高效利用"。燃煤发电技术发展主要面向以新能源为主体的新型电力系统建设需求，针对可再生能源电力的波动性、随机性、间歇性等特点，推动燃煤机组灵活调峰，支撑可再生能源大规模高比例发展（吕清刚，柴祯，2022）。

燃煤工业锅炉和窑炉方面，煤炭作为冶金、建材等基础工业的主要燃料和原料，高效清洁灵活燃烧是技术发展主要方向，以推动基础工业的高效、绿色、低碳发展。开发适合中国工业领域的煤炭清洁高效燃烧技术，解决我国由工业用煤造成的二次污染问题，实现污染物排放达到燃烧天然气的水平，真正将煤炭作为清洁能源实现高效利用。

基于此，煤炭清洁高效燃烧的技术趋势包括：燃煤机组灵活调峰改造技术、现有燃煤工业锅炉升级换代技术、先进工业锅炉燃烧技术及燃烧器、燃煤工业锅炉烟气净化工艺及系统优化技术、燃煤工业锅炉/窑炉低污染物生成燃烧技术、煤炭高效清洁燃烧的变革性技术等。

8.1.3　技术成熟度及商业可行性

煤炭燃烧技术成熟度如表 8.1 所示，化学利用技术成熟度详见 9.1.1 节内容，典型煤炭燃烧技术分析如下。

燃煤机组灵活调峰改造技术旨在改善机组的调峰能力、爬坡速度、快速启停能力，根据现有机组的电热负荷、改造成本、运行收益等技术经济特性，可采用低负荷运行工况调整、增设电锅炉、旁路供热等多种方案，使最低运行负荷达到现有负荷的 30%～50%。

现有燃煤工业锅炉升级换代技术以提高锅炉能效为前提，污染物减排为目标，重点开发炉内高效清洁燃烧技术的升级换代技术，彻底淘汰落后的层燃锅炉技术。提高工业锅炉容量和蒸汽参数，重点研发单台容量 75～220 t/h 等级的循环流化床工业蒸汽锅炉以及相当容量的热水锅炉，进一步提高循环流化床工业锅炉的节能环保性能，提高锅炉制造及运行的可靠性和稳定性；开发清洁高效煤粉燃烧技术，以大容量高参数煤粉锅炉代替淘汰的层燃锅炉，提高燃煤工业锅炉效率，并且集中进行烟气净化处理；优化锅炉岛辅机设备的配置，降低系统能耗，提高整体能效。

变革性的工业锅炉燃烧技术，是指研发适用于工业锅炉的新型燃烧技术及燃烧器，为满足煤种适应性和超低排放的要求，通过理论和技术的原始创新，获得高效燃烧耦合超低氮排放的综合效果；重点研发不同煤种单台容量 35～220 t/h 等级的新型工业锅炉和低挥发分煤如无烟煤以及煤炭转化过程中的飞灰残炭等超低挥发分燃料等高效清洁燃烧的工业锅炉技术，使其性能指标和排放指标均优于已有工业锅炉炉型，燃烧直排烟气中 NO_x 达到超低排放水平，无须进行烟气脱硝处理；突破已有工业锅炉无法清洁高效燃烧低挥发分煤等的技术瓶颈，拓宽工业锅炉燃料的适应性，使工业锅炉可以因地制宜地选

表 8.1　煤炭燃烧技术成熟度

技术名称	技术分类	减碳贡献等级	技术成熟度	当前技术阶段
整体煤气化联合循环发电（IGCC）技术	燃煤发电	高	7	试验示范
燃煤机组深度调峰技术	燃煤发电	高	6~7	试验示范
燃煤电厂烟气污染物超低排放技术	燃煤发电	低	9	推广应用
燃煤掺烧固废与生物质发电技术	燃煤发电	中	9	推广应用
煤炭化学链燃烧技术	燃煤发电	中	2~3	前瞻研究
煤炭分级分质利用发电技术	燃煤发电	低	7~8	试验示范
煤气化燃料电池发电（IGFC）技术	燃煤发电	中	6	试验示范
高效超低排放循环流化床锅炉技术	燃煤发电	高	7	试验示范
电站锅炉富氧燃烧技术	燃煤发电	中	7~8	试验示范
超临界 CO_2 循环发电技术	燃煤发电	高	6	试验示范
超高参数高效率燃煤发电技术	燃煤发电	高	4~5	集中攻关
氨与煤共燃发电技术	燃煤发电	高	4~5	集中攻关
冶金窑炉煤气化-燃烧关键技术	工业锅炉	中	4~5	集中攻关
水泥窑炉富氧燃烧关键技术	工业锅炉	中	4	集中攻关
燃煤工业锅炉宽负荷稳定高效燃烧技术	工业锅炉	中	7~8	试验示范

择燃料，从而降低使用成本。

燃煤工业锅炉/窑炉低污染物生成燃烧技术，重点研究半干法脱硫、湿法脱硫、循环流化床锅炉炉内脱硫和脱硫脱硝一体化工艺的适用性，以及与炉内低氮燃烧和烟气脱硝的耦合匹配；优选煤粉工业锅炉脱硫、脱硝和除尘工艺，开发低成本的烟气净化一体化工艺和设备，进一步降低燃煤工业锅炉烟气净化的成本。

8.1.4　技术研发及应用主体

在煤炭燃烧方面，我国燃煤发电的能效指标、污染物排放指标均已进入世界先进行列，具备超超临界煤电机组自主研发和制造能力，燃煤发电空冷、二次再热、循环流化床、超低排放等技术处于世界领先水平。在先进燃煤发电技术方面，采用自主知识产权 G115 高温合金材料的 630℃超超临界二次再热机组、66 万 kW 超超临界循环流化床发电机组正在建设，国际首创的 135 万 kW 高低位布置超超临界二次再热机组投入运行，超临界 CO_2 循环发电技术试验机组完成试运行。在燃气轮机制造方面，我国具有完全自主知识产权的 50MW 燃气轮机已实现满负荷稳定运行，在重型燃气轮机国产化方面迈出重要一步，但仍需加快产业化进度。部分技术和关键设备需要进一步研发或改进，如燃煤工业锅炉装备总体水平差，运行效率低，比国际先进水平低 20%，缺乏有效地控制民用散煤污染物排放的技术措施，在化学链燃烧等前沿技术的基础研究领域，与美国等发达国家相比还较为落后（吕清刚等，2019）。

燃煤机组灵活调峰改造技术的关键是解决锅炉低负荷稳燃和排放性能，主要包括低负荷稳燃技术、低负荷脱硝技术、热电解耦技术和调峰控制策略优化技术等，通过各项技术集成应用，国内部分电厂已达到较高水平，如华能陕西秦岭发电有限公司最低稳定燃烧负荷达到 20%BMCR（锅炉最大连续蒸发量），淮浙煤电有限责任公司凤台发电分公司、北方联合电力有限责任公司临河热电厂、华能国际电力开发公司铜川照金电厂、华能国际电力股份有限公司南通电厂、华能国际电力股份有限公司丹东电厂最低稳定燃烧负荷分别可以达到 20%BMCR、20%BMCR、25%BMCR、25%BMCR、25%BMCR 和 20%BMCR（牟春华等，2018）。

在气体污染物控制方面，大型燃煤发电锅炉大多数采用脱硫、脱硝和其他多种污染物联合控制技术，已广泛商业化应用。在低氮燃烧技术中，适用于煤粉工业锅炉的主要是低氮燃烧器和空气分级技术（尹和平等，2022），应用实例相对较少，煤科院开发的 29 MW 中心逆喷双锥燃烧器在河北某 40 t/h 低压过热蒸汽煤粉工业锅炉上实现了示范应用，同时实现了三级配风，试验结果表明，锅炉负荷较高时低氧配风燃烧方式的低氮效率可达 15%，空气分级配风能够降低锅炉烟气 NO 浓度。

8.2　可再生能源利用技术

在全球关注应对气候变化问题的大背景下，能源结构转型进程不断加速，提高非化石能源应用比例已成为能源转型发展的重要举措。随着科技的不断创新和应用场景的多元化拓展，非化石能源已经成为一种重要的能源补充来源，能够在化石能源之外提供低碳、清洁、可持续、可再生的能源。然而，由于非化石能源资源的特有属性，其规模化、产业化的普遍应用还面临着许多挑战，如调峰、远距离输送、储能等技术问题。从不同非化石能源电力资源特点来看，风电、太阳能发电等可再生能源的电力受限于资源时空不均衡和气象条件不稳定等因素，其供能稳定性、持续性等问题有待解决；生物质能源供应源头分散，原料收集有一定困难；核电则存在核燃料资源限制和核安全等问题。因此，为了促进非化石能源的高质量规模化应用，需要建立一套完备的技术体系，包括能源采集、存储、传输、转化、利用等方面，以保障通过构建集成化的多能互补发电系统，提高非化石能源的利用率和可靠性，从而减少对化石燃料的依赖，降低环境污染，推动能源结构的转型发展。

8.2.1　光伏利用技术

1. 基本介绍

光伏发电是利用半导体界面的光生伏特效应将光能直接转变为电能的一种技术，太阳能电池是完成太阳能到电能转换的载体。太阳能电池是一种含有 P-N 结的半导体材料，当太阳光照射到 P-N 结上时，太阳光被吸收，使得 P-N 结的电子与空穴对被激发，并使载流子被分离，在内部建立电场，当在电场两侧接入一定的负载时，就会在负载上产生电流，整个过程就是太阳能发电的基本原理。光伏发电过程没有机械转动部件，不消耗燃料，不排放包括温室气体在内的任何物质，无噪声、无污染。太阳能资源分布广泛且取之不尽、用之不竭，可就近供电，可避免长距离输送。光伏发电系统工作稳定可靠，使用寿命长（25～30 年）。然而，光伏发电还存在太阳能能量密度低、受气候性环境因素影响大、间歇性工作等问题需要解决。光伏发电系统是利用太阳能电池组件和其他辅助设备将太阳能转换成电能的系统，一般分为独立（离网）系统、并网系统和混合（互补）系统（何道清等，2012）（图8.3）。

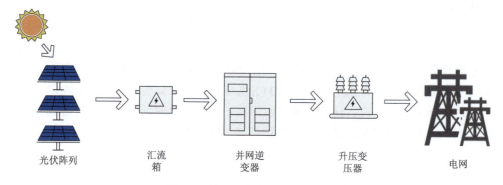

图8.3　并网光伏发电系统示意图

光伏发电技术作为最具潜力和成熟的可再生能源发电技术之一，已显现出巨大的发展前景，十年来成本下降了90%左右。经过几十年的发展，我国已基本形成光伏技术研究体系，多次刷新电池转换效率世界纪录，关键部件产业化量产技术达到世界领先水平；生产设备技术不断迭代，基本实现设备生产自主可控和国产化；光伏发电系统化技术不断优化，智能化运维能力加速提升。在推进能源革命的战略规划体系中，在"碳达峰碳中和"战略目标的引领下，我们将延续"十三五"期间高速发展势头，针对关键技术开展研究和突破，在新阶段取得新成绩。

2. 技术发展方向

我国光伏发电技术发展从技术起步、快速成长、产业规模化发展到现在的提质增效阶段，电池效率从20年前的约10%提升到目前的25%左右，技术进步不仅推动了光伏电池效率的提高和成本的持续下降，也不断拓展了光伏发电技术的应用领域。光伏发电技术主要包括晶体硅太阳能电池、薄膜太阳能电池、新型太阳电池、光伏系统及平衡部件、退役器件回收利用等多项子技术。

光伏利用技术成熟度请参见表 8.2 所示。主要从晶体硅电池技术、薄膜电池技术、新型电池技术、光伏系统及平衡部件技术等方向进行梳理。晶体硅太阳能电池研究方面，该技术目前是在量产方面表现最好的电池技术，具有产业化效率高、成本低等优势，截至 2022 年底，我国光伏晶硅太阳能电池实验室效率刷新世界记录 14 次。单晶钝化发射极和背面接触技术（以下简称 PERC）成为晶硅太阳能电池的主流技术，异质结（以下简称 HJT）电池技术和隧穿氧化层钝化接触（以下简称 TOPCon）电池技术成熟度不断提升。未来，通过叠层技术的创新，可突破晶体硅单结晶电池理论转换效率的极限（29.2%），将进一步推进产业规模化快速发展。

薄膜太阳能电池研究方面，我国铜铟镓硒电池与国际技术水平相当；碲化镉电池正在持续跟跑，国内小面积电池效率达到 20%、大面积组件效率提升至 17%；美国 First Solar 公司电池纪录效率保持 22.1%，新型大尺寸高稳定组件效率达到 19.3%。国际上，铜铟镓硒和碲化镉薄膜太阳能电池两种技术在国际上均已实现了产业化，但成本偏高，未来仍需进一步降本增效（王文静等，2023）。

新型太阳电池研究主要包括钙钛矿太阳能电池、有机太阳能电池、量子点太阳能电池等，此类电池多处于实验研究和产业化前沿阶段。钙钛矿太阳能电池因具有极限转换效率高、生产成本低、制备工艺简单、高柔性等优势，已成为当前领域研究热点。我国单结钙钛矿太阳能电池效率整体处于国际领先水平，钙钛矿太阳能电池的企业产能布局及技术突破都处于国际领先水平（赵颖等，2023）。未来，将持续跟踪国内外钙钛矿太阳能电池研发进展，围绕提高钙钛矿太阳能电池及组件的光电转化效率、稳定性和寿命等开展基础研究和技术攻关。

光伏系统及平衡部件技术方面，我国率先突破大功率光伏全直流发电核心技术，未来仍需进一步深化研究；光伏仿真与测试技术方面，逐渐建立了符合国际互认要求的典型气候区光伏系统及部件实证测试平台，仍需继续优化升级；光伏系统运维方面也逐渐走向智能化研究，进而提升运维效率和安全管理水平等。光伏应用技术也重点围绕大规模、高比例、多元化发展趋势进行拓展，促进光伏复合技术的发展和应用；同时，针对光伏组件大规模退役情况，我国已开展光伏组件环保处理和回收的关键技术及装备研究等，需继续加快研究进度。

综上，与国际光伏技术相比，我国晶硅太阳能电池产业化技术及并网光伏系统技术已显著领先，多种技术路线并存，但在部分关键材料和核心装备技术方面我国还存在"卡脖子"环节。未来科技创新仍然是光伏产业发展的主线，我们将深化培育系列重大原创技术，着力开发新型高效高稳定太阳能电池技术，突破更高转换效率、更大规模组件技术，实现更低成本的光伏发电应用，为光伏产业的可持续高质量发展做好技术储备。

3. 技术成熟度及商业可行性

如图 8.4 所示，现阶段，在太阳能电池领域，晶硅太阳能电池方向的钝化发射极和背面接触电池产业化技术、异质结电池技术、新型太阳能电池领域的全钙钛矿叠层电池技术、大功率光伏全直流发电系统及直流变换器技术等处于国际领先水平，薄膜太阳能电池技术等处于国际并跑或跟跑水平。

光伏利用技术成熟度请参见表 8.2 所示，主要从晶体硅电池技术、薄膜电池技术、新型电池技术、光伏系统及平衡部件技术等方向进行梳理。

晶体硅太阳能电池技术在产业化进程中占据主流地位，量产平均效率从 2016 年的 20.5% 提升至 2023 年的 23.4%。其中，TOPCon 电池技术实现规模化量产，未来产业界将进一步导入激光掺杂 SE 技术，可提升其产业效率 0.2% 左右。HJT 电池生产线可以经过简单改造升级为双面微晶减少产能浪费。HJT 电池技术的第二代单面微晶已实现产业化，产线平均效率达到 25%；第三代双面微晶电池技术已导入新建生产线。此外，背结技术的进一步产业化还需解决成本问题，截至 2022 年底该类产品还未大规模量产（李海玲和王文静，2023）。

薄膜太阳能电池技术领域，国际上铜铟镓硒和碲化镉薄膜太阳能电池两种技术在国际上均已实现了产业化，但成本偏高。薄膜太阳能电池除了平面之外，也因具有可挠性、能够制作成非平面构造而使其应用范围大，可与建筑物结合或是变成建筑体的一部分。未来，重点通过电池效率的不断创新、流程工艺的不断改进、关键材料等技术的不断突破继续推动产业化进程。

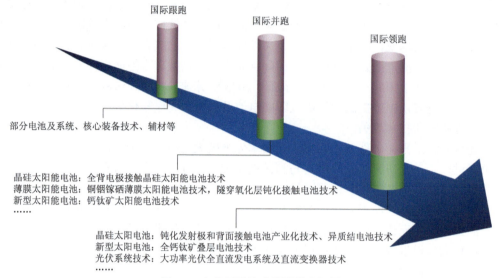

图 8.4　光伏领域技术发展程度概图

新型太阳电池技术，相较于传统电池，其在工艺技术和材料使用方面具有降低成本和节约材料的优势，电池产品具有轻量化、柔韧性、透光性和多彩性等特点。现阶段钙钛矿太阳能电池技术尚处于探索期，产能规模多为兆瓦级的中试线，技术路线均为单结钙钛矿太阳能电池技术。未来，采用新材料、新结构、新原理、新工艺的新型光伏电池理论效率极限将进一步提升，新型高效光伏电池及新型光伏系统技术具有较大的进步空间。

光伏电池效率的提升和成本的持续下降，推进了光伏新业态的发展。光伏系统方面，坚持集中式和分布式并举发展，地面光伏电站的系统优化及大型光伏电站电网支撑等技术的研发将继续提升电站发电稳定性，解决复杂场景下技术的优化提升问题。分布式光伏系统技术可为用户节省电费、推进能源的区域化发展。随着系统精准化水平不断提升，应用模式也逐渐向多元化、规模化、高效化等方向拓展。光伏+制氢、光伏+建筑、光伏+交通等"光伏+"多场景应用不断丰富，水光互补、渔光互补、农光互补等复合开发模式不断推广，"光伏+"综合应用系统有效提升了土地/水面等空间的利用率，实现了应用空间的多元性及多层级性。

表 8.2　光伏利用技术成熟度

技术名称	技术分类	减碳贡献等级	技术成熟度	当前技术阶段
钝化发射极和背面接触电池技术	晶体硅太阳能电池	高	9	推广应用
异质结电池技术	晶体硅太阳能电池	高	9	推广应用
隧穿氧化层钝化接触电池技术	晶体硅太阳能电池	高	9	推广应用

续表

技术名称	技术分类	减碳贡献等级	技术成熟度	当前技术阶段
全背电极接触晶硅太阳能电池技术	晶体硅太阳能电池	高	7～8	试验示范
钙钛矿/晶硅叠层电池技术	晶体硅太阳能电池	高	4～6	集中攻关
铜铟镓硒薄膜太阳能电池技术	薄膜太阳能电池	高	6～8	试验示范
碲化镉薄膜太阳能电池技术	薄膜太阳能电池	高	6～8	试验示范
钙钛矿太阳能电池技术	新型太阳能电池	高	4～5	集中攻关
全钙钛矿叠层电池技术	新型太阳能电池	高	4～6	集中攻关
“光伏+”应用技术	光伏系统及平衡部件	高	9	推广应用
光伏系统运行与维护技术	光伏系统及平衡部件	高	9	推广应用
大功率光伏全直流发电系统及直流变换器技术	光伏系统及平衡部件	高	6～8	试验示范
光伏仿真及实证测试技术	光伏系统及平衡部件	高	6～8	试验示范
海上漂浮式光伏系统及部件技术	光伏系统及平衡部件	高	6～7	试验示范
光伏退役组件回收再利用技术	器件循环利用	高	4～5	集中攻关

4. 技术研发及应用主体

在碳达峰碳中和目标的引领下，国家政策、地方规划密集出台，各高校、科研院所、先进企业研发中心等在技术上不断攻关，光伏发电技术研发主要致力于新技术的突破/引进及光伏发展模式创新。现阶段，国内诸多企业进行了垂直产业链布局，使其产能及技术得到充分释放和应用，光伏进入快速发展阶段。与此同时，随着新一代信息技术与光伏产业融合创新的加快，光伏技术与工业、建筑、交通、农业、生态修复等领域的系统化解决方案不断提升，应用场景不断拓展。

我国光伏发电技术整体较为成熟已进入推广商用阶段，光伏产业规模、产业链完整性领先全球，已形成较为完备的光伏技术及产业体系，国际竞争力不断增强，但部分原材料和高端核心装备组件仍依赖进口。例如，我国光伏电池组件技术从材料到设备已构建起成熟完整的产业链，产业化量产技术达到全球领先水平。在薄膜太阳能电池方面，国内研究团队在铜铟镓硒薄膜电池领域的真空法和溶液法方面均取得新进展。例如，中国科学院物理研究所/北京凝聚态物理国家研究中心清洁能源实验室获得13.6%的电池认证，创造了新的世界纪录。在新型太阳电池方面，目前单结钙钛矿太阳能电池的最高效率记录是美国国家可再生能源实验室认证的25.7%由韩国创造，钙钛矿/硅叠层太阳能电池的认证效率32.5%由德国创造，钙钛矿/钙钛矿叠层电池认证效率29%由中国企业仁烁光能创造等。但是，在低温银浆、半导体溅射靶材等关键材料领域目前多由国外市场主导。

在科技规划及研究布局方面，我国组建了“光伏材料与技术”“光伏科学与技术”等国家重点实验室，“国家光伏装备工程技术研究中心”等国家工程研发中心，相关部委组建了“中国科学院太阳能热利用及光伏系统重点实验室”等重点科研平台，部分省（自治区、直辖市）组建了地方科研平台，行业代表性科创企业也建立了国家级或省市级企业实验室，开创了多方协同发展新局面。

在科研机构方面，中国科学院大连化学物理研究所、中国科学院半导体研究所、中国科学院电工研究所、中国科学院广州能源研究所、中国电力科学研究院、南开大学、浙江大学、北京理工大学、四川大学、暨南大学、南京大学、华中科技大学、上海交通大学、北京航空航天大学等高校、科研院所均组建了国际或国内知名团队进行领域科技攻关，在太阳能电池、系统集成、关键部件研制等技术方向取得重大科研成果。

在企业发展方面，在国家政策支持及广阔市场需求下，我国涌现了大批优秀的光伏企业，如中国华能集团有限公司、中国大唐集团有限公司、隆基绿能科技股份有限公司、协鑫（集团）控股有限公司、晶澳太阳能科技股份有限公司、通威集团有限公司等多家企业均建有国家级或省市级企业实验室推进领域技术攻关。

8.2.2 风电利用技术

1. 基本介绍

3 000 多年前人们已经会将风能转换为机械能，直到 100 多年前，才开始将风能转换为电能，实现风力发电。风力发电是一种环保清洁的能源转换方式，通过捕获风的动力来驱动风力发电机发电。风力发电具有清洁性和可再生性等优点，但是也具有明显的间歇性和波动性等不足亟须解决。风力发电系统由风力发电机组、转子叶片、塔架以及变频器等组成。当风经过转子叶片时，叶片受到风的冲击转动，驱动发电机组内的转子转动。转子与发电机内部的磁场相互作用产生感应电动势，并通过变频器将其转换为交流电。这些电能经过逆变器和变压器的处理，进入电网供应给用户使用（赵彦涛，2023）（图 8.5）。

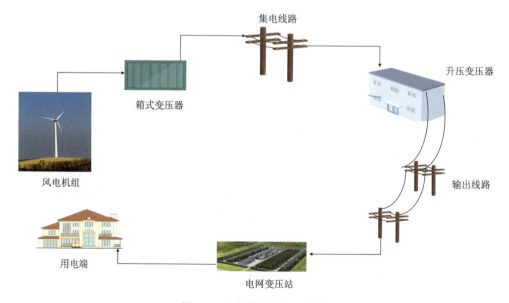

图 8.5 风力发电过程示意图

近年来，风力发电规模发展迅速，技术也越来越成熟。我国风力发电技术呈现出跨越式发展，实现了从陆地到海洋、从集中式到集中式与分散式并重发展态势，大型"沙戈荒"风光基地建设已步入加速发展阶段。随着风电技术的迭代创新，我国风电行业呈现大规模增长，截至 2022 年底，累计并网装机规模达到 3.65 亿 kW，实现连续 12 年稳居全球首位。风力发电已成为能源转型进程中可持续发展的重要组成部分，加强对风力发电技术的研究和创新，进一步提高其实用性和适用性，对于推动我国能源结构优化和可持续发展具有重要意义。

2. 技术发展方向

目前我国陆上风电技术完全成熟，并具备一定市场规模，但是海上风电技术仍处于早期应用阶段。近海与深远海风电技术发展并不同步，其中，近海风电技术已经具备成本竞争性；深远海风电技术初步进入市场，不具备成本优势，仍需要国家政策的支持。现阶段，风电发展呈现轻量化、大型化、数智化等发展趋势。风电技术的关键在于高效利用风能资源，其技术体系主要由风能资源与环境评价、风力发电装备及风能高效利用等研究方向组成。

在风能资源与环境评价技术方面，国外领军企业起步较早，国际化多元布局较为充分。我国高校和科研机构在风能资源评估、风电功率预测、生态与气候评价等技术领域开展了大量研究工作，针对我国风电发展模式和特点，从超短期、短期、中长期等多时间尺度建立了较为完善的资源评估及功率预测体系。目前我国风能资源监测以测风塔监测为主，雷达和卫星等测风技术尚未规模化应用，难以有效支持特殊环境下的风能资源监测。未来，符合我国具体环境及极端气候等的风能资源及环境评估技术仍需不断完善。在软件设计等基础技术方面，目前评估软件中的模型通常采用国外通用模型，不适合国内复杂多变的环境特征，国内已经开展研究，但尚未达到商业软件发展水平，亟须加快研发进度。

风力发电装备技术方面，我国在大型风电机组整机设计与制造、数字化风力发电等技术领域基本和国外技术水平保持同步。近年来，全球陆上风电装机放缓，面向海上风电的发展需求，超大型机组及关键部件的研制、海上风电汇集/输电技术及关键装备的自主研制、仿真工具软件的开发、大功率风电装备实验测试等技术的突破，整机轻量化设计集成、先进控制等技术的攻关将大力推动海上风电高安全、高质量、规模化发展。但是，部分装备部件环节对国外依赖程度仍旧较高。例如，大兆瓦风电机组主轴技术壁垒较高，目前 5 MW 级以上风电机组主轴轴承 60%依赖进口，变流器用 IGBT 等电子器件模块的对外依存度较高，控制器 PLC 模块完全由国外企业供应等，亟须加速国产化替代进程。

风能高效利用技术方面，新型风力发电技术、风电先进控制、风电综合利用等技术与国外基本保持同步。随着风电机组单机容量的提升，更高塔架和更长叶片的应用增大了机组柔性，机组在运行过程中面临应用环境的复杂变化，不同机型在不同风场及季节中机组的运行情况各不相同，采用传统的控制策略会导致多数机组处于出力不佳状态，并承受更为严峻的外部载荷冲击。未来，对机组的设计优化及控制技术的提升，将有助于对控制策略、资源波动、电网扰动及机组各部分的动态特性分析的提升，对不同的实际情况提出智能策略，实现精准化控制，最大程度增加机组的发电性能。

随着海上风电场规模化的快速发展，海上风电容量相应增大，海上风电制氢技术是解决消纳、输送的有效路径。未来，通过海上风电电解水制取氢气，不仅可有效缓解海上风电快速增长和电网建设速度不匹配的问题，进一步提高风电利用率，还将加速海上风电成本的降低。通过"海上风电+海洋牧场+风电制氢"的新模式，实现海洋经济的综合开发利用，助力海上风电和绿氢产业发展①。

针对风电大规模退役情况，我国已开展风电部件环保处理和回收的关键技术及装备研究等。如图8.6所示，风机塔筒、机舱、叶片均含有高值可回收材料，结合国内外研究及案例，虽然叶片回收主流方式有物理回收法、化学回收法及热回收法（图8.7），但现阶段对退役叶片的处置主要包括堆放、掩埋、回收再利用三种情况。例如，玻璃钢等材料自然降解难度大、周期长、占地面广，通过堆放和掩埋方式处理叶片会造成大量白色污染（朱硕和李嘉童，2022）。未来，应加快退役机组环保处理和回收的关键技术及装备研究与示范试验，实现主要高价值组成材料的再生利用，助力我国风电行业的健康发展。

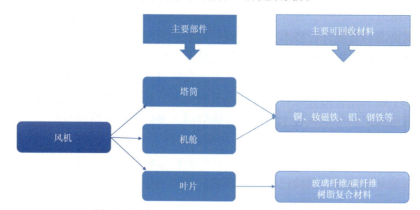

图8.6　风机主要部件及可回收材料分解示意图

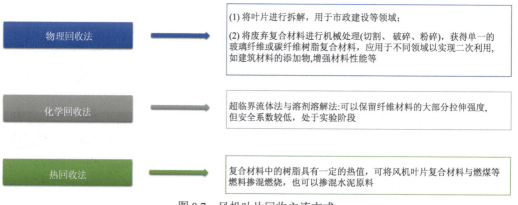

图8.7　风机叶片回收主流方式

＊ 海上风电制氢的发展机遇与挑战. http://www.cfgw.net.cn/epaper/att/202305/15/f4bfdb3f-e220-4980-9f44- 69ece28c8851. pdf.

综上所述，我国风能技术自主创新能力和装备国产化水平显著提升，风能技术水平总体与国际先进水平的差距显著缩小，部分领域达到国际先进水平。低风速风电机组、大型风电基地集群控制、优化调度等技术达到国际领先水平。高端装备的核心部件、核心基础材料和先进工艺技术等领域仍较为欠缺，大容量风电机组的主轴承和主控系统等核心部件仍依赖进口。未来，我们需加强科技创新，紧跟能源产业转型升级步伐，凝聚力量突破重大关键技术瓶颈。

3. 技术成熟度及商业可行性

如表 8.3 所示，我国风电利用技术处于不同发展阶段。在风能资源与环境评价技术领域，我国大多数技术处于由中试进入产业化发展阶段，国外相关技术处在产业化初期阶段。在风力发电装备技术领域，我国已具备自主知识产权的大兆瓦级风电机组的研发能力，配套设备技术研发能力也在不断增强。国内叶片、齿轮箱、发电机等部件的制造能力已接近国际先进水平，能够满足主流机型的配套需求，并开始小批量出口。轴承、变流器和控制系统的研发已取得了重大进步，开始批量供应国内市场。塔筒、轮毂、机舱等部件的生产能力完全满足国内市场需求，并向国际市场供货（姚兴佳，2016）。

在大型风电机组整机设计与制造、数字化风力发电技术等关键核心技术方面，我国基本处在产业化阶段，相关产品和系统装备的稳定性、可靠性有待进一步提升。风电机组的大型化、漂浮式风电技术的突破、海上风电制氢等融合发展模式的推出，为风电产业的发展带来了更大的机遇和挑战。

在风能高效利用技术领域，新型风力发电技术旨在突破传统单叶轮风机的极限，推进能量的梯级利用，实现更高效率、更低成本的发展，目前技术处于实验室研究及产业化前沿阶段[①]，国外相关技术处于产业化初期。其中，关于多风轮风电技术，国内外对串列式和并列式两种机组均有大量研究，预计在近年将出现 10 MW 级的整机样机；关于新型垂直轴风电技术，瑞典已有公司设计出兆瓦级海上漂浮式垂直轴风电机组，预计 2030 年前推出 10 MW 样机；关于高空风电技术，近年来处于起步阶段，高空风电转换效率、机组姿态控制、空到地能量传输等理论技术问题仍未完全突破，高空风电机组及部件技术尚不成熟，与实用化还有较大差距。

风电复杂场景应用技术能够缓解即将饱和的近海风能资源开发情境，更可以推进海上风电走向深远海，充分利用丰富的深海风能资源。现阶段，漂浮式海上风电样机测试项目主要集中在欧洲的地中海区域，技术研发和设计则集中在挪威、法国、葡萄牙、英国、美国和日本等发达国家。中国海南万宁地区 2027 年之前有约 1 GW 的漂浮式项目规划，意味着我国漂浮式风电装机容量将保持上升态势。

4. 技术研发及应用主体

随着风电技术的不断升级，产业发展日趋蓬勃，风电实现了规模化发展。风电技术创新主要在装备制造领域，未来技术更多的是整机和工艺设计上的优化升级。

---

① MI 中方秘书处. 2023. 新型风电技术 2022 年发展动态研究报告. "创新使命"中方秘书处。

表 8.3　风电利用技术成熟度

技术名称	技术分类	减碳贡献等级	技术成熟度	当前技术阶段
风能资源评估技术	资源与环境评估	高	6～8	试验示范
风电功率预测技术	资源与环境评估	高	6～8	试验示范
生态与气候评估技术	资源与环境评估	高	6～8	试验示范
大型风电机组整机设计与制造	发电装备	高	9	推广应用
数字化风力发电技术	发电装备	高	6～8	试验示范
大功率海上风力发电技术	发电装备	高	6～8	试验示范
大功率陆上风电机组设计优化与控制技术	发电装备	高	6～8	试验示范
新型风力发电技术	风能高效利用	高	4～6	集中攻关
风电先进控制技术	风能高效利用	高	5～6	集中攻关
风电综合利用技术	风能高效利用	高	6～8	试验示范
海上风电制氢技术	风能高效利用	高	4～6	集中攻关
风电退役器件回收再利用技术	部件回收利用	高	4～6	集中攻关

在叶片技术方面，大部分主流风机叶片长度为 100m 左右，国内外整机商均在积极推动碳纤维拉挤技术的产业化应用，为大叶片成型提供新的工艺路线，2022 年 8 月我国拥有 100%自主知识产权、全球最长 123m 的风电叶片完成测试并投入安装使用，适配于 16 MW 海上风电机组，单台机组年发电量超过 5000 万 kW·h，同时可大量节省机位点及海域占用。2022 年 12 月，双瑞风电全球最长风电叶片 SR260 成功下线，搭载于 18MW 机组，叶轮直径达到 260 m，叶片扫风面积超过 5.3 万 m^2。项目团队在叶片研制过程中实现了超长柔叶片气弹稳定性设计及结构轻量化设计，突破了碳纤维拉挤板整体成型及超长叶片壳体灌注等诸多工艺技术壁垒（中国能源报，2023）[①]。

在主轴轴承技术方面，目前国产化率约 33%，低功率机型已基本实现进口替代，但大功率机型主轴轴承市场仍由外资厂商主导（许槃羚等，2023）。在风机需求高增、风电行业降本的压力下，洛轴、轴研科技、瓦轴、新强联等国内相关制造企业加快了风机主轴轴承的布局，风机关键零部件国产化进程明显提速（中国能源报，2022），2022 年我国主轴轴承国产化替代获得重大进展。例如，洛轴自主研发的国内首套用于 16 MW 风电机组的主轴轴承已下线交付，该技术在产品热处理、工序加工、保持架制造、表面涂层等方面取得突破，解决了制约行业发展的"卡脖子"难题。新强联研制的"12 兆瓦海上抗台风型风力发电机组主轴轴承"成功下线，并通过中国轴承质量检测中心检测，该技术通过对中频淬火无软带工艺攻关、感应器改进，使滚道淬硬层深度超过 10 mm，满足了高承载能力的要求。瓦轴集团自主研制的风电用调心滚子主轴轴承已通过客户样件验收，轴承内径 1 180 mm，可配套大兆瓦风力发电机组，攻克了产品制造多工序加工瓶颈，满足了整体使用要求和高承载能力要求。

在风电机组技术方面，我国已经推出陆上 8 MW 系列机型和海上 18 MW 系列机型，最大风轮直径达到 260 m，最高轮毂高度达到 170 m，均处于国际先进水平。例如，2022

---

① 北极星风力电力网，2022. https://news.bjx.com.cn/html/2022/227/1279091 shtml.

年金风科技与三峡集团合作研发的 GWH252-16MW 海上风电机组在福建三峡海上风电国际产业园下线，该机组刷新了全球最大单机容量、全球最大叶轮直径、单位兆瓦最轻重量纪录（金风科技，2023）。16MW 机组的成功下线，标志着我国风电装备产业实现了从"跟跑"到"并跑"再到"领跑"的历史性跨越。

在风能技术研发力量方面，国内风能科研在技术集成等方面涌现出一批具有国际竞争力的机构和团队，且形成了各自相对稳定的研究方向。我国组建了"风电设备及控制""海上风力发电技术与检测""风力发电系统"等国家重点实验室，"国家海上风力发电工程技术研究中心"等国家工程研发中心，相关部委组建了"国家能源风电叶片研发（实验）中心""国家能源大型风电并网系统研发（实验）中心"等重点科研平台，部分省（自治区、直辖市）组建了地方科研平台，金风科技、远景能源等大型企业也建立了科研实验室推进技术创新，形成了多方建设的协同创新局面。

8.2.3　生物质能利用技术

1. 基本介绍

生物质能指来源于动植物的所有可再生有机物生物质（EIA，2021）。广义的生物质包括所有的植物、微生物以及以植物、微生物为食的动物及其产生的废弃物；而狭义的生物质主要是指农业、林业生产过程中除粮食、果实以外的秸秆、树木等木质纤维素（简称木质素）、农产品加工业下脚料、农林废弃物等物质。生物质能是指以自然界的各种生物质为载体，通过光合作用生成的有机物，如植物、动物及其排泄物等。依据来源的不同，可以将适于能源利用的生物质分为林业资源、农业资源、生活污水和工业有机废水、城市固体废物和畜禽粪便五大类（王小茹，2023）。生物质分类详见图 8.8。

图 8.8　生物质分类示意图

当前主流的生物质能源利用技术包括直接燃烧、混合燃烧、气化、发电供热、热解制油、沼气发酵、生物质制氢、酒精发酵、生物柴油与航空生物燃油制备等技术路线，生物质能利用技术路线如图 8.9 所示。

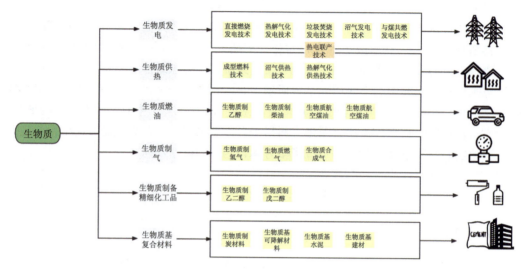

图 8.9 生物质能利用技术路线

生物质能，就是太阳能通过光合作用储存 CO_2，转化为生物质中的化学能，即以生物质为载体的能量。它直接或间接地来源于绿色植物的光合作用，可转化为常规的固态、液态和气态燃料，取之不尽、用之不竭，是一种可再生能源，同时也是唯一一种可再生的碳源。据计算，生物质储存的能量比目前世界能源消费总量高 2 倍。

当前大部分生物质能源都可减少温室气体的排放，而且利用新工艺生产的生物燃料可带来更大的温室气体减排量。在生物质能作为零碳能源的利用过程中，如果增加碳收集和储存过程，收集产生的 CO_2，能够实现 CO_2 负排放，也就是生物质能碳捕集与封存（BECCS）。CO_2 负排放被广泛认为是限制全球变暖、达到碳中和的重要组成部分。生物质能不仅具有零碳能源属性，还可以作为 CO_2 负排放能源积极发挥作用。

生物质能是仅次于化石能源（煤炭、石油、天然气），消费量居世界第 4 位，在能源系统中占有重要地位。生物质能技术的研究与开发已为国际热门课题之一，受到各国政府、科学家和工业界的关注，许多国家和地区都制定了相应的开发研究计划。生物质能作为重要的可再生能源，是国际公认的零碳可再生能源，具有绿色、低碳、清洁等特点，将为实现碳达峰、碳中和目标发挥积极作用。

我国生物质能资源广泛，主要有农作物秸秆及农产品加工剩余物、林木采伐及森林抚育剩余物、木材加工剩余物、畜禽养殖剩余物、城市生活垃圾和生活污水、工业有机废弃物和高浓度有机废水等。目前我国主要生物质资源年产生量约为 34.94 亿 t，生物质资源作为能源利用的开发潜力为 4.6 亿 t 标准煤（陈冠益等，2017）。

随着我国经济发展和消费水平不断提升，生物质资源产生量呈不断上升趋势，总资源量年增长率预计维持在 1.1%以上。预计 2030 年，我国生物质总资源量将达到 37.95

亿 t，到 2060 年我国生物质总资源量将达到 53.46 亿 t[①]，详见图 8.10 我国生物质资源量发展预测。

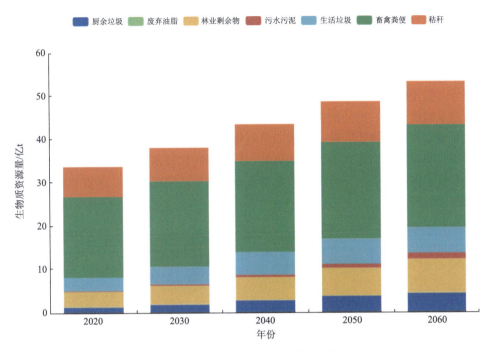

图 8.10　我国生物质资源量发展预测

2. 技术发展方向

人们越来越认识到，尽管生物质能源发展为可持续发展提供了新的机遇，但是由于原料问题、技术经济问题、发展理念问题等一系列因素，生物质能源的发展与应用在原材料的获取、转化科技以及对生态环境的影响方面仍面临着巨大的挑战。

生物质能资源具有巨大的应用潜力，可以直接燃烧取暖或发电，也可以转化为石油或天然气替代品。目前，全球对生物质能资源的利用主要集中在生物质发电和生物质燃料领域。

生物质能应优先用于少数没有实现能源替代的领域，其中包括道路运输、无 CCS 的大规模化石能源发电、住宅供暖和航空燃料；生物质能资源最好用作材料，而不是作为能源使用，包括作为木材、纸浆、纸张和其他木制品，或作为塑料工业的生物原料；此外，还可以结合碳捕获和储存技术（BECCS），寻求更具吸引力的生物质能资源使用方案。

生物质是资源丰富的可再生碳源，生物质热解气化、联产生物质基炭、气、油是生物质高效转化和高值化利用的热点方向和前沿技术，但生物质全组分高值化利用还存在

① 中国产业发展促进会生物质能产业分会，德国国际合作机构，生态环境部环境工程评估中心，北京松杉低碳技术研究院. 2021. 2060 零碳生物质能发展潜力蓝皮书。

一定的问题，特别是与大规模化工业利用还有一定的距离。

作为可替代能源，生物质能在能源体系中的地位将会越来越重要（图 8.11）。替代石油是生物质能源产业发展的核心目标。在所有可再生能源中，生物质能源是最有希望替代石油的，以生物质为原料既可发展生物基能源替代以石油基汽柴油为主的石油能源产品，也可发展生物基化工材料如塑料、化工原料以及高附加值的化学品。从长远发展来看，生物质能源发展前景广阔。当前，少数生物质能利用技术已经成熟，具有一定的经济竞争力，初步实现了商业化、规模化应用。

新型原料的培育、产品的综合利用、高效低成本的转化技术将成为未来生物质能技术三大发展趋势。生物质能技术发展的总趋势：一是原料供应从以传统废弃物为主向新型资源选育和规模化培育发展；二是高效、低成本转化技术与生物燃料产品高值利用始终是未来技术发展核心；三是生物质全链条综合利用是实现绿色、高效利用的有效方式（张彦娜，2013）。

图 8.11　生物质能发展方向

3. 技术成熟度及商业可行性

生物质能是最主要的可再生能源，在全球能源结构中发挥着重要作用。当前我国生物质能的利用技术与国外发达国家总体上处于同一水平，在生物质发电、垃圾发电、生物质气化等技术方面处于领先地位（表 8.4），但还存在着生物质能产业结构不均衡、关键技术及装备有待突破等问题（廖晓东，2015）。

在生物质发电方面，与国外相比起步较晚，常压空气气化装置发电在我国比较成熟并且已进入商业化运行，城市生活垃圾发电是商业化最为迅速的，但在缺少政府补贴的情况下，运行举步维艰。大型沼气发电技术成熟，替代天然气和车用燃料也成为新的使用方法。生物质热电联产以及生物质与煤混燃发电仍是今后一段时期生物质能规模化利用的主要方式。

在沼气利用方面，有机污水厌氧消化技术及农村沼气池利用技术较为成熟，有商业化的竞争优势。大型沼气利用技术有商业示范但未形成大规模产业。

在生物质液体燃料方面，低成本纤维素乙醇、生物柴油等先进非粮生物液体燃料的技术进步，为生物液体燃料更大规模发展创造了条件，以替代石油为目标的生物质能梯级综合利用将是主要发展方向。生物质能及相关资源化利用的资源将继续增多，油脂类、淀粉类、糖类、纤维素类和微藻以及能源作物（植物）种植等各种生物质都是生物质能利用的潜在资源。

在生物质成型燃料方面，相关技术已基本成熟，作为供热燃料将继续保持较快发展势头，但由于能量密度、资源分散等原因，其竞争力明显不足。

就生物质利用技术产业发展而言，我国生物质利用技术朝着多元化、综合化、高值化利用的方向发展（表 8.4），除了继续发展规模化沼气工程、生物质供热、生物质发电/耦合发电等技术，还需要通过科学技术突破，重点瞄准生物基材料、化学品、高品质燃料等高值化的转化途径，找到生物质高值利用的新路径，实现生物质资源的高效利用（马隆龙等，2019；田宜水等，2021）。

表 8.4　生物质利用技术成熟度

技术名称	技术分类	减碳贡献等级	技术成熟度	当前技术阶段
木质纤维素预处理技术	生物质燃料技术	低	3～5	集中攻关
黑液气化技术	生物质燃料技术	中	5～6	试验示范
原位加氢甲烷化制备生物天然气技术	生物质燃料技术	高	3～5	集中攻关
生物质乙醇转喷气燃料技术	生物质燃料技术	中	3～5	集中攻关
改进的生物质炊事烤火炉技术	生物质燃料技术	低	4～5	集中攻关
生物质能的碳捕集与封存（BECCS）技术	生物质利用技术	高	4～6	集中攻关
畜禽养殖废弃物能源化利用及其衍生技术	生物质利用技术	中	6～8	试验示范
藻类规模化培育与能源转化技术	生物质利用技术	高	4～6	集中攻关
城市生活垃圾焚烧发电技术	生物质发电技术	高	7～9	推广应用
生物质基复合材料	生物质利用技术	中	5～7	试验示范
可再生清洁供热（暖）技术（生物质）	生物质利用技术	高	6～8	试验示范
生物基化学品	生物质利用技术	中	4～6	集中攻关
生物质成型燃料	生物质燃料技术	中	5～7	试验示范
生物质气化发电技术	生物质发电技术	中	4～6	集中攻关
生物质混燃发电技术	生物质发电技术	中	4～6	集中攻关
生物质直燃发电技术	生物质发电技术	中	4～5	集中攻关
生物质热化学气化技术	生物质燃料技术	中	6～8	试验示范
厌氧发酵制备生物燃气技术	生物质燃料技术	中	6～8	试验示范
生物燃料乙醇技术	生物质燃料技术	高	6～8	试验示范
生物柴油技术	生物质燃料技术	高	6～8	试验示范
生物质航油技术	生物质燃料技术	高	5～7	试验示范

注：本表减碳贡献等级指生物质能相关技术对全社会减碳潜力的贡献。

4. 技术研发及应用主体

生物质利用手段主要包括生物质发电、生物质供热（暖）、生物液体燃料、生物质燃气、生物基材料及化学品等。我国生物质资源丰富，具有巨大的发展潜力，已呈现出规模化发展的良好势头，目前已经建立起专门从事生物质能科研技术开发的大型科研体系及从事生产运营的大型专业化公司。

我国在生物质发电领域经过多年的发展，目前比较成熟并已进入商业化运行，但与国外相比起步较晚，国能生物发电集团有限公司和武汉凯迪电力股份有限公司是我国生物质能发电的领军企业。在生物质成型燃料方面，中国林业科学院林产化学工业研究所、西北农林科技大学、南京林业化工研究所等高校、科研院所是我国生物质成型燃料方面的主力军。在生物质燃气方面，中国科学院广州能源研究所、农业农村部沼气科学研究所、农业农村部规划设计研究院、中国科学院成都生物研究所和东北农业大学等是国内沼气行业比较知名的研究机构。在生物液体燃料方面，美国、欧盟和巴西的生物质液体燃料产业发展处于世界领先地位，我国主要是以小企业居多，在科研领域国内很多高校院所都有所涉猎，技术分散、实力没有形成合力是其发展壮大的主要障碍。

我国生物质能产业发展由于长期缺乏科技经费投入，缺少激励科技进步创新的措施，使得生物质产业在基础研究、应用研究及产业化方面存在科技含量低、竞争力不足、缺乏自主知识产权等问题。为了我国生物质能产业的发展与未来，我们除了高度重视前瞻性的基础研究、关键与共性技术开发、成套化集成化系统研发与示范工程建设外，还应加强生物质能源科技发展的战略研究与评价工作，建立生物质能源战略研究与评价体系；加强生物质资源普查与收集工作；加强生物质能源的信息化等工作。

8.3　核能利用技术

8.3.1　基本介绍

核能指核反应过程中原子核结合能发生变化而释放出的巨大能量，为使核能稳定输出，必须使核反应在反应堆中以可控的方式发生。铀核等重核发生裂变释放的能量称为裂变能，而氘、氚等轻核发生聚变释放的能量称为聚变能。目前正在利用的是裂变能，聚变能还在开发当中。核裂变与核聚变原理详见图8.12。目前核能主要的利用形式是发电，未来核能热电联产和核动力等领域将会有较大拓展空间。

核电的开发和利用，是核工业发展的主线。核电工业产业链包括前端（含铀矿勘查、采冶、转化，铀浓缩，燃料元件生产）、中端（含反应堆建造和运营、核电设备制造）、后端（乏燃料储存、运输、后处理，放射性废物处理和处置，核电站退役）等环节。

核电站是指通过适当的装置将核能转变成电能的设施，在核电工业产业链中居核心地位，核电站示意图见图8.13。核电站从建设到退役要历经百年时间，放射性废物处置则需要数万年以上。我国核电发展存在"重中间，轻两头"的情况，随着核电规模化发展，前端和后端能力不足的现象将更加严重。

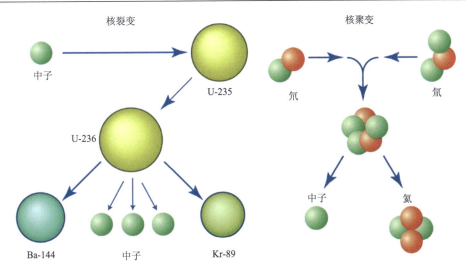

图 8.12　核裂变与核聚变原理示意图

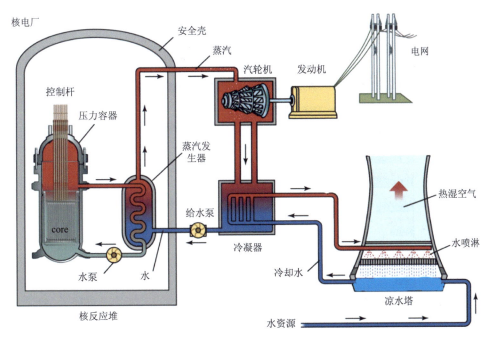

图 8.13　核电站示意图

截至 2022 年 12 月，全球在运机组 422 台，总装机容量 37 831.4 万 kW；全球在建核电机组 57 台，总装机容量 5 885.8 万 kW；在运、在建核电机组分布在 33 个国家和地区。全球主要国家运行反应堆数量及装机容量见图 8.14。美国、法国、俄罗斯以及韩国是中国之外的核能大国，核电技术也处于世界先进水平。

2022 年，全球核电发电量为 24 868.3 亿 kW·h。全球主要国家 2022 年核电发电量与核电占比如图 8.15 所示。其中，美国、中国、法国、俄罗斯、韩国的核电发电量排名前五；核电发电量占总发电量比例较高的国家集中在欧洲地区。法国是世界上核电发电量占总发电量比例最高的国家，达到 62.5%。

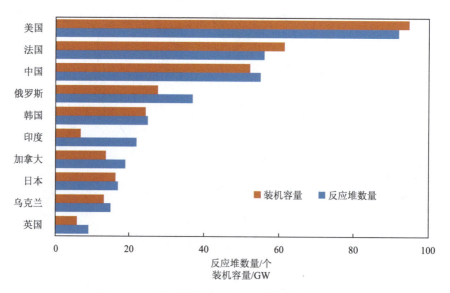

图 8.14　全球主要国家运行反应堆数量及装机容量

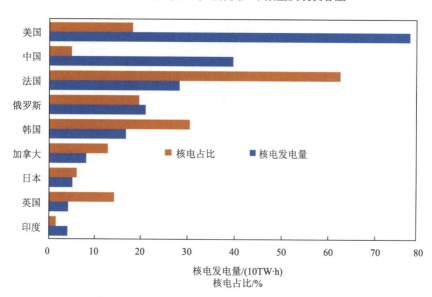

图 8.15　全球主要国家 2022 年核电发电量与核电占比[①]

我国商用核电机组装机规模持续增长，如图 8.16，截至 2022 年底，我国大陆地区共有在建和运行核电机组 77 台，其中运行机组 55 台[①]，总装机容量 5 699.3 万 kW[②]，仅次于美国、法国，位列全球第三；核准及在建核电机组 22 台，总装机约 2518.8 万 kW，居全球第一。

---

① 国家核安全局网站核电厂总体安全状况. https://nnsa.mee.gov.cn/.

② 中国核能行业协会. 全国核电运行情况（2022 年 1～12 月）. https://www.china-nea.cn/.

我国商用核电机组发电量持续增长，2022 年，累计发电量为 4 177.86 亿 kW·h，占比约 4.98%，比 2021 年同期上升了 2.52%；累计上网电量为 3 917.9 亿 kW·h，比 2021 年同期上升了 2.45%。

国家发布多个文件都提到了我国将积极安全有序发展核电事业，在各类电源中，核电安全、稳定、可靠，能够与风电、太阳能发电等新能源协同发展，是构建我国新型电力系统的主力军。

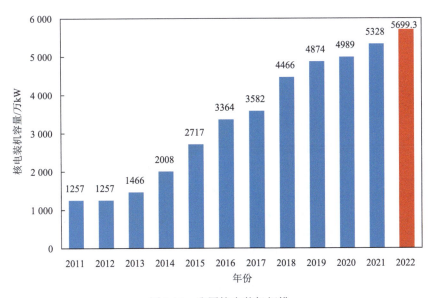

图 8.16　我国核电装机规模

8.3.2　技术发展方向

当前，国际上核能技术发展主要面临可持续性、安全性、经济性、防扩散与环境保护等挑战（程竹静等，2021），核电强国积极布局四代核电技术研发应用，包括下一代新型反应堆、新型核燃料材料及循环技术、反应堆理论研究等，研究热点包括开发固有安全特性的第四代反应堆系统、燃料循环利用及废料嬗变堆技术以及更长远的聚变堆实验与示范；重要技术方向包括两个方面：一是先进核裂变技术，包括先进核燃料循环系统、下一代反应堆技术以及核能发电综合利用；二是可控核聚变技术。

根据核电技术发展的成熟度，把核电技术分为基于热中子堆的核电技术、快中子堆为代表的第四代核电技术和受控核聚变技术三类。

1983 年 6 月，我国国务院科技领导小组主持召开专家论证会，提出了中国核能发展"三步走"（压水堆—快堆—聚变堆），以及"坚持核燃料闭式循环"的战略。从核能所使用的资源角度来看，所谓的核能发展"三步走"（杜祥琬等，2018）包括以下三点。

第一步发展以压水堆为代表的热堆，利用铀资源中 0.7% 的 U-235，解决"百年"的核能发展问题。

第二步发展以快堆为代表的增殖与嬗变堆，利用铀资源中99.3%的U-238，解决"千年"的核能发展问题。

第三步发展聚变堆技术，解决"长期"的能源问题。

从技术和制造能力来讲，目前我国的热堆发展已进入大规模应用阶段，可满足当前和今后一段时期核电发展的基本需要；快堆目前处于技术储备和前期工业示范阶段。

立足核能发展现状及科技发展趋势的实际情况，应加快突破关键技术，挖掘现役机组潜力，布局未来技术，实现核能的积极安全有序发展，具体详见图8.17。

图8.17　核电发展目标与方向

8.3.3　技术成熟度及商业可行性

随着核能在实现气候目标中的作用得到重视，各核电大国均加大了对核能科技的投入，积极抢占先进核能技术战略制高点（邢继等，2022）。我国也高度重视核能科技的创新工作，把安全高效核能技术列为重点任务，围绕"三步走"战略持续发展我国核能技术，加强基础研究、原始创新，不断缩小与国际先进水平的差距（表8.5）。

表8.5　核能利用技术成熟度

技术名称	技术分类	减碳贡献等级	技术成熟度	当前技术阶段
先进核材料	核工业前端	低	5～7	试验示范
核技术与应用	核工业后端	低	5～7	试验示范
核能资源勘探开发与核燃料循环	核工业前端	中	5～6	集中攻关
核安全技术与工程	核工业后端	中	6～8	试验示范
核能非电利用技术	核工业后端	高	7～8	试验示范

续表

技术名称	技术分类	减碳贡献等级	技术成熟度	当前技术阶段
惯性约束聚变驱动器技术	核工业中端	中	2～4	前瞻研究
大型托卡马克聚变堆	核工业中端	中	3～5	集中攻关
ADS 嬗变技术	核工业后端	中	4～6	集中攻关
快堆嬗变技术	核工业后端	低	4～6	集中攻关
冷坩埚玻璃化技术	核工业后端	低	6～8	试验示范
干法后处理技术	核工业后端	低	5～7	试验示范
湿法乏燃料后处理技术	核工业后端	低	6～8	试验示范
放射性废物减容与减害技术	核工业后端	低	4～6	集中攻关
高温电解制氢技术与应用	核工业后端	高	5～7	试验示范
超高温熔盐蓄热储能技术	核工业后端	高	4～6	集中攻关
先进核燃料元件设计及制造技术	核工业前端	中	5～7	试验示范
小型模块化反应堆技术	核工业中端	中	5～7	试验示范
加速器驱动的先进核能系统（ADANES）	核工业中端	高	3～5	集中攻关
钍基熔盐堆技术	核工业中端	高	4～6	试验示范
快堆技术	核工业中端	高	5～6	集中攻关
超临界水冷堆技术	核工业中端	高	5～6	集中攻关
高温与超高温气冷反应堆技术	核工业中端	高	6～7	试验示范
大型轻水堆技术	核工业中端	高	9	推广应用

第三代堆和小型模块化反应堆技术已基本成熟，是近期发展的重点。我国自主第三代核电技术落地国内示范工程，并成功走向国际，进入大规模应用阶段。近期主要是实现核电安全高效、规模化发展，加强核燃料循环前端和后端能力建设，适当发展小型模块化反应堆、开拓核能供热和核动力等利用领域。我国核电在运机组安全水平和运行业绩方面均居国际前列。以"华龙一号"和 CAP1400 为代表的自主先进第三代压水堆系列机型，可实现安全、可靠、经济的商业化目标。

第四代堆核能系统已经初现端倪，将是未来核能利用的主力军。我国第四代核电技术已全面开展研究工作，其中，在钠冷快堆（杨勇等，2018）、高温气冷堆及钍基熔盐堆（徐洪杰等，2018）方面处于世界先进水平，主要是大幅提高铀资源利用率、实现放射性废物最小化、解决核能可持续发展面临的挑战。全球第四代核电技术首个商业化示范项目——全球首座球床模块式高温气冷堆核电示范工程首堆于 2021 年并网并送电成功，标志着我国第四代核电技术已经可以实现其商业化。

长远目标是发展聚变堆技术。近来，美国能源部实现核聚变"历史性突破"——成功在核聚变反应中实现了净能量增益，尽管离商业化应用还有一定的路要走，但对人类实现终极能源目标又近了一步。我国也已成为世界上重要的聚变技术研究中心之一，在 EAST 和 HL-2A 装置上开展了大量高水平实验研究工作，积累了大量的经验数据。可控核聚变有望在 2050 年前后建设聚变商用电站，随着技术的发展，铀资源供应不会对我国核电发展形成根本制约。

8.3.4　技术研发及应用主体

有核国家对核能的政策反映了一个国家对核能产业链的发展态度。对于拥有成熟核电运营技术的国家而言，其面临的挑战主要集中在核电站的现代化升级改造和长期运营方面；对于新兴核电国家而言，其面临的挑战主要是建设必要的核电基础设施。福岛核事故客观上延缓了各国对发展核能的预期。美国、法国、俄罗斯、英国、韩国、印度、中国等有核国家仍然坚定发展核电。中东地区的部分国家对核电发展也表示出浓厚兴趣。

强劲的电力需求增长预期及稳定的电力生产价格是发展核能的主要驱动因素，世界核电领域科技研发呈现出五大特点：①现役反应堆的安全升级及长期运营技术；②新型反应堆技术的开发；③小型模块化反应堆是热点；④核能非电利用是其前景；⑤发展核燃料循环技术。

反应堆技术主要集中在美、日两国手中，中国反应堆经过近年来的快速发展取得了不小的成绩。我国反应堆的主要研究机构是中国核动力研究设计院和中国广核集团有限公司两家，钍基熔盐堆的主要研究机构是中国科学院上海应用物理研究所，清华大学研制了高温气冷堆技术。核能非电利用技术近年来发展迅速，核能非电利用是核能未来应用的又一主要场景。该技术主要集中在中国，中国核能非电利用经过近些年的快速发展已经领先于世界其他国家和地区。核聚变技术主要集中在美国手中，中国紧随其后，但与美国相比，还存在着不小的差距，目前来看，在未来终极能源核聚变能方面，美国走在世界的前列，其他国家处于跟跑状态。

中国核工业集团有限公司（以下简称"中核集团"）、中国广核集团有限公司（以下简称"中广核"）、国家电力投资集团有限公司（以下简称"国家电投"）三家企业控股运营国内核电站。除在建项目石岛核电站为华能控股外，其余项目都由中核集团、中广核、国家电投控股，其他企业参股。总体来看，核电开发运营市场，中核集团、中广核呈现双寡头垄断格局。

我国核电设计环节主要由中国核动力研究设计院、深圳中广核工程设计有限公司、国核电力规划设计研究院及上海核工程研究设计院四家公司承担，其中中国核动力研究设计院和深圳中广核工程设计有限公司占据主要市场。

我国核工业一路走来，坚持创新驱动发展战略，不断推动产品转型升级，成功实现了在引进、消化、吸收的基础上进行研发再创新的技术发展路线。面对新时期核工业的安全创新发展，要从核大国走向核强国，必须依靠原始创新能力和加强研发应用主体力量（叶奇蓁，2018），这就需要在国家层面去系统地统筹、策划和布局我国核能技术的自主创新。

8.4　融合能源利用技术

8.4.1　氢能技术

1. 基本介绍

　　氢能是指氢在物理与化学变化过程中释放的能量，是一种来源广泛、清洁无碳、灵活高效、应用场景丰富的二次能源，可用于工业原料、储能、发电、各种交通工具用燃料、家用燃料等，有望实现能源系统从化石燃料向可再生能源过渡的可持续发展，因此是未来清洁能源系统的重要组成部分（图 8.18）。发展氢能是我国应对气候变化、优化能源结构的重要手段，是推动传统化石能源清洁高效利用和支撑可再生能源大规模发展的理想互联媒介，是实现交通运输、工业和建筑等领域大规模深度脱碳的最佳选择。此外，氢能可以提高我国能源的自主可控程度，减少对进口石油和天然气的依赖，具有重要的战略意义。

图 8.18　氢能生态系统示意图

　　目前，氢气的使用以炼油和化学品生产等工业应用为主，全球氢气的三大主要用途是炼油、合成氨和合成甲醇。多年来，对氢气的需求持续增长，2022 年，全球氢气需求达到 9 500 万 t。其中，约 62% 的氢气来自天然气，21% 来自煤炭（主要在中国），16% 是工业副产氢气，只有很小一部分氢气生产采用电解水制氢或耦合碳捕集、利用与封存技术（CCUS）的化石能源制氢等低碳氢生产技术，全球氢气生产部门共排放约 9 亿 t 二氧化碳，氢气生产的碳足迹非常显著（IEA, 2023a）。

氢气通常可以用多种工艺和能源制氢，也对应着不同的碳排放，只有低碳清洁的氢气，才能够发挥其脱碳的潜力。常用的灰氢、蓝氢、绿氢等命名方法较为笼统（图 8.19），缺乏明确的量化标准。为了更客观地反映氢气的环境属性，IEA 推动采用全生命周期的碳排放强度，对低碳氢气进行分类（IEA, 2023b）。2020 年 12 月 29 日，中国氢能联盟发布了全球首个"绿氢"标准《低碳氢、清洁氢与可再生氢的标准与评价》（T/CAB 0078—2020），该标准按照生命周期评价方法对氢气生产过程中的温室气体排放进行核算，将氢气分为低碳氢、清洁氢与可再生氢（图 8.20）。2023 年 6 月，欧盟正式发布两项授权法案，基于生命周期温室气体排放的方法，明确了可再生氢的定义。以碳排放强度为核心的定义方法，能够更科学全面地评价氢气的环境属性，将有助于推动氢能产业朝着真正低碳、零碳的方向发展。

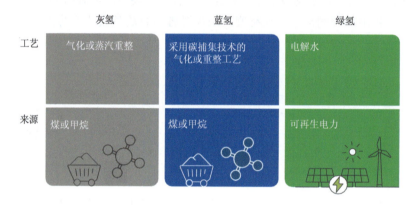

图 8.19 氢的颜色

图 8.20 低碳氢、清洁氢与可再生氢的标准

2. 技术发展方向

氢能产业链按照制氢、储氢、运氢、用氢等分为上游、中游、下游。上游是制氢环节，包括氢气的制备和提纯等，主要技术方向有化石能源制氢、工业副产氢、电解水制氢等；中游是氢气的储存和运输环节，主要储氢技术包括高压气态、低温液态和固态材

料储氢等，运输氢的技术包括管道输送、天然气掺混氢输送等；下游是用氢环节，氢能的应用范围非常广泛，包括工业、交通运输、建筑和发电等，主要技术方向是直接燃烧和燃料电池供能，以及作为工业原料和还原剂。

低成本、可持续的低碳清洁氢气制取技术是氢能得以大规模应用的根本。可再生能源电解水制氢技术是最有发展潜力的绿氢生产技术，但目前成本较高。未来，随着电力成本和电解槽投资成本的下降，该技术的竞争力有望显著提升，是近期低碳清洁氢气发展的重点。在中长期，海水直接电解制氢、太阳能光解水制氢、生物质制氢、甲烷直接裂解制氢、天然氢开采等创新方法有望变得可行。

氢能储运将朝着提升氢气的储存密度和运输效率的方向发展，通过"低压到高压""气态到多相态"的技术提升，逐步提升氢气的储存和运输能力。近期的发展重点主要是高压气态储运氢技术，并探索管道输氢，液态、固态等多元化储运氢技术路径。中远期的发展重点则在于长距离大规模输氢管道、低温液态、固态等多元化的氢储运技术，甲醇、氨等化学储氢技术也有望成为未来大规模氢气储运的可行路径。

氢能的应用将以工业和交通运输领域作为下游市场的发展重点，同时逐渐向储能、建筑等领域拓展。工业领域使用低碳清洁氢，将有助于大规模部署可再生能源电解水制氢，促进电解水制氢技术的不断迭代升级，降低氢气的生产成本。在交通领域，氢能将呈现出集中示范且多元化的应用场景，助力氢能产业链的推广和示范。随着氢能产业的规模化发展和经济性提升，氢能的价值将日渐凸显，有望在发电、建筑等领域得到应用。

3. 技术成熟度及商业可行性

近年来，我国氢能产业呈现快速发展态势，产业链逐步健全，技术日趋成熟（见表 8.6）。以天然气和煤炭为主要原料的化石能源制氢是目前最成熟的氢气生产技术，已经大规模应用于商业，成本较低，但碳排放较高，需要结合 CCUS 技术，降低碳排放。我国的 CCUS 技术整体上处于研发和技术示范阶段，在产业链各环节均具备一定的基础，但面临着成本较高、商业模式不完善等问题，尚无法大规模推广应用（具体见第 4 章）。电解水制氢技术是目前世界主要国家氢能战略的主要方向之一，发展潜力巨大。我国碱性电解水技术已经商业化，质子交换膜（PEM）电解技术实现部分商业化运营示范，固体氧化物电解技术（SOEC）、碱性阴离子交换膜（AEM）电解水技术和海水直接电解制氢等技术正在技术开发阶段，但相关研究正在快速推进，其余新型制氢技术也在推进中。

表 8.6　氢能技术成熟度

技术名称	技术分类	环节	减碳贡献等级	技术成熟度	当前技术阶段
煤气化制氢技术	氢能	制氢	低	9	推广应用
蒸汽甲烷重整制氢技术	氢能	制氢	低	9	推广应用
甲烷裂解制氢技术	氢能	制氢	高	4～6	集中攻关
工业副产氢回收与纯化技术	氢能	制氢	中	9	推广应用
碱性电解水制氢技术	氢能	制氢	高	9	推广应用
质子交换膜电解水制氢技术	氢能	制氢	高	7～9	试验示范

续表

技术名称	技术分类	环节	减碳贡献等级	技术成熟度	当前技术阶段
固体氧化物电解水技术	氢能	制氢	高	5～7	试验示范
碱性阴离子交换膜电解水制氢技术	氢能	制氢	高	4～6	集中攻关
海水直接电解制氢技术	氢能	制氢	高	3～5	集中攻关
太阳能光催化/光电催化制氢	氢能	制氢	高	3～4	前瞻研究
核能制氢（热化学法）	氢能	制氢	高	3～4	前瞻研究
生物质制氢	氢能	制氢	高	4～6	集中攻关
高压气态储氢技术	氢能	储氢	高	9	推广应用
低温液态储氢技术	氢能	储氢	高	7～9	试验示范
液态有机氢载体储氢技术	氢能	储氢	高	5～7	集中攻关
固态储氢技术	氢能	储氢	高	5～7	集中攻关
地质储氢技术	氢能	储氢	高	3～5	前瞻研究
液氨储氢技术	氢能	储氢	高	9	推广应用
高压气体储氢瓶输送技术	氢能	运氢	中	9	推广应用
液氢船运技术	氢能	运氢	高	5～7	试验示范
纯氢管道输送技术	氢能	运氢	高	7～9	推广应用
掺氢天然气管道输送技术	氢能	运氢	中	6～7	试验示范
氢燃料电池技术	氢能	用氢	高	7～9	推广应用
氢燃气轮机技术	氢能	用氢	高	6～7	试验示范
氢冶金技术	氢能	用氢	高	5～7	集中攻关
氢气替代燃料技术	氢能	用氢	高	3～4	前瞻研究
氢合成液体燃料技术	氢能	用氢	高	7～9	试验示范
可再生能源制氢合成氨技术	氢能	用氢	高	7～9	推广应用
二氧化碳加氢制甲醇技术	氢能	用氢	高	7～9	试验示范

在氢气储运方面，高压气态储运氢技术已进入商业应用阶段，是目前氢能储运的主流技术，技术成熟度最高。低温液态储运氢技术也相对成熟，在航空航天和军事领域具有较长的应用历史，近年来，随着氢能产业的发展，逐渐向民用领域推进，相关示范项目在加速发展。液态有机储氢、固体材料储氢尚处于技术研发和示范阶段。

在交通领域，目前车用燃料电池系统的性能已基本满足使用需求，研究重点集中在降低系统成本和商业化示范推广方面。工业领域的绿氢化工等方面，技术相对成熟，国内企业已开展了技术示范，以绿氢为原料推动化工生产过程绿色转型。基于绿氢的"绿氨""绿色甲醇"也逐步铺开。氢冶金是钢铁行业实现碳中和目标的革命性技术，可以实现钢铁行业深度脱碳目标，但相关技术尚不成熟，处于技术研发及示范阶段。我国水泥行业的氢能替代技术还处在小试研发阶段，相关工艺原理及技术参数少有公开说明。氢储能工艺流程长，且对产业链各个环节的技术要求较高，如需要电解水制氢技术具有宽功率波动适应性，储运相关装备和技术要满足大型化、规模化储氢的要求等，规模化发展仍然受到制约。

4. 技术研发及应用主体

随着全球能源需求的不断增长和环境保护意识的日益增强，氢能产业成为未来能源领域的重要发展方向之一，全球氢能技术研发热度都较高。其中，中国、日本、美国、韩国、德国等是技术创新的主要来源。日本于 1973 年成立了"氢能源协会"，聚焦氢能技术研发。之后在 20 世纪 90 年代，丰田、日产和本田等汽车制造商开始研发氢燃料电池汽车。我国氢能领域起步较晚，早期技术基础薄弱，研发实力不强。然则，近年来，政策层面的大力支持推动了氢能技术的快速发展。

在制氢领域，可再生能源电解水制氢技术是当前产业发展的热点。挪威 Nel Hydrogen、美国 Cummins、英国 ITM Power、德国 Siemens Energy 等企业在碱性和 PEM 电解水制氢领域进行了长期研发和技术迭代，已经具备成熟的商业化技术。德国 Sunfire 和美国 Bloom Energy 分别对 2.6 MW 和 4 MW 的 SOEC 技术进行了示范。我国的碱性电解水技术成熟，"大标方"和低能耗成为国内派瑞氢能、隆基氢能等电解槽生产商争抢的制高点，单堆规模已突破 15 MW。中国科学院大连化学物理研究所、中国石化等科研院所和企业对 PEM 制氢技术进行了兆瓦级产品示范。我国 SOEC 行业尚处于研发示范阶段，相关企业和研究机构包括中国科学院上海应用物理研究所、上海翌晶氢能科技有限公司、北京质子动力发电技术有限公司等。

在储运氢领域，国外Ⅳ型瓶制备技术成熟，日本丰田公司研制的 70MPa 的Ⅳ型储氢瓶，质量储氢密度为 5.7%，已应用于 Mirai 系列氢燃料电池汽车。挪威 Hexagon 公司研制的 Ⅳ 型储氢瓶最高储氢压力可达 95 MPa。Praxair、Linde、Air Liquide 等公司已经推出商业化液氢装置。我国的 35 MPa 和 70 MPa 的Ⅲ型瓶技术较为成熟，Ⅳ型瓶与国外先进水平还存在一定差距，主流储氢瓶生产企业如中材科技（苏州）、科泰克、天海工业、佛吉亚斯林达等正加紧推进Ⅳ型瓶产品的生产验证和产能建设。我国液氢早期主要服务于航空航天等领域，近年来，中科富海、航天六院等企业和科研院所积极推进液氢装备民用化。

在氢能应用方面，交通领域发展较早，氢燃料电池汽车已逐步转入商业化应用阶段，Mirai 和 Nexo 的量产证明了氢燃料电池汽车商业化应用的可能性。我国燃料电池系统的国产化进程自 2019 年以来显著加速，现阶段已接近 100%自主化。在工业领域，中国石化、中国能建、国家电投、三峡能源等央企、国企积极推动国内绿氢化工项目的发展，宝武、河钢、鞍钢等企业对氢冶金技术进行研发示范。中国石化新疆库车绿氢示范项目电解槽装机 260 MW，成为全球首个规模化绿氢替代项目。

8.4.2　储能技术

1. 基本介绍

储能是指通过介质将能量存储起来，在需要时再释放的一种技术。根据能量存储方式及存储介质的不同，储能可分为机械储能、电磁储能、电化学储能、热储能和化学储能五大类，典型储能技术分类如图 8.21 所示。

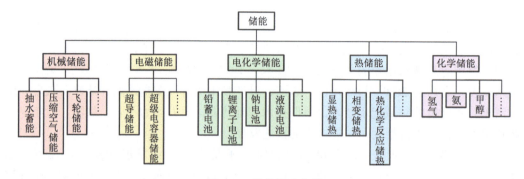

图 8.21　储能技术分类

机械储能是利用机械能与电能之间的转化来实现能量的储存和输出，通常具有高效、安全、寿命长等优点。

电磁储能是指在电磁场中，电流通过导体时，会在导体周围产生磁场，这个磁场会储存能量，这种能量储存的原理即电磁储能原理。

电化学储能通常指各种二次电池，利用化学元素做储能介质，充放电过程伴随储能介质的化学反应或者变化。

热储能是以储热材料为媒介，将太阳能光热、地热、工业余热、低品位余热等或者将电能转换为热能储存起来，在需要时释放（何雅玲，2022）。

化学储能通常指利用氢、氨、甲醇等化学品作为二次能源的载体，是解决长周期、大规模储能的重要方式之一。

典型储能技术参数表如表 8.7。

表 8.7　典型储能技术及技术参数表

技术名称	容量应用规模	功率应用规模	响应时间	循环次数/次	寿命/年	安全性	充放电效率/%
抽水蓄能	GW·h	GW	min	>10 000	40～60	高	65～75
压缩空气储能	GW·h	百兆瓦	min	>10 000	30～50	高	40～70
飞轮储能	MW·h	几十兆瓦	ms	百万次	≥15	中	80～95
超级电容器储能	MW·h	几十兆瓦	ms	百万次	15	高	>90
锂离子电池	10^2MW·h	百兆瓦	ms	1 000～10 000	5～10	中	80～90
铅炭电池	10^2MW·h	几十兆瓦	ms	500～3 000	8～10	中	75～85
钠离子电池	MW·h	MW	ms	～2 000	5～10	中	80～90
钠硫电池	10^2MW·h	几十兆瓦	ms	～4 500	～15	低	75～90
全钒液流电池	10^2MW·h	几十兆瓦	ms	>10 000	>10	高	75～85

储能的应用场景可以分为发电侧、电网侧和用户侧三大场景（图 8.22）。

在发电侧，储能可用于传统发电领域，辅助火电机组动态运行。此外，储能也可用于光伏、风电等可再生能源发电配套，平抑可再生能源的间歇性、不稳定性、波动性，保证电网的功率平衡和运行安全，提高可再生能源渗透率。

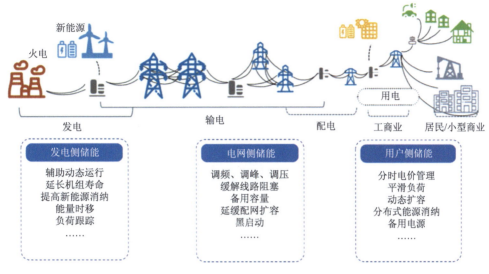

图 8.22　储能的应用场景示意图

在电网侧，可以提供电力市场的辅助服务，包括系统调频、调峰、调压，备用容量等；改变传统电网设计和建造遵循的最大负荷法，节约新建投资或延缓配网扩容。

在用户侧，储能可应用于峰谷套利、平滑负荷、动态扩容等。同时，储能可与分布式能源结合，构建分布式风光储系统，推动分布式能源消纳，打造低成本、灵活可控的电能输出。

2. 技术发展方向

抽水蓄能是最成熟的储能技术，目前已形成了较为完善的产业体系。近年来，我国抽水蓄能装机规模稳定增长，据中关村储能产业技术联盟统计，截至 2022 年底，累计装机容量已达 46.1GW，位居世界第一。新型储能是指除抽水蓄能外的其他储能技术，目前国内新型储能正处于高速发展期，截至 2022 年底，我国新型储能累积装机规模达到 13.1GW，同比增长 128%[①]。

在高速增长的背后，新型储能受限于技术与成本问题，行业整体仍处于研发示范向商业化初期的过渡阶段，尚未形成产业化体系。目前新型储能技术主要面临的问题与挑战包括以下几点（图 8.23）。

（1）成本问题。目前抽水蓄能的度电成本在 0.25～0.35 元/（kW·h），而新型储能的度电成本均在 0.6 元/（kW·h）以上，仍需要降低成本以实现新型储能的大规模推广应用。

（2）安全性问题。储能电站的安全稳定性一直是其大规模应用面临的挑战，目前全球已发生了超过 80 起储能安全事故，造成了严重的财产损失与人员伤亡，引起了广泛关注。

---

① http://www.cnesa.org/information/detail/?column_id=3&id=5459.

图 8.23 新型储能技术面临的问题及发展方向

（3）规模化问题。为应对新型储能系统中的大规模可再生能源并网问题，需实现新型储能规模由百兆瓦级向吉瓦级的跨越。

（4）可靠性问题。需提高储能系统在全生命周期的容量及效率的稳定性，减少储能衰减。

（5）寿命问题。目前技术最成熟的储能锂离子电池寿命在 5～10 年，需进一步推进长寿命的新型储能技术研发以降低全生命周期储能成本。

3. 技术成熟度及商业可行性

近年来，我国储能技术水平快速提升，锂离子电池、压缩空气储能、液流电池、钠离子电池等技术已达到或接近世界先进水平。飞轮储能、超级电容器等技术与世界先进水平还有一定的差距，但总体上差距在逐步缩小（表 8.8）。

表 8.8 储能技术成熟度

技术名称	技术分类	减碳贡献等级	技术成熟度	当前技术阶段
抽水蓄能	机械储能	高	9	推广应用
压缩空气储能	机械储能	高	8～9	试验示范
飞轮储能	机械储能	中	7～9	试验示范
重力储能	机械储能	中	5～7	试验示范
超级电容器	电磁储能	中	5～6	试验示范
锂离子电池	电化学储能	高	8～9	推广应用

续表

技术名称	技术分类	减碳贡献等级	技术成熟度	当前技术阶段
铅蓄电池	电化学储能	中	9	推广应用
铅炭电池	电化学储能	高	7~8	试验示范
全钒液流电池	电化学储能	高	8~9	试验示范
铁基液流电池	电化学储能	中	6~7	试验示范
锌基液流电池	电化学储能	中	6~7	试验示范
钠离子电池	电化学储能	高	5~7	试验示范
固态电池	电化学储能	高	4~6	集中攻关
液态金属电池	电化学储能	中	2~4	集中攻关
水系金属离子电池	电化学储能	中	2~4	集中攻关
显热储热	热储能	高	8~9	推广应用
相变储热	热储能	高	6~8	试验示范
热化学反应储热	热储能	中	4~6	集中攻关

从储能本体技术角度来看，目前已成熟的储能技术包括抽水蓄能、铅蓄电池和显热储热技术，现已进入商业化运营阶段。它们未来技术研发的重点是在原有技术基础上进一步改进性能，如抽水蓄能高水头、大容量、高转速机组、可变速机组技术，铅炭电池高活性负极碳材料，高温熔盐蓄热技术等。

目前锂离子电池、液流电池、压缩空气储能和飞轮储能技术已经基本成熟，近年来兆瓦级乃至百兆瓦级的示范项目纷纷落地。此类储能技术研发的重点为突破从集成示范到产业化应用的特定关键技术，如锂离子电池的高安全性技术、液流电池的低成本技术、压缩空气储能的高效技术，以及高速飞轮储能技术等。在这四类技术中，锂离子电池技术的研发最为活跃，目前大批百兆瓦级锂离子储能电站示范已实现投产，是技术最成熟和产业链完整的技术。

仍处于研发及示范阶段的储能技术包括钠离子电池、超级电容器、相变储热、新体系液流电池、重力储能、固态电池等。此类储能技术的发展重点在于材料、单体、模块的关键技术的突破，以实现从实验室技术到集成示范的转变。目前超级电容器与钠离子电池是各国重点研究的新一代储能技术，已逐渐进入工程示范阶段。我国钠离子电池、超级电容器等技术近年来已取得长足进展，先后实现全球首套 1 MW·h 钠离子电池储能系统示范项目投运，国内首套变电站超级电容微储能装置投运。

从市场规模及装机容量角度来看，抽水蓄能目前占据储能市场主要份额，单机规模可达 100 MW 以上，是目前唯一实现大规模商业化应用的储能技术；随后为锂离子电池、压缩空气储能、液流电池、铅蓄电池和储热技术，单机规模 10~100 MW，其中锂离子电池装机占比超过 90%，是短时间内最有可能实现商业化的新型储能技术；钠离子电池、飞轮储能和超级电容器储能目前单机规模可以达到兆瓦级；锌基、铁基液流电池目前也已开展兆瓦级试验示范项目（陈海生等，2022）。

4. 技术研发及应用主体

由于新能源汽车与固定式储能产品的兴起，近年来锂离子电池技术研发发展迅猛。从全球范围来看，其研发来源主要是中国、美国、日本、韩国、德国等国家。目前锂离子电池及其关键材料技术已经实现高度市场化，其中中国国家电网、中国电力科学研究院、宁德时代、美国通用、特斯拉、日本松下、日本丰田、韩国株式会社 LG 化学、韩国三星 SDI、德国罗伯特·博世、德国宝马是研发锂离子电池的头部企业。

压缩空气储能目前多数处于示范阶段，全球目前仅有两座商业运行的传统压缩空气储能电站，分别是德国 Huntorf 与美国 McIntosh 压缩空气电站。在新型压缩空气储能技术方面，瑞士 ALACAES 公司 2016 年在比亚斯卡镇建成了 1MW 的先进绝热压缩空气储能示范系统；美国 SustainX 公司 2013 年在美国西布鲁克建成了 1.5MW/1MW·h 的等温压缩空气储能示范系统；英国 Highview Power 公司与伯明翰大学致力于研发液态压缩空气储能，目前已经在英国、西班牙、美国等地区开发了 150MW 的示范项目。我国新型压缩空气储能技术处于国际领先地位，中国科学院工程热物理研究所先后建成了多个国际首套先进压缩空气示范系统，包括廊坊 1.5MW/1.5MW·h、肥城 10MW/60MW·h、张北 100MW/400MW·h 压缩空气储能示范项目。清华大学 2021 年在江苏金坛建成 60MW/300MW·h 的非补燃式盐穴压缩空气储能示范项目，国家电网 2018 年在江苏建成了 500kW 液态压缩空气储能示范项目。

日本是全球最早开展液流电池研发的国家，其中日本住友电工是第一家商用化液流电池的公司，1989 年首次建设了 60 kW 级全钒液流电池电站，并于此后 20 年间在日本与美国等地建立了多处示范项目此，日本关西电力株式会社、韩国乐金集团、美国洛克希德马丁等企业在液流电池领域也取得了一定的成果。我国液流电池储能技术目前已达到国际领先水平，中国科学院大连化学物理研究所、中国科学院电工研究所、中国科学院金属研究所、清华大学、中南大学、东北大学、大连融科、北京普能等科研机构和企业在液流电池领域开展了重点技术研发。中国科学院大连化学物理研究所在 2005 年研制出当时国内规模最大的 10kW 全钒液流电池储能系统，填补了国内液流电池储能系统技术的空白。2008 年集成了当时国内首台最大规模的 100kW/200 kW·h 全钒液流电池储能系统（蔡萌，2016）。2022 年全球最大的百兆瓦级液流电池储能调峰电站在大连并网发电。

在其他储能技术方面，我国近年来研发能力不断增强，各类储能技术逐渐呈现百花齐放的态势。

我国飞轮储能自 20 世纪 90 年代起开始起步，目前已经实现了小场景示范应用，从事相关技术研发的单位有：北京飞轮储能柔性研究所、核工业理化工程研究院、中国科学院电工研究所、清华大学、华中科技大学、华北电力大学、北京航空航天大学等。华阳股份、泓慧国际能源、微控能源等多家企业同样开展了飞轮储能的实际应用开发。2022 年，青岛地铁首个示范性飞轮储能项目落地。同年国内首个"22MW/4.5MW·h 飞轮储能+火电联合调频"项目在宁夏落地。

我国钠离子电池研发目前处于世界领先地位，2021 年中国科学院物理研究所研发的全球首套 1 MW·h 钠离子电池光储充智能微网系统在山西太原投运。近年来，钠离子电池产业化进程不断加速，宁德时代、中科海钠、钠创新能源等锂电龙头企业及新兴钠电企业在该领域加快布局。目前我国已形成了正负极材料千吨级、1GW·h 电芯生产线，中长期规划产能超过 100GW·h，在全球率先实现了钠离子电池材料和电芯的量产（陈海生等，2023）。

我国超级电容器行业起步较晚，20 世纪 80 年代才开始研究超级电容器，而海外领先企业 80 年代就已开始大规模商业化。近年来，清华大学、上海交通大学、北京科技大学、哈尔滨工程大学、中国科学院电工研究所等开展了超级电容器的基础研究与器件研制。

重力储能是近年来发展迅速的新型储能形式，目前中国科学院电工研究所完成了基于竖井的 10kW 级垂直式重力储能原理验证样机；河北燊能产业集团完成基于山体斜坡的 10kW 级重力储能原理验证样机；中国天楹公司在江苏如东的 25MW/100MW·h 重力储能示范项目已开工建设。

参 考 文 献

北极星风力发电网，2022. 全球最长风电叶片 SR260 成功下线. https://news.bjx.con.cn/html/2022/227/1279091. shtml.

蔡萌，2016. 开拓"全钒"的不平凡时代——记 2015 年度国家自然科学奖二等奖获得者张华民. 中国科技奖励，(1): 56-59.

蔡睿，朱汉雄，李婉君，等，2022. "双碳"目标下能源科技的多能融合发展路径研究. 中国科学院院刊，37(4): 502-510.

陈冠益，马隆龙，颜蓓蓓，2017. 生物质能源技术与理论. 北京: 科学出版社.

陈海生，李泓，马文涛，等，2022. 2021 年中国储能技术研究进展. 储能科学与技术，11(3): 1052-1076.

陈海生，李泓，徐玉杰，等，2023. 2022 年中国储能技术研究进展. 储能科学与技术，12(5): 1516-1552.

程竹静，李磊，张诗悦，2021. 世界先进核能与核安全技术发展及其对我国的启示. 中国基础科学，23(4): 52-55, 62.

丁仲礼，张涛，2022. 碳中和: 逻辑体系与技术需求. 北京: 科学出版社.

杜祥琬，叶奇蓁，徐銤，等，2018. 核能技术方向研究及发展路线图. 中国工程科学，20(3): 17-24.

何道清，何涛，丁宏林，2012. 太阳能光伏发电系统原理与应用技术. 北京: 化学工业出版社.

何雅玲，2022. 热储能技术在能源革命中的重要作用. 科技导报，40(4): 1-2.

金风科技. 2023. 国之重器金风科技 GWH252-16MW 海上风电机组成功吊装. https://www. goldwind. com/cn/news/focus-article/?id=922120801745027072.

李丽旻，2022-09-26. 风电补贴退坡　整机价格下降　风机关键零部件国产化进程提速　主轴轴承生产商加速大兆瓦产品配套布局. 中国能源报，(12).

廖晓东，2015. 我国生物质能产业与技术未来发展趋势与对策研究. 决策咨询，(1): 37-42.

鲁刚，郑宽，2019. 能源高质量发展要求下核电发展前景研究. 中国核电，12(5): 498-502.

吕清刚，柴祯，2022. "双碳"目标下的化石能源高效清洁利用. 中国科学院院刊，(4): 541-548.

吕清刚，李诗媛，黄粲然，2019. 工业领域煤炭清洁高效燃烧利用技术现状与发展建议. 中国科学院院刊，34(4): 392-400.

马隆龙，唐志华，汪丛伟，等，2019. 生物质能研究现状及未来发展策略. 中国科学院院刊，34(4):

434-442.

牟春华, 居文平, 黄嘉驷, 等, 2018. 火电机组灵活性运行技术综述与展望. 热力发电, 47(5): 1-7.

田宜水, 单明, 孔庚, 等, 2021. 我国生物质经济发展战略研究. 中国工程科学, 23(1): 133-140.

王东燕, 杨美艳, 崔楠瑛, 2023. 中国光伏+典型案例调查分析报告. 北京: 山西科城能源环境创新研究院, 北京市朝阳区永续全球环境研究所.

王世江, 江华, 李嘉彤, 等, 2023. 2022～2023 年中国光伏产业发展路线图. 北京: 中国光伏行业协会, 赛迪能源电子发展研究中心.

王文静, 李海玲, 等, 2023. 2023 中国光伏技术发展报告. 北京: 中国可再生能源学会, 中国可再生能源学会光伏专业委员会.

王小茹, 2023. 基于钾盐添加剂作用下糠醛渣碱木质素的热解特性研究. 郑州: 郑州大学.

肖佳, 梅琦, 黄晓琪, 等, 2022. "双碳"目标下我国光伏发电技术现状与发展趋势. 天然气技术与经济, 16(5): 64-69.

邢继, 高力, 霍小东, 等, 2022. "碳达峰、碳中和"背景下核能利用浅析. 核科学与工程, 42(1): 10-17.

徐洪杰, 戴志敏, 蔡翔舟, 等, 2018. 钍基熔盐堆和核能综合利用. 现代物理知识, 30(4): 25-34.

许粲羚, 潘军, 王凯, 2023. 设计企业应对海上风电退补策略. 电力勘测设计, (6): 1-4, 30.

杨勇, 王静, 徐銤, 2018. 我国基于快堆的可持续核能系统发展思考. 中国工程科学, 20(3): 32-38.

姚兴佳, 刘颖明, 宋筱文, 2016. 我国风电技术进展及趋势. 太阳能, (10): 19-30.

叶奇蓁, 2018. 未来我国核能技术发展的主要方向和重点. 中国核电, 11(2): 130-133.

尹和平, 刘凤波, 王振华, 等, 2022. 低氧低氮燃烧技术在煤粉工业锅炉上的应用. 能源与节能, (12): 171-174.

张彦娜, 2013. 生物质炭气油集成转化生产系统技术经济研究. 郑州: 河南农业大学.

赵琛, 王一帆, 李思颖, 等, 2020. 中国未来核电发展趋势与关键技术. 能源与节能, (11): 46-49, 67.

赵彦涛, 2023. 新能源发电项目中的风力发电技术. 通信电源技术, 40(20): 152-155.

赵颖, 王一波, 李海玲, 等, 2023. 2023 年中国光伏技术发展报告(简版). 北京: 中国可再生能源学会, 中国可再生能源学会光伏专业委员会.

中国改革报. 2023. 海上风电制氢的发展机遇与挑战. http://www.cfgw.net.cn/epaper/att/202303/15/f4bfdb3f-e220-4980-9f44-69ece28c8851.pdf.

中国科学院颠覆性技术创新研究组, 2023. 颠覆性技术创新研究——能源领域. 北京: 科学出版社.

朱硕, 李嘉童, 2022. 可再生能源零废未来: 风电、光伏回收产业发展研究. 绿色和平和中华环保联合会.

EIA, 2021. Biomass explained. https://www.eia.gov/.

IEA, 2023a. Global hydrogen review 2023. Paris: International Energy Agency.

IEA, 2023b. Towards hydrogen definitions based on their emissions intensity. Paris: International Energy Agency.

第9章 低碳制造业技术体系[*]

在"双碳"目标下，高载能制造业低碳化发展主要从两个维度开展：一是要注重制造业用能的低碳化；二是要注重制造业生产工艺流程的低碳化，特别是生产过程中原料、材料应用的低碳化。在实现"双碳"目标的过程中，钢铁、有色金属、化工、建材等高载能行业多处于产业上游，在原料、材料替代与能源管理等方面具有更大的减碳挖潜空间，也面临着新的挑战与机遇。厘清相关挑战与机遇，找准高载能行业低碳发展方向与发展路径具有重要意义。

离散性制造业同样存在自动化、数字化水平较低，基础支撑技术薄弱，产品附加值低，制造过程资源、成本和能耗较高，污染严重等问题，发展智能制造是推进离散型制造业提质增效、促进中国制造业由大变强的重要支撑。

9.1 低碳原材料工业技术

钢铁、化工、水泥行业是典型的高碳排放原材料工业，随着新能源产业快速发展、工业领域结构调整、节能减排深入推动，工业领域"双碳"工作取得良好成效，但一些结构性问题仍然存在，为降低工业领域二氧化碳排放水平，工业低碳零碳流程再造技术将发挥重要作用。从技术方向来看，化工行业主要包含煤化工与石油化工耦合技术、化工与可再生能源耦合技术、短流程技术等；钢铁行业低碳流程再造技术主要包括废钢电炉流程集成优化技术、富氢或纯氢气体冶炼技术、钢化联产技术等；在水泥领域主要指能效提升技术、原料和燃料替代技术、新型低碳凝胶材料生产技术等。

9.1.1 化工行业低碳零碳流程再造技术

1. 基本介绍

化工行业为中国经济的发展做出了巨大贡献，随着中国经济的快速增长、国内外市场交易需求的增长、化工行业原材料与资金供给的来源渠道不断增长，中国的化工行业得到了前所未有的发展。2022年，我国石化化工行业生产总值约占国内生产总值的4.9%，石化化工行业平稳增长对保障产业链、供应链安全，工业经济稳定运行具有重要意义。在新能源迅猛发展的冲击下，未来石油、煤炭、天然气等化石能源的资源化利用将成为新的发展趋势，消费结构的转变必然会带来化工产业结构调整与技术升级，化工行业的低碳技术重点为以煤化工与石油化工耦合技术、化工与可再生能源耦合技术，及短流程技术为代表的化工低碳零碳流程再造技术。

---

* 本章作者：李婉君、张锦威、李 甜、刘正刚、靳国忠、王政威。

2. 技术发展方向

1）煤化工与石油化工耦合

现代煤化工与石油化工的协调发展可以从 2 个层次来实现：一是采用新的煤化工工艺，大规模生产以烯烃和芳烃为代表的大宗化学品，实现现代煤化工对石油化工产品的生产补充，如煤制烯烃、煤制芳烃、煤制乙醇、煤制乙二醇等技术（叶茂等，2019）。二是直接采用来自于现代煤化工和石油化工的平台产品，进行烯烃和芳烃等化学品的耦合生产。现代煤化工产品如甲醇、合成气等均是低碳分子，石油化工产品如石脑油等均为多碳分子，两者耦合可以大幅提高原子利用率以及能量效率，具体技术如甲醇石脑油耦合裂解制低碳烯烃、甲醇甲苯耦合制对二甲苯联产低碳烯烃等技术，现代煤化工与石油化工耦合的具体路线如图 9.1 所示（靳国忠等，2021）。

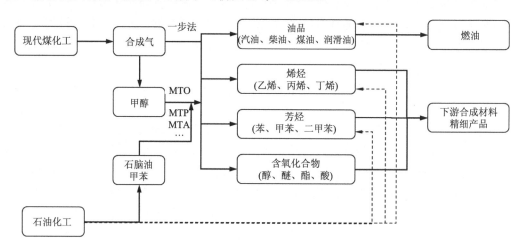

图 9.1 煤化工与石油化工耦合的具体路线（靳国忠等，2021）

2）化工与可再生能源耦合

煤化工在生产过程中为产出满足工艺要求的合成气（主要是 $CO+H_2$），必须经过变换工序调整碳氢比，导致大量 CO_2 排放。石油化工的各种加氢裂化等反应中的氢气主要来源于煤制氢，煤制氢工艺中为得到更多氢气，将合成气中 CO 与水蒸气发生变换反应，同时产生大量 CO_2。不管是煤化工还是石油化工生产过程中，CO 与水蒸气发生变换反应后会导致大量 CO_2 排放。若将可再生能源与化工行业耦合，利用可再生能源或核能制取绿电，将绿电用于水电解制绿氢，与煤化工或石油化工结合，将碳原子尽量多地转化为产品，不仅可以节约煤炭资源，还可以减少 CO_2 排放。化工与可再生能源耦合的具体路线如图 9.2 所示。以 60 万 t/a 煤制烯烃为例，通过补入绿氢调节合成气中的碳氢比，可省略水煤气变换装置，避免产生大量 CO_2，并且后续净化装置规模也大幅降低。当补充充足的绿氢和绿氧后，60 万 t/a 煤制烯烃项目吨烯烃产品的耗煤量可下降 48.8%，碳排放可下降 70.6%（靳国忠等，2021）。

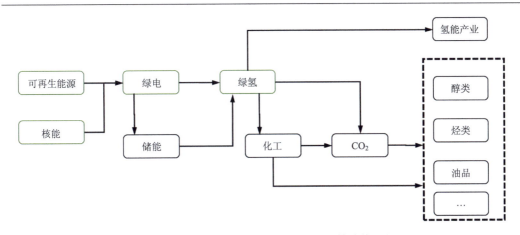

图 9.2　化工与可再生能源耦合的具体路线

3）短流程技术

化工短流程技术包含原油直接裂解制化学品、合成气一步法制烯烃、合成气一步法制芳烃等。

传统原油制烯烃/芳烃的路线主要是将原油经过常压蒸馏和减压蒸馏，再经过石脑油加氢裂化、柴油加氢裂化、蜡油加氢裂化、渣油加氢裂化，最后经气体分离、连续重整和芳烃联合生产等得到烯烃和芳烃（图 9.3）。为生产烯烃和芳烃，传统原油制烯烃/芳烃工艺不得不配套大型炼油装置，导致其工艺流程长、投资大、能耗高。原油直接裂解制化学品技术可以"跳过"传统原油精炼过程，直接将原油转化为烯烃和芳烃，不仅增加了乙烯、丙烯和芳烃等高价值化学品总量，同时显著降低综合能耗和碳排放。

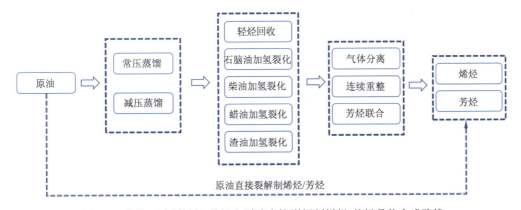

图 9.3　传统石油制烯烃/芳烃和原油直接裂解制烯烃/芳烃具体合成路线

传统煤制烯烃/芳烃的工艺过程是以煤为原料合成甲醇后，甲醇经过甲醇制烯烃（MTO）反应/甲醇制芳烃（MTA）反应得到烯烃/芳烃，具体合成路线如图 9.4 所示，若采用合成气一步法制烯烃/芳烃，则合成气无须转换为甲醇，再由甲醇转化为烯烃/芳烃。与传统煤制烯烃/芳烃相比，一步法工艺的优势主要体现在反应流程短、水耗和能耗低等方面，在煤炭价格优势地区，合成气一步法制烯烃/芳烃工艺的经济效益较传统工艺更为突出（李进，2017）。

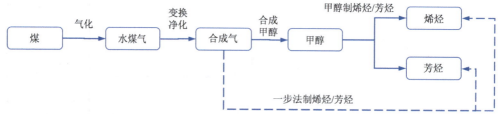

图9.4　传统法煤制烯烃/芳烃和一步法制烯烃/芳烃具体合成路线

3. 技术成熟度及商业可行性

煤化工与石油化工耦合技术生产以烯烃和芳烃为代表的大宗化学品，实现现代煤化工对石油化工产品的补充，如甲醇石脑油耦合裂解制低碳烯烃、甲醇甲苯耦合制对二甲苯联产低碳烯烃等技术已完成小试和中试试验，应尽快完成工业示范等技术突破，快速进行工业推广。此外，煤制烯烃、煤制乙醇、煤制乙二醇等具有自主知识产权的领先技术，应依托"一带一路"共建国家和地区的资源推广应用，不仅可以推动先进技术和装备在国外出口，还可以助力国家化工产业在海外战略升级。

可再生能源主要包括风能、太阳能、水能、生物质能、地热能、海洋能等，我国可再生能源具有大规模发展的基础。化工与可再生能源耦合以氢气为平台，利用可再生能源产生绿电，利用绿电电解水制得绿氢与化工进行耦合。目前新疆、宁夏、内蒙古等地已有多个绿氢耦合煤制烯烃、炼化等技术示范项目开工。但电解水制氢成本仍然偏高，且现有电解槽装备对波动性光伏和风电的适应性较差，电解槽的技术亟须面向产业痛点创新升级，提高绿氢的安全性、稳定性和经济性（李玲，2023）。

短流程技术中原油直接制烯烃技术重点开发高催化新材料，在保持催化剂优异稳定性的同时，增强脱氢氧化功能，达到多产低碳烯烃的目的。合成气一步法直接制烯烃技术加强对催化剂及反应工艺的进一步优化，开发出适合的催化剂及反应过程新工艺，进一步提升技术路线的经济性，使其从煤化工前沿技术快速走向成熟，为大规模商业化作好准备。合成气一步法制芳烃催化剂在实验室开发阶段取得了可喜的研究成果，已开发出多种高性能双功能催化剂，CO转化率可达20%～50%，芳烃选择性可达50%～80%，催化剂寿命长达1 000h（尚蕴山等，2021），需进一步优化催化剂和解决工程放大问题。

主要化工低碳技术发展情况如表9.1。

表9.1　化工低碳技术成熟度

技术名称	技术分类	减碳贡献等级	技术成熟度	当前技术阶段
甲醇甲苯耦合制对二甲苯联产低碳烯烃技术	煤化工与石油化工耦合技术	中	6～8	试验示范
甲醇-石脑油耦合裂解制烯烃技术	煤化工与石油化工耦合技术	中	6～8	试验示范
生物质气化合成氨技术	化工与可再生能源耦合技术	高	6～8	试验示范

续表

技术名称	技术分类	减碳贡献等级	技术成熟度	当前技术阶段
生物质合成苯、甲苯与二甲苯技术	化工与可再生能源耦合技术	高	6～8	试验示范
生物质合成乙烯技术	化工与可再生能源耦合技术	高	4～5	集中攻关
基于波动性可再生能源电解制氢合成甲醇技术	化工与可再生能源耦合技术	高	6～8	试验示范
基于化石能源或生物质制甲醇+CO_2物理吸收技术	化工与可再生能源耦合技术	高	6～8	试验示范
基于化石能源或生物质制甲醇+CO_2化学吸收技术	化工与可再生能源耦合技术	高	6～8	试验示范
生物质气化合成甲醇技术	化工与可再生能源耦合技术	高	6～8	试验示范
绿氢与煤化工耦合技术	化工与可再生能源耦合技术	高	6～8	试验示范
化工行业电力替代技术	化工与可再生能源耦合技术	高	6～8	试验示范
电催化 CO_2 还原制合成气技术	化工与可再生能源耦合技术	高	4～5	集中攻关
电催化氮气直接转化合成氨/尿素技术	化工与可再生能源耦合技术	高	4～5	集中攻关
电解水制氢－哈伯法合成氨技术	化工与可再生能源耦合技术	高	9	推广应用
煤化工与钢铁耦合技术	煤化工与重要能源系统耦合集成	高	9	推广应用
合成气直接转化制含氧化合物技术	短流程技术	中	6～8	试验示范
合成气（直接转化）制烯烃技术	短流程技术	中	6～8	试验示范
重油深度催化裂解技术	短流程技术	中	9	推广应用
原油直接制化学品技术	短流程技术	高	6～8	试验示范
煤经合成气直接制乙醇技术	短流程技术	中	4～5	集中攻关
合成气一步法制芳烃技术	短流程技术	中	4～5	集中攻关

4. 技术研发及应用主体

在煤化工与石油化工耦合方面，技术研发与应用主体众多，因产品、技术研发单位不同，甲醇制烯烃技术目前国内外均有成熟的技术，研究单位主要有中国科学院大连化学物理研究所的 DMTO 技术、中国神华集团（现国家能源集团）的 SHMTO 技术、中国石油化工股份有限公司的 SMTO 技术、UOP/诺斯克-海德罗的 MTO 工艺、鲁奇公司的 MTP 工艺、清华大学 FMTP 技术等。甲醇制芳烃技术主要有中国科学院山西煤炭化学研究所的固定床甲醇制芳烃（MTA）技术、清华大学的循环流化床甲醇制芳烃（FMTA）技术以及河南煤化集团研究院与北京化工大学开发的煤基甲醇制芳烃技术等（黄格省等，2018）。煤化工与石油化工耦合的技术如甲醇石脑油耦合裂解制低碳烯烃、甲醇甲苯耦合制对二甲苯联产低碳烯烃等技术均来自于中国科学院大连化学物理研究所。

化工与可再生能源耦合方面的研究单位有宁夏宝丰能源集团股份有限公司（以下简称宁夏宝丰能源）、中国石化集团、国家能源集团等大型能源企业，宁夏宝丰能源的内蒙古宝丰煤基新材料有限公司一期 260 万 t/a 煤制烯烃和配套 40 万 t/a 植入绿氢耦合制烯烃项目已开工建设；中国石化集团新疆库车绿氢示范项目，产出的氢气输送到中国石化塔河炼化替代现有天然气制氢，电解水制氢能力为 2 万 t/a，每年可减少二氧化碳排放48.5 万 t；中国石化内蒙古鄂尔多斯市风光融合绿氢示范项目利用鄂尔多斯地区丰富的太阳能和风能资源发电直接制绿氢，年制绿氢 3 万 t、绿氧 24 万 t，用于中天合创鄂尔多斯煤炭深加工示范项目降碳减碳。

　　在短流程技术方面，国外原油直接制化学品的代表性技术有埃克森美孚技术和沙特阿美技术，埃克森美孚技术应用于 2014 年新加坡裕廊岛的全球首套商业化原油直接裂解制轻质烯烃装置。2021 年 11 月，中国石化重点攻关项目"轻质原油裂解制乙烯技术开发及工业应用"在天津石化工业试验成功，可直接将原油转化为乙烯、丙烯等化学品，实现了原油蒸汽裂解技术在中国国内的首次工业化应用[①]。2021 年 4 月，中国石化石油化工科学研究院的原油催化裂解技术在扬州石化有限责任公司成功进行工业试验，直接将原油转化为轻质烯烃和芳烃等化学品，这是原油催化裂解技术的全球首次工业化应用[②]。在合成气催化转化研究中，中国科学院大连化学物理研究所包信和院士和潘秀莲研究员领导的团队利用纳米限域催化新概念，创立 OXZEO 催化剂和催化体系，实现了煤经合成气直接转化制低碳烯烃等高值化学品，低碳烯烃选择性超过了 80%。2020 年 9 月完成全流程工业试验，低碳烯烃（乙烯、丙烯和丁烯）选择性达 77.9%。大连理工大学"合成气费托合成一步法制烯烃"催化剂应用工业侧线项目，于 2023 年 9 月在山西省交城经济开发区试验成功。清华大学反应工程实验室通过催化剂设计实现合成气一步法制芳烃，引入芳烃池打破 ASF 分布限制，单程反应转化率可达 40%，总芳烃选择性（碳基）可达 75%。

9.1.2　钢铁行业低碳零碳流程再造技术

1. 基本介绍

　　钢铁生产主要有以下三种流程：高炉-转炉流程、废钢-电炉流程和直接还原铁（DRI）-电炉流程。如图 9.5 所示，高炉-转炉流程在钢铁生产中占主导地位，尤其是在中国，该流程生产的粗钢产量占全国粗钢产量的比例为 89.4%[③]。高炉-转炉流程的煤、焦炭约占能源消耗 80%以上，能源结构明显高碳化，且该流程的工艺更复杂、排放节点更多、物料来源更广，导致了以高炉-转炉流程为主的中国钢铁行业排放大量的 CO_2。采用不同钢铁生产工艺流程、不同技术路线产生的碳排放水平存在较大差距，具体见表 9.2。

2. 技术发展方向

　　在"双碳"大背景下，整个钢铁行业必须根据现代钢铁工业生产的结构及各流程特点，合理发展高效可行的碳减排路径。高炉炼铁工艺目前的技术及装备最为成熟且可实现大产能与高效率的生产。未来几十年仍将是支撑中国对钢铁材料庞大需求的主流炼铁技术。因此，从近中期来看，钢铁行业碳减排必须基于现有的高炉，高炉低碳冶炼是我国规模化实现钢铁工业降碳的重要路径。

---

① 中国原油蒸汽裂解技术首次工业化应用成功. 石油化工设备技术，2022，43(1):33.

② 原油催化裂解技术实现全球首次工业化应用. 石油化工设计，2021，38(2):12.

③ https://worldsteel.org/steel- topics/statistics/world-steel-in-figures-2022/.

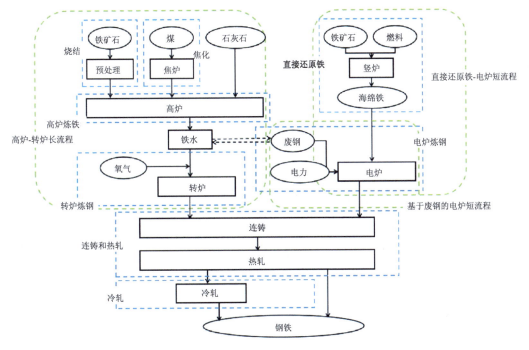

图 9.5 主要钢铁生产流程

表 9.2 我国钢铁生产工艺占比及碳排放现状

工艺路线	钢产量占比	吨钢碳排放量/t	碳排放主要工序
高炉-转炉长流程	>90%	1.8~2.5	高炉（1.5 t，70%~90%）
废钢-电弧炉短流程	<10%	0.25~0.30	电弧炉（0.19 t，75%）
直接还原铁（DRI）-电弧炉流程	很少	~0.96	DRI（0.5 t，52%）

从中长期发展来看，逐步从长流程向短流程调整是大幅度降低碳排放的必然选择。在全球前十大钢铁生产国家中，中国短流程占比最低，仅有 10%左右，美国短流程已占总产量的 75%以上，欧洲也达 55%。随着我国废钢蓄积量的增加和废钢分类标准的完善，逐步增大短流程产钢比例将会释放巨大的减排空间。

针对工艺现况，我国的钢铁生产可以从源头减少碳输入、过程提高碳利用效率、末端加强碳捕集固化利用等方面切入进行降碳，具体分为源头减碳、过程节碳和末端用碳三个方面（图 9.6）。

源头减碳主要是调整钢铁生产结构和开发新的钢铁生产工艺。大力发展废钢-电炉流程炼钢；研发氢基直接还原、氢等离子体熔融还原和铁矿石电解等工艺技术，开发无碳冶金新技术；降低长流程在生产中的占比，从源头减少钢铁行业化石能源消耗。

过程节碳主要是基于现有高炉-转炉长流程钢铁生产路线，提高钢铁冶炼过程中碳的利用率、降低吨铁/吨钢碳消耗以及增加清洁能源利用比例；通过对现有钢铁厂进行优化、改造，节约能源、降低消耗，以减少二氧化碳的排放，并与 CCUS 进行组合，实现较为深度脱碳。主要技术包括高炉喷吹、氧气高炉、熔融还原等。

末端用碳主要是从钢铁生产中的煤气/烟气中捕集 CO_2 或 CO，并利用捕集的含碳资源进一步生产高值含碳产品，从而减少 CO_2 排放；重点开展钢化联产和碳捕集与封存等新技术研究。

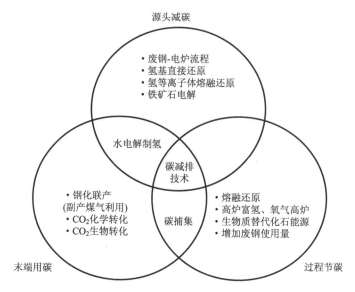

图 9.6　钢铁生产碳减排技术路径及其代表性技术

3. 技术成熟度及商业可行性

钢铁重点碳减排技术的碳减排潜力和技术成熟度见表 9.3。从表 9.3 中可以看出，废钢-电炉流程以及能效提升技术都是目前成熟的技术，是中国钢铁工业推进节能减排、循环经济、绿色发展的重要抓手，而其他技术大部分还处于研发和中试示范阶段。

表 9.3　钢铁重点碳减排技术的碳减排潜力和技术成熟度（RMI，2021）

技术分类	技术名称	减碳贡献等级	技术成熟度	当前技术阶段
源头减碳	废钢-电炉流程	高	9	工业应用
	氢气直接还原铁	高	6～8	试验示范
	氢等离子体熔融还原	高	5	集中攻关
	直接电解	高	2	前瞻研究
	能效提升	低	9	工业应用
过程节碳	氧气高炉	低	2～7	集中攻关/试验示范
	高炉富氢	低	5～8	试验示范
	熔融还原	中低	6	试验示范
	生物质替代	中低	2～7	集中攻关/试验示范
末端用碳	碳捕集与封存（CCS）	中	5～6	试验示范

注：①碳减排潜力相对于高炉-转炉流程来说；②技术成熟度参考 IEA 报告进行分类。

1）能效提升技术

能效提升技术的研发将是近期碳达峰碳中和的重要措施。推广先进适用节能低碳技术，深挖节能降碳潜力，提升系统能效；推广装备升级、余热余能高效回收与利用、界面技术和智慧能源管控系统等，实现能源精细化管理；同时，通过改变生产参数（如增加球团矿用量、降低焦比、提高富氧率等），优化现有长流程中的燃料结构，能极大地降低中国钢铁行业所产生的碳排放总量，实现全流程系统的能效提升。

2）废钢-电炉流程

虽然废钢-电炉流程是钢铁生产成熟技术，但是目前废钢应用面临的主要问题是废钢积蓄量有限、电力供应紧张等。随着废钢资源的日益增多，全废钢电炉生产方式的发展将得到稳固的资源支撑。工业用电的价格持续降低，这为钢铁产业采用全废钢电炉工艺提供了良好的发展环境。另外，可再生能源的广泛运用将使得废钢-电炉生产过程能够达到零碳排放的目标，这有可能转变目前以煤炭为主导的钢铁产业能源布局。通过这种方式，钢铁产业的能源结构将得到优化，减少对环境的影响。

3）以氢冶金为代表的颠覆性技术

钢铁行业实现碳中和，必须要依靠技术创新，特别是前沿颠覆性技术的创新。从全球来看，颠覆性低碳技术仍处于研发示范阶段，如日本 COURSE50 计划、瑞典 SSAB 公司突破性氢能炼铁技术（HYBRIT）项目、欧洲超低二氧化碳排放炼钢工艺（ULCOS）项目、德国 Carbon2Chem 项目和 SALCOS 项目等；国内钢铁企业也积极开展了低碳冶金技术的研发示范，如中国宝武集团富氢碳循环高炉、氢基竖炉、欧冶炉，建龙集团 CISP 氢基熔融还原、河钢集团氢冶金、酒钢氢基熔融还原等。

氢气成本是制约氢冶金在钢铁冶炼生产中应用的关键因素，氢冶金经济性影响因素主要由被代替的碳成本、减少的碳排放税、冶炼过程效率提高和氢气成本构成。氢冶金经济性临界点是一个关键点，当氢冶金经济性临界点为零，即氢气成本与被代替的碳的成本、减少的碳排放税、冶炼过程效率提高持平或氢气成本更低时，氢冶金炼铁炼钢与传统碳冶金具有竞争力。

4. 技术研发及应用主体

钢铁行业如何实现碳中和，对于世界钢铁行业而言是一个巨大的挑战。如果没有持续的创新、钢铁行业的广泛合作，钢铁行业是不可能实现碳中和的。在这个过程中，大学和研究机构的作用是不可或缺的、至关重要的，特别是涉及基础理论和基础研究的突破。

中钢集团钢铁企业、科研机构、高等院校积极行动，中国宝武集团发起组建了全球低碳冶金创新联盟，设立了低碳冶金创新基金；河钢集团联合中国钢研科技集团实施了《河钢集团低碳绿色发展行动计划实施方案》；鞍钢集团、建龙集团、包钢集团等头部企业发布了各自的低碳发展技术路线图；北京科技大学成立了二氧化碳科学研究中心；东北大学成立了低碳钢铁前沿技术研究院。中国宝武集团、河钢集团、建龙集团、酒钢集团等一大批钢铁企业在富氢碳循环高炉、氢基竖炉等多项世界前沿低碳技术方面已积极开展研究开发并取得了显著成果。

当前，氢冶金技术在全球范围内被看作是冶金领域的关键创新方向，各国的钢铁制造商都在积极推进氢冶金的实施。在中国众多钢铁公司投身于氢冶金技术的探索与应用。例如，东北大学牵头的煤制气-气基竖炉短流程项目、日照钢铁集团氢冶金项目、中晋太行矿业有限公司焦炉煤气-竖炉直接还原项目、河钢集团在研究氢基竖炉直接还原铁的工艺技术，宝武集团则致力于氢基竖炉直接还原技术的开发（林圣华，2022）。这些项目不仅体现了中国钢铁企业对氢冶金技术的高度关注，也展示了在这一领域的积极探索和实践。通过这些努力，有望推动氢冶金技术的发展，进而实现更加环保和高效的钢铁生产流程。

表 9.4 为国内氢冶金技术研发主体及应用进展情况。

表 9.4　国内氢冶金技术研发主体及应用进展情况

企业、高等院校或研究机构	时间	项目进展	项目介绍
中国宝武集团、中核集团、清华大学	2019 年 1 月	签订《核能-制氢-冶金耦合技术战略合作框架协议》	开展超高温气冷堆核能制氢研发、耦合钢铁冶炼，实现钢铁产业超低排放
河钢集团、中国工程院战略咨询中心、中国钢研科技集团、东北大学	2019 年 3 月	组建"氢能技术与产业创新中心"	成为京津冀地区最具代表性和示范性的绿色、环保倡导者和实施者
酒钢集团	2019 年 9 月	成立氢冶金研究院	创立"煤基氢冶金理论""浅度氢冶金磁化焙烧理论"
河钢集团、特诺恩集团	2019 年 11 月	建设全球首例 120 万 t/a 规模氢冶金示范工程	分布式绿色能源、低成本制氢、气体自重整、氢冶金、成品热送、二氧化碳脱除等全流程的创新研发
中晋太行矿业有限公司	2019 年底（调试）	干重整制还原气 DRI	焦炉煤气直接还原炼铁（CSDRI）干重整技术优势：定制合成气 H_2/CO 比
建龙集团	2020 年 10 月（首次试生产）	高纯生铁项目	30 万 t/a 富氢熔融还原法（CISP）高纯铸造生铁项目，碳冶金改为氢冶金
上海大学、山西中升钢铁有限公司	2020 年 11 月	富氢低碳冶金项目	建造半工业化试验系统一富氢低碳冶炼模拟科学中心装置，用于高炉科学、低碳冶金、氢能利用研究
京华日钢集团、中国钢研科技集团	2020 年 5 月初（签署合作协议）	氢冶金项目	计划利用氢气年产 50 万 t 直接还原铁
晋城钢铁集团、中冶京诚工程技术有限公司	2021 年 3 月（签署协议）	低碳冶金	中冶京诚工程技术有限公司利用氢冶金技术助力晋城钢铁集团构建绿色低碳、协同高效的示范工厂
东北大学	2021 年 6 月	氢冶金	东北大学与中钢国际公司合作进行低碳冶金、氢能制备储存利用、冶金-能源-化工耦合优化技术合作及推广
鞍钢集团、中国科学院过程工程研究所、中国科学院大连化学物理研究所	2021 年 7 月（签署协议）	绿色氢冶金技术	项目工艺为风电-光伏-电解水制氢-氢冶金，配套钒电池储能调峰

续表

企业、高等院校或研究机构	时间	项目进展	项目介绍
包钢集团、伊利集团、内蒙古西部天然气股份有限公司	2021 年 8 月（签署战略协议）	氢冶金项目	包钢集团成立低碳氢冶金研究所，并与合作方探索低碳冶金技术
宝武集团	2021 年 12 月（开工）	富氢碳循环高炉项目	项目以富氢碳循环氧气高炉工艺为核心，辅以 CO_2 捕集利用的创新型高炉低碳炼铁技术，目标减碳 30%
宝武集团	2022 年	氢基竖炉	宝武集团将在湛江建设一套百万吨级氢基竖炉，采用 42%氢基 DRI+58%废钢电炉冶炼，形成短流程低碳冶金路线

9.1.3　水泥行业低碳零碳流程再造技术

1. 基本介绍

水泥工业作为国民经济中重要的基础产业，属于能源、资源密集型工业，同时也是典型的高能耗、高物耗、高污染的行业，水泥工业绿色低碳高质量发展是全行业的重要方向。

水泥行业的碳排放包括碳酸盐分解产生的过程排放，燃料燃烧产生的直接排放以及用电产生的间接排放。其中，碳酸盐分解产生的过程碳排放约占全部碳排放的 60%；碳酸盐分解需要大量的热量，热量是由燃料燃烧提供的，占比约 30%。根据水泥生产原料和生产工艺特点，水泥行业的降碳措施一方面通过控制产能，缓解产能过剩，同时减少碳排放总量；另一方面通过应用低碳技术，降低生产单位水泥的碳排放强度。

2. 技术发展方向

水泥行业的碳排放中占比前两位的分别为碳酸盐分解产生的过程排放和燃料燃烧产生的直接排放。水泥碳减排技术的发展与应用也紧密围绕水泥的碳排放因素，主要包括以下几方面的内容，如图 9.7 所示。

图 9.7　水泥领域低碳减排技术

能效提升技术主要针对水泥生产过程热损及单位产品燃料的消耗量。设备升级、余热利用和数字化智能化的工艺管理，可在一定程度上减少热损失、提高能源效率，做到能耗碳排双控。水泥余热发电技术是最重要的能效提升技术，目前已在我国水泥生产线大规模应用。利用余热锅炉技术，水泥窑炉排放的大量低温废气中的余热被有效回收，通过热交换生成过热蒸汽。这些蒸汽进一步驱动汽轮机，将热能转换为机械能，进而带动发电机产生电力。所产生的电能可以直接用于水泥的生产流程中。通过采用余热发电技术，能够回收熟料烧成系统中高达35%的废气余热，有望将能源利用率提升至95%以上，实现了能源的高效利用。

此外，围绕智能制造、智慧生产，多家水泥龙头企业布局开展智能化改造，在水泥生产的全流程工艺中实现智慧控制，提高产品合格率，减少次品的能源消耗，进而提高单位能耗的生产效率。

替代原料技术是指采用工业部门的废渣，如粉煤灰、煤矸石、高炉矿渣、钢渣、铝渣、电石渣等，部分或全部替代石灰石以及校正原料，减少水泥生产的过程CO_2的排放量。例如，电石渣的主要成分为$Ca(OH)_2$，理论上可以完全替代石灰石的使用，具有较高的减碳潜力，但主要受困于较大的含水量。电石渣的含水量高达60%，烘干原料需要较高的能耗，很大程度上限制电石渣的利用。

替代燃料技术是指采用碳中性或者碳排放强度较低的燃料，如废旧轮胎、废机油、废塑料、危险废物、生活垃圾、秸秆、垃圾衍生燃料（RDF）、固体回收燃料（SDF）、生活垃圾、市政污泥、废纸浆等代替部分燃煤和天然气，减少燃料燃烧所产生的二氧化碳排放量。多种工业固废经处理后是理想的水泥窑燃料，一方面其燃烧产生热量，另一方面燃烧后的灰烬及不可燃部分可作为熟料的一部分，使固废再利用，也很好地解决了"垃圾围城"的问题。另外，氢能作为新能源的重要媒介，其作为燃料为水泥供能也是近年研究热点，使用氢气作为燃料理论上可不产生二氧化碳，解决因煤的燃烧而产生的直接排放，同时也将水泥生产流程与氢能产业相结合，进一步实现水泥生产的绿色化。

低碳水泥技术是指采用低钙水泥熟料代替普通硅酸盐水泥熟料的新型熟料体系技术，以及采用低熟料系数的水泥生产技术。因不同水泥矿物组成在烧成过程中所需温度不同、氧化钙含量，使得碳排放量不同。调整不同矿物相的组成可一定程度上降低熟料的碳排放，以低碳含量二硅酸三钙、硅酸二钙、硅酸钙为主要矿相的新型熟料体系可有效降低熟料生产过程中的CO_2排放。据测算，低碳水泥的使用可使碳排放强度下降10%～30%，目前低碳水泥的大规模运用主要受成本限制而较多地作为特种水泥使用。

CCUS技术在水泥行业应用时，主要的研究方向包括富氧燃烧和燃烧后捕集。目前可应用于水泥领域的后捕集技术包括化学吸收法、钙循环法、膜分离法、直接分离法等，其中具有示范项目且与水泥耦合较高的是化学吸收法与钙循环法。将水泥窑烟气中的二氧化碳加以捕集并利用，可将水泥生产与化工相结合形成联产，进一步拓展产业链。

3. 技术成熟度

从目前水泥领域的低碳技术成熟度来看，可分为工业应用阶段、示范阶段和研发阶段。已经基本成熟、在水泥生产中可以广泛应用的技术包括能效提升技术中的余热利用技术、智能化生产管理技术等。替代原料技术中电石渣、粉煤灰、钢渣等的部分替代已具有相应规范标准。在替代燃料技术方面，对于垃圾衍生物、秸秆等生物质、废旧橡胶及废塑料、城市污泥等固废的协同窑处理技术相对成熟，特别是在欧洲，得益于全社会系统性的垃圾回收处理体系，水泥窑替代燃料达到 50%以上。

目前处于示范阶段的低碳水泥技术包括：以硫铝酸三钙和铁铝酸四钙为主要矿物组成部分的高贝利特低钙水泥和高贝利特硫（铁）铝酸水泥、氢气为替代燃料进行小比例部分替代。CCUS 技术在水泥中的应用目前主要处于示范阶段，由于经济性不足，在世界范围内只有少数水泥龙头企业具有个别示范性生产线。

处于研发阶段的技术主要集中在新型低碳水泥研究开发领域。另外，在氢能实现完全燃料替代方面，目前也有相应的试验项目推进。

4. 商业可行性

如表 9.5 所列，能效提升技术是目前技术最成熟、应用规模最大、具有良好经济性的水泥低碳技术，在全球范围内都已实现大规模普及与商业化应用。该技术不受自然条件、资源、产业链等因素影响，并且经过多年的技术进步和规模化效应的推进，现已形成成熟的商业模式。其中，从 2005 年起，水泥余热发电就被看作是一项十分有效的节能技术，被列入我国十大节能工程的行列，大力推动这项技术在水泥行业普及。该技术不仅解决了水泥厂在生产中产生的热污染问题，也为水泥厂节省了约 40%外购电力。在智能化生产技术方面，随着工业互联网技术的蓬勃发展，应用最前沿的智能制造技术为水泥制造业注入新动力，推动该行业朝着更加精细、绿色低碳和数字智能化的方向发展，已经成为水泥厂建设和改造的主要方向。国内水泥龙头企业纷纷进行智能化产品的研发，布局抢占先头市场。

替代原料技术目前已商业应用于部分水泥生产企业，作为替代原料的工业生产已经有了较为成熟的工业实践，我国每年产生 40 亿 t 左右此类工业固体废弃物，如果将其作为水泥企业的替代原料，以年利用率 20%计算，能够节省约 8 亿 t 的天然矿产资源，具有极大的社会价值与经济价值，但大范围推广主要受限于电石渣、钢渣、粉煤灰等替代性原料的可获得性以及处理成本。

在替代燃料技术方面，水泥厂大量使用替代燃料有着积极的社会效益及经济效益，基于目前的社会性需求，生活垃圾等废弃物越来越成为困扰世界的难题，所以各国政府为处置垃圾给予大量补贴。中国水泥行业使用替代燃料技术时间短，燃料供应不够持续，多数水泥企业仍未使用替代燃料。在目前的技术状况下，对替代燃料的使用可以说具有较大的发展潜力。

新型低碳水泥由于普遍用到较普通硅酸盐水泥更高比例的高岭土、铝矾土等含铝矿物质，对于水泥这种大宗原材料至少增加 50%以上的生产成本，目前商业化应用较少，主要是利用其耐腐蚀性和快硬性作为水坝、海洋工程等特种水泥使用。CCUS 技术在水泥中的商业化应用同样受限于成本的大幅增加，据测算，化学吸收法、钙循环法、膜分离法、富氧燃烧会使水泥生产成本分别增加约 40%以上，推行商业化应用仍需在技术层面进一步降低成本。

表 9.5 水泥重点碳减排技术的减排潜力和技术成熟度

技术名称	技术分类	减碳贡献等级	技术成熟度	当前技术阶段
余热回收发电技术	能效提升技术	中	8～9	推广应用
六级预热器改造能效提升	能效提升技术	低	7～9	推广应用
助熔剂或矿化剂的使用	能效提升技术	低	7～9	推广应用
外循环生料立磨技术	能效提升技术	低	7～9	推广应用
提高熟料冷却器效率	能效提升技术	低	7～9	推广应用
智能化数字化改造	能效提升技术	中	8～9	推广应用
自动控制烧成技术	能效提升技术	低	7～9	推广应用
硅钙渣替代原料技术	替代原料技术	中	7～8	试验示范
电石渣替代原料技术	替代原料技术	高	7～9	推广应用
粉煤灰替代原料技术	替代原料技术	中	7～9	推广应用
石英污泥原料替代技术	替代原料技术	中	7～8	试验示范
赤泥替代原料技术	替代原料技术	中	7～8	试验示范
高炉矿渣替代原料技术	替代原料技术	中	8～9	推广应用
城市生活垃圾替代燃料	替代燃料技术	中	8～9	推广应用
工业废弃物燃料替代	替代燃料技术	中	8～9	推广应用
氢气替代燃料技术	替代燃料技术	中	5～6	集中攻关
生物质替代技术	替代燃料技术	中	8～9	推广应用
高贝利特水泥熟料	低碳水泥技术	中	7～9	推广应用
赤泥基水泥胶凝材料	低碳水泥技术	中	6～7	试验示范
硫铝酸钙水泥熟料	低碳水泥技术	中	6～8	试验示范
煅烧黏土技术	低碳水泥技术	中	6～7	试验示范

5. 技术研发及应用主体

从全球范围来看，水泥低碳技术的研发与应用都主要集中在水泥企业本身，特别是龙头企业，通常拥有完备的研发体系，具备从技术研发到示范到应用的全流程攻关能力。

在能效提升技术的智能化管理与控制方面，中国的水泥龙头企业已形成完备的相关软硬件系统，如华新水泥的"水泥智能制造一体化管控集成平台"、中国建材集团的"中国建材水泥云工业大数据平台"、海螺水泥的"水泥智能矿山矿车无人驾驶系统"等（吴贤斌，2023）；实现了水泥工厂智能自动运行、数字可视化管理、专家级智能决策控制化，可使得水泥资源利用率提升 4%，堆平均 CaO 合格率提升 9.08%，检测频次提高 50%，产品标准偏差下降 43%，同比下降 1%，有效显现降本增效。

在替代原料技术方面，在生料制备过程中可以采用炼钢炉渣、有色冶金残渣、电炉残渣以及电石渣等工业副产品作为原料，这有助于减少对传统原料资源如石灰石、砂岩和铁矿石的消耗，并且增强了水泥工业对循环经济的贡献。海德堡水泥利用使用过的铸造砂或饮用水净化系统中的石灰污泥作为替代原料开发新型少熟料水泥。

在替代燃料技术方面，欧美水泥企业如海德堡水泥、拉法基水泥、西麦斯水泥等均有较为完备的生物质、城市生活垃圾等替代燃料的使用经验，技术已非常成熟。国内替代燃料起步较晚，华新水泥在水泥窑协同处置城市废弃物技术方面是行业领域内的领跑者。以华新水泥在武汉地区的水泥协同窑为例，长山口生活垃圾生态处理项目，具备 3 000 t/d 的生活垃圾处理能力；陈家冲项目具备 1 000 t/d 的处理能力，可占武汉日产生活垃圾的一半，可有效解决武汉这种特大城市生活垃圾处理的难题。

新型低碳水泥的研发目前也是欧美水泥龙头企业的进程更为前沿，已有示范性水泥产品的稳定生产，如拉法基水泥的 Aether 水泥、Celitement 公司的 Celitement 水泥、Zeobond Pty 公司的 E-Crete 水泥、Cemex 公司的 SCMs 水泥等。我国水泥研发机构与企业在此方面起步较晚，目前仍处于实验室研发阶段。整体上看，在现有开发的基础上，各类新型凝胶体系的低碳水泥仍需进一步优化与实践验证，一些相关的标准也有待制定和完善。

9.2 低碳装备技术

9.2.1 交通运输低碳化技术

1. 基本介绍

交通运输是国民经济中基础性、先导性、战略性的产业和重要的服务性行业，是现代化经济体系的重要组成部分，同时也是能源消费和温室气体排放的重点领域。截至 2020 年，交通运输部门的二氧化碳排放约占我国二氧化碳排放总量的 10%，增速较快，且未来能耗及碳排放仍有较大的上升空间，加快绿色低碳转型是实现我国交通可持续发展的必由之路（丁仲礼和张涛，2022）。

交通运输是能源消费的关键领域。我国交通领域的能源消费量在 2010~2019 年一直呈现增长态势，年均增长率为 5.5%，占国内能源消费总量的比重由 2010 年的 7.5%增至 2019 年的 9.0%，2020 年占比略有下降，占比为 8.3%。随着国民经济发展和城镇化加速推进，我国对交通运输的需求仍将保持上升趋势，相应的能源消费也将继续增长。2010~2020 年交通领域能源消费量及占国内能源消费总量比重见图 9.8。

公路运输在交通领域中的碳排放占比最大，约占交通碳排放总量 75%，是交通运输减排的关键环节；航空、水运和铁路运输产生的碳排放占比虽小，却是碳减排的难点。2010~2020 年我国交通运输各子领域的二氧化碳排放情况见图 9.9。

在"双碳"目标的指引下，交通运输的低碳发展要以能源安全战略和交通强国战略为指引，加快建立交通强国所需的科技创新体系，推动运输工具装备低碳转型，积极扩大电力、氢能、天然气、先进生物液体燃料等新能源和清洁能源在交通运输领域中的应用[①]；同时，加快绿色交通基础设施建设，努力构建绿色高效的交通运输体系，整体降低交通领域的温室气体排放。

---

① 国务院. 2021. 2030 年前碳达峰行动方案. https://www.gov.cn/gongbao/content/2021/content_5649731.htm.

图 9.8　2010～2020 年交通领域能源消费量及占国内能源消费总量比重

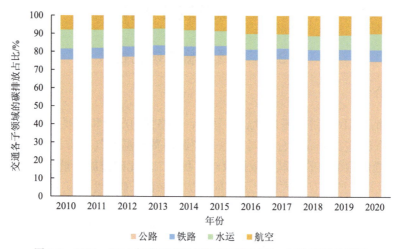

图 9.9　2010～2020 年我国交通运输各子领域的二氧化碳排放情况

2. 技术发展方向

交通运输的碳减排需要多种低碳技术组合的路线。交通向电动化转型是实现碳减排的主要手段。随着高比例可再生能源新型电力系统的构建，电力生产逐步走向无碳化，绿色电力的普及将助力推动交通运输的碳减排进程。在公路、铁路交通领域，电动化技术较为成熟，已实现规模化的推广，但航空、水运交通领域在短期内难以形成以电力为核心的能源消费体系。因此，实现交通的碳减排需要采取更丰富的低碳技术路线，如利用天然气、绿氢、绿氨、绿色甲醇、生物航空煤油等低碳的新能源和清洁能源替代传统的汽油、柴油等高碳化石能源，由于新能源和清洁能源在单位能量基础上产生的温室气体会大幅下降，所以具有很大的减排优势和潜力，从而降低交通运输领域的总碳排放量。

（1）公路交通低碳化技术：不同类型的车辆在新能源替代方面，存在着能源种类和替代进程的差异，以电力、氢能、液化天然气等低碳化技术为主线。

乘用车领域：当前新能源乘用车主要有纯电动汽车（BEVs）和插电式混合动力车

（PHEVs）两种类型，其技术已经相对成熟，动力电池系统在能量密度、循环寿命、安全性、使用成本等方面实现了阶段性的突破，续航里程持续提升，充换电技术也日趋完善，目前国内正在进行规模化的推广应用，未来电动化将成为乘用车领域实现碳减排的重点实现路径。

商用车领域：商用车包含了所有的载货汽车和 9 座以上的客车。

在客车方面，中长距离的客车将逐步被铁路运输替代，铁路无法涉及的地区将以纯电动客车或氢燃料客车作为替代；城市内公交客车的新能源或清洁能源的替代技术主要有纯电动客车、氢燃料电池客车、天然气客车，以及使用电子合成燃料（e-fuel，如合成甲醇）和生物燃料（如生物柴油）的客车等。其中，纯电动客车和天然气客车技术发展相对成熟，其他替代能源在技术成熟度和经济性方面仍有待提升，未来天然气汽车仍将保持一定的存量，但纯电动将成为城市公交客车的主要替代能源方式。

在中长距离的重型货运车辆方面，目前还没有形成优势明显的能源替代方式，纯电动重卡和氢燃料电池重卡均处在示范应用的初期，两种新型能源的重卡技术的购置成本都明显高于传统燃油重卡，且技术方面还需持续地迭代升级。纯电动重卡的电池能量密度还不能满足重卡长距离重载运输的实际需求，需要比乘用车更长的充电时间，换电式重卡是解决快速充电的一种方式，也是当前研究的重点方向；氢燃料电池重卡在环保、效率、燃料加注时间等方面有显著优势，但当前氢气的使用成本高于传统燃油成本，且加氢站等配套基础设施的建设也需逐步有序开展。未来中长距离的重型卡车将以电力和氢燃料作为主要能源，但应用进程依赖于技术发展的成熟度和经济性的大幅提升。

在城市物流配送车辆方面，当前的物流配送货车的纯电动技术相对更加成熟，但购置成本较高，且不适用于冷链运输车辆和低温寒冷地区，结合工业和信息化部、交通运输部等八个部门印发的《关于组织开展公共领域车辆全面电动化先行区试点工作的通知》提出的启动公共领域车辆全面电动化先行区试点工作的要求，短期内将加大绿色物流配送车辆的电动化示范工程的推广力度，未来物流配送货车将以纯电动为主要能源，氢燃料为辅助能源。

（2）铁路交通低碳化技术：以电力、氢能技术为主线，未来将持续深入推进电气化技术，进一步提高铁路电气化率，并积极开展磁悬浮列车、氢动力列车等技术的研究及示范。我国铁路的电气化率已经达到较高水平，2022 年电气化率为 73.8%，位居世界第一。当前内燃机车还占有一定比例，未来将主要被"电气化"替代，电气化铁路主要通过架空接触网为铁路提供电能，可与光伏发电等可再生能源进行融合，进一步降低碳排放。对于相对密闭的地铁、隧道、矿山等环境或不易架设架空线供电设施的场景，可发展"氢燃料电池+储能电池"机车替代，同时探索车体轻量化、再生制动等铁路机车节能技术的研发和应用。

（3）水运交通低碳化技术：水运交通对化石燃料具有比较强的依赖性，新能源和清洁能源对化石能源的替代是实现水运碳减排的关键路径，主要的新能源和清洁能源替代技术有低碳电力、液化天然气、绿氢、绿氨、先进的生物燃料和合成燃料（如生物柴油、绿色甲醇等）。

海运船舶：当前应用于海运的新能源技术有液化天然气和甲醇动力船舶，目前已有少量的商业化应用，以甲醇为燃料的船舶建造成本较低，对于绿色甲醇的需求更加迫切，但在绿色甲醇的供应和价格方面仍存在较大的不确定性。其他氢、氨等新能源海运船舶总体处于研发阶段，需要进一步对技术的可行性、安全性进行验证，如解决电池的续航能力、电池工作环境、使用寿命、完善充能设施等问题。

内河船舶：在电动化技术和液化天然气动力技术方面，国内已经有了示范性的试点应用，短期内电动船舶和液化天然气船舶将是内河船舶绿色转型的重点方向；氢动力和氨动力船舶目前尚处于原型机的研发阶段，在绿色燃料供应、高效的动力系统、燃料加注设施、船体设计、安全防护等各方面亟待突破性的创新。

（4）航空交通低碳化技术：以生物质燃料、氢能、电力技术为主线。航空的低碳化主要通过使用替代性的氢能、电能、生物燃料等替代传统航空煤油来实现，基于生物原料的"可持续航空燃料"（如生物航空煤油）是航空领域实现脱碳最现实可行的路径。可持续航空燃料无须更换发动机和燃油系统，可直接利用航油燃料的加注系统，目前可持续航空燃料已经实现了小规模化的生产，并在商业化航线中进行了成功的示范验证，但由于成本远高于传统航空煤油（约是传统航空煤油的2～3倍），其推广受到限制，未来随着制备规模的逐步加大，技术的进一步革新，成本有望大幅降低。

从中长期来看，氢能和电力也是航空业的重点替代燃料，随着燃料电池和蓄电池功率的进一步增大，循环寿命的提升和生产成本的下降，将支撑氢燃料电池和电力驱动在航空推进系统中的应用。

3. 技术成熟度及商业可行性

交通运输的低碳化技术主要以加快能源的清洁替代和提升交通运输装备能效利用水平为核心，积极发展绿色电力、绿色氢能/氨能、先进生物液体燃料、天然气等新能源、清洁能源在交通领域中的应用。从目前交通领域的低碳化技术成熟度来看，可分为集中攻关、试验示范和推广应用三个阶段，交通运输低碳化技术清单及技术成熟度见表9.6。

表 9.6　交通运输低碳化技术清单及技术成熟度

所属领域	技术分类	技术名称	减排贡献等级	技术成熟度	当前技术阶段
公路	车辆多元低碳能源替代技术	电动车辆技术	高	9	推广应用
		氢能车辆技术	高	8～9	试验示范
		甲醇燃料车辆技术	中	8～9	试验示范
		天然气车辆技术	中	9	推广应用
		混合动力技术	中	9	推广应用
	车辆能效提升技术	车辆动力系统改进技术	中	8～9	试验示范
铁路	机车多元低碳能源替代技术	机车电气化技术	高	9	推广应用
		氢燃料电池列车技术	高	6～7	试验示范
	机车能效提升技术	机车动力系统改进技术	中	8～9	试验示范

续表

所属领域	技术分类	技术名称	减排贡献等级	技术成熟度	当前技术阶段
水运	船舶多元低碳能源替代技术	电动船舶技术	高	7~8	试验示范
		甲醇动力船舶技术	中	7~8	试验示范
		液化天然气动力船舶技术	中	7~8	试验示范
		氢/氨动力船舶技术	高	4~5	集中攻关
	船舶能效提升技术	船舶动力系统改进技术	中	8~9	试验示范
航空	飞机多元低碳能源替代技术	生物航空煤油技术	中	8~9	试验示范
		电动飞机技术	高	6~7	试验示范
		氢动力飞机技术	高	6~7	试验示范
	飞机能效提升技术	飞机动力系统改进技术	中	7~8	试验示范

在公路交通方面，BEVs 和 PHEVs 两种技术实现了大规模的推广应用，近年来，在我国政府的大力扶持和引导下，新能源汽车产销量呈现高速增长态势，其保有量从 2014 年的 22 万辆，快速增长到 2023 年的 2 041 万辆，占国内汽车总量的 6.07%，其中纯电动汽车保有量占比最高，占新能源汽车总量的比例基本保持在 80% 左右。BEVs 和 PHEVs 的技术核心是动力电池系统，自 2010 以来，锂离子电动汽车电池组的平均价格从 1 200 美元/（kW·h）降至 2022 年的 132 美元/（kW·h），成本已下降约 89%，动力电池的能量密度也提升了 6~7 倍，电池技术的创新发展实现了电动汽车的高速商业化发展。

氢燃料电池汽车技术目前仍处于商业化的初期，我国正在重点布局开展氢燃料电池公交客车及重型卡车的商业化示范应用，截至 2023 年底，我国氢燃料电池汽车保有量约为 1.8 万辆。氢燃料电池动力系统是氢燃料电池汽车的核心部件，近年来燃料电池的成本已呈现持续下降态势，2022 年燃料电池成本约 3 000 元/（kW·h），预计 2025 年能下降到 1 000 元/（kW·h），未来燃料电池的研发向高性能、低成本、长寿命方向发展。同时，车辆用氢的成本和车载储氢瓶的成本也需要大幅降低，加氢站的建设需根据发展进行合理配套布局。

在铁路交通方面，我国铁路的电气化也实现了快速发展，电气化牵引技术发展成熟，已成为我国铁路最主要的动力来源。截至 2022 年，我国铁路电气化率已达到 73.8%，电气化里程达到 10.9 万 km，均居世界第一位。通过推动铁路电气化率的提升，逐步替代燃油列车，同时，重点推动在铁路沿线发展分布式光伏发电的应用，加大铁路电气化中绿色电力的使用比例，进一步降低铁路交通的碳排放。在氢燃料电池列车技术方面，我国已取得了关键性突破，但目前还处于样机示范阶段。2021 年，中国中车集团自主研发的国内首台氢燃料电池混合动力机车成功下线，开启了机车向更加清洁、高效发展的新阶段。未来重点开发高安全、大功率、低成本、长寿命的燃料电池系统，加快氢燃料电池电堆技术的迭代升级；研发先进的储氢技术和储氢材料，降低车载供氢系统和氢气储罐占牵引重量的比重，突破加氢技术的瓶颈，实现商业运营的最优化。

在水运交通方面，我国正在重点发展电动、液化天然气动力（LNG）船舶，同时推进氢基燃料（氢、氨、甲醇等）的应用研发和示范。LNG 动力船舶技术在我国已取得了一定进展，2010 年我国开始试点 LNG 动力船工作，2022 年新建和改建 LNG 动力船共计 310 余艘。电动船舶技术在国内外均处于初级发展阶段，我国在内河航道已有电动船舶示范，2020 年，纯电动绿色商用船舶"长江三峡 1"号纯电动游轮正式开工运行。甲醇动力船舶技术已经日趋成熟，进入市场推广的初期，世界范围内对甲醇动力船舶的关注度越来越高，在新增的甲醇动力船舶中多以双燃料发动机为主。我国甲醇动力船舶处于起步阶段，但发展比较快速，已取得了一定的成果，2022 年中国船舶集团旗下的广船国际有限公司自主研发建造的甲醇双燃料船舶已顺利交付。氢燃料动力船舶和氨燃料动力船舶目前在国内外均处于研究测试阶段，2021 年应用中国科学院大连化学物理研究所氢燃料电池电堆的燃料电池游艇"蠡湖"号通过了试航，标志着我国燃料电池在船舶动力上的应用迈出了关键的一步。

在航空交通方面，航空运输是交通领域碳减排的难点，最具发展潜力的替代能源是生物航空煤油燃料，目前生物燃料的应用尚处在试验示范阶段，其生产过程存在原料供应困难和生产成本高等难题；氢动力飞机和电动飞机也是当前研究的热点，但仍待技术层面的突破。2017 年，应用中国科学院大连化学物理研究所氢燃料电池的国内首架有人驾驶飞机试飞成功，我国成为继美、德之后第三个拥有该项技术的国家。全球有数百项在研的电动飞机项目，但目前尚未实现商业化的运营。美国航空航天局（NASA）的研究表明，400 W·h/kg 的电池能量密度足以支持有意义的电动飞机和混合电动飞机，高能量密度的储能系统如蓄电池能够直接作为小型电动飞机的主电源，而对于推进功率达到数十兆瓦的大型电推进飞机，储能系统受制于容量有限和能量密度过低，难以直接作为主电源使用，更多作为有源补偿环节，调节飞机动力推进系统的电能质量。

4. 技术研发及应用主体

电动汽车技术是新能源汽车发展的主要方向，其研发的核心是电池技术，也是影响电动汽车使用性能的最主要因素。根据截至 2021 年的电动汽车锂离子动力电池技术专利分析（周志忠和姚航，2022），全球锂离子动力电池前十位专利申请单位按申请量排名依次是：Robert Bosch 公司、Toyota 公司、Sumsung SDI 公司、比亚迪股份有限公司、无锡同春新能源科技有限公司、合肥国轩高科动力能源有限公司、LG 化学公司、浙江大学、NGK 公司、国家电网公司。从申请单位的专利布局情况来看，国际巨头企业的专利申请占比较高，反映出传统汽车制造强国德国、日本等在新能源汽车的锂离子动力电池专利方面的重视，以谋求汽车产业的转型和升级。同时，我国高度重视电动汽车发展，出台各类支持电动汽车和动力电池发展的政策，培养了一批在锂离子动力电池领域极具竞争力的企业，如宁德时代、比亚迪等公司，极大地推动了新能源汽车产业的高质量发展。

氢燃料电池汽车技术是公路交通实现碳减排的重要方向，其研发核心是氢燃料电池技术，根据截至 2020 年全球燃料电池汽车技术前十位主要竞争机构（王玲，2021），前十位主要分布在日本、韩国、中国、美国以及德国，日本汽车企业以绝对优势占据领先地位，全球燃料电池汽车前十位竞争机构中日本企业为 4 家，以丰田、本田、日产为代表的日本整车制造企业分列前三；韩国为现代、三星两家；国内的中国科学院大连化学物理研究所位居第九，是唯一进入前十的中国机构。

铁路电气化技术是铁路交通低碳化发展的主流方向。我国是世界上铁路电气化技术最为成熟的国家之一，尤其是在高铁电气化技术方面已成为世界领先的国家。此外，中国、德国、日本等国家在磁悬浮列车技术方面，也取得了突破性的进展，中国上海磁浮列车示范运营线是世界上第一条商业化运营的磁浮列车示范线，2021 年 7 月，由中国中车集团承担研制、具有完全自主知识产权的时速 600 km 高速磁浮交通系统成功下线，标志着我国掌握了高速磁浮成套技术和具备了工程化能力。

水运交通的低碳化船舶技术的研发主要集中在 LNG 动力船舶和甲醇动力船舶方面，根据挪威（DNV）船级社数据，2022 年全球范围内订购的 LNG 动力船舶总数为 275 艘，运营和订购的 LNG 动力船舶总数已经达到 876 艘，甲醇动力船舶在全球范围内订购了 35 艘，总数达到 82 艘。挪威作为航运领域绿色转型的全球领导者，提出航运业实施可持续生物燃料配额义务的计划；日本作为全球航运和造船业的主要参与者，将 LNG 燃料作为解决航运碳减排问题的过渡性替代燃料，同时增加使用氢和氨燃料的船舶研发（郑洁，2020）；英国劳氏船级社在电力、氢/氨动力、生物燃料等绿色船用可替代燃料领域进行不断的探索。以中国船舶集团、中国长江航运集团为代表的企业在零碳船舶设计、净零排放燃料动力技术方面取得重大进展。2023 年 9 月，由中国长江航运集团上海分公司建造的纯 LNG 动力 130m 标准船型散货船"长航货运 002"轮顺利交付。

在航空交通方面的低碳化技术中，可持续航空燃料（SAF）被视作传统航空燃料的低碳替代品。当前，SAF 的研究、生产和应用主要集中在欧美国家和地区，全球首个使用 100%可持续航空燃料的商业航班是 2018 年由美国联邦快递与波音合作完成的。美国霍尼韦尔公司在 2023 年 5 月推出利用绿氢和二氧化碳生产 SAF 的工艺——创新的 UOP eFining™技术；巴西国家石油公司在 2022 年宣布，使用棕榈油生产 SAF 并将其商业化。中国从 2010 年开始加大对 SAF 的研发和应用，成为亚洲第一个、世界第四个拥有自主研发生物航煤技术的国家；2022 年，中国石化镇海炼化公司 10 万 t/a 产能的航空生物燃料装置建成投产，其 SAF 产品已成功应用于空客公司的客机。同时，飞机制造企业也参与到 SAF 的应用和推广中，波音与中国院校及研究机构合作，在生物燃料、绿色制造和行业标准等领域进行技术研发。

9.2.2　工程机械低碳化技术

1. 基本介绍

装备制造业又称装备工业，是为满足国民经济各部门开展国家工业、安全需要相关工作而制造的各种技术装备的产业统称。装备制造业包括金属制品业，通用设备制造业，专用设备制造业，汽车制造业，铁路、船舶、航空航天和其他运输设备制造业，电气机械和器材制造业，计算机、通信和其他电子设备制造业，仪器仪表制造业。装备制造业是制造业的核心组成部分，亦是国民经济发展，尤其是实现工业化的基础和重要保证。

　　我国制造业规模占全球比重近 30%，已连续多年保持世界第一（孟凡婷，2023），是稳定经济增长、参与国际竞争的重要力量。装备制造业是制造业的核心和基础，是经济社会发展的基础性产业，是各行业产业升级、技术进步的基础条件，也是国民经济现代化和信息化的主要支撑。发达国家的工业化进程中都是依靠强大的装备制造业的发展而发展起来的。目前，高度发达的装备制造业和先进的制造技术，已经成为衡量一个国家竞争力的重要标志和关键因素。随着现代化和信息化的发展，信息和知识对经济发展的作用更需要物化为高度发达和精密的现代化机械设备，需要发达的装备制造业。

　　近年来，我国装备制造业的增加值增速明显恢复，资产规模稳步增长，固定资产投资增速大幅上升，产品结构持续升级（徐东华，2019）（图 9.10）。目前，我国装备制造业整体运行状况较好，营业收入稳步增长，利润总额平稳提高，运营能力及盈利能力均有所提升，研发经费支出保持稳步增长，科技创新能力和水平不断提升。

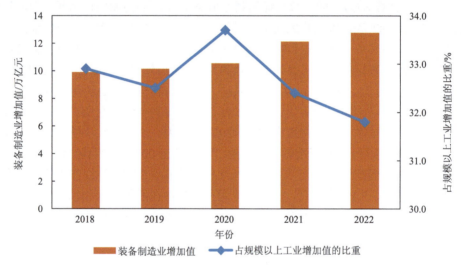

图 9.10　装备制造业增加值及占规模以上工业增加值的比重

　　整体来看，我国装备制造业处在向中高端迈进的关键时期，对经济社会的支撑作用更加突出（高智，2019），但也存在产业基础薄弱、产业链协同格局尚待构建，核心技术自控力相对薄弱、协同创新机制不健全，标准体系不够完善、产业发展环境尚需改善，数智化、绿色低碳转型滞后、产业融合深度不足等问题。

　　为解决资源环境约束突出问题，我国作出了碳达峰、碳中和的重大决策，并相继出台了一系列政策措施，对我国工业绿色低碳发展提出了更高要求。党的二十大报告也提出，推动制造业高端化、智能化、绿色化发展，为装备制造业进一步发展指明了前进方向。

　　在加快产业转型升级助推绿色低碳发展的过程中，产业转型升级的核心是装备制造业绿色升级与技术创新优化（方梓旭，2023）。自我国确定"双碳"目标以来，绿色智能制造已成为传统装备制造业转型升级的发展趋势（杨水利，2019）。

　　作为实现"双碳"目标的重要保障和支撑，装备制造业如何抓住政策机遇谋划装备制造业的绿色低碳可持续发展，以绿色低碳、高质量发展为目标助推装备制造业产业结构转型升级是当务之急。

2. 技术发展方向

对于装备制造业，绿色低碳转型是高质量的必由之路。在"双碳"目标的要求下，现阶段我国装备制造业的政策规制是绿色发展，绿色发展更是国际、国内市场激烈竞争的要求，装备制造业绿色发展势不可挡。

在技术层面，要以绿色低碳科学技术扩大供给为重点，加强科技支撑装备制造业全面转型发展。明确以绿色低碳发展为目标，支持合理的技术发展方向。

数字化转型：数字化转型是装备制造业发展的核心趋势（施乐乐，2024），通过引入先进的数字技术，实现从产品设计到生产制造的全过程数字化，提高生产效率和质量，同时也能降低生产成本和增加竞争力。

智能化制造：智能化制造是数字化转型的产物，通过引入人工智能、物联网、大数据等先进技术，实现生产设备的智能化和自动化，提高生产效率和质量。

绿色制造：装备制造业的绿色制造要求更高的技术标准、更高的技术含量、更规范的流程。绿色制造可实现从原材料选取到生产过程的各个环节对环境影响最小、资源利用效率最高的制造方式，可实现积极推广清洁能源和循环经济模式。

高端装备创新：随着经济的发展和技术的不断进步，高端装备创新已成为装备制造业发展的重要方向。高端装备创新需要结合先进技术和市场需求，开发具有自主知识产权的高端装备产品，提高我国装备制造业的核心竞争力。

信息化管理：信息化管理是通过引入先进的信息技术，实现企业生产、经营、管理等各环节的信息化管理和优化。信息化管理可以提高装备制造业企业管理效率和决策水平，降低成本并提高产品质量。

综上所述，装备制造业的技术发展方向是多方面的，包括数字化转型、智能化制造、绿色制造、高端装备创新和信息化管理等。这些发展方向将有助于提高装备制造业的效率和竞争力，同时也符合绿色低碳可持续发展的要求。

3. 技术成熟度及商业可行性

在装备制造过程中，加快先进装备技术攻关。通过采用先进的能源高效技术和设备，降低能源消耗，减少废弃物的排放，提高能源利用效率。环保材料选用是低碳装备制造的重要环节，在满足产品功能和性能的前提下，应优先选用低碳、环保、可回收的材料。清洁能源利用是低碳装备制造的重要途径，通过利用清洁能源，可以减少对传统化石能源的依赖，降低碳排放。这些措施在装备制造业绿色低碳转型中技术成熟度最高，商业应用最为广泛。

我国装备制造业的数字化、智能化转型成熟度正在不断提高，但大多数企业的数字化、智能化程度偏低，只有少数大型龙头企业实现了深度数字化、智能化，并且其技术成熟度有待进一步提升。未来，随着数字化、智能化技术的不断发展，相信中国装备制造业的数字化、智能化转型将更加成熟和完善。

近年来，我国高端装备制造业的自主创新能力得到了显著提升，但与发达国家相比还有差距。政府通过制定一系列政策，鼓励企业加大研发投入，加强自主创新体系建设。同时，企业也不断加大科技人才的引进和培养力度，提升自身的研发实力，但在发展过程中也面临着研发能力薄弱、自主创新能力不够、资金投入不足等挑战。

9.3　绿色低碳制造技术

制造业是我国国民经济的主导产业，制造业的绿色化转型是经济高质量发展的重要途径，也是全球绿色低碳发展的必然要求，具有共同的趋势。同时制造业节能减碳关系到工业化演进和产业体系建设，应与产业高质量发展和现代产业体系建设相协调，共同促进产业链、供应链的稳定性和竞争力提升（徐建伟，2021）。根据生产对象在生产制造过程中的工业特点，制造业可分为连续性制造和离散性制造。前文提到的化工、钢铁和水泥等原材料工业都是典型的连续性生产工业，本节重点介绍与离散性制造业相关的绿色低碳技术，离散制造是指通过组装和加工来生产个体化产品的制造方式，主要针对的是需求量较小、品种较多的产品，如汽车、电子产品、机械设备等都属于离散制造的范畴。

9.3.1　基本介绍

就制造业而言，碳中和目标意味着加速推进产业的转型升级和低碳发展，同时保持产业的高质量发展。关于制造业绿色化的概念，在工业与信息化部发布的《工业绿色发展规划（2016～2020 年）》中有所涉及，但对于制造业绿色低碳发展这一概念，并没有明确的定义。技术创新是持续提升制造业劳动生产率的唯一途径，也是制造业绿色发展的重要支撑。通过加快战略性关键技术研发、加大绿色技术的战略储备和转移转化、提升数字化水平等方面的技术创新，加速推进产业数字化和数字产业化，充分发挥数字经济在产品设计绿色化、生产绿色化、供应链绿色化、产品使用和回收绿色化中的作用，通过产业与数字经济深度融合实现制造业绿色发展，提升制造业行业绿色全要素生产率。

9.3.2　技术发展方向

离散性制造工业技术未来的发展趋势主要包括数字化转型、智能制造、网络化生产和绿色制造。

随着数字化技术的不断发展，离散制造企业将越来越多地采用数字化技术来实现生产过程的智能化和自动化，以数据为驱动提升行业绿色低碳技术创新、绿色制造和运维服务水平，从而提高生产效率和质量；智能制造是离散制造的另一个重要趋势，通过人工智能、物联网等技术来实现生产过程的智能化和自动化；网络化生产是指利用云计算、大数据等技术来实现生产过程的协同和优化；绿色制造通过节能减排、循环利用等方式来实现生产过程的环保和可持续发展。

9.3.3　技术成熟度及商业可行性

新一轮信息技术的创新发展，催生出第四次工业革命，互联网、大数据、人工智能、区块链等新技术不断升级和广泛应用，引发了制造业系统性、群体性的技术突破和产业革命，离散制造业数字化转型技术、智能制造技术、绿色制造技术贯穿应用于研发设计、生产制造和经营管理等全生命周期的多环节和多种场景，其中经营管理环节的应用场景相对成熟，包括营销数字化管理、财务数字化管理和人力资源数字化管理等数字化技术得到了广泛应用；在研发设计环节，还存在高端核心研发设计软件开发与国外相比差距较大、多类数字化转型场景应用存在因关键软件限制而被"卡脖子"的情况；在生产制造环节尚处于自动化、数字化并存阶段，数字化转型水平总体较低（赵振江等，2023）。

9.3.4　技术研发及应用主体

离散制造行业数字化转型与智能化升级将进一步深度融合先进制造技术、新一代信息技术、第一代人工智能（AI）技术等共性关键技术，从而提高研发生产效率、优化资源配置、创新商业模式、催生新业态和新技术。

海尔集团公司积极实施数字化转型，致力成为互联网时代智慧家庭的引领者，已从传统制造家电企业转型为面向全社会孵化创客的平台，为中小企业提供智能制造、个性化定制的解决方案。海尔集团公司的数字化转型与智能化升级主要经历了定制化与信息化升级，自动化、网络化建设和全面网络化、数字化转型、自动化探索3个阶段，通过积极引入先进技术，实现了家电制造产线的自动化及智能化转型升级，使得产品研发周期缩短了30%，人均产值提高了30%，产能提升近1倍。COSMO Plat为工业互联网实际场景应用提供了平台支撑，成为离散制造业数字化转型创新的价值基准。

内蒙古伊利实业集团股份有限公司（以下简称伊利）是我国首批智能制造试点示范项目中唯一的乳制品企业，发展"智慧乳业"，将数字化智能化技术应用到全产业链，推进"智慧乳业"建设，实现产业数字化、智能化，助力经营业绩稳步提升；为消费者提供多元化、高品质的产品与服务，也为我国乳业高质量发展探索出新的路径（李新宇等，2022）。

参 考 文 献

丁仲礼, 张涛, 2022. 碳中和: 逻辑体系与技术需求. 1 版. 北京: 科学出版社.

方梓旭, 2023. 产业政策对中国制造业高质量发展的影响研究. 南昌: 南昌大学.

高智, 2019. 装备制造业与高技术服务业融合发展研究. 深圳: 深圳大学.

国家统计局, 2022. 中国统计年鉴 2022. 北京: 中国统计出版社.

黄格省, 包力庆, 丁文娟, 等, 2018. 我国煤制芳烃技术发展现状及产业前景分析. 煤炭加工与综合利用, (2): 6-10.

靳国忠, 张晓, 朱汉雄, 等, 2021. 应对碳减排挑战 现代煤化工多能融合创新发展研究. 中国煤炭,

47(3): 15-20.

李进, 2017. 合成气一步法制低碳烯烃技术进展及问题概述. 化工技术与开发, 46(11): 36-38.

李玲, 2023-08-14. 绿氢"牵手"化工大有可为. 中国能源报, (2).

李新宇, 李昭甫, 高亮, 2022. 离散制造行业数字化转型与智能化升级路径研究. 中国工程科学, 24(2): 64-74.

林圣华, 2022. 氢能在钢铁冶金中的应用及发展趋势研究. 中国煤炭, (10): 95-102.

刘松辉, 魏丽颖, 周双喜, 等, 2014. 高强低钙硅酸盐水泥研究进展. 硅酸盐通报, 33(3): 553-557.

鲁雄刚, 张玉文, 祝凯, 等, 2022. 氢冶金的发展历程与关键问题. 自然杂志, 44(4): 251-266.

孟凡婷, 2023. 贡献中国力量 维护全球产业链供应链韧性和稳定. 中国经济周刊, (23): 9.

钱伯章, 2022. 我国原油蒸汽裂解技术首次工业化应用成功. 石化技术与应用, 40(1): 65.

阮广科, 蒋佳佳, 2011. 论我国余热发电市场状态及瓶颈问题的几点建议. 中华民居, (9): 612-613.

尚蕴山, 王前进, 杨加义, 等, 2021. 合成气经含氧化合物中间体一步法制芳烃研究进展. 化工进展, 40(10): 5535-5546.

施乐乐, 2024. 数字化转型如何提升企业出口竞争力——基于中国制造业企业的研究. 杭州: 浙江科技大学.

汪澜, 2021. 肩负起水泥工业零碳流程再造的重任. 中国水泥, (5): 36-39.

王玲, 2021. 基于专利数据的燃料电池汽车技术发展与成熟度分析. 西安: 长安大学.

王庆一, 2022. 2021 能源数据. 北京: 绿色创新发展中心.

吴贤斌, 2023. 水泥生产智能化系统应用分析. 水泥, (5): 62-65.

徐东华, 2019. 关于中国装备制造业发展战略的思考. 智慧中国, (10): 45-47.

徐建伟, 2021. 稳步有序推进制造业节能减碳转型. 中国发展观察, (15): 29-31.

叶茂, 朱文良, 徐庶亮, 等, 2019, 关于煤化工与石油化工的协调发展. 中国科学院院刊, 34(4): 417-425.

张琦, 沈佳林, 籍杨梅, 2023. 典型钢铁制造流程碳排放及碳中和实施路径. 钢铁, 58(2): 173-187.

赵振江, 刘帅, 焦铸金, 等, 2023. 离散制造业数字化转型典型场景研究. 新型工业化, 13(4): 50-60.

郑洁, 柳存根, 林忠钦, 2020. 绿色船舶低碳发展趋势与应对策略. 中国工程科学, 22(6): 94-102.

中国水泥网信息中心, 2019. 我国水泥窑协同处置生活垃圾的资源化应用尚处于起步阶段. 广东建材, 35(2): 3-4.

周志忠, 姚航, 2022. 电动汽车锂离子动力电池技术专利发展现状分析. 中国发明与专利, 19(10): 26-32.

Chen J, Li S, Li Y, 2021. Pursuing zero-carbon steel in China: A critical pillar to reach carbon neutrality. https://rmi. org/insight/pursuing-zero-carbon-steel-in-china/.

Cormos C C, 2022. Decarbonization options for cement production process: A techno-economic and environmental evaluation. Fuel, 320: 123907.

第10章 低碳零碳综合服务业技术体系[*]

双碳服务业作为碳达峰碳中和目标下快速发展起来的新型现代服务业，在重塑现代服务业技术体系、产业形态和价值链方面发挥着重要的作用。提高科技创新在双碳服务业中的支撑能力与水平，创新发展跨界融合的现代服务业态模式，能够为服务实体经济绿色低碳转型升级提供更多的支持。

双碳服务业涉及领域众多，包括与双碳相关的计量监测、规划咨询、供应链管理、金融服务、能碳管控、科学研究、信息科技等一系列技术支撑与服务模式，近年来更是通过引入新技术、新模式，不断推动碳减排创新。例如，基于大数据分析的能源管理系统可以实时监测能源使用和碳排放情况，云计算技术可以实现资源共享提高能源利用效率，智慧物流系统可以优化配送路线减少运输中的能源消耗和碳排放量，区块链技术可以提升绿色供应链生命周期碳足迹的可信溯源和动态监控，这些服务模式优化与技术创新驱动为"双碳"目标的实现提供了新的思路和解决方案。本章将重点介绍碳排放监测计量技术、智慧能源管控技术及区块链技术的发展与应用情况。

10.1 碳排放监测计量技术

科学的碳排放监测计量方法是实现温室气体排放可测量、可报告、可核查（monitoring reporting and verification，MRV）目标的重要保障，是摸清碳排放底数、控制碳排放总量的重要手段，是实现碳达峰碳中和目标过程中科学决策、成效评估和国际谈判的重要依据。作为碳排放交易体系建设运行的数据基石，碳排放统计核算的准确程度更是十分重要，奠定了碳交易市场稳定运行和健康发展的基础。

10.1.1 基本介绍

碳排放量的核算计量方法有基于计算和基于测量两种途径，可以分为三类，即排放因子法、质量平衡法和实测法（图10.1）。排放因子法是我国目前使用最广泛的碳排放核算方法，在制定相关标准时，主要参考联合国政府间气候变化专门委员会（IPCC）的相关指南，以活动水平数据即投入的能源使用量和碳排放因子的乘积计算碳排放量，简单明确、易于理解，但存在碳排放因子受技术水平、工艺过程、地域时间等影响而导致不确定性较大的问题。

质量平衡法也称物料平衡法，该方法基于质量守恒定律，核心理念是进入系统和设备的物料总质量与该系统和设备产出物料总质量相同，即由输入碳含量减去非二氧化碳

---

* 本章作者：李婉君、王艳青、张　鑫。

的碳输出量计算二氧化碳排放量。质量平衡法把工业生产过程中的资源投入、物质生产、废物排放等实际过程与政策要求相结合，对生产过程中温室气体的产生和排放进行计算分析，在设备或化学物质不断更新的情况下尤为适用，具有较强的科学性及有效性。但因需要对生产过程数据及生产工艺各环节进行详细分析和全面了解，工作难度大，在实际应用中存在很大制约。

实测法是基于排放源实测基础数据得到碳排放量的计量方法，将监测计量技术直接用于碳排放测量领域，采用可靠一致的测量标准和方法，能够为碳排放、碳减排、碳清除和市场化机制等标准制定提供量值依据，有助于实现国际互认，保障数据的准确。实测法分为现场实测和非现场实测两种，现场实测一般是在烟气排放连续监测系统（continuous emission monitoring system，CEMS）中搭载碳排放监测模块，通过连续监测浓度和流速直接测量二氧化碳的排放量；非现场实测则是通过采集样品送到相关检测机构，利用专门的检测设备和技术进行定量分析（李研妮，2021）。将两种测量方法进行对比分析发现，非现场实测时采样气体会发生吸附、解离等反应，准确性明显低于现场测量。实测法因消耗较多的人力和物力，成本较高，且要求检测样品具有代表性，目前我国在典型区域、行业及企业进行了碳监测试点工作。

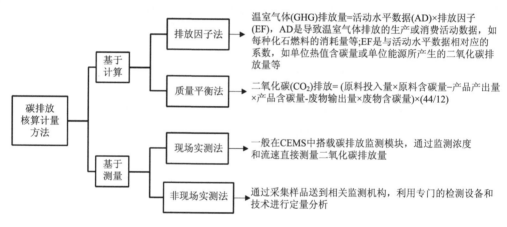

图 10.1　碳排放核算计量方法

10.1.2　技术发展方向

碳排放监测计量可以服务企业碳排放量校核、城市碳排放核算等领域，提供核算法之外的碳排放量计量途径，提高核算的精准性，助力控排企业减污降碳。2023 年 4 月，11 个部门联合印发的《碳达峰碳中和标准体系建设指南》提出，要重点制修订二氧化碳、甲烷等温室气体监测方法、监测设备、在线监测系统和碳管控平台建设等标准。

2021 年 9 月，生态环境部印发了《碳监测评估试点工作方案》，组织开展碳监测评估试点工作。碳监测包括对温室气体常规或临时的数据收集、监测和计算，通过综合观测、数值模拟、统计分析等手段，获取温室气体排放强度、环境中浓度、生态系统碳汇以及对生态系统产生的影响等碳源汇状况及其变化趋势信息，主要监测对象为《京都议定书》及《多哈修正案》中规定控制的 7 种人为活动排放的温室气体，即二氧化碳（CO_2）、甲烷（CH_4）、氧化亚氮（N_2O）、氢氟碳化物（HFCs）、全氟化碳（PFCs）、六氟化硫（SF_6）和三氟化氮（NF_3）（生态环境部，2021）。

截至 2023 年 5 月，通过试点工作的开展，我国实现了从无到有建设碳监测网络，在重点行业、城市、区域三个试点层面全覆盖，其中火电、钢铁、石油天然气开采、煤炭开采和废弃物处理 5 个试点行业建成 93 台在线监测设备，唐山、太原、上海、杭州、盘锦、南通等 16 个城市建成 63 个高精度、95 个中精度城市监测站点，有序实施国家空气背景站点升级改造（生态环境部，2023）。在碳监测方法方面，及时针对试点工作总结技术方法，《城市大气温室气体监测点位布设技术指南（第一版）》《城市大气二氧化碳同化反演试点方案编制技术指南（第一版）》《碳监测试点城市高空间分辨率温室气体排放清单编制技术指南（试行）》《环境空气二氧化碳手工监测技术指南（试行）》《高精度 CO_2、CH_4、N_2O（光腔衰荡法）分析仪操作规程》《固定污染源二氧化碳排放连续监测技术规范》《发电行业温室气体排放监测技术规范》等系列技术指南、规范相继出台，涵盖城市、区域、行业等各个层面。开展碳监测和碳核算数据的比对分析、由浓度到排放量的反演分析和时空分布的规律特征分析，有助于加强对碳监测数据的挖掘利用，增强规律性认识。

10.1.3　技术成熟度及商业可行性

碳排放监测计量方法在重点行业应用过程中，排放相对集中的企业在线监测效果较好，火电行业碳排放监测数据与核算数据基本一致可比，有望在帮助企业开展碳排放量核算、支撑碳减排监管等方面进一步发挥作用。在煤炭开采和石油天然气开采行业试点监测中，开展"卫星+无人机+走航"综合监测，能够提升生产过程中甲烷无组织排放核算的全面性和准确性（生态环境部，2022）。目前，企业碳盘查数据统计主要依赖人工现场收集报送，涉及部门多、链条长，现场工作量大，难免出现错报、漏报等现象。试点行业如火电厂实施碳监测计量过程中，通过梳理相关数据源和信息链，进行数字化、信息化技术的创新应用，并进行系统升级，实现了碳排放数据全自动采集、传输、计算和分析，既提高了工作效率，又保证了数据质量。碳监测计量过程中，要以监测数据为基础，重点做好"三比对""三不同"分析工作，即实施监测数据与核算数据比对、手工监测与在线监测比对、进口设备与国产设备比对三方面比对，以及不同监测原理、不同燃煤类型、不同监测点位三种不同情形下的数据分析，进而不断解决碳监测技术的应用问题（朱妍，2022）。

碳监测技术也有望服务于城市的碳排放核算，通过开展地面大气主要温室气体浓度监测试点，探索构建碳排放量反演模式，寻找由浓度数据到排放量的转化路径，为城市碳排放量核算结果提供校验参考，便于区域更好地了解自身碳排放情况（谭子旋，2023）。相比 SO_2、NO_x、$PM_{2.5}$ 等常规大气污染物，碳监测难度更大，对精确性要求更高，目前国际上主流的碳监测网络采用的多是高精度监测方法，高精度 CO_2 浓度、高精度 CH_4

浓度和高精度气象参数等指标是碳监测试点过程中共同的监测项目要求。例如，常规 SO_2 监测设备测量误差范围在 5% 以内，高精度 CO_2 监测设备精度则要求达到 0.05%。

目前，碳监测在我国尚处于起步阶段，监测技术体系尚不健全，相关的监测标准、规范、指南正在不断发展和完善。CO_2、CH_4 等温室气体排放与大气污染物排放具有同根、同源、同过程的特点，统筹温室气体与大气污染物排放监测，夯实温室气体排放监测基础，有助于评估与验证温室气体核算方法和排放因子的科学性，支撑建立符合我国实际情况的温室气体核算体系，同时也可以推动碳排放与污染物排放的减污降碳协同控制（刘通浩等，2021）。探索建立我国独立自主、国际等效可比的碳监测量值溯源体系，发展先进碳测量技术，能够支撑我国碳市场和国家碳排放清单数据质量，有序推进与国际先进接轨，实现国际互认。

10.1.4　技　术　应　用

与监测计量相比，计算法的明显优势是在使用均匀燃料的装置中尤为明显。例如，通过某燃气锅炉使用的燃料数量和天然气参数等数据，采用计算法可以快速得到准确的碳排放量。相比之下，使用各种非均匀燃料的装置则可以考虑采用烟气排放连续监测系统（CEMS）。另外，如果燃烧设备还使用其他燃料，如废物或替代燃料，则在计算法中确定二氧化碳排放时，显著增加输入材料的取样和分析工作量，以符合碳排放数据 MRV 要求。在这种情况下，连续排放监测技术的应用为长期的计量需求提供了更具成本效益和更加便捷的解决方案。

CEMS 对大气污染源排放的气态污染物和颗粒物进行浓度和排放总量连续监测，并将信息实时传输到主管部门的管理系统。碳排放在线监测系统与 CEMS 原理一致，是针对二氧化碳浓度和排放总量进行的连续监测工作模式，其工作原理如图 10.2 所示。

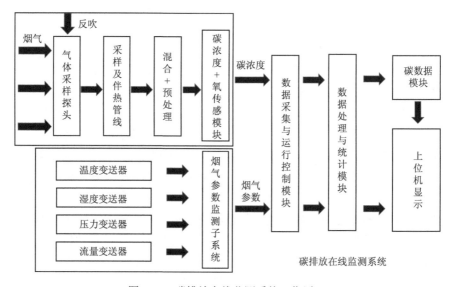

图 10.2　碳排放在线监测系统工作原理

近年来，碳排放在线监测技术的应用逐步发展。2018 年 4 月，国家发改委气候司发布了《关于委托中国电力企业联合会开展发电行业碳排放交易相关工作的函》，其中明确提出"开展烟气排放连续监测系统（CEMS）在碳排放监测领域的应用研究"。2020 年 11 月，由南方电网作为发起制定单位的中国标准化协会团体标准《火力发电企业二氧化碳排放在线监测技术要求》正式发布，填补了我国碳排放在线监测领域相关标准的空白，为行业碳排放数据提供客观依据和支撑。2021 年 9 月，生态环境部印发了《碳监测评估试点工作方案》，更是推进碳监测在行业、城市、区域等不同层面的试点应用。然而，对于主要的核算主体企业来说，成本预算是选择监测方法的重要考虑因素。

欧美等发达国家和地区推进碳排放监测计量方法的做法，也考虑了燃烧装置实际情况和监测成本，确保在线监测工作的可操作性和经济性。例如，对于成本收益小、排放量占比低的设施，美国企业可自主决定是否安装 CEMS；燃料成分稳定的燃油、燃气机组可选择计算法，而大容量的燃煤机组原料复杂，采用计算法很难准确核算，则要求燃煤机组必须安装 CEMS 监测碳排放量。2009 年，美国发布的《温室气体排放报告强制条例》中规定，所有年排放超过 2.5 万 t 二氧化碳当量的排放源于 2011 年开始必须全部安装 CEMS，并在线上报美国环保署。欧盟从监测成本角度考虑，不鼓励低排放量电厂安装高精度 CEMS，因为会造成企业经济成本过重，影响企业正常运行。在成本预测超负荷时，低排放量企业可申请采用计算法进行核算，以减轻经济负担；对于排放量大的电厂，则提出更高的数据质量要求，以保证欧盟碳市场的公平交易与稳定运行。

我国在广泛利用 CEMS 在线监测传统大气污染物的基础上，可利用现有在线监测系统的安装条件增设 CO_2 监测模块，大大减少软硬件投资。同时，根据 CO_2 监测特点，不断完善相关监测技术规程和质量控制体系，推动在线监测技术在核查报告方面的应用。

10.2　智慧能源管控技术

数字化智能化能源系统是将人工智能、物联网、区块链、数字孪生、云计算等数字技术和智能化设备与传统能源体系相融合，融合后形成的智能电网、智慧煤矿、智慧油气田、智慧储能等数字化智能化能源系统如图 10.3 所示，相关系统可以提高能源生产、传输、存储、使用、交易过程的信息交互能力，推进能量流与数字流的融合，提高能源利用效率、降低能源消耗和排放、增加能源系统稳定性，推动能源体系绿色、高效、协同运行。

10.2.1　基　本　介　绍

当前，数字化智能化技术持续加速突破，已经成为新一轮科技革命和产业变革重要驱动力量，相关技术与能源领域的应用深度融合，将持续影响全球能源领域发展。在此变革趋势下，我国已将数字化智能化转型上升为国家战略，国家发改委和国家能源局在《"十四五"现代能源体系规划》中提出，加快能源产业数字化和智能化升级；国家能源局在《关于加快推进能源数字化智能化发展的若干意见》中强调，能源产业与数字技术

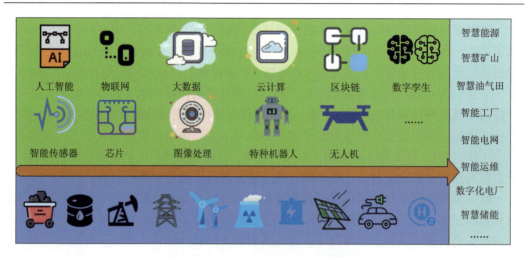

图 10.3　数字化智能化能源系统构成

融合发展是新时代推动我国能源产业基础高级化、产业链现代化的重要引擎，对提升能源产业核心竞争力、推动能源高质量发展具有重要意义。

智能电网是数字化智能化能源系统的一个代表，是新型电力系统的关键枢纽，是实施新的能源战略、优化能源资源配置和延伸拓展能源网络的重要平台。国家发改委、国家能源局在《关于促进智能电网发展的指导意见》中指出，智能电网是在传统电力系统基础上，通过集成新能源、新材料、新设备和先进传感技术、信息技术、控制技术、储能技术等新技术，形成的新一代电力系统，具有高度信息化、自动化、互动化等特征，可以更好地实现电网安全、可靠、经济、高效运行[①]。

智能电网的架构涉及电源、储能、电网、负荷等环节，并集成了信息、调度、控制、安全、数据等部分，如图 10.4 所示。除了集中式大电网外，分布式智能电网也是智能电网中的重要一环，两者呈现互补关系，如图 10.5 所示。分布式智能电网可以认为是智能微电网、源网荷储等新型配电系统，其核心意义在于可以更好地实现分布式可再生能源就地消纳，在紧急状态下可以实现自适应的孤岛运行，提高电网的自愈能力、韧性和效率，有效地向用户提供高质量的电能（余贻鑫，2021）。

10.2.2　技术发展方向

智能电网技术发展方向是以建设新型电力系统为首要目标，依托数字化智能化技术，建立源网荷储协同灵活互动、多能融合和互补的体系。目前，数字化智能化技术已深度融入智能电网技术的方方面面。其基础技术包括智能传感与智能量测技术、智能机器人技术、数字孪生技术、人工智能技术、区块链技术、大数据与云计算技术、物联网技术

① 国家发展改革委、国家能源局关于促进智能电网发展的指导意见. https://www.gov.cn/gongbao/content/2015/content_2973165. htm.

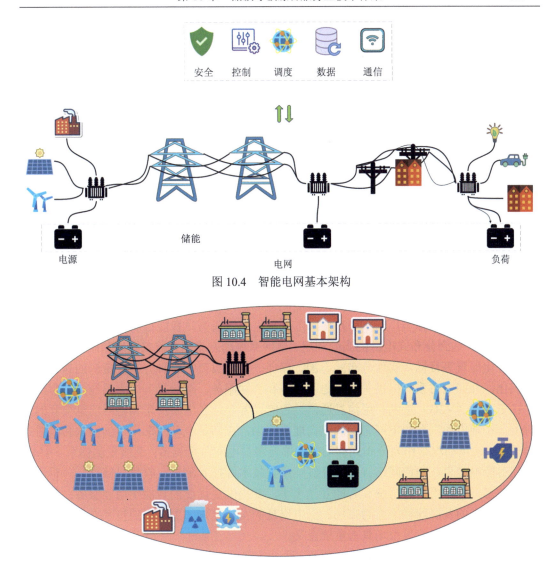

图 10.4　智能电网基本架构

图 10.5　集中式大电网与分布式智能电网

等。在电源侧，高精度可再生能源功率预测技术运用人工智能、大数据挖掘、机器学习、图像处理等数字技术，分析识别辐照度、风向、风速等关键气象要素，提高可再生能源电力预测精度，满足电网运行、用户需求、储能配置等变量需求（舒印彪，2022）。数字化智能化新能源电厂改造技术依托新能源发电智慧运维平台和特种智能机器人、无人机、传感器等智能化装备，高效实现新能源电厂设备智能预警诊断、智能巡检、故障诊断、智能运维等业务场景；数字化智能化技术应用于火电、核电等电源的升级改造，助力燃煤机组节能降碳改造、灵活性改造、供热改造"三改联动"，推动核电设计、制造、建设、运维等各领域各环节，打造全面感知、智慧运行的智能核电厂，全面提升核安全、网络安全和数据安全等保障水平[①]。

在电网侧，特高压输电中运用 5G、人工智能、边缘计算、物联网等数字化技术和机器人、无人机、高清视频监测、北斗卫星遥感等智能化手段，实现特高压电力设备的状态信息高速低功耗广域传输，实现特高压输电线路状态的实时远程可视、可管、可控，以及特高压电力设备的状态评价与运维决策、电力系统的故障诊断与运行优化；电力系统仿真模拟技术借助数字孪生、云计算、人工智能算法等技术和智能传感器将电力系统映射为数字化的电力系统，实现电力系统数字镜像，在虚拟的空间中通过仿真模拟动态复杂场景，反映电力系统的全生命周期过程，实现更优的分析决策和调控。智能变电站技术中，通过采用通信网络技术、智能化的电气设备、自动化的运行管理系统，将枢纽变电站全面建成或改造为智能变电站，使数据采集、传输和处理均实现数字化智能化；网源协调和调度优化技术中应用深度强化学习、人机混合增强智能等技术，缩短策略生成周期，减少人工经验依赖，构建调度智能辅助系统；智能微电网技术利用智能设备技术、通信与计算机技术、控制技术等，保障智能微电网的用电可靠性和电能质量，提升微电网中分布式电源与新型储能资源智能高效配置与运行优化控制水平。

在负荷侧，虚拟电厂（VPP）技术主要利用信息通信、智能控制算法、智能计量、5G 等技术，达到分布式电源的高效利用、电网系统动态平衡、需求响应精准匹配、电力资源优化配置等目标，实现分布式电源、储能、可调负荷等多种分布式资源的聚合和协同优化，并向电力系统提供关键的电量服务和辅助服务，综合提升电力系统安全保障水平；车联网（V2G）技术利用信息通信、智能设备等，在电动汽车和电网信息交互的基础上，实现电动汽车和电网之间的双向能量流动，在满足电动汽车用户的需求和收益的前提下，使电动汽车作为分布式移动储能单元参与电网负荷调节；高级量测体系（AMI）利用智能电能表、通信网络、边缘计算、量测技术等技术测量、收集、储存、分析用户用电信息，提升用户参与感和智能互动水平，并提供更优质的智能化用能服务；数字化智能化技术的发展同样为电力市场、绿电交易的发展带来了更多样的技术支撑，对于建立科学合理的电力能源市场具有重要意义。

未来智能电网将数据作为核心要素，通过数字化智能化技术，打通源网荷储各环节，形成精准反应、状态及时、全域计算、协同联动的支撑体系（全球能源互联网发展合作组织，2021）。大数据、云计算、物联网、人工智能、区块链等数字技术融合与应用于电力系统各个环节的管理和运维，提高其数字化、智能化水平，支撑源网荷储海量分散对象协同运行和多种市场机制下系统复杂运行状态的精准感知和调节，推动以电力为核心的能源体系实现多种能源的高效转化和利用。

10.2.3　技术成熟度及商业可行性

电源侧方面，在国家大力发展清洁能源的背景下，推动数字化智能化技术与可再生

---

① 国家能源局关于加快推进能源数字化智能化发展的若干意见. https://www.gov.cn/zhengce/zhengceku/2023-04/02/content_5749758.htm.

能源发电技术深度融合,高精度可再生能源功率预测技术、新能源发电智慧运维、智慧火电厂、智慧水电等技术已达到推广应用阶段,智慧核电厂、核电智能化运维等技术已开展技术研发,相关技术对于我国新能源电力消纳、保障电力稳定供应、电力生产清洁化和低碳化发展发挥着不可或缺的作用。

电网侧方面,智能变电站、特高压输电技术及运维技术已大规模应用。数字化电力系统仿真系统、网源协调和调度优化、智能微电网等技术已开展试验示范,相关技术逐步走向成熟,为我国特高压骨干网架的建设、全国范围内的新能源消纳利用和各种资源之间的优化互济与支援、降低电力系统实时供需平衡难度等方面提供了有力的技术支撑。

负荷侧方面,随着数字化、智能化技术的飞速发展,推动能源供给侧和消费侧双向信息互动,实现能源供给的灵活高效管理。智慧用电基础设备与装备、虚拟电厂、车联网技术等目前已试验示范,相关技术可提高全社会的终端用能效率,产生更多的能源服务模式,供需之间深度融合(表 10.1)。

表 10.1　智能电网相关技术成熟度

技术名称	技术分类	减碳贡献等级	技术成熟度	当前技术阶段
高精度可再生能源功率预测技术	电源侧	高	9	推广应用
新能源发电智慧运维	电源侧	低	9	推广应用
智慧火电厂	电源侧	高	9	推广应用
智慧水电	电源侧	低	9	推广应用
智慧核电	电源侧	低	4~5	集中攻关
智能变电站	电网侧	中	9	推广应用
特高压输电技术	电网侧	高	9	推广应用
特高压运维技术	电网侧	低	9	推广应用
数字化电力系统仿真系统	电网侧	中	6~8	试验示范
网源协调和调度优化	电网侧	高	6~8	试验示范
智能微电网	电网侧	高	6~8	试验示范
新型透明电力系统	电网侧	低	4~5	集中攻关
智慧用电基础设备与装备	负荷侧	中	6~8	试验示范
虚拟电厂	负荷侧	高	6~8	试验示范
车联网技术	负荷侧	中	6~8	试验示范
高级量测体系	负荷侧	中	6~8	试验示范

10.2.4　技术研发及应用主体

在电源侧,技术研发及应用的主体包括以中国华能集团、中国华电集团、国家电投等为代表的传统发电集团,以及远景能源、金风科技、中广核、中国长江电力等公司。数字化智能化的技术和设备在发电领域已得到了实际的运用。例如,金风慧能运用物联网、大数据、云计算、移动互联等新技术,提供大数据预警、精准功率预测等服务,致力于帮助新能源发电企业优化资产性能，提高运营效率，提升发电收益。

在电网侧，技术研发及应用的主体由国家电网、南方电网、内蒙古电力等公司及旗下子公司构成。其他企业和公司能够参与的部分主要是数字化技术研究与智能设备制造环节。相关领军企业有国电南瑞、国网信息通信产业集团、特变电工、许继集团、中国西电集团、平高电气等。在技术应用方面，目前，南方电网已建成了网级统一机巡系统，实现线路通道数字化 23.8 万 km、无人机自动巡检 220 kW 及以上线路全覆盖。全域物联网平台累计接入输电线路 3 447 条、变电站 1 519 座、配电站房 8 140 座，感知终端接入突破百万级，有力支撑智能远程监测、缺陷与故障实时预警和精确定位等业务开展。国家电网雄安新区供电公司率先将数字孪生技术应用于容东集控站，通过对所辖变电站进行元件级三维精细化建模，融入实时空间视频，形成三维全息场景的全景监视，实现可视化的高效集中监控，强化了设备管控能力及主动预警能力（中国雄安官网，2021）。

在负荷侧，小米科技、美的、海尔等企业在智能家电领域表现不俗，比亚迪、理想、长城等厂商位于电动汽车领域头部，科陆电子科技、林洋能源、威胜集团、三星电气等企业在智能电表领域走在前列。在相关技术应用方面，深圳虚拟电厂管理中心已启动常态化削峰填谷工作，并运用 5G 专用切片技术在国内首次验证了虚拟电厂调频技术，2023 年 5 月底两次开展深圳电网特定区域的精准削峰，共吸引特来电、泛美能源等 13 家虚拟电厂运营商降低其充电桩、建筑楼宇等用电负荷，最大有效调节电力约 5.6 万 kW，累计调节电量 5.8 万 kW·h，帮助局部地区供电设备"减轻负担"，提升用户用电可靠性、稳定性。

此外，华为、阿里云、东方电子集团、海康威视、大疆、煜邦电力技术、图扑软件等企业在数字化技术研发、智能设备制造、数字化智能平台和解决方案服务相关领域深耕多年。国家能源集团、中国电力科学研究院、国网智能电网研究院、南方电网科学研究院、清华大学、天津大学、西安交通大学、华北电力大学等高校和科研院所在智能电网技术的研发方面也具备强劲的实力。

参 考 文 献

李研妮，2021. 碳核算的统计范畴、测算方法及指标选择. 金融纵横，(11): 29-34.

刘通浩，敬红，王军霞，等，2021. 夯实我国固定污染源温室气体排放监测基础的建议. 环境保护，49(16): 23-25.

全球能源互联网发展合作组织，2021. 电力数字智能技术发展与展望. 北京: 中国电力出版社.

沈沉，贾孟硕，陈颖，等，2020. 能源互联网数字孪生及其应用. 全球能源互联网，3(1): 1-13.

生态环境部，2021. 碳监测评估试点工作方案.

生态环境部，2022. 生态环境部 5 月例行新闻发布会. https://www. mee. gov. cn/ywdt/zbft/202205/t20220526_983531. shtml.

生态环境部，2023. 生态环境部召开 5 月例行新闻发布会. https://www. mee. gov. cn/ywdt/xwfb/202305/t20230529_1031679. shtml.

舒印彪，2022. 新型电力系统导论. 北京: 中国科学技术出版社.

谭子旋，2023. 基于卫星遥感与大气模式的南方主要城市 XCO_2 时空比较研究. 广州: 广州大学.

《新型电力系统发展蓝皮书》编写组, 2023. 新型电力系统发展蓝皮书. 北京: 中国电力出版社.

余贻鑫, 2021. 智能电网基本理念与关键技术. 北京: 科学出版社.

中国雄安官网, 2021. 雄安新区建成国内首个基于新一代设备监控系统和数字孪生技术的变电集控站. http://www.xiongan.gov.cn/2021-04/23/c_1211124321.htm.

朱妍, 2022-06-09. 火电等五个行业纳入碳监测评估试点. 中国能源报.

第 11 章　碳捕集利用与封存技术体系[*]

全球气候变暖问题日益严峻，已经对全球自然生态系统产生了显著影响，成为威胁人类可持续发展的主要因素之一，减少温室气体的排放以应对气候变化带来的不利影响成为当今国际社会关注的焦点。捕集、利用与封存（CCUS）是实现大规模温室气体减排的新兴技术手段，其作为人为固碳技术与自然生态系统固碳一并在"固碳端"助力实现碳中和目标。CCUS 技术不仅可以实现化石能源利用净零排放，促进钢铁、水泥等难减排行业的深度减排，而且在碳约束条件下增强电力系统灵活性，保障电力安全稳定供应，抵消难减排的二氧化碳和非二氧化碳温室气体排放等方面具有重要意义（曹金康，2023）。

11.1　基本介绍

政府间气候变化专门委员会（IPCC）发布的《二氧化碳捕集与封存》特别报告中正式提出二氧化碳捕集与封存（CCS）的定义："将 CO_2 从工业或相关能源产业的排放源中分离出来，运输并封存于地质构造中，实现 CO_2 与大气长期隔绝的过程"。2007 年，CCS 技术正式作为一种控制温室气体排放和减缓气候变化的重要手段被《京都议定书》所认可。2009 年 10 月，科学技术部时任部长万钢在第三届"碳封存领导人论坛"部长级会议中提出，要重视二氧化碳资源化利用技术，此后 CCS 技术逐渐演变成包含"二氧化碳利用"在内的碳捕集、利用与封存（CCUS）技术（黄晶，2022）。CCUS 技术具体是指将 CO_2 从能源利用、工业过程等固定排放源或空气中捕集分离，通过罐车、管道、船舶等输送到适宜的场地加以利用或注入地层，以实现 CO_2 永久减排的一系列技术的总和（蔡博峰等, 2021）。

图 11.1 显示了 CCUS 技术产业链，CCUS 技术作为一系列技术组合，包括二氧化碳捕集、运输、利用、封存及监测五个技术环节。具体来说，CO_2 捕集是指从各类排放源中分离 CO_2 的过程，按照捕集过程与燃烧过程的先后顺序可分为燃烧前捕集、燃烧后捕集和富氧燃烧等。CO_2 运输是指将捕集的 CO_2 输送到可利用或封存场地的过程，按照运输工具的不同可进一步划分为罐车运输、管道运输和船舶运输等。CO_2 利用是指通过工程技术手段将捕集的 CO_2 实现资源化利用的过程，按照利用方式的不同可进一步划分为化工利用、生物利用和地质利用等。CO_2 封存是指将捕集纯化后的 CO_2 注入地质构造后，依靠构造和地层、残余、溶解和矿化等封存圈闭方式实现 CO_2 的长期封存，主要的封存地质体包括深部盐水层、深部不可采煤层和枯竭油气藏等。CO_2 监测技术贯穿地质封存的全生命周期，包括注入前监测封存场地特征并确定主要的环境风险；运行中监测 CO_2 羽流迁移情况并确保 CO_2 无泄漏，确保封存场地的安全稳定性；注入后监测 CO_2 注入的

* 本章作者：李婉君、杨丽平。

地下储层中 CO_2 的分布、迁移和封存状态（李琪等，2023）。

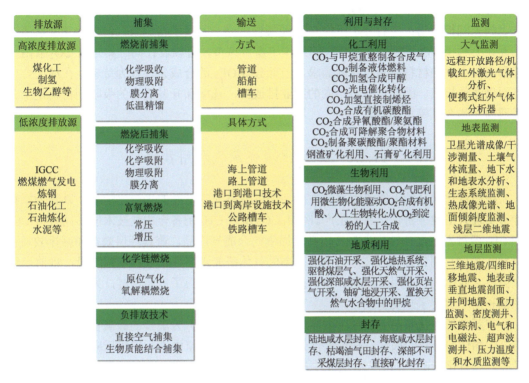

图 11.1　CCUS 技术产业链示意图

11.2　技术发展方向

11.2.1　低成本低能耗二氧化碳捕集技术

根据捕集源的不同（CO_2 体积分数、压力、温度等），所适宜的捕集技术及工艺有所差别。例如，燃煤电厂尾气具备烟气量大、温度高、CO_2 分压低和含量低等特点（杨晴等，2023），可通过燃烧前捕集、燃烧后捕集及富氧燃烧等技术将燃煤发电过程中的 CO_2 捕集并加以利用或封存。水泥行业的烟气量大、成分复杂、含量波动大且 CO_2 浓度较低，可通过液体吸收法、固体吸附法、钙循环法以及富氧燃烧法等碳捕集工艺技术将水泥熟料制备过程中排放的 CO_2 和化石燃料燃烧直接或间接排放的 CO_2 加以捕集、利用和封存（韩乐静，2014）。

在碳捕集系统中，设备尺寸、材料选择、工艺的复杂性及其与基础设施的集成是影响碳捕集成本的关键因素。捕集过程中涉及吸收塔、再生塔、再生气分离器、换热器等设备，其中吸收系统和再生系统中的吸收塔和再生塔占设备投资最大。压缩机是 CO_2 捕集工艺中的核心设备，用于 CO_2 气体压缩、液化、升压等过程。此外，开发新型高效、廉价、稳定、吸附容量大的吸附剂材料也是未来 CO_2 捕集的关键。目前 CO_2 吸附剂材料主要分液体吸收剂材料和固体吸附剂材料，其中固体吸附剂材料包括多孔碳材料、沸石分子筛、金属有机框架（MOFs）等。多孔碳材料制备价格低廉，稳定性高，适合于工业上的大规模应用；沸石分子筛的 CO_2 捕集性能高、制备价格低廉，但烟道气中水蒸气的存在不利于 CO_2 的吸附；MOFs 的结构丰富可调节，可以设计同时具有高 CO_2 吸附性能和高耐水性的材料以满足实际需求，但部分 MOFs 的合成条件较为苛刻，在放大合成方面仍面临挑战。因此，面对不同的工业排放源，选取和开发适合的吸附剂材料是十分重要的（陈久弘等，2023）。

11.2.2 二氧化碳资源化利用技术

在平台化学品的上游流程再造方面，合成气是非常重要的平台化学品，以其为原料能够实现大多数下游化学品的生产。例如，CO_2 重整 CH_4 制备合成气技术能够同时将 CO_2 和 CH_4 两种温室气体转化为具有较高附加值的合成气产品，兼具环保效益和减排效益。CO_2 重整 CH_4 制备合成气技术在全球范围的总体研究水平处于中试示范阶段，目前已经在高性能催化剂、专用反应器、中试技术验证等方面取得了重要进展，为技术的商业化示范和推广奠定了必要基础。

在新型低碳化学品合成的下游流程再造方面，以 CO_2 为廉价的碳氧资源，一方面可将工业固体废弃物经破碎、筛选等预处理后，在 CO_2 气氛中进行矿化反应产生稳定的碳酸盐，二氧化碳矿化利用大体处于中试示范阶段；另一方面，将 CO_2 作为原料可以合成碳酸二甲酯、聚酯、聚氨酯等聚合物材料。目前 CO_2 直接合成碳酸二甲酯技术仍处于技术基础研究阶段，CO_2 经碳酸乙烯酯醇解间接制备碳酸二甲酯技术已经完成了万吨级全流程工业示范验证；CO_2 合成可降解聚合物材料技术已经进入产业化示范阶段，预计不久将实现大规模产业化应用，推广潜力较大；CO_2 合成异氰酸酯/聚氨酯技术目前已经完成了中试验证，正在进入工程化示范阶段，已经基本具备了商业化推广能力。

在可再生能源与 CO_2 转化耦合方面，可再生能源驱动的光电催化、生物催化转化 CO_2 合成化学品、能源及材料，将为可再生能源的合理利用和 CO_2 资源化利用提供极大的发展空间。例如，CO_2 光电催化转化技术反应条件温和，常温常压条件下就能够高效地将 CO_2 还原转化为目标产物，理论上无任何污染物产生，兼具高能效和减排效益。更为重要的是，CO_2 光电催化转化过程设备装置简单、基建投入/产出比高，在全球范围的总体研究水平处于小试阶段。

11.3 技术成熟度

我国的 CCUS 技术总体上仍处在研发和示范阶段，从 CCUS 各个细分技术来看（表11.1），二氧化碳捕集技术中物理吸收法和化学吸收法技术成熟度最高，已接近商业化应用阶段，同时适用排放源的浓度范围最大，在规模和成本等方面均具有一定的竞争力。膜分离、富氧燃烧和化学链燃烧等技术被广泛认为是具有发展和应用潜力的新一代捕集技术，未来在成本和能耗降低时将开展广泛的技术应用场景。在运输环节，中国的罐车运输和船舶运输技术已达到商业应用阶段。中国已有的 CCUS 示范项目规模较小，70%以上均采用罐车输送。管道运输技术在中国尚处于中试阶段，目前中国已具备大规模管道设计能力，正在制定相关设计规范；但当前海底管道输送 CO_2 的技术缺乏经验，在国内尚处于研究阶段。在利用与封存环节，大部分技术仍处于研发或工业示范阶段，距离规模化落地仍有一定距离，如利用 CO_2 合成燃料、合成高附加值化学产品、合成材料等。在地质利用与封存技术方面，我国起步较晚，CO_2 地浸采铀与 CO_2 驱油技术较为成熟，已达到工业示范及应用水平。在监测环节，大气监测中便携式红外气体分析器技术处于商业化应用阶段，而远程开放路径/机械红外激光气体分析技术处于开发和示范阶段；地表监测的大多数技术处于研究阶段；地层监测能采用的手段较多，如井间地震、微地震、时移地震等手段都是相对成熟的监测技术（张琪，2011）。

表 11.1 CCUS 技术成熟度

技术名称	技术分类	减碳贡献等级	技术成熟度	当前技术阶段
化学吸收法	捕集	高	9	推广应用
物理吸收法	捕集	高	7~9	推广应用
物理吸附法	捕集	高	7~9	试验示范
化学吸附法	捕集	高	6~8	试验示范
膜分离法	捕集	中	5~7	集中攻关
钙循环法	捕集	高	5~7	集中攻关
常压富氧燃烧	捕集	中	6~8	试验示范
增压富氧燃烧	捕集	中	3~5	前瞻研究
化学链燃烧	捕集	中	4~6	集中攻关
直接空气捕集	捕集	高	4~6	集中攻关
管道输送	运输	高	3~5	集中攻关
船舶输送	运输	高	7~9	试验示范
罐车输送	运输	中	9	推广应用
CO_2 重整制合成气	化学利用	高	5~7	试验示范
CO_2 加氢制甲醇	化学利用	高	7~9	试验示范
CO_2 光电催化转化	化学利用	高	4~6	前瞻研究
CO_2 矿化利用	化学利用	高	5~7	集中攻关
CO_2 合成有机碳酸酯	化学利用	高	6~8	试验示范
CO_2 合成聚酯/聚氨酯等	化学利用	高	5~7	集中攻关
CO_2 制备低碳烯烃/芳烃	化学利用	高	3~5	前瞻研究
CO_2 制备汽油等液体燃料	化学利用	高	7~9	试验示范
CO_2 微藻生物利用	生物利用	中	7~9	试验示范
CO_2 人工合成淀粉	生物利用	中	2~4	前瞻研究
CO_2 强化石油开采	地质利用	高	7~9	推广应用
CO_2 驱替煤层气	地质利用	中	5~7	试验示范
CO_2 强化天然气开采	地质利用	中	3~5	集中攻关
CO_2 强化页岩气开采	地质利用	中	2~4	前瞻研究

续表

技术名称	技术分类	减碳贡献等级	技术成熟度	当前技术阶段
CO_2 强化咸水开采	地质利用	高	5～7	集中攻关
CO_2 铀矿浸出增采	地质利用	高	7～9	推广应用
CO_2 增强地热系统	地质利用	中	3～5	前瞻研究
CO_2 咸水层封存	地质封存	高	5～7	试验示范
CO_2 枯竭油气田封存	地质封存	高	5～7	集中攻关
便携式红外气体分析器	大气监测	高	7～9	推广应用
远程开放路径/机械红外激光气体分析	大气监测	高	5～7	试验示范
卫星光谱畅享/干涉测量	地表监测	中	3～5	前瞻研究
土壤气体测量	地表监测	中	3～5	前瞻研究
地下水和地表水分析	地表监测	中	7～9	推广应用
生态系统监测	地表监测	中	5～7	试验示范
地面倾斜度监测	地表监测	中	7～9	推广应用
热成像光谱	地表监测	中	5～7	试验示范
三维地震/时移地震	地层监测	高	7～9	推广应用
电磁感应成像	地层监测	高	3～5	前瞻研究
地球物理化学	地层监测	高	5～7	试验示范
井间地震	地层监测	高	7～9	推广应用
垂直地震剖面	地层监测	高	7～9	推广应用
井口压力/地层压力监测	地层监测	高	7～9	推广应用
密度测井	地层监测	高	5～7	试验示范
重力监测	地层监测	高	7～9	推广应用
示踪剂	地层监测	高	5～7	试验示范

11.4　商业可行性

CCUS 商业化面临的关键问题包括 CCUS 相关环节的设备及技术投资成本高昂；CCUS 涉及的产业链相对较长，利益相关者之间错综复杂的关系导致企业间难以实现长期合作；CCUS 的产业周期长、高度不确定性的特点使政策激励面临着较高风险。因此，CCUS 商业模式的构建是目前 CCUS 产业化发展面临的重要制约因素。当前我国大多数 CCUS 项目主要采用垂直整合的一体化模式（王喜平和唐荣，2022），即由单一企业投资运营，以国企为主，私企投资相对较少，这种商业模式将捕集、运输、利用和封存视为一个整体，避免了与不同部门之间同步工作的问题，也有助于消除交易成本。目前运用该模式的 CCUS 项目有延长石油 CCUS 项目和中石化 CCUS 项目等。未来 CCUS 项目的商业合作模式会进一步多元化，企业间合作开展 CCUS 项目是未来的发展趋势，如由负责碳捕集、运输和封存的企业建立合资公司，或采取运营商和运输商模式。在运输商模式中，工业/电力公司负责捕集 CO_2；第三方运输公司负责 CCUS 产业链的运输部分，支付运输设备及其运维的成本，并从 CO_2 的销售和交易碳信用额中产生收入；CO_2 用户包

括 CO_2 采购成本以及与使用或存储设备及其运维相关的成本,从封存补贴和/或已购买的 CO_2 的折扣价格中获得收益(Yao et al., 2018)。探索有利于 CCUS 产业化发展和稳定运营的商业模式,并研究制定相应的激励政策,对于促进 CCUS 商业化部署进而实现国家碳中和愿景目标具有重要意义。

11.5　技术研发及应用主体

尽管当前 CCUS 技术尚未大规模进行商业化,但鉴于未来发展空间较大,CCUS 技术供应商、服务供应商和关键设备制造商将面临巨大的市场机遇。国外已有多家著名的头部企业和初创公司可提供 CCUS 技术和关键设备,如图 11.2 所示,在产业链的上中下游均有分布,布局技术最多的是在上游碳捕集过程,如法国液化空气集团开发的胺基化学吸收法和低温甲醇洗工艺等,用于低碳氢气的制备;霍尼韦尔提供成熟的溶剂、膜、吸附剂和低温技术。在中游和下游环节所需的运输设备和监测设备以及全产业链所需的管道系统、脱水调节系统、节能泵送系统等方面均有相关企业布局,如德国西克集团的连续气体分析仪能够准确测量气体混合物中 CO_2 和其他成分的浓度。

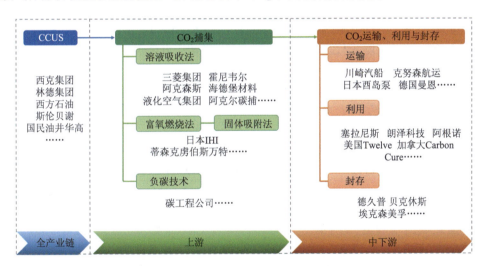

图 11.2　国外 CCUS 技术研发与应用主体

我国 CCUS 技术发展在近些年来取得了显著成效。与国外相比,部分技术具备领先优势,从图 11.3 中可以看到,中国石油大学、四川大学和浙江大学等高校在 CCUS 技术研发方面走在前列。从碳捕集/利用的技术提供者或设备供应商来看,以中国石化、中国石油、中国海油、中国华能、国家能源集团等国有企业为主,具备 CCUS 全流程项目的技术与经验。我国 CCUS 技术总体上处于研发与示范阶段。

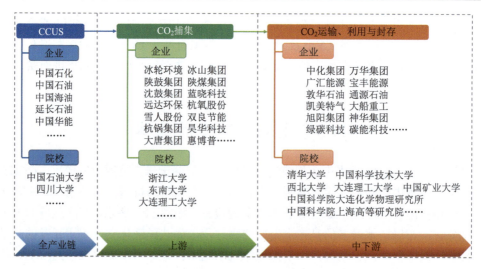

图 11.3 中国 CCUS 技术研发与应用主体

参 考 文 献

蔡博峰, 李琦, 张贤, 2021. 中国二氧化碳捕集利用与封存(CCUS)年度报告(2021)——中国 CCUS 路径研究. 北京: 生态环境部环境规划院, 中国科学院武汉岩土力学研究所, 中国 21 世纪议程管理中心.

曹金康, 2023. 区域 CCUS 系统建模与安全风险评估研究. 青岛: 青岛科技大学.

陈久弘, 王毅, 王恺华, 等, 2023. 二氧化碳捕集用吸附分离技术及其吸附材料研究进展. 低碳化学与化工, 48(5): 62-70.

韩乐静, 2014. 浅析水泥生产与碳捕集一体化新技术. 新世纪水泥导报, 20(6): 17-19, 3.

黄晶, 马乔, 史明威, 等, 2022. 碳中和视角下 CCUS 技术发展进程及对策建议. 环境影响评价, 44(1): 42-47.

李琦, 李彦尊, 许晓艺, 等, 2023. 海上 CO_2 地质封存监测现状及建议. 高校地质学报, 29(1): 1-12.

王喜平, 唐荣, 2022. 燃煤电厂碳捕集、利用与封存商业模式与政策激励研究. 热力发电, 51(8): 29-41.

杨晴, 孙云琪, 周荷雯, 等, 2023. 我国典型行业碳捕集利用与封存技术研究综述. 华中科技大学学报(自然科学版), 51(1): 101-110, 145.

张琪, 崔永君, 步学朋, 等, 2011. CCS 监测技术发展现状分析. 神华科技, 9(2): 77-82.

Yao X, Zhong P, Zhang X, et al, 2018. Business model design for the carbon capture utilization and storage (CCUS) project in China. Energy Policy, 121: 519-533.

第四部分 区 域 篇

　　产业的区域布局是一国或地区经济发展规划的基础，是其经济发展战略的重要组成部分，也是实现国民经济持续稳定发展的前提条件。我国幅员辽阔，各地区资源禀赋、气候条件、交通状况、经济发展、人口规模均有较大差异，各种产业的区域布局通常受到以上多种因素相互作用的影响。随着"双碳"目标的提出，绿色低碳产业的重要性日益突出，如何通过优化区域布局，实现绿色低碳产业的快速发展越发重要。本篇在介绍绿色低碳产业区域布局主要影响因素和基本原则的基础上，重点围绕我国重大战略发展区域有关绿色低碳产业发展定位及产业布局、典型绿色低碳产业区域布局现状及规划做深度分析，剖析我国绿色低碳产业区域布局存在的主要问题，并提出优化绿色低碳产业区域布局的思路和建议，以期为促进绿色低碳产业发展的相关政策制定和空间布局提供帮助。

第 12 章　绿色低碳产业布局的
理论基础及影响因素[*]

12.1　绿色低碳产业布局的理论基础

产业布局是指产业的各部门、各要素、各环节在一定地域空间上的分布与组合。狭义的产业布局仅指工业布局，而广义的产业布局则包括农业、工业、服务业在内所有产业在一定地域空间上的分布与组合。产业布局理论主要研究一国或地区的产业布局对整个国民经济的影响，一国或地区的产业发展最终要落实到特定经济区域来进行，这样就形成了产业在不同地区的布局结构（苏东水，2010）。产业布局理论经过长期的发展，在不同时期形成了不同的主导理论，包括：德国农业经济学家约翰·冯·杜能（Johan Heinrich von Thunnen）1826 年通过《孤立国同农业和国民经济之关系》首次系统地阐述了农业区位理论的思想，奠定了农业区位理论的基础（杜能，2018）；阿尔弗雷德·韦伯于 1909 年在《工业区位论》中提出了工业区位论（韦伯，2010）；以及后来逐渐成熟的理论学派，如成本学派理论（胡佛，1990）、市场学派理论（克里斯塔勒，2020）、成本-市场学派理论/一般均衡理论（艾萨德，2010）、增长极理论（佩鲁，1987），以及点轴理论（陆大道，1984）等，这些理论都为产业布局奠定了良好的理论基础，为产业布局不断优化提供思想指导。

绿色低碳产业布局在遵从以往有关产业布局基本理论的基础上，结合当今社会有关绿色、低碳、节能和清洁等理念深入人心，围绕国民经济社会发展形势和趋势，形成了系统化、融合化、集群化、绿色化、低碳化、差异化和市场化等多元要求下的产业布局。实践也表明，产业集群在强化专业化分工、发挥协作配套效应、降低创新成本、优化生产要素配置等方面的作用显著，是工业化发展到一定阶段的必然趋势，也在很大程度上体现了绿色低碳产业在一定地域空间上的分布和组合，而且未来将会有一批绿色低碳产业集群成为发展绿色低碳经济的有效组织载体。

12.2　影响绿色低碳产业区域布局的主要因素

影响我国绿色低碳产业区域布局及产业集群形成的主要因素概括来讲包含五个方面，分别是资源禀赋、消费市场、政策引导、科技创新，以及金融资本。

12.2.1　资　源　禀　赋

区域资源的丰富程度是决定产业区位和分布的重要因素之一，一般拥有丰富绿色低

* 本章作者：张葵叶、于立东。

碳资源的地区更容易形成该产业的集聚。例如，我国西北地区丰富的风光资源禀赋为风电光伏大基地的建设奠定了基础，西南地区丰富的水资源为大型水电站的建设奠定了基础。

在新能源大基地建设方面，我国西北地区风能资源可开发量占全国陆上风能的1/3，太阳能资源可开发量占全国的59%，新能源可开发量高达19亿kW，西北地区凭借丰富的风光资源优势已经成为国家清洁能源发展的重点区域之一，国家《"十四五"可再生能源发展规划》中明确提出，要"加快推进以沙漠、戈壁、荒漠地区为重点的大型风电太阳能发电基地"，其中规划建设的全国9个大型清洁能源基地中有4个基地位于西北地区（表12.1）。

表12.1　我国风光水火储一体化基地分布

基地类型	基地名称	规划装机/万 kW	省（自治区）
风光储一体化基地	松辽清洁能源基地	6 280	黑龙江、吉林、辽宁
	冀北清洁能源基地	9 700	河北北部
风光火储一体化基地	黄海几字弯清洁能源基地	14 500	内蒙古、宁夏
	河西走廊清洁能源基地	5 000	甘肃
风光水储一体化基地	黄河上游清洁能源基地	10 000	青海
	金沙江上游清洁能源基地	200	四川
	雅砻江流域清洁能源基地	10 000	贵州
	金沙江下游清洁能源基地	2 500	云南
风光水火储一体化基地	新疆清洁能源基地	6 500	新疆

资料来源：《中华人民共和国国民经济和社会发展第十四个五年规划和2035年远景目标纲要》《"十四五"可再生能源发展规划》。

在水力发电方面，受水资源分布的制约，我国主要的大型水电站主要位于西南的四川和云南，其次就是长江流域的湖北（图12.1）。整体来看，北方水力装机规模远小于南方，与北方水资源分布不足有直接关系。

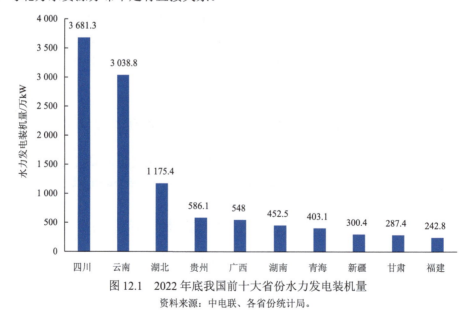

图12.1　2022年底我国前十大省份水力发电装机量

资料来源：中电联、各省份统计局。

12.2.2 消费市场

我国拥有 14 亿人口以及约 960 万 km² 的陆地面积,有超过 90%的人口生活在"胡焕庸线"以东约占陆地面积 36%的区域,但是主要能源及矿产资源分布在"胡焕庸线"以西的西部广阔区域,因此新中国成立以来耗费巨资修建"西气东输""西电东送"等工程用于满足东部消费市场的需求。随着"双碳"目标的提出,对于绿色电力的需求与日俱增,在东部终端消费市场建设发电设施作为电力缺口的补充成为广东、江苏、山东等东部省份的重要选择。

在核能装备及核电产业发展方面,我国沿海省份作为国内最重要的经济带之一,对于能源(电力)的需求非常迫切,为了弥补能源(电力)的缺口,沿着海岸线布局核能发电成为重要的能源供应方式,得到国家和地方的高度重视。1991 年底我国第一座自行设计、建造的核电站——秦山核电站并网发电,使我国成为继美国、英国、法国等之后世界上第 7 个能够自行设计、建造核电站的国家。截至 2022 年底,我国已经建成并网核电机组 55 台(不包括台湾),装机总规模为 56 985.74 MWe(额定装机容量),分布在广东、福建、浙江、江苏、山东等经济发达、能源负荷巨大的省份(图 12.2)。

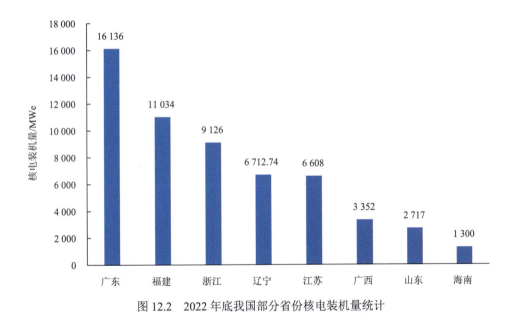

图 12.2 2022 年底我国部分省份核电装机量统计

资料来源:中电联、各省份统计局

12.2.3 政策引导

党的二十大报告明确指出,积极稳妥推进碳达峰碳中和,坚持先立后破,有计划分步骤实施碳达峰行动,积极参与应对气候变化全球治理。绿色低碳转型成为全社会和各企业履行社会责任和可持续发展的必然选择。在国家密集出台碳达峰碳中和相关政策的引导下，绿色低碳产业也得到快速发展。

在储能产业发展方面，我国储能产业已经进入规模化发展阶段，新型储能更是呈现爆发式增长，尤其是随着新能源装机的快速增长，新能源配储规模也持续扩大。近年来，国家相继出台了多项新能源配储相关的政策，包括《关于加快推动新型储能发展的指导意见》《"十四五"新型储能发展实施方案》等。在新能源配储相关政策的强制约束下，新能源产业区域布局很大程度上也影响了新型储能产业的区域布局。截至 2022 年底，我国已有 20 多个省（区、市）出台新能源配储政策，储能配置比例 10%～20% 不等，配置时长 2～4 小时不等。2020～2022 年间新能源配储已经为储能市场带来了较为可靠的潜在储能装机需求。

表 12.2　我国部分省（自治区、直辖市）集中式新能源配储比例要求

序号	省（自治区、直辖市）		风电项目		光伏项目	
			比例/%	时长/h	比例/%	时长/h
1	山东		30	2	30	2
2	江西		10	2	10	2
3	江苏		10	2	10	2
4	广西		20	2	10	2
5	广东		10	1	10	1
6	云南		—	—	10	2
7	贵州		—	—	10	2
8	河南		10	2	10	2
9	陕西		—	—	10	2
10	福建		—	—	10	2
11	甘肃		15	2	15	2
12	安徽		27	2	13	2
13	内蒙古		15	2	15	2
14	青海		15	2	15	2
15	河北	冀北	20	2	20	2
		冀南	15	2	15	2
16	湖北		—	—	20	2
17	西藏		—	—	20	4
18	宁夏		10	2	10	2
19	上海		—	—	20	4
20	湖南		—	—	5	2
21	天津		15	—	15	—

数据来源：课题组据各省（自治区、直辖市）储能发展相关政策整理。

在负碳产业方面，得益于"双碳"战略目标的提出和实施，CCUS 技术等一系列负碳技术成为政策驱动下的重要技术选择，尤其是 CCUS 技术已经成为以煤电和石油禀赋为主地区远期实现碳中和目标的重要抓手。目前，中国石化、中国华能、国家能源集团等都在积极开展有关 CCUS 技术的探索、实验和示范项目。例如，2022 年 8 月，我国首个百万吨级 CCUS 项目"齐鲁石化-胜利油田百万吨级 CCUS 项目"已经正式注气运行；2023 年，亚洲最大火电 CCUS 项目——国家能源集团江苏泰州电厂 50 万 t/a CCUS 项目正式投产；2022 年 6 月，中国海油牵头的我国首个海上规模化（300 万～1 000 万吨级）CCS/CCUS 集群研究项目正式启动；2023 年 8 月，中国石油新疆油田分公司位于克拉玛依的 2×66 万 kW 煤电+可再生能源+百万吨级 CCUS 技术一体化示范项目获批，该项目也是目前全国规模最大的从煤电烟气碳捕集到油田利用与封存全产业链示范项目，有助于构建石油增产和碳减排的"双赢"格局。

在低碳零碳综合服务业领域，碳市场是实现"双碳"目标的核心政策工具之一，受政策引导影响，全国碳市场逐步完善起来。据《中国碳市场建设成效与展望（2024）》预测，到 2030 年底，全国碳市场年覆盖企业数量将提升至约 5500 家，年覆盖二氧化碳排放量将突破 86 亿 t，在全国二氧化碳排放量中的占比提高至 74%左右；配额成交均价预计突破 200 元/t，CCER 成交均价预计上升至 150 元/t。随着全国碳市场覆盖范围进一步扩大，碳市场影响力将显著提升。此外，目前我国各省均在积极探索适用于支持本地产业绿色低碳发展的机制。如重庆、福建、安徽、上海、天津等省市积极发展绿色金融，助力碳减排。其中上海市推动国家气候融资试点在浦东新区成功落地，天津市则不断深化绿色金融改革创新，发布全国首个省级 ESG 评价指南。

12.2.4　科技创新

产业发展往往离不开科技创新的支持，科技创新对绿色低碳产业布局的影响主要体现在以下几个方面：一是科技创新可以帮助企业实现生产过程的绿色化，推动产业向更环保、更可持续的方向发展；二是科技创新可以通过提高资源利用效率，降低生产过程中的能耗、物耗和排放；三是科技创新可以推动新兴绿色技术的研发和应用，促进绿色产业的发展；四是科技创新可以推动产业结构调整和升级，促进高耗能、高污染的传统产业向绿色低碳产业转型。因此，绿色低碳产业布局离不开科技创新要素，科技创新实力较强的地区也成为绿色低碳等新兴产业重点研究的区域。

例如，北京聚集了大量的科研机构、高等院校和科技企业，拥有众多优秀的科研人才和科技创新资源，同时也是我国的科技创新中心，已经成为包括氢能、可再生能源、低碳零碳服务业等多种绿色低碳产业研究的重要区域。

在氢能发展方面，氢能是典型的技术密集型产业，其生产、储存、运输以及消费各个环节均有极高的技术要求。随着国内可再生能源的大规模开发以及"双碳"目标的提出，氢能的重要性逐渐得到凸显，但是受制于基础材料、核心零部件尚未突破技术壁垒，氢能制备储运成本过高等问题，严重困扰氢能产业发展。因此，若要提高氢能产业发展质量，科技创新要放在首位，集中突破核心技术，增强全产业技术装备自主可控能力，制定完善行业基础标准，增强氢能产业链供应链的稳定性和竞争性。在科技创新实力较强的省市布局成为国家推动氢能发展的重要举措。2021 年 8 月，五部委联合发布《关于启动燃料电池汽车示范应用工作的通知》，同意北京、上海和广东报送的城市群启动实施燃料电池汽车示范应用。2022 年 1 月，河南和河北燃料电池汽车示范城市群正式获批，全国形成了"3+2"燃料电池汽车示范格局。

12.2.5　金　融　资　本

金融资本既是现代经济的重要组成部分，也是现代经济的推进器和加速剂，对绿色低碳产业布局发挥重要作用。党的二十大报告提出"完善支持绿色发展的财税、金融、投资、价格政策和标准体系，发展绿色低碳产业，健全资源环境要素市场化配置体系，加快节能降碳先进技术研发和推广应用，倡导绿色消费，推动形成绿色低碳的生产方式和生活方式。"这些都足以说明，发展绿色低碳产业离不开金融资本的有效支撑。

金融对绿色低碳产业布局的影响主要体现在以下几个方面：一是金融可以为绿色低碳产业提供必要的资金支持，帮助企业开展技术研发、项目建设、市场推广等活动，促进企业的发展壮大；二是绿色低碳产业融资具有不确定性，金融可以通过提供保险、担保等服务，帮助企业降低风险，从而更好地吸引投资；三是金融可以通过资源配置的方式，引导资金流向绿色低碳产业；四是金融可以通过创新的方式，为绿色低碳产业提供更加灵活和多样化的融资方式。

在新能源汽车发展方面，汽车产业是典型的资金密集型产业，从新中国成立初期的长春的一汽、十堰的二汽，到改革开放以后上海的上汽和通用、广东的广汽、天津的丰田等，国内目前已经形成的汽车产业均布局在经济发达区域。新能源汽车产业发展更是离不开金融资本的支持，金融资本为新能源汽车提供融资的同时，还提供了众多投资机会，可以吸引更多资本参与到这个行业中，尤其是地方政府通过建立产业基金或者提供金融资本融资支持的方式推动新能源汽车产业落地。例如，随着 2010 年私人购置新能源汽车补贴政策的发布，资本蜂拥而至，新能源汽车"新势力"如雨后春笋般出现，如蔚来、理想、小鹏、哪吒等，其他产业的佼佼者，如小米也通过资本加持进入新能源汽车产业。

参 考 文 献

阿尔弗雷德·韦伯, 2010. 工业区位论, 李刚剑等译. 北京: 商务印书馆.

埃德加·M. 胡佛, 1990. 区域经济学导论, 王翼龙译. 北京: 商务印书馆.

弗朗索瓦·佩鲁, 1987. 新发展观, 张宁, 丰子义译. 北京: 华夏出版社.

胡安俊. 2021. 产业布局原理: 基础理论、优化目标与未来方向. 北京: 中国社会科学出版社.

李德华, 杜澄泉, 翟雅静, 2008. 培育和促进产业集群健康发展的财政政策选择. 2008 年廊坊市域经济发展与产业集群延伸国内学术会议文集, 2008-08-01.

刘文杰, 钟灵啸, 黄亚萍. 2015. 领导干部读经济学经典. 南宁: 广西人民出版社, (4): 58.

刘晓龙、葛琴、崔磊磊, 等. 2020. 新时期我国战略性新兴产业发展宏观研究. 中国工程科学, 22(2): 10-13.

陆大道, 1995. 区域发展及其空间结构. 北京: 科学出版社.

苏东水, 2010. 产业经济学, 3 版. 北京: 高等教育出版社.

瓦尔特·克里斯塔勒, 2010. 德国南部中心地原理. 常正文等译. 北京: 商务印书馆.

沃尔特·艾萨德, 2010. 区位与空间经济. 北京: 北京大学出版社.

闫婷婷, 龚麒泽, 2023. 金融支持绿色低碳科技的风险分担实践、困难及对策. 甘肃金融, (12): 41-45.

约翰·冯·杜能, 2018. 孤立国同农业和国民经济的关系, 吴恒康译. 北京: 商务印书馆.

第 13 章　我国绿色低碳产业布局基本原则与重点区域定位[*]

13.1　产业布局的基本原则

按照产业布局理论，绿色低碳产业布局需遵从的基本原则主要包括全局原则，分工协作、因地制宜原则，效率优先协调发展原则，可持续发展原则，以及政治和国防安全原则等。

随着产业布局理论和产业集群理论的不断发展和完善，我们认为，现阶段及中长期我国绿色低碳产业布局及产业集群建设还需要强化系统思维，注重绿色化发展、融合化发展、差异化发展和市场化发展等原则。

一是绿色化发展。绿色低碳产业布局仍需严把产业准入关，实施碳排放总量和强度"双控"制度，引导企业积极应用绿色低碳技术，积极发展零碳负碳技术，全面提升绿色低碳产业发展的"含绿量"，实现产业生态效益和经济效益双赢。

二是融合化发展。绿色低碳产业发展需要不断强化系统观念、统筹兼顾，推动创新链、产业链、资金链、人才链深度融合，加快技术、产业、城市之间耦合联动、互动相长、融合共生，在融合发展中延伸产业链、提升价值链。

三是差异化发展。我国地大物博，绿色低碳产业区域布局不仅要全国"一盘棋"，统筹考虑，还需要引导各省（自治区、直辖市）因地制宜，推进差异化发展，开展特色发展、错位竞争，各地方需结合本地区的优势和特点合理布局主导的绿色低碳产业，优化完善绿色低碳产业链条，实现各环节平衡协调发展。

四是市场化发展。充分发挥市场在资源配置中的决定性作用，着力破除各类隐形壁垒，进一步为企业松绑减负，让各类企业平等使用生产要素、公平参与市场竞争，在绿色低碳产业发展浪潮中茁壮成长、发展壮大。

13.2　我国重点区域绿色低碳产业发展定位

根据《中华人民共和国国民经济和社会发展第十四个五年规划和 2035 年远景目标纲要》，将京津冀、长江经济带、粤港澳大湾区、长江三角洲（以下简称"长三角"）、黄河流域等区域作为重大战略发展区域。同时，2021 年 9 月，《中共中央 国务院关于完整准确全面贯彻新发展理念做好碳达峰碳中和工作的意见》提出，优化绿色低碳发展区域布

---

* 本章作者：张葵叶、于立东、孟小燕。

局，在京津冀协同发展、长江经济带发展、粤港澳大湾区建设、长三角一体化发展、黄河流域生态保护和高质量发展等区域重大战略实施中，强化绿色低碳发展导向和任务要求。

我国绿色低碳产业布局整体呈现"两带"发展格局，即以京津冀、长三角、粤港澳大湾区三大核心区域集聚发展的沿海经济带和东起上海沿长江溯源而上直至四川等中西部省份的长江经济带。

沿海经济带和长江经济带作为全国经济活力最强、交通最便利、科研实力最雄厚的区域，可以为绿色低碳产业落地提供合适的土壤以及广阔的发展空间。

13.2.1　京津冀地区产业定位

1. 京津冀基本情况

京津冀地区包括北京、天津两大直辖市，以及河北省的保定、唐山、廊坊、石家庄、秦皇岛、张家口、承德、沧州、衡水、邢台、邯郸。其中，北京、天津、保定、廊坊为中部核心功能区。京津冀地区总面积为 21.6 万 km^2，总人口达到 1.097 亿。

2023 年，京津冀 GDP 合计 10.44 万亿元，其中，北京为 4.376 万亿元，河北为 4.394万亿元，天津为 1.674 万亿元。

从产业结构来看，京津冀及周边地区产业结构布局的重工业特征明显，不同城市产业比重存在差异，北京、天津等发达城市以第三产业为主，但河北的部分传统工业城市仍以第二产业为主导。从全国层面来看，京津冀地区钢铁、火电、水泥等高耗能行业无论从企业数量、产业规模，还是从污染物排放量来看，都在全国占较大比重。未来，推动传统工业转型升级、大力推广清洁生产技术和节能减排措施是该地区工业产业低碳发展的核心。

2. 京津冀地区产业定位

京津冀城市群不仅是我国最为发达的三个城市群之一，也是我国经济发展与资源环境矛盾最为激烈的地区之一。据 2023 年工信部会同国家发展改革委、科技部等有关部门以及京津冀三地政府共同编制的《京津冀产业协同发展实施方案》，将着力打造世界级先进制造业集群。在提升产业基础高级化和产业链现代化水平方面，协同培育新能源汽车和智能网联汽车、生物医药、氢能、工业互联网、高端工业母机、机器人等六条重点产业链。

北京市是"全国政治中心、文化中心、国际交往中心、科技创新中心"，即"四个中心"，集中力量打造北部研发创新带（以中关村科学城、怀柔科学城、未来科学城为主体，以海淀（学院路和学清路）为主支撑）、南部创新型产业集群和先进智造产业带（以亦庄、顺义、昌平、大兴、房山等平原新城为载体）发展格局。

天津市是"全国先进制造研发基地、北方国际航运核心区、金融创新运营示范区、改革开放先行区"，即"一基地三区"，构建"两带集聚、双城优化、智谷升级、组团联动"的市域产业空间结构，大力发展新一代信息技术、航空航天、新能源汽车、新材料、生物医药等产业，进一步强化京津高新技术产业带。

河北省是"全国现代商贸物流重要基地、产业转型升级试验区、新型城镇化与城乡统筹示范区、京津冀生态环境支撑区"，即"三区一基地"。沿海率先发展区（含唐山市、秦皇岛市、沧州市）重点发展战略性新兴产业、先进制造业以及生产性服务业；冀中南功能拓展区（含石家庄市、衡水市、邯郸市、邢台市）推动产业绿色转型，建设城乡融合发展示范区，打造制造强省战略支撑区；冀西北生态涵养区（含张家口市、承德市）大力发展绿色产业和生态经济，规划建设燕山-太行山自然保护地，打造生态引领示范区。

3. 京津冀地区绿色低碳产业布局

京津冀地区主要分布在华北平原中北部，风力资源和地热资源等自然资源较为丰富，且北京、天津经济发达，拥有国内领先的科技创新能力，加之京津冀地区对环境保护的强约束力，因此京津冀发展绿色低碳产业优势明显（表 13.1）。

表 13.1　京津冀地区绿色低碳产业布局概况

重点绿色低碳产业	主要分布区域
新能源汽车产业	北京：亦庄经济技术开发区、顺义区等地整车制造 天津：滨海新区、静海区、东丽区整车制造、汽车零配件配套产业
风电建设和运营产业	天津：滨海新区 河北：张家口市、承德市
新能源高端装备制造产业集群	河北：保定市
地热建设和运营产业	河北：雄安新区中深层地热集中供热
氢能"制储输用"设施建设和运营	北京：亦庄经济技术开发区 天津：天津港保税区 河北：张家口市、雄安新区、唐山市等地
CCUS	河北：沧州市八里西潜山 CCUS 先导试验项目
钢铁低碳加工产业	京津冀地区钢铁产业集群

以京津冀氢能产业布局为例，京津冀分别推出了氢能产业规划方案。2020 年 1 月，天津发布了《天津市氢能产业发展行动方案（2020—2022 年）》，提出要建立技术、产业和应用相结合的氢能产业生态系统；北京与河北也先后发布《北京市氢能产业发展实施方案（2021—2025 年）》和《河北省"十四五"工业绿色发展规划》均提出要加强京津冀地区协同发展，推动形成优势互补、错位发展，互利共赢的发展格局。

表 13.2　京津冀地区氢能产业定位

省（直辖市）	定位	分工
北京	打造氢能科技创新引领区	在科技创新、产业基础、支撑要素和市场应用方面具有领先优势
天津	打造氢能示范服务先行区	在燃料电池汽车标准与检测、水电解制氢等方面具备优势
河北	打造氢能产业供给核心区	具有规模化绿氢供应潜力，拥有丰富氢能与燃料电池应用场景

2021 年 8 月，京津冀氢燃料电池汽车示范城市群被国家五部委联合批准为首批示范城市群，由大兴、海淀、昌平等北京市六个区，以及天津滨海新区、河北省保定市、河

北省唐山市、山东省滨州市、山东省淄博市等 12 个城市（区）组成。各城市（区）错位互补，不断完善自主创新产业链，携手打造氢能产业生态体系。预计到 2025 年前，具备氢能产业规模化推广基础，产业体系、配套基础设施相对完善，培育 10～15 家具有国际影响力的产业链龙头企业，形成氢能产业关键部件与装备制造产业集群，建成 3～4 家国际一流的产业研发创新平台，京津冀区域累计实现氢能产业链产业规模 1 000 亿元以上，减少碳排放 200 万 t。交通运输领域，探索更大规模加氢站建设的商业模式，力争完成新增 37 座加氢站建设，实现燃料电池汽车累计推广量突破 1 万辆；分布式供能领域，在京津冀范围探索更多应用场景供电、供热的商业化模式，建设"氢进万家"智慧能源示范社区，累计推广分布式发电系统装机规模 10 MW 以上；建设绿氨、液氢、固态储供氢等应用示范项目，实现氢能全产业链关键材料及部件自主可控，经济性能指标达到国际领先水平。

值得注意的是，京津冀在各自规划方案中都提到要"加强京津冀协同发展"，这其实与京津冀区域的产业基础、市场需求和产业链资源禀赋密切相关。

13.2.2　长三角地区产业定位

1. 长三角地区基本情况

长三角区域面积 35.8 万 km²，以上海，江苏南京、无锡、常州、苏州、南通、扬州、镇江、盐城、泰州，浙江杭州、宁波、温州、湖州、嘉兴、绍兴、金华、舟山、台州，安徽合肥、芜湖、马鞍山、铜陵、安庆、滁州、池州、宣城 27 个城市为中心区（面积 22.5 万 km²），总人口达 2.27 亿人，贡献了全国 1/4 左右的 GDP，是我国经济活力最强、能源消费强度最高的地区之一。

2. 长三角地区产业定位

2019 年，中共中央、国务院印发《长江三角洲区域一体化发展规划纲要》，据此长三角地区是全国装备制造业的重镇，呈现以上海为核心，南京、杭州、合肥、无锡、苏州、绍兴、嘉兴、舟山、南通、扬州、金华、泰州、芜湖等地为重点城市的圈层分布格局。在装备研发和创新方面，以上海、苏州、杭州、合肥、南京等区域中心城市为主。目前，长三角地区在电子信息产业、装备制造产业、石油化工产业、金属冶炼产业、纺织服装产业、新能源汽车制造产业、医药产业等重点领域具有较成熟的集群发展态势。

3. 长三角绿色低碳产业布局

在贯彻落实长三角区域一体化发展重大国家战略过程中，上海、江苏、浙江、安徽等加速绿色低碳发展进程。例如，据《上海市瞄准新赛道促进绿色低碳产业发展行动方案（2022～2025 年）》文件，上海市明确到 2025 年绿色低碳产业规模突破 5 000 亿元，基本构成 2 个千亿、5 个百亿、若干个十亿级产业集群发展格局，围绕氢能、高端能源装备、低碳冶金、绿色材料、节能环保、碳捕集利用与封存（CCUS）等领域，力争打造五家特色产业园区。

得益于沿海的优势，长三角地区可再生能源资源丰富，核能、海上风能、太阳能等产业规模快速提升。长三角"三省一市"推动能耗双控逐步转向碳排放双控，逐步建立健全绿色产业体系，推动重点领域和重点行业节能降碳增效，探索建设一批零碳工厂、零碳园区。统筹推进电源、电网、储能、天然气管网等现代能源基础设施建设。

表 13.3 长三角地区绿色低碳产业布局概况

主要绿色低碳产业	主要分布区域	
新能源汽车产业集群	上海：	整车包括特斯拉、上汽集团（上汽大众、上汽通用、上汽乘用车）、华域汽车等；零部件厂商包括宁德时代、采埃孚、李斯特、均胜、地平线、图森未来、斑马智行、上研智联等
	江苏：	南京、徐州、苏州、盐城、扬州等布局整车制造基地；无锡、徐州、常州、苏州、南通、淮安、镇江、泰州等地为汽车零部件制造基地
	安徽：	合肥构建整车、零部件、后市场"三位一体"布局，新能源汽车产业集聚人才超 10 万人
	浙江：	主要有环杭州湾汽车产业集群、温台沿海汽车产业带
海上风电产业集群	江苏：	盐城、南通等沿海地区
	浙江：	宁波、温州、舟山、台州等沿海地区
氢能（燃料电池）产业	上海：	嘉定氢能产业园
	江苏：	南通、苏州、徐州、镇江等地
	安徽：	六安
	浙江：	台州、湖州、金华等地区
光伏装备制造产业集群	浙江：	嘉兴、义乌
	江苏：	常州、盐城、苏州、无锡
	安徽：	滁州、合肥
CCUS 产业布局	上海：	长兴岛国家电投示范项目、华能石洞口电厂捕集示范项目
	浙江：	兰溪浙能集团示范项目、华润海丰电厂捕集测试平台二氧化碳加氢制甲醇
	安徽：	海螺集团水泥窑烟气二氧化碳捕集纯化项目
	江苏：	国能江苏泰州公司 50 万 t/a 二氧化碳捕集示范工程
绿色石化	浙江宁波绿色石化产业集群	
	江苏连云港绿色石化产业集群	
	上海漕泾石化产业基地	

以长三角地区新能源汽车产业布局为例，长三角地区作为中国六大汽车产业集群之一，一直致力于打造世界级新能源汽车产业集群。产业方面，长三角产业基础雄厚，覆盖从整车、汽车零部件、芯片到车规级测试的完整产业链条；政策层面，长三角各省市高度重视新能源汽车产业发展，从顶层规划设计到消费端、招商端的各种支持政策，全方位支持新能源汽车产业做大做强；技术方面，长三角地区是国内创新要素最集聚的地区之一，拥有大量高校和人才资源储备；市场方面，长三角是中国经济最发达的区域之一，用户消费能力强，新能源汽车接受度高，市场广阔。数据显示，2022 年长三角地区新能源汽车产量达到 278.55 万辆，占到全国总量的 38.6%；国内 491 家新能源汽车上市企业中，长三角地区的企业达到 223 家；232 家新能源整车企业中，有 57 家在长三角地

区。同时，截至 2022 年底，长三角地区的 30 个重点城市中，已有超过 14 个城市拿到或规划有新能源汽车项目，涉及新能源汽车项目超过 20 个，规划产能超过 300 万辆，累计计划投资达 1 000 亿元。此外，2021 年 5 月底，长三角新能源汽车产业链联盟正式成立，长三角三省一市中共 73 家新能源汽车产业链企业共同响应，涉及电池、电机、车联网、软件等行业的上中下游企业，目前该联盟已覆盖长三角范围内专用车、氢能、电机、智能网联等会员单位 500 余家。

13.2.3　粤港澳大湾区产业定位

1. 粤港澳大湾区基本情况

粤港澳大湾区包括香港特别行政区、澳门特别行政区和广东省广州市、深圳市、珠海市、佛山市、惠州市、东莞市、中山市、江门市、肇庆市（以下简称"珠三角九市"），总面积 5.6 万 km^2，人口接近 8 000 万，2022 年大湾区经济总量约 13 万亿元。

粤港澳大湾区产业体系完备，集群优势明显，经济互补性强，香港、澳门服务业高度发达，珠三角九市已初步形成以战略性新兴产业为先导、先进制造业和现代服务业为主体的产业结构。

2. 粤港澳大湾区产业定位

根据《粤港澳大湾区发展规划纲要》，粤港澳大湾区不仅要建成充满活力的世界级城市群、国际科技创新中心、"一带一路"建设的重要支撑、内地与港澳深度合作示范区，还要打造成宜居宜业宜游的优质生活圈，成为高质量发展的典范。以香港、澳门、广州、深圳四大中心城市作为区域发展的核心引擎。

广东省作为中国第一经济大省，"十四五"时期，广东省提出了高起点谋划发展战略性支柱产业、战略性新兴产业以及未来产业的产业布局。战略性支柱产业包括绿色石化、智能家电、汽车、先进材料、生物医药与健康、现代农业与食品等；战略性新兴产业包括半导体及集成电路、高端装备制造、智能机器人、区块链与量子信息、前沿新材料、新能源、精密仪器设备等；未来产业包括卫星互联网、光通信与太赫兹、干细胞等。

3. 粤港澳大湾区绿色低碳产业布局

香港是国际金融中心，澳门第三产业发达，广州和深圳的高新技术走在全国前列，其他珠三角地区城市制造业产业链基础完备。粤港澳大湾区汇聚区内各城市的特长，形成以新一代产业技术、智能制造、创新金融为主的可持续发展模式，推动战略性新兴产业集群发展，逐步拓宽绿色低碳产业布局。粤港澳大湾区绿色低碳产业布局概况如表 13.4 所示。

以粤港澳大湾区海上风电产业布局为例，粤港澳大湾区近海及远海可开发的风力资源丰富，大规模建设海上风电的条件成熟。目前已经形成粤西地区的包括装备制造、建设运营的海上风电产业集群，粤东区域也在逐步形成产业集聚发展。广东省规划到 2025 年底，海上风电装机容量力争达到 1 800 万 kW，在全国率先实现平价并网，全省海上风电整机制造年产能达到 900 台（套），基本建成集装备研发制造、工程设计、施工安装、运营维护于一体的具有国际竞争力的风电全产业链体系。

表 13.4 粤港澳大湾区绿色低碳产业布局

主要绿色低碳产业	主要分布区域
海上风电产业集群	主要分布在广东珠海、湛江、汕尾、阳江等沿海区域
新能源汽车产业集群	形成了以广州、深圳、佛山三地为核心的整车制造集聚区
	肇庆形成了以小鹏汽车、宁德时代为龙头，以理士电源、鸿图科技、合普动力等一批细分领域的产业集群
核电	广东沿海区域：大亚湾核电站、阳江核电站、太平岭核电站
氢能	建立广州、佛山、东莞、云浮氢能高端装备产业集聚区和惠州、茂名、东莞、湛江氢能制储运产业集聚区
绿色石化产业集群	广州石化基地、惠州大亚湾石化基地两个炼化一体化基地
先进材料	已初步形成惠州新材料产业园、东莞立沙岛精细化工园、中国绿色新材料（珠海）产业园等先进材料产业基地，并集聚了以中国散裂中子源、松山湖材料实验室为首的战略性科研平台

以广东省核电产业布局为例，为解决本地电力供应长期不足问题，且弥补香港和澳门电力供需缺口，广东省在沿海区域大力发展核电，2022 年底广东核电装机量排名全国第一，达到 1 614 万 kW，完工、在建及规划多座核电站，包括大亚湾核电站、阳江核电站、岭澳核电站、台山核电站、太平岭核电、陆丰核电等多个项目，计划到 2025 年，广东省核电站装机达到 1854 万 kW。

13.2.4 长江经济带区域产业定位

1. 长江经济带基本情况

长江经济带覆盖上海、江苏、浙江、安徽、江西、湖北、湖南、重庆、四川、贵州、云南等 11 个省（直辖市），面积约 205.23 万 km^2，占全国的 21.4%。按上游、中游、下游划分，下游地区包括上海、江苏、浙江、安徽四个省（直辖市），面积约 35.03 万 km^2，占长江经济带的 17.1%；中游地区包括江西、湖北、湖南三个省，面积约 56.46 万 km^2，占长江经济带的 27.5%；上游地区包括重庆、四川、贵州、云南四个省（直辖市），面积约 113.74 万 km^2，占长江经济带的 55.4%。

长江经济带人口和经济总量均超过全国的 40%，生态地位重要、综合实力较强、发展潜力巨大。长江经济带横跨中国东中西三大区域，是重点实施的"三大战略"之一，是具有全球影响力的内河经济带、东中西互动合作的协调发展带、沿海沿江沿边全面推进的对内对外开放带，也是生态文明建设的先行示范带。

2. 长江经济带产业定位

长江经济带大体可以分为三个区域，分别是上游成渝城市群、中游城市群、下游长三角地区。

上游成渝城市群：主要由成都、重庆以及周边城市组成，拥有丰富的自然资源，是国内最大的水电生产基地、非常规油气开采基地，同时重点打造汽车制造、新能源装备制造、电子信息、材料工业等领域的产业集群。

中游城市群：长江中游城市群是以武汉城市圈、环长株潭城市群、环鄱阳湖城市群为主体形成的特大型城市群。该城市群人口众多、资源丰富，工业门类较为齐全，形成了以装备制造、汽车及交通运输设备制造、航空、冶金、石油化工、家电等为主导的现代产业体系，战略性新兴产业和服务业发展迅速。

下游长三角地区：在电子信息产业、装备制造产业、石油化工产业、金属冶炼产业、纺织服装产业、新能源汽车制造产业、医药产业等重点领域具有较成熟的集群发展态势。

3. 长江经济带绿色低碳产业布局

长江经济带是我国发展绿色低碳产业最活跃的区域之一，2020 年国家发展改革委办公厅、科技部办公厅在全国范围内确定了 31 家绿色产业示范基地。其中，长江经济带 11 省市共有 16 家，包括江苏 3 家、安徽 3 家、浙江 2 家，上海、江西、湖北、湖南、重庆、贵州、四川、云南，分别各有 1 家。

表 13.5　长江经济带绿色低碳产业布局概况

绿色低碳产业	主要布局区域
水力发电	主要分布在四川、云南、湖北三省
新能源汽车产业	主要分布在上海、安徽、江苏、浙江、湖北、川渝等地 湖北十堰：动力电池、电机、电控等新能源汽车零部件产业 四川宜宾：动力电池产业集群
海上风电	主要分布在江苏、浙江
光伏装备制造产业	主要分布在浙江、江苏、安徽 云南：曲靖、保山、楚雄、丽江、昭通等
核能	主要分布在江苏、浙江
新型储能	主要分布在湖北宜宾 重庆：西部科学城
生物质能利用	主要分布在浙江、江苏、安徽、四川、湖北等地
低碳冶金产业	湖北武汉武钢集团打造低碳冶金产业链
绿色化工产业	湖北宜昌、荆州、荆门
氢能	上海：嘉定氢能产业园 江苏：南通、苏州、徐州、镇江等地 安徽：六安 四川、重庆：成渝氢走廊
零碳综合服务业	江苏昆山：长三角（昆山）国际低碳产业创新园区配备碳技术服务、碳交易服务、碳数字服务、碳金融服务、碳认证服务 5 个双碳服务平台

以长江经济带绿色水力发电产业布局为例，1989 年水电水利规划设计总院根据各地水力资源的情况共规划了 12 个水电基地，其中长江水能资源丰富，尤其是上游流域规划

了多个水电基地，包括金沙江水电基地、雅砻江水电基地、大渡河水电基地、乌江水电基地以及长江上游水电基地等，长江干流上的乌东德、白鹤滩、溪洛渡、向家坝、三峡和葛洲坝六座梯级电站，构成了世界上最大的清洁能源走廊，其中 5 座电站跻身世界前十二大水电站榜单。

13.2.5　黄河流域区域产业定位

1. 黄河流域基本情况

黄河发源于青藏高原巴颜喀拉山北麓，呈"几"形流经青海、四川、甘肃、宁夏、内蒙古、山西、陕西、河南、山东 9 个省（自治区），全长 5 464 km，是我国第二长河。黄河流域西接昆仑、北抵阴山、南倚秦岭、东临渤海，横跨东中西部，是我国重要的生态安全屏障，也是人口活动和经济发展的重要区域，在国家发展大局和社会主义现代化建设全局中具有举足轻重的战略地位。

《黄河流域生态保护和高质量发展规划纲要》的规划范围为黄河干支流流经的青海、四川、甘肃、宁夏、内蒙古、山西、陕西、河南、山东 9 个省份相关县级行政区，土地面积约 130 万 km^2，人口超过全国的 30%，经济总量占全国经济总量的 1/4。

黄河流域农牧业基础较好，分布有黄淮海平原、汾渭平原、河套灌区等农产品主产区，粮食和肉类产量占全国 1/3 左右。同时，黄河流域能源资源富集，煤炭、石油、天然气和有色金属资源储量丰富，是我国重要的能源、化工、原材料和基础工业基地。

2. 黄河流域产业定位

黄河流域类比长江经济带，大体可以分为上游兰西城市群、黄河中游地区和下游山东半岛城市群。

上游兰西城市群： 该地区地形以高原为主，生态较为脆弱，发展清洁能源实现零碳城市群成为目标，目前已经逐步形成了黄河上游水电生产基地，光伏装备及建设运营基地，兰州石化产业基地等产业集聚。

黄河中游地区： 包括陕西、内蒙古、山西和河南等地，主要城市有郑州、西安和太原等，该地区属于暖温带，自然条件较好，是我国的重工业基地。煤炭、石油化工等传统产业占比较高，新能源汽车、新能源电力装备制造、氢能也呈现快速增长态势。

下游山东半岛城市群： 根据《山东半岛城市群发展规划（2021～2035 年）》，打造"三中心"：国际先进制造中心、全球海洋经济中心、优质高效农业中心。"三高地"：现代服务经济高地、数字经济发展高地、未来产业策源高地。

3. 黄河流域绿色低碳产业布局

以黄河流域新能源产业布局为例，2021 年，国家发展改革委办公厅、国家能源局综合司发布《关于印发第一批以沙漠、戈壁、荒漠地区为重点的大型风电光伏基地建设项目清单的通知》，风光大基地项目涉及内蒙古、青海、甘肃、陕西、宁夏、山东属于黄河流域的地区。截至 2022 年底，黄河流域风电装机量累计达到 17 335 万 kW，光伏装机量达到 16 245 万 kW，分别占全国同类型装机量比重的 47.49% 和 41.84%。表 13.6 所示。

黄河流域绿色低碳产业布局情况如表 13.6 所示。

表 13.6　黄河流域绿色低碳产业布局概况

主要绿色低碳产业	分布区域
光伏装备制造产业	陕西：西安隆基光伏制造产业集群 青海：西宁天合光能光伏生产基地
光伏、风电等新能源大基地	青海、甘肃、内蒙古等"沙戈荒"大基地项目布局
水电基地	青海：龙羊峡水电站等
新能源汽车产业	陕西：西安比亚迪、陕西汽车等产业园 山东：济南中国重汽、比亚迪等产业基地
煤炭清洁化利用产业	内蒙古鄂尔多斯、陕西榆林、宁夏宁东等煤化工产业基地
氢能产业	陕西：关中氢能装备研发制造、应用中心；陕北氢能重卡装备制造及应用中心
非常规油气资源清洁高效低碳勘探开发	陕西：延安、榆林等煤层气开采 四川：页岩气开采

黄河流域九省（自治区）中，山东风、光装机量达到 6 572 万 kW，内蒙古紧随其后达到 6 109 万 kW，四川由于本身水电开发充分，是绿色电力输出省份，因此风电以及光伏装机量不足，合计仅 804 万 kW（图 13.1）。

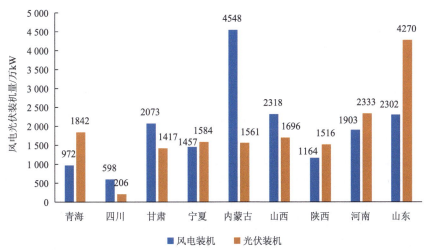

图 13.1　2022 年黄河流域各省（自治区）风电光伏装机量统计

资料来源：中电联。

13.2.6　我国重点区域绿色低碳产业发展共性及差异

京津冀（北京市、天津市、河北省）、长三角（上海市、江苏省、浙江省）、珠三角（广州市、深圳市等城市群）地区是我国主要的三大经济圈，其在经济发展、技术创新等领域发挥着至关重要的作用。在绿色低碳产业发展方面，三大经济圈既有相似之处，也存在区域差异。

（1）三大经济圈在能源转型、交通低碳化和建材建筑低碳化等领域的转型途径较为相似。由于三大经济圈的人口密度较高、经济较为发达，因此其对于能源的需求总量较大，在"双碳"愿景下，三大经济圈均致力于发展可再生能源、优化能源结构、提高能源利用效率，打造清洁、高效、绿色的多元化能源供给、消费体系。交通行业低碳化发展的主要举措包括推广公共交通、加强公共交通基础设施建设、鼓励使用新能源汽车以及积极推动智能交通系统建设等。建材建筑行业低碳化发展的主要举措包括推动绿色建筑标准和技术、对建筑实施绿色节能改造以及鼓励采用绿色建材和智能建筑技术等。

（2）三大经济圈在工业领域的绿色低碳转型存在明显差异。京津冀地区拥有大量的重工业和传统制造业（主要分布在河北省），温室气体排放和大气污染问题较为严重。未来，推动传统工业转型升级、大力推广清洁生产技术和节能减排措施是该地区工业产业低碳发展的核心。长三角地区工业结构相对多元化，以高端制造业为主导。该地区工业产业未来低碳发展的主要思路是推广绿色制造技术/工艺和循环经济模式。珠三角地区是我国重要的制造业基地，涵盖电子、家电、纺织等行业，未来需要通过技术创新和绿色制造等手段实现低碳化发展。

（3）三大经济圈在生态碳汇开发方面各有潜力且生态碳汇开发方式各有侧重。由于三大经济圈的生态环境、气候条件以及自然生态资源类型不尽相同，因此其生态碳汇的潜力和开发方式存在部分差异。例如，在 CCUS 产业方面，京津冀地区具有较好的产业基础和陆地及近海 CO_2 地质封存条件，因此其具备 CCUS 技术产业化发展的条件。长三角地区地处平原地带，相较于京津冀地区缺乏优质的 CO_2 封存构造，未来 CCUS 产业的大规模发展可能会受到一定制约。珠三角地区陆上 CO_2 地质封存条件不佳，其 CCUS 产业未来发展的潜在方向是离岸利用/封存，且珠三角地区在开发传统陆地碳汇的基础上积极开发红树林等海洋碳汇。

（4）三大经济圈在碳中和综合服务产业方面均走在全国前列。北京、天津、上海、广东、深圳等省市均是首批碳交易试点，但除碳市场外，珠三角地区长期致力于开发新的碳金融工具促进碳减排，如碳普惠机制。碳普惠机制是广东首创的公众低碳激励机制，目前已走向全国。此外，广东建立了碳普惠与碳交易的互通机制，即通过更严格的自愿减排核证，使符合条件的核证自愿减排量（PHCER）能够进入广东的碳交易市场，为推动精准扶贫、生态补偿做出了良好的引领示范。

从我国绿色低碳产业在沿海经济带和长江经济带两大经济带的布局来看，三大经济圈也存在一定的共性和差异。总体而言，三大经济圈的城市主要属于沿海经济带，其作为中国经济发展重要引擎，经济增长速度较快，总量和人均水平均较高，产业集聚程度高，绿色低碳产业发展成为沿海经济带高质量发展的重要推动力。而长江经济带是我国人口多、产业规模大、城镇体系完整的巨型流域经济带之一，发挥着保障全国总体生态功能格局安全稳定的全局性作用。近年来，虽然两大经济带都积极推动绿色低碳产业发展，但是由于两者的资源禀赋、生态本底和功能定位存在差异，长江经济带绿色低碳产业发展更强调坚持生态优先，并充分发挥长江流域水能资源丰富的优势，重点发展水力发电、氢能等低碳零碳能源产业，主要分布在四川、云南、湖北等地区。同时，在加强长江经济带生态环境保护的基础上，积极发展生态系统固碳服务等负碳产业，同时，注重加强"两山"转化，开展绿色产品认证，促进生态产品价值实现等绿色产业发展。

参 考 文 献

田军, 耿海清, 黄满堂, 等. 2020. 京津冀及周边地区产业布局特征研究. 环境影响评价, (5): 31-33, 62.

王弘毅, 2023. 优势互补协同创新 拓展合作广度深度. 新华日报；2023-03-11(版次: 12 版).

张兆瑞, 2022. "氢"风来袭, 京津冀加速产业链布局. 天津日报, 2022-03-17(版次: 09 版).

中共中央, 国务院, 2019. 粤港澳大湾区发展规划纲要. https: //www. gov. cn/zhengce/202203/content_3635372. htm#1.

中共中央, 国务院, 2019. 长江三角洲区域一体化发展规划纲要. https://www.gov.cn/zhengce/2019-12/01/content_5457442. htm.

中共中央, 国务院, 2021. 黄河流域生态保护和高质量发展规划纲要. https://www.gov.cn/zhengce/2021-10/08/content_5641438. htm.

第14章 我国绿色低碳产业区域布局现状及规划*

14.1 我国绿色低碳产业区域布局现状及未来规划概要

14.1.1 低碳零碳能源产业区域布局及规划

大力发展低碳能源产业是我国政府实现"双碳"目标的重要手段，其目的在于降低能源消耗和温室气体排放，推动社会可持续发展。其具体措施主要包括：能源结构调整（大力发展低碳能源、减少化石能源消费）、节能和能效提升、电气化水平提高等。2022年，我国万元国内生产总值（GDP）能耗比上年下降0.1%、万元GDP二氧化碳排放下降0.8%，节能降耗减排稳步推进。2012年以来，我国以年均3%的能源消费增速支撑了年均6.6%的经济增长，单位GDP能耗下降26.4%，成为全球能耗强度降低最快的国家之一。我国已建成世界最大清洁发电体系，风、光、水、生物质发电装机容量都稳居世界第一。

从低碳能源产业区域布局来看，近年来各省包括可再生能源、新能源在内的清洁能源的生产量、消费量不断提高。其中，西部地区在可再生能源发展方面具有区位优势，发展势头强劲。2022年，内蒙古自治区风力和光伏发电量分别位居全国第一和第三，且积极开展风光制氢一体化示范项目建设，打造7.2万t/a绿氢生产能力；青海省电力装机达到4357万kW，清洁能源装机占比达到91%，非化石能源消费占一次能源消费比重达到43.1%。

从未来产业规划来看，全国各地均在积极推动发展低碳能源产业，主要措施和典型区域包括：①建设风电、光伏发电、氢能等可再生能源、零碳能源设施，以内蒙古自治区、青海省等地区为典型代表。例如，内蒙古自治区预计，到2025年新能源装机规模超过火电装机规模，完成国家下达的可再生能源电力消纳任务，到2030年，新能源发电总量超过火电发电总量，风电、太阳能等新能源发电总装机容量超过2亿kW。②开展化石能源清洁高效低碳开发利用方面，以山西省、山东省等地区为典型代表。根据《山西省碳达峰实施方案》①，山西省大力推动煤电清洁低碳发展，推动煤炭清洁高效利用，以高端化、多元化、低碳化为方向，加快煤炭由燃料向原料、材料、终端产品转变，推动煤炭向高端高固碳率产品发展。计划到2025年，全省煤电机组平均供电煤耗力争降至300g标准煤/(kW·h)以下，平均单井规模提升到175万t/a以上，煤矿数量减少至820座左右，先进产能占比达到95%左右。③能源系统低碳运行基础设施建设领域，以宁夏、四川等地区为典型代表。例如，宁夏预计到2025年，全区储能设施容量不低于新能源装

* 本章作者：张葵叶、于立东、孟小燕、许 毛。

① 山西省人民政府印发山西省碳达峰实施方案的通知. https://www.shanxi.gov.cn/zfxxgk/zfxxgkzz/fdzdgknr/lzyj/szfwj/202301/t20230119_7825853.shtml.

机规模的 10%、连续储能时长 2 h 以上，需求侧响应能力达到最大用电负荷的 5% 以上；到 2030 年，抽水蓄能电站装机容量达到 680 万 kW。

综上所述，我国几乎所有的省级行政区均布局了风电、光伏等新能源产业，氢能、新型储能也成为各省市重点发展的产业类型。在传统能源方面，煤炭的清洁利用主要集中在煤炭资源丰富的省份，如山西、陕西、宁夏、新疆等区域。我国低碳零碳能源产业区域布局如表 14.1 所示。

14.1.2　低碳零碳制造产业区域布局及规划

近年来，我国政府积极推动传统高碳行业的淘汰和升级，鼓励发展高技术、低能耗、低排放的新兴产业，重点支持高端装备制造、新材料、新能源汽车等低碳产业的发展；同时，持续强化对高能耗、高排放行业的监管和管理，推动企业实施节能减排措施。工业生产过程中，加强了对能源利用效率的监管和改进，推广高效节能设备和技术，降低能源消耗和碳排放。在政策的大力推动下，我国制造业绿色化水平显著提高。截至 2021 年底，我国累计建成 2 783 家绿色工厂、223 家绿色工业园区和 296 家绿色供应链管理企业。此外，低碳清洁生产、绿色制造等技术在我国工业部门的推广应用有效提高了能源利用效率，降低了资源消耗和环境影响。2012~2021 年，我国规模以上工业以年均 2% 的能源消费增速，支撑了年均 6.3% 的工业经济增长，能耗强度累计下降 36.2%，为支撑工业用能需求和平稳发展、完成全社会能耗"双控"目标做出积极贡献。2022 年，我国重点耗能工业企业单位电石综合能耗下降 1.6%，单位合成氨综合能耗下降 0.8%，吨钢综合能耗上升 1.7%，单位电解铝综合能耗下降 0.4%，每千瓦时火力发电标准煤耗下降 0.2%。

从未来产业规划来看，各地政府仍致力于推动工业产业绿色低碳化发展，以保障碳达峰碳中和目标的实现。①原材料低碳加工业方面，以山西、河北为典型代表。山西提出，到 2025 年钢铁行业达到能效标杆水平的产能比例超过 30%，力争到 2025 年炭化室高度 5.5 m 及以上先进焦炉产能占比达到 95% 以上，现已建成的大型焦炉全部通过节能改造达到单位产品能耗先进值，全面建成国家绿色焦化产业基地；化工行业重点产品单位能耗达到先进水平；铝冶炼（电解铝）、铜冶炼行业能效达到标杆水平的产能比例超过 30%；水泥熟料能效达到标杆水平的产能比例超过 30%。②低碳专用设备和产品制造业方面，以贵州、安徽为典型代表。例如，贵州提出，到 2025 年大数据电子信息、先进装备制造、新能源汽车产业总产值分别达到 3 500 亿元、2 000 亿元、800 亿元，到 2030 年分别提高到 4 200 亿元、3 000 亿元、2 000 亿元。③低碳基础设施建设、改造和运营方面，以北京、内蒙古为典型代表。例如，北京市计划建立超低排放区管理体系，建设智慧交通系统，利用大数据动态优化信号灯配时方案，提升通行效率，减少车辆怠速排放，搭建统一支付、停车诱导、接驳引导、聚合出行、绿色出行碳激励等智慧交通应用场景；加快构建便利高效、适度超前的充换电网络体系，提高充电桩（站）覆盖密度，提升新能源汽车电池续航能力和充换电效率[①]。

---

① 国家发展改革委、北京市人民政府关于印发《北京城市副中心建设国家绿色发展示范区实施方案》的通知. https://www.gov.cn/zhengceku/202403/content_6939703. htm.

表 14.1 我国低碳零碳能源产业区域布局

地区	零碳能源设施建设与运营						化石能源清洁高效低碳开发利用	融合能源低碳化利用			能源系统低碳运行		
	风力发电	太阳能	生物质能	水力发电	地热能利用	核电站	煤炭清洁开采、洗选、高效利用	氢能"制储输用"	新型储能	电力源网荷储及多能互补	抽水蓄能	煤电机组灵活性	分布式能源系统
黑龙江	●												
吉林	●	●	●					●	●	●	●		
辽宁	●	●				●		●			●		
内蒙古	●	●	●	●			●	●	●	●	●	●	
宁夏	●	●	●	●			●	●	●	●	●		
陕西	●							●					
甘肃	●	●											
青海	●	●	●	●			●	●	●	●	●		
新疆	●	●						●	●	●		●	
北京	●	●						●	●	●	●		●
天津	●	●						●	●	●			
河北	●	●	●	●				●	●	●	●		
山西	●	●	●		●		●	●					
河南	●	●	●	●				●					
湖北							●				●		
湖南	●	●							●	●	●		

续表

地区	零碳能源设施建设与运营						化石能源清洁高效低碳开发利用	融合能源低碳化利用		能源系统低碳运行			
	风力发电	太阳能	生物质能	水力发电	地热能利用	核电站	煤炭清洁开采、洗选、高效利用	氢能"制储输用"	新型储能	电力源网荷储及多能互补	抽水蓄能	煤电机组灵活性	分布式能源系统
江西	●	●	●						●		●		
广西	●	●							●		●		
山东	●	●	●		●	●	●		●		●		
江苏	●												
上海	●	●	●					●					
浙江								●		●			
安徽								●					
福建	●	●						●		●			
广东	●	●	●	●	●		●	●	●	●	●		
海南	●	●								●			
云南	●	●											
贵州	●	●							●		●		
四川	●	●		●									
重庆								●					
西藏	●												

表 14.2　我国低碳零碳制造业区域布局

地区	低碳零碳专用设备和产品制造业		低碳基础设施建设、改造和运营		
	风电、光伏、生物质、水电和抽水蓄能、核电、地热、非常规油气、氢能、新型储能、智能电网等	新能源汽车关键零部件、船用低碳动力、先进轨道交通、新能源飞行器等低碳交通装备	工业生产用能电能替代	超低能耗、近零能耗、零能耗、低碳、零碳建筑	绿色低碳交通系统
黑龙江				●	
吉林	●			●	●
辽宁	●			●	
内蒙古	●			●	●
宁夏	●			●	●
陕西	●	●			
甘肃	●				
青海	●			●	●
新疆					
北京		●		●	●
天津	●			●	●
河北	●			●	●
山西	●				●
河南		●	●	●	
湖北		●			
湖南	●	●		●	●
江西	●	●		●	●
广西	●			●	●
山东		●			●
江苏	●		●		
上海		●		●	●
浙江			●		
安徽		●	●	●	
福建	●				
广东	●		●	●	●
海南	●			●	●
云南	●				●
贵州	●	●		●	●
四川	●	●		●	●
重庆	●		●		

　　光伏、电池以及新能源汽车等已经成为我国很多省份新兴战略产业的"新三样"。由于新能源装机量的快速发展，我国多数省份都布局了风电、光伏、储能等装备制造产业。绿色、低碳交通工具的迭代更新，使得新能源汽车及动力电池制造业也成为各地区重点发展产业，如上海的特斯拉、西安的比亚迪、北京的小米汽车、福建的宁德时代等。我国低碳零碳制造业区域布局如表 14.2 所示。

14.1.3 低碳零碳综合服务业区域布局及规划

碳达峰碳中和目标的实现,除了依赖能源结构降碳、资源增效减碳、生态系统固碳、地质空间存碳等手段外,还需低碳零碳综合服务业提供相关基础能力建设,包括碳监测、认证、计量、核算、交易等服务,以及低碳技术服务、低碳供应链服务以及低碳运营管理服务等,目前正在逐步加强相关领域的发展建设。以碳交易为例,其是实现"双碳"目标的核心政策工具之一。我国于 2011 年在北京、天津、上海、重庆、湖北、广东、深圳等 7 个省和城市开展碳排放权交易试点工作,并于 2017 年底在全国范围内启动碳排放权交易。2021 年 1 月起,全国碳市场发电行业第一个履约周期正式启动,共 2 162 家重点排放单位,年度覆盖 CO_2 排放量 45 亿 t,是全球覆盖排放量规模最大的碳市场。截至 2021 年 12 月 31 日,第一个履约周期共运行 114 个交易日,碳排放配额累计成交量 1.49 亿 t,累计成交额 76.61 亿元,成交均价 42.82 元/t。

从未来产业规划来看,我国各省(自治区、直辖市)对低碳零碳综合服务业发展均给予了高度重视。①在低碳咨询服务(主要包括碳监测、认证、计量、核算、交易等咨询服务)领域,各省(自治区、直辖市)均提出未来要建立健全碳排放标准计量体系。②在低碳技术开发领域,各省(自治区、直辖市)均提出大力推动低碳技术研发示范。例如,上海市提出未来要聚焦深远海风电、可控核聚变发电、生物基高分子材料化工、生物质航空燃料、核动力船舶、超高效光伏电池等低碳零碳负碳重点领域,深化应用基础研究。③在低碳供应链服务领域,上海、安徽、福建、山西及重庆等地区为典型代表。例如,安徽提出实施绿色制造工程,加快构建绿色工厂、绿色产品、绿色园区、绿色供应链"四位一体"的绿色制造体系,到 2030 年累计创建国家级绿色工厂 200 家以上,绿色供应链管理企业 50 家以上。④在碳市场服务领域,各省(自治区、直辖市)均提出积极参与全国碳排放权交易市场建设,健全碳排放权交易相关机制。⑤在低碳运营管理服务领域,构建新能源高比例发展的新型电力系统、完善用电需求响应机制、增强需求响应能力是各地区下一阶段共同努力的方向。

14.1.4 负碳产业区域布局及规划

生态系统具有强大的固碳能力,因此增强生态系统的碳汇能力被视为减缓气候变化、实现碳中和目标的重要手段。其中,陆地生态系统是自然界碳循环的主要部分,我国以占世界 6.5% 的陆地面积贡献了全球 10%~31% 的陆地碳汇。我国陆地生态系统的碳汇强度为 195~246 Tg C/a。近年来,我国大力推动国土绿化、退耕还林还草、湿地保护修复等工作,森林、草地、湿地等陆地生态系统碳汇能力得到显著提升。

除生态系统固碳外,还可以通过人工手段固碳,即碳捕集、利用与封存(CCUS)技术。该技术是指将 CO_2 从工业、能源生产等排放源或空气中捕集分离,并输送到适宜的场地加以利用或封存,最终实现 CO_2 减排的技术。在碳中和目标的推动下,CCUS 技术的发展正在逐步加快。截至 2022 年底,我国已投运和规划建设中的 CCUS 示范项目已接近百个，其中已投运项目超过半数，CO_2 捕集能力约 400 万 t/a，注入能力约 200 万 t/a，分别较 2021 年提升 33% 和 65% 左右[1]。2022 年 8 月，中国石化宣布我国首个百万吨级 CCUS 项目——"齐鲁石化-胜利油田 CCUS 项目"正式注气运行。2023 年 6 月，亚洲最大的火电 CCUS 项目——国家能源集团江苏泰州电厂 50 万 t/a CCUS 项目正式投产，该项目捕集热耗低于 2.4GJ/t CO_2、电耗低于 90（kW·h）/t CO_2，CO_2 捕集率大于 90%，产出干基 CO_2 纯度大于 99.99%，各项指标均处于行业领先水平。

从未来产业布局来看，生态系统的固碳作用以及 CCUS 技术的应用前景受到了诸多地方政府的高度重视。①在 CO_2 捕集、利用与封存领域，以山西、广东为典型代表。山西提出，实施近零碳排放示范工程，探索应用变温变压吸附法碳捕集工艺，开展 CCUS 全流程、集成化、规模化示范项目，支持建设工业化空气二氧化碳捕集（DAC）系统。②在二氧化碳资源化利用及固碳领域，以宁夏、辽宁为典型代表。宁东能源化工基地计划积极扩大 CO_2 资源化利用的产业规模，探索开展 CO_2 捕集发酵制取丁二酸、加氢制取甲醇等应用示范及综合利用，开展 CCUS/CCS 工程示范和二氧化碳储能技术示范[2]。③在生态固碳领域，以河北、天津为典型代表。河北提出要加强湿地保护，推进"蓝色海湾"和海岸带整治修复，实施海草床、盐沼等海洋蓝碳生态系统修复工程；开展森林、草原、湿地、海洋、土壤等碳汇本底调查、碳储量评估、潜力分析。

综上，在碳达峰碳中和目标的约束下，我国低碳能源产业、低碳制造业、低碳服务业以及负碳产业的发展均取得了显著进展，各省（自治区、直辖市）也在各自的碳减排规划中对相关产业进行了布局，尤其是低碳能源产业和低碳制造业，是未来绿色发展的重中之重。低碳供应链服务领域的规划与建设未来需进一步加强，以便推动供应链各主体协同减排，进而有效规避绿色技术贸易壁垒，助力企业实现气候目标管理与可持续发展。

14.2　典型绿色低碳产业区域布局——氢能

近年来，我国加速布局氢能产业，自 2019 年国家层面首次将氢能写入政府工作报告，其后国家和地方先后出台多项引导支持氢能产业发展的政策。2022 年 3 月，国家发展改革委和国家能源局联合印发《氢能产业发展中长期规划（2021—2035 年）》，明确氢能是未来国家能源体系的重要组成部分，是用能终端实现绿色低碳转型的重要载体，是战略性新兴产业和未来产业重点发展方向。对于氢能产业区域布局，随着国家有关氢能发展的指引性、补贴性、规范性配套政策日益完善，地方政府也积极推进氢能发展，有条件的地方政府也加大氢能产业布局。

目前，我国氢气年产量超 3300 万 t，已初步掌握氢能制备、储运、加氢、燃料电

---

① 张贤，杨晓亮，鲁玺等. 中国二氧化碳捕集利用与封存（CCUS）年度报告（2023）. 中国 21 世纪议程管理中心，全球碳捕集与封存研究院，清华大学，2023.

② 宁东能源化工基地党工委　管委会关于印发《宁东能源化工基地碳达峰实施方案》的通知. http://ningdong. nx. gov. cn/xwdt_277/gsgg/202311/t20231106_4339404.html.

池和系统集成等主要技术和生产工艺，在部分区域实现燃料电池汽车小规模示范应用。全产业链规模以上工业企业超过 300 家，集中分布在长三角、粤港澳大湾区、京津冀等区域。据前瞻产业研究院预计，到 2050 年，氢能在中国能源体系中的占比约为 10%，氢气需求量接近 6 000 万 t，年经济产值超过 10 万亿元。全国加氢站达到 10 000 座以上，交通运输、工业等领域将实现氢能普及应用。燃料电池车产量达到 520 万辆/年，固定式发电装置 2 万台/年，燃料电池系统产能 550 万台/年。

14.2.1　我国最初形成的五大氢能产业区域

2020 年 9 月，五部委联合发布了《关于开展燃料电池汽车示范应用的通知》，标志着我国开始建设燃料电池示范区。2021 年 8 月，上海、京津冀、广东三大城市群示范区首批入选，随后河北城市群和河南城市群在第二批入选，"3+2"示范群共同推动氢燃料电池和氢能产业发展。随着燃料电池汽车"3+2"城市示范群格局形成，地方配套政策快速就位。凭借燃料电池汽车的推广应用，中国氢能产业率先形成"东西南北中"五大发展区域（表 14.3）。

表 14.3　我国氢能五大区域布局

布局区域	省份	包含城市	主要技术产品
东部区域	上海、江苏（长三角）和山东	上海市、常州市、盐城市、张家港市、无锡市、如皋市、青岛市、济南市、烟台市、淄博市	燃料电池车研发与示范
西部区域	四川、内蒙古、新疆	成都市、内江市、攀枝花市、包头市、鄂尔多斯市、乌海市、克拉玛依市、伊犁哈萨克自治州、乌鲁木齐市、哈密市	氢的生产、储存、分配到产品的利用
南部区域	广东	佛山市、东莞市、广州市、珠海市、茂名市、韶关市、惠州市、湛江市、阳江市、江门市、汕尾市	燃料电池车大规模示范和加氢网络规划
北部区域	北京、河北、辽宁	北京市、张家口市、唐山市、大连市、沈阳市、抚顺市、鞍山市、朝阳市、阜新市、葫芦岛市和盘锦市	燃料电池电堆和关键零部件研发
中部区域	湖北、河南	武汉市、襄阳市、宜昌市、郑州市、洛阳市、新乡市、濮阳市	燃料电池重要零部件研发和客车大规模示范

1. 东部区域

以上海、江苏（长三角）和山东为代表，是我国燃料电池车研发与示范最早的地区。

上海：到 2025 年，力争实现示范应用燃料电池汽车总量超过 1 万辆。

江苏（常州市、盐城市、张家港市、无锡市、如皋市）：建设"中国新能源之都"。

山东（青岛市、济南市、烟台市、淄博市）：将成为氢能产业的主流发展地。

2. 西部区域

最早以四川省为代表，近年来氢能产业集群将更多地向西北部地区发展，利用当地的资源优势和发展空间条件，有更多的机构和单位加入，提升了地区的氢能产业集群效应。

四川（成都市、内江市、攀枝花市）：可再生能源制氢和燃料电池电堆。

内蒙古（包头市、鄂尔多斯市、乌海市）：从氢的生产、储存、分配到产品的利用。

新疆（克拉玛依市、伊犁哈萨克自治州、乌鲁木齐市、哈密市）：从氢的生产、储存、分配到产品的利用。

3. 南部区域

以广东（佛山市、东莞市、广州市、珠海市、茂名市、韶关市、惠州市、湛江市、阳江市、江门市、汕尾市）为代表，是我国燃料电池车大规模示范和加氢网络规划较为成熟的地区。到 2023 年底，氢能产业总投资额已超 600 亿元，聚集氢能企业和机构超 150 家，涵盖氢能全产业链。

在 2023 年世界氢能技术大会上，佛山市南海区还获授"中国氢能产业之都"称号；2023 年，瀚蓝可再生能源（沼气）制氢项目（佛山南海）是全国首个大规模沼气制氢加氢一体化项目，年产约 2200t 氢气；佛燃能源集团投资建设的南庄制氢加氢加气一体化站（佛山）创新了站内天然气制氢与光伏电解水制氢加氢、加气合建模式。

同时，以东莞、广州、珠海、茂名、韶关为重点，利用丙烷脱氢、焦化煤气等工业副产氢资源，采用先进技术，实现高纯度工业副产氢规模化生产。

此外，部分地区还积极鼓励开展海上风电、光伏、生物质等可再生能源制氢示范，加强海水直接制氢、光解水制氢等技术研发。其中，海上风电制氢布局地区包括惠州、珠海、湛江、阳江、江门、汕尾等城市，累计装机容量将突破 800 万 kW。

4. 北部区域

北京、河北和辽宁是我国较早开展燃料电池电堆和关键零部件研发的地区，并在 2008 年北京奥运会期间进行了燃料电池车试运行。

北京：大兴紧抓中日创新合作示范区建设契机，举全区之力打造氢能产业集群。

河北（张家口市、唐山市曹妃甸区）：张家口继冬奥会氢燃料电池汽车之后，风氢一体化源网荷储综合示范工程蓬勃发展；年产千台（套）的河北首个氢燃料电池综合型项目在唐山市曹妃甸投产。

辽宁（大连市、沈阳市、抚顺市、鞍山市、朝阳市、阜新市、葫芦岛市和盘锦市）：包括大连氢能产业核心区、沈抚示范区氢能产业新城、鞍山燃料电池关键材料产业集聚区、朝阳燃料电池商用车产业集聚区、阜新燃料电池动力系统及配套产业集聚区、葫芦岛低压合金储氢装备及材料产业集聚区和盘锦氢气储运装备产业集聚区。

5. 中部区域

湖北和河南是我国燃料电池重要零部件研发和客车大规模示范地区。

湖北（武汉市、襄阳市、宜昌市）：武汉经济技术开发区已集聚东风汽车集团、绿动氢能、雄韬氢雄、理工氢电、众宇动力等14家氢能产业重点企业，涵盖燃料电池、整车制造、检验检测、制氢、加氢站运营、车辆运营等产业链各环节，初步形成"制氢—燃料电池核心部件—整车—研发—检测"全产业链发展体系。

河南（郑州市、洛阳市、新乡市、濮阳市）：郑州、安阳共建氢能汽车产业研究院；洛阳氢能汽车产业园形成辐射中原城市群的氢燃料汽车产业研发及生产基地；新乡加速构建"中原氢谷"产业生态圈。

14.2.2　制氢产业环节空间布局

氢源作为氢能产业链中的上游环节，传统的通过化石能源制取或工业副产氢提纯是两种主要的渠道，但是化石能源、工业副产及高温分解制氢均会排放大量 CO_2，而电解水制氢过程中的碳排放量几乎可以忽略不计。未来电解水制氢将逐步对化石能源和工业副产制氢进行替代，成为最有发展潜力的绿色氢能生产方式，尤其是利用可再生能源进行电解水制氢（绿氢）。

据国际能源署（IEA）预测，到 2030 年，全球约 15% 的氢气将由可再生能源制取，60% 来自化石燃料；到 2050 年，这一比例将变为 70% 和 20%，这表明可再生能源制氢将在未来能源结构中占据重要地位。同时，据中国氢能联盟预测，到 2030 年我国氢气需求量将达 3 715 万 t，其中可再生能源制氢约 500 万 t；预计到 2060 年，我国氢气需求量可能增至 1.3 亿 t 左右，可再生能源制氢的比例将进一步提高，预计可占该年份总制氢量的 70%。[①]

基于此，未来制氢环节，尤其是绿氢生产的空间布局，在很大程度上依赖于风电、光伏和水电等可再生能源装机的空间布局，进而形成三大空间布局：围绕风电光伏制氢形成"一纵一横"两大绿氢经济带、围绕西南地区水电制氢形成"西氢东输"供应网络、围绕东南沿海的海上风电形成海风制氢点。

1. 围绕风电光伏制氢形成"一纵一横"两大绿氢经济带

结合我国陆上风电和光伏装机呈现"一纵一横"的发展格局，以利用风能和太阳能为主制取绿氢将呈现出两大绿氢经济带：一是东西横向风光（风电和光伏）兼备，由西北地区和华北地区构成，涵盖新疆、甘肃、内蒙古、山西和河北等地的横向绿氢经济带；二是南北纵向以光伏为主，由华北、华东和河南组成，涵盖内蒙古、山西、河北、河南、山东、安徽、江苏和浙江等地的纵向绿氢经济带[②]。依托可再生能源制氢，内蒙古、宁夏、吉林等地大力布局绿氢炼化、绿色甲醇、绿氨、绿色航空煤油、氢冶金等项目，中国石化新疆库车光伏规模化制氢、国家能源集团宁东可再生氢碳减排、中能建松原绿色氢氨醇一体化、中国宝武氢基竖炉、河钢富氢冶金等一批引领性示范项目已相继建成投产。

2. 围绕西南水电形成"西氢东输"供应网络

西南地区是我国水资源最丰富的地区，理论蕴藏量占全国总量的 2/3，技术可开发

---

① 中国可再生能源制氢行业：成本上仍然高于化石能源制氢, https://www.sohu.com/a/771000627_121114988。

② 两大绿氢经济带！中国绿氢分布地图轮廓初现, https://xueqiu.com/3327629419/166068402。

量 4.25 亿 kW，占全国总量的 71%，并且水力发电具备发电量大、价格便宜等优势。但同时西南地区（尤其是四川）"弃水"现象也较为严峻，据国家能源局数据，2016～2020 年四川省年均弃水电量超 100 亿 kW·h。

我国西南地区丰富的水电装机为水力发电进行电解水制氢提供了坚实的基础，因地制宜将西南地区季节性的富余水电的发电能力通过制氢存储或运送出来，形成"西氢东输"储备点或将成为西南地区缓解水电"弃电""弃水"难题的解决方案，提升水电产业的综合经济效益。例如，据《四川省进一步推动氢能全产业链发展及推广应用行动方案（2024～2027 年）（征求意见稿）》对氢能发展的重点任务明确提到两点：一是加快氢储能融合发展：重点在水风光可再生能源丰富地区，进行富余能源就地消纳制氢储能、电网调峰，推动"水风光发电+氢储能"一体化应用，推进高效氢液化与液氢储能系统示范应用，推动氢储能与多种形式储能协同发展；二是要推动氢源供应网络建设：在雅砻江、金沙江、大渡河、岷江等流域，利用丰富的水风光可再生能源，大力推进规模化 低成本电解水制氢工程建设，打造绿氢供应基地；支持有条件的地区开展管道输氢技术研发，探索开展工业输气管道、天然气输送管网的纯氢输送示范工程建设。同时，《四川省氢能产业规划（2021～2025 年）》对氢能产业空间布局的目标是形成"一轴（成都—内江—重庆发展轴）、一港（川南氢港）、一区（攀西示范区）、三路（绿色氢路：依托四川富余水电资源开展电解水制氢，打造攀枝花—凉山—雅安—成都、乐山—眉山—成都、阿坝—绵阳—德阳—成都三条绿色氢路）"的"1113"发展格局。

3. 东南沿海的海上风电制氢点

2023 年，我国海上风电装机占风电总装机量的 8.45%，呈现快速发展态势。广东、福建、浙江均将海上风电制氢作为重点发展方向之一。此外，国内能源巨头中海油集团已开始提前布局海上风电制氢项目。绿氢生产空间布局如表 14.4 所示。

表 14.4 我国绿氢生产空间布局

区域布局	区域	包含省份	主要资源
围绕风电光伏制氢形成"一纵一横"两大绿氢经济带	东西横向绿氢经济带	新疆、甘肃、内蒙古、山西、河北	风电制氢、光伏制氢
	南北纵向绿氢经济带	内蒙古、山西、河北、河南、山东、安徽、江苏、浙江	光伏制氢为主
围绕西南水电形成"西氢东输"供应网络	西南地区	四川	水电
东南沿海的海上风电制氢点	东部沿海	广东、福建、浙江	海上风电

14.2.3 氢能科技创新区域分布

截至 2022 年，全国氢能产业园区超过 30 个，已形成长三角、珠三角、环渤海和川渝鄂四个氢能科技创新集聚区（表 14.5）。

1. 长三角地区

长三角地区是我国氢能产业发展第一梯队，以上海为中心，辐射苏州、常州、宁波、嘉兴、南通、六安等城市，区域内高校集聚，研发实力雄厚，已有多个示范项目运行。区域内重点企业包括富瑞特装、舜华新能源、氢枫能源等。

2. 珠三角地区

珠三角地区形成了佛山、广州、深圳三大氢燃料电池汽车创新核心区，重点企业包括中集安瑞科、中氢科技、雪人股份等。

中国机械工业联合会授予佛山市南海区"中国氢能产业之都"，包括佛山仙湖实验室、华南氢安全促进中心等多个研发创新平台也已经相继落户，吸引多位院士的项目落户佛山市南海区。佛山仙湖实验室更是成功获批建设国家能源氢能及氨氢融合新能源技术重点实验室，佛山市南海区已经成为全国氢能产业的创新引领区。

3. 环渤海地区

环渤海地区以北京为轴，聚集多个业内领先的科研机构和龙头企业，形成了张家口、济南、潍坊、大连等几大产业集聚区，重点企业包括亿华通、国家能源集团、中国石油等。

2022 年，国家燃料电池技术创新中心以潍柴动力为主体，联合清华大学、中国科学院大连化学物理研究所、中国重汽、陕西重汽、山东国惠、中通客车等产业链领军企业、高校、科研院所等优质创新资源，打造形成"以我为主、联合创新"的产学研用技术创新体系。

4. 川渝鄂地区

川渝鄂地区以武汉、成都、重庆三个城市为代表，集聚高校、科研机构资源和整车、造船相关企业资源，重点企业包括雄韬氢雄、武汉氢阳能源、众宇动力等。2021年，国家市场监督管理总局正式批准依托四川省特种设备检验研究院筹建国家市场监管技术创新中心（氢储运加注装备），是当时全国唯一获批筹建的国家级氢储运加注装备技术创新中心。

表 14.5 我国氢能科技创新区域分布

区域布局	中心城市	辐射城市	区域优势
长三角地区	上海	苏州、常州、宁波、嘉兴、南通、六安	高校集聚，研发实力雄厚
珠三角地区		佛山、广州、深圳	氢燃料电池汽车创新核心区
环渤海地区	北京	张家口、济南、潍坊、大连	多个业内领先的科研机构和龙头企业
川渝鄂地区		武汉、成都、重庆	氢储运加注装备

14.2.4　氢能应用示范项目分布

1. 燃料电池汽车示范城市群（2021～2025 年）

2021 年，财政部等五部委联合发布《关于启动燃料电池汽车示范应用工作的通知》，同意北京、上海和广东报送的城市群启动实施燃料电池汽车示范应用。2022 年，河南和河北燃料电池汽车示范城市群正式获批，全国形成了"3+2"燃料电池汽车示范格局（表 14.6）。

据中国氢能联盟统计，截至 2023 年底，我国燃料电池汽车保有量达 18 487 辆，达到我国氢能中长期战略提出的到 2025 年 5 万辆目标的约 37%；累计建成加氢站数量达 428 座，同比增长 19.6%，覆盖全国 30 个省区；建成可再生能源制氢项目 59 个，总计规模达 655 MW，规划项目超 500 个；建成运营燃料电池热电联产与发电项目 93 个，覆盖 23 个省区，总计规模近 20 MW。

表 14.6　我国氢燃料电池汽车示范城市群

氢能示范城市群	具体城市	示范目标/辆	累计完成/辆
北京城市群	由北京市牵头，北京市（大兴区、海淀区、经济技术开发区、延庆区、顺义区、房山区、昌平区），天津市滨海新区，河北省唐山市、保定市，山东省滨州市、淄博市等 12 个城市（区域）组成	5 300	2 508
上海城市群	由上海市牵头，联合江苏省苏州市、南通市，浙江省嘉兴市，山东省淄博市，宁夏回族自治区宁东能源化工基地，内蒙古自治区鄂尔多斯市 6 个城市（区域）构成	5 000	4 000
广东城市群	由佛山市牵头，联合广州市、深圳市、福州市、珠海市、东莞市、中山市、阳江市、云浮市、包头市、六安市和淄博市等 12 个城市（区域）组建	10 000	3 200
河南城市群	由郑州市牵头，包含河南省郑州市、新乡市、开封市、安阳市、洛阳市、焦作市，上海市嘉定区、奉贤区、上海自由贸易试验区临港新片区，河北省张家口市、保定市、辛集市，山东省烟台市、淄博市、潍坊市，广东省佛山市以及宁夏回族自治区宁东镇	7 710	1 289
河北城市群	由张家口市牵头，联合河北省唐山市、保定市、邯郸市、秦皇岛市、定州市、辛集市、雄安新区，内蒙古自治区乌海市，上海市奉贤区，河南省郑州市，山东省淄博市、聊城市，福建省厦门市 13 个城市组成	5 000	1 136

注："累计完成"列的数据统计截至 2023 年 8 月。

2. 氢燃料电池热电联供示范项目布局

我国氢燃料电池热电联供示范项目正在稳步推进，并取得了一系列重要进展（表 14.7）。这种技术主要利用燃料电池发电技术实现向用户供给电能和热能，具有效率高、噪声小、体积小、排放低等优势，适用于靠近用户的千瓦至兆瓦级的分布式发电系统，能源综合利用效率可高达 80%。

3. 氢燃气轮机、内燃机示范项目布局

我国在氢燃气轮机及内燃机示范项目方面都在积极推进，并取得了一定的成果（表

14.8)。这些示范项目的成功实施，不仅有助于推动氢能的大规模应用、能源结构的优化和转型，也为实现碳中和目标提供了重要的技术支持。

表 14.7　我国氢燃料电池热电联供示范项目布局

示范城市	承建单位	项目名称	规模	项目情况
西安	西安新港分布式能源有限公司	氢能热电联产综合能源供能系统		该系统是首次运用于市政集中供热系统，向辖区 20 000 余户居民家中集中供热，主力热源还是依靠天然气，氢能作为补充
无锡	松下集团	松下冷热电三联供氢能示范项目	5 kW	该项目的启用将协同实现天冷时供热、天热时制冷，进一步丰富无锡市氢能应用生态，推动氢能产业延链、补链、强链
潍坊	潍柴动力股份有限公司	潍柴 SOFC 燃料电池示范项目	120 kW	在潍柴燃料电池产业园和潍坊市能源集团开展示范
天津	徐州华清京昆能源有限公司	京津冀首套 100 kW SOFC 能源微电网示范项目	100 kW	热电联供系统产品
乌兰察布	东方电气氢能源有限公司	"制储运加"氢能综合示范项目	2.5 kW	氢燃料电池热电联供产品用于三峡乌兰察布"源网荷储"技术研发验试基地
广州	东方电气氢能源有限公司	固态储供氢装置集成示范应用研究项目	100 kW	氢燃料电池热电联供产品用于中国南方电网广东电网广州供电局，在广州市开展固态储供氢装置集成示范应用研究项目，该项目是南方电网首个氢能源示范应用研究项目
郑州	焦作煤业（集团）开元化工有限责任公司	河南能源焦煤集团氢燃料电池热电联供示范项目	4 MW	项目是我国氯碱行业首次以副产氢为能源综合利用的尝试
张家港	江苏铧德氢能源科技有限公司	100 kW 氢燃料电池热电联产系统	100 kW	运行数据同步接入京能科技长三角分公司智慧能源管理平台，实现满负荷运行
济南	深圳国氢新能源科技有限公司	氢热电联供示范应用	100 kW	"氢进万家"科技示范工程合作

表 14.8　我国氢燃气轮机、内燃机示范项目布局

示范城市	承建单位	项目名称	规模	项目情况
通辽	北京重燃能源科技发展有限公司+国家电投：国家电投集团内蒙古能源有限公司	纯氢燃气轮机的"电-氢-电"示范项目	1.7 MW 纯氢	全球首个基于纯氢燃气轮机的"电-氢-电"示范项目落地，落实国家能源局"首台套"科研项目
舟山	西门子能源有限公司、杭州汽轮动力集团股份有限公司	舟山绿色石化基地年产 4 000 万 t 炼化一体化项目	3×187 MW，掺氢比例 20%	三台 SGT5-2000E 燃气轮机成功进行了混合气燃烧调试，实现了掺混合气燃烧的稳定运行，掺氢比例达到 20%
惠州	哈电通用	首台国产 HA 级重型燃机项目	1.3 GW，掺氢比例 10%	将采用 10%（按体积计算）的氢气掺混比例与天然气混合燃烧，可为当地新增 1.34 GW 的供电能力
荆门	国电投湖北分公司	30%掺氢燃烧改造项目	54 MW，掺氢比例 30%	荆门燃机 2 号机组，成功实现 30%掺氢燃烧改造和运行
上海	上海慕帆动力科技有限公司	全球首个三燃料零碳干式低氮燃烧器项目		在一个燃烧器上不改变燃烧系统硬件实现氢气、氨气和天然气的干式低氮燃烧

4. 氢能产业园（链）示范区布局

近年来，氢能产业园（链）示范区的建设呈现出蓬勃发展态势，多个地区都在积极规划和推进氢能产业园建设，以推动氢能产业快速发展（表 14.9）。

表 14.9　我国氢能产业园（链）示范区布局

示范城市	项目名称	项目情况
北京大兴区	北京大兴国际氢能示范区	园区依托北京清华工业开发研究院产业资源优势，构建以加氢示范站、氢能交流中心、科技园区为载体，产业基金、企业联盟、专项政策、试验基地为支撑的"3+N"氢能产业生态体系。目前，园区围绕燃料电池、氢的制储加和建筑能源三个产业链，储备项目 300 余个，集聚亿华通、科威尔、中集合斯康、东方电气等龙头企业 30 余家，氢能产业生态越发活跃
天津滨海新区	天津氢能产业示范区（滨海新区）	该示范区已引入新氢动力、氢璞创能、国淘氢能、杭叉新能源、重塑科技等 6 家氢能核心企业，持续开展氢燃料电池物流车、叉车、公交大巴车等示范运营，逐步培育形成覆盖全产业链的氢能产业生态圈
河北曹妃甸区	河北曹妃甸国际生态工业园	新能源产业区域聚集了一批以海泰光伏发电设备、未势氢能、泰坦曹妃甸充换电设备研发制造为主的新能源产业项目
浙江嘉兴市	长三角氢能产业示范区	长三角（嘉兴）氢能产业园规划面积 1.4 km^2，是国内具有领先地位和重要国际影响力的氢能产业园。其中，浙江清华长三角研究院氢能科技园已先行启动建设，旨在打造长三角（嘉兴）氢能研究中心，集中优势资源，建设长三角氢能核心示范区
广东佛山市、南沙区	珠三角氢能示范区	佛山市禅城区发展和改革局与广东广晟氢能有限公司就构建"禅城绿色氢能产业多元化示范体系"建立全面、深度的战略合作关系，并正式签署战略合作协议。广州南沙以氢能产业应用示范加速氢能产业全链条布局
湖北武汉市	武汉经济技术开发区示范区	武汉经济技术开发区已聚集了一批国内氢能产业的顶尖企业，掌握关键自主核心技术，构建了相对完整的产业链，有望成为下一个千亿产业示范区
河南濮阳市	河南濮阳示范区	已入驻国家高新技术企业 32 家、国家级技术创新企业 10 家、科技型中小企业 89 家；设立氢能产业发展基金，聘请国内外 8 位知名院士、专家担任濮阳市氢能产业发展顾问，先后引进专家人才 49 人，科技高精尖人才 403 人，"产学研用金"深度融合的氢能产业创新发展生态迅速形成
新疆克拉玛依市、哈密市、伊犁州、乌鲁木齐市	新疆 4 个氢能产业示范区	克拉玛依市打造新疆第一个零碳城市 哈密市到 2025 年实现 2 000 辆氢燃料重卡的应用规模 伊犁州是新疆首个获得国家发展改革委批复的利用清洁低碳绿色氢能的制储加用一体化创新应用工程，已完成 50 辆氢能汽车采购 乌鲁木齐市提出推动氢能产业链全面发展，打造极具竞争力的氢能产业集群

5. 输氢管网示范项目布局

安全高效的输氢技术，是氢能实现大规模商业化发展的前提，目前我国氢能运输主要有两条路径：一是就地转化为氨；二是建设或利用天然气管道进行管道运输。对于大规模集中制氢和长距离输氢来说，管道输氢是突破我国氢能产业储运环节发展瓶颈的优选方向和现实选择，但管道输氢也面临很多技术挑战。2023 年 11 月，国家管网集团成功实施了我国首次全尺寸掺氢天然气管道泄放喷射火试验与封闭空间泄漏燃爆试验，试验最大掺氢比例为30%，为实现天然气长输管道掺氢输送技术自主可控奠定了重要基础。

表 14.10　我国输氢管网示范项目布局

类别	项目	时间和状态	长度/km	年输氢量	项目概况	建设单位
纯氢管道	济源-洛阳输氢管道	2015 年 8 月建成	25	10.04 万 t	该管道起自济源工业园区氢气首站，止于吉利区洛阳石化末站，其主要功能是为石化行业加氢反应提供氢气原料	中石油天然气管道工程有限公司
	定州-高碑店氢气管道工程	2021 年 6 月启动，处于审批阶段	164.7	10 万 t	这是第一条主要为了输送燃料电池所需的氢气而建设的管线	中石油天然气管道工程有限公司
	巴陵-长岭输氢管道(2014 年建成 A)	2014 年建成	42	4.42 万 t	主要输送纯度为 99.5%的氢气，已安全运行了多年，是我国运行时间最长的输氢管道	巴陵石化
	金陵-扬子氢气管道	2008 年建成	32	4 万 t	其中 17km 在南京化工区内架空敷设，钢管材质为 20#石油裂化钢管	金陵石化
	宁夏宁东输氢管线	2022 年 3 月开建	1.2	200 万标方	是宁夏宝廷新能源有限公司至宁夏沃凯珑新材料有限公司的氢气输送管道。这是宁东化工基地内建设的一条输氢管道	沃凯珑公司
	玉门油田水电厂氢气输送管道	2022 年 8 月建成	5.5	7 000 t	该项目是中石油首条绿氢输送管道，是玉门油田 160 兆瓦可再生能源制氢示范项目的重要配套工程，这也是国内首个绿氢输送管道	中石油天然气管道工程有限公司
	宝钢无取向硅钢产品结构优化标段三项目输氢管道	2022 年 11 月贯通	3.97	5 040 t	全球第一个完全面向新能源汽车行业的高等级无取向硅钢专业生产线	上海宝冶冶金工程公司
	乌兰察布陆上风电制氢一体化工程和输氢管道	2022 年 12 月 23 日消息披露	400	10 万 t	中石化将投资 200 亿元用于在内蒙古乌兰察布建设绿色电力和氢能综合项目。该计划包括陆上风电制氢一体化工程和输氢管道。这条输氢管道连接乌兰察布的制氢厂和中石化在北京的燕山石化	中石化石油工程技术服务股份有限公司
	乌海至呼和浩特输氢管道暨"内蒙古氢能走廊"项目	2022 年 12 月 23 日消息披露	500	—	12 月 23 日，内蒙古科学技术研究院与中国石油天然气管道工程工程有限公司、中太（苏州）氢能源科内蒙古科学技有限公司签署战略合作协议。三方将合作共建该项目，是我国中太（苏州）氢压力最高、长度最长的氢气干线能源科技有限管道	内蒙古科学技术有限公司、中太（苏州）氢能源科内蒙古科学技有限公司
	山东 100 公里纯氢管网示范	2023 年 1 月 16 日披露消息	100	—	中石油管道局将在山东推进的项目，是"氢进万家"的一部分	中石油天然气管道工程有限公司

续表

类别	项目	时间和状态	长度/km	年输氢量	项目概况	建设单位
掺氢管道	朝阳天然气掺氢示范工程	2019 年建成	—	—	国家电投集团中央研究院建设了国内首个"绿氢"掺入天然气输送应用示范项目,将可再生能源电解水制取的"绿氢"与天然气掺混后供燃气锅炉使用,按 10%的掺氢比例	国家电投
	张家口掺氢管道示范项目	2021 年 8 月开工,正在推进		440 万 m³	2020 年 9 月该项目签约,项目建成后,预计每年可生产氢气清洁能源科技 1 000 t,混合气将用于专用的氢气天然气汽车	由张家口鸿华清洁能源科技有限公司牵头
	达茂-工业区氢气管道工程	2020 年 7 月启动,正在推进	159	40 万 t	该项目在内蒙古达茂的哈日朝鲁水库地区,利用弃电进行制氢,制得氢气将用于还原冶炼,一期年输送能力 10 万 t/a,二期 30 万 t/a	中石油中国石油天然气有限公司
	广东海底掺氢管道	正在推进	55	40 亿 m³	管道起自拟建的干线雷州站,经通明海海峡,止于东海岛湛江钢铁末站,未来将为宝武集团绿色钢厂输送氢气。掺氢比 20%	中石油天然气管道工程有限公司
	陕宁一线掺氢示范项目	2021 年完工	97	15.9 t	掺氢比例为 5%,一期计划输量 4.2 万 t/a,二期规划 11.7 万 t/a	中石油天然气管道工程有限公司
	扎鲁特旗-乌兰浩特氢混天然气长输管线	正在推进	230	—	管线每年可为内蒙古兴安盟城区及沿线各类用户输送 10 亿 m³ 天然气,同时具备高比例掺氢功能;新能源大基地所发绿电优先电解水制取绿氢,以管线形式输送,满足兴安盟及蒙东地区氢气需求,助力打造零碳兴安盟	昆仑氢能有限公司、兴安盟吉通天然气公司
纯氢与掺氢管线并行	通辽市隆圣峰天然气有限公司甘旗卡综合站纯氢与掺氢燃气管道工程	2022 年 7 月 23 日开建	4.7	—	将建一条纯氢管道和一条掺氢管道。建成后能进行纯氢及掺氢输送、并对管材及设备进行科研验证	由通辽市隆圣峰天然气有限公司牵头
	宁夏宁东天然气掺 氢降碳示范化工程	2022 年 8 月中试主体完工	7.4	—	项目包括 7.4 km 的输气主管线及一个燃气管网掺氢试验平台。这是由中石油管道局投产运行的工程有限公司首条输氢管道	中石油天然气管道工程有限公司
合计				1 827.47		

资料来源:国际能源网/氢能汇.1800 公里!我国输氢管道建设突飞猛进! https://h2.in-ec.com/html/h2-2421572.shtml.

近年来,我国管道输氢项目或示范项目在多个地区均有所布局。纯氢输送管线长度从几公里到 160 km 都有实际运行项目,且中国石化"乌兰察布—燕山石化"400 km 纯氢管道示范工程项目与中石油"'乌海—呼和浩特'纯氢管道(500 km)暨'内蒙古氢能走廊'项目"也都已完成规划并启动投资建设。同时,我国天然气掺氢管道项目的掺氢比例也在逐步提高，例如宁夏银川宁东天然气掺氢管道示范平台 397 km 长的天然气管线掺氢比例已经达到 24%。这些示范项目的经验、建设和运营，将为我国氢能产业的快速发展提供有力支撑，并推动氢能在交通、化工等领域的广泛应用。

14.3　典型绿色低碳产业区域布局——新型储能

根据中关村储能产业技术联盟（CNESA）全球储能数据库的不完全统计，截至 2023 年底，我国已投运电力储能项目累计装机规模 86.5 GW，占全球市场总规模的 30%，同比增长 45%。其中，抽水蓄能累计装机占比首次低于 60%，与 2022 年同期相比下降 17.7 个百分点；新型储能累计装机规模达到 34.5 GW/74.5 GW·h，功率规模和能量规模同比增长均超过 150%。2023 年，我国新增投运新型储能装机规模 21.5 GW/46.6 GW·h，功率和能量规模同比增长均超 150%，三倍于 2022 年新增投运规模水平，并且新型储能首次超过抽水蓄能新增投运近四倍之多，共有超过 100 个百兆瓦级项目实现投运，该规模量级项目数量同比增长 370%。新型储能中，锂离子电池占据绝对主导地位，占比从 2022 年的 94% 增长至 2023 年的 97%；压缩空气储能、钠离子电池、液流电池、飞轮、超级电容等非锂储能技术逐渐实现应用突破，为新型电力系统建设和多元用户侧场景提供了更多的技术选择。

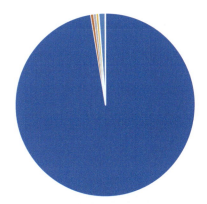

■锂离子电池97.4%　■铅碳电池0.5%　■压缩空气储能0.5%　■液流电池0.4%　■其他新型储能1.2%

图 14.1　2023 年我国不同类型新型储能装机占比

14.3.1　我国新型储能重点企业分布

我国新型储能行业依据企业的注册资本划分，可分为三个竞争梯队。其中，注册资本大于 20 亿元的企业有上海电气、亿纬锂能、宁德时代、中天科技、南方电网储能等；注册资本在 10 亿～20 亿元的企业有欣旺达、国轩高科、孚能科技、协鑫能源科技、阳光电源等；注册资本在 10 亿元以下的企业有南都电源、智光电气、盛弘电气、鹏辉能源、华自科技等。

据前瞻产业研究院数据，从 2023 年我国储能行业企业排名来看，宁德时代已成为我国储能行业的领头羊，业务营收达到 449.8 亿元，排名前五的分别为宁德时代、比亚迪、阳光电源、亿纬锂能、派能科技，业务营收分别为 126 亿元、101.3 亿元、94.5 亿元、59.3 亿元、53.7 亿元。所以，宁德时代等龙头企业在全国各地方的储能工厂布局也侧面反映了我国新型储能制造的区域市场布局。

我国新型储能行业企业主要分布在沿海地区，如广东有比亚迪、亿纬锂能、古瑞瓦特、鹏辉能源等企业，福建有宁德时代与科华数能等（表 14.11）。

表 14.11　我国新型储能企业地区布局

企业	注册地	主要产品	市场影响
宁德时代	福建省宁德市	（1）动力电池系统：凝聚态电池、三元高镍电池、三元高压中镍电池、M3P 电池、磷酸铁锂电池以及钠离子电池等； （2）储能电池系统：电芯、电池柜、储能集装箱以及交流侧系统等储能产品解决方案； （3）电池材料及回收：锂盐、前驱体及正极材料等，金属材料及其他材料的加工、提纯、合成等	2023 年宁德时代全球动力电池使用量市场占有率 36.8%（连续 7 年排全球第一）、全球储能电池出货量市场占有率 40%（连续 3 年排全球第一）
比亚迪	广东省深圳市	（1）源网侧储能系统产品； （2）工商业储能产品； （3）户用储能产品	2023 年比亚迪储能电池全球出货量超过 20 GW·h，全球市场份额为 13%，位列全球第二，处在国内第一梯队
亿纬锂能	广东省惠州市	（1）消费电池（包括锂原电池、小型锂离子电池、圆柱电池）； （2）动力电池（包括新能源乘用车电池及其电池系统）； （3）储能电池：大铁锂电池、方形铁锂电池、圆柱铁锂电池，从电芯、电池包、系统到 BMS 等全方面产品及解决方案	2023 年亿纬锂能储能电池全球出货量超过 20 GW·h，全球市场份额为 12%，位列全球第三，处在国内第一梯队
鹏辉能源	广州市番禺区	钴酸锂系列产品、磷酸铁锂系列产品、三元材料和多元复合锂材料系列产品	2023 年中国工商业储能系统企业出货量中排名第三
阳光电源	安徽省合肥市	（1）光伏逆变器； （2）风电逆变器； （3）储能系统：包括储能电源和储能变流器	2022 年阳光电源在全球电池储能系统集成商市场占有率 16%
派能科技	上海自由贸易试验区	（1）储能电池系统：插箱式储能电池系统、堆叠式储能电池系统、挂壁式储能电池系统、机架式和集装箱式高压储能电池系统、通信基站备电系统、铅酸替代式锂电池； （2）电芯：软包磷酸铁锂电芯、圆柱形磷酸铁锂电芯	国内同时具备电芯、模组、电池管理系统、能量管理系统等储能核心部件自主研发和制造能力的企业之一，2023 年营收以 53.7 亿元全国排名第五
南瑞继保	江苏省南京市	光伏发电并网逆变器、新能源功率预测系统、储能变流器	2023 年储能出货量全国第八
圣阳电源	山东省曲阜市	（1）锂电电池产品； （2）铅酸电池产品； （3）户用储能、工商业储能、微电网储能及大型集中储能系统产品	居国内行业前列，是全球同业知名企业之一。该公司是国家级高新技术企业，拥有国家认定企业技术中心，主导、参与制定国家、行业标准 80 余项

14.3.2　我国新型储能生产及研发基地区域布局

1. 新型储能生产基地区域布局

我国新型储能龙头企业分别在国内多个地区布局生产基地,如宁德时代在福建宁德、青海西宁、江苏溧阳、四川宜宾和成都、广东肇庆、上海临港、福建厦门、江西宜春、贵州贵阳、山东济宁、河南洛阳等地均有生产基地;亿纬锂能在广东惠州、湖北荆门及武汉、四川成都、云南玉溪及曲靖、江苏启东、浙江宁波、辽宁沈阳等地均有生产基地;阳光电源在安徽合肥、江西高安、江苏盐城等地均有生产基地;比亚迪在深圳龙岗、广西南宁、江西宜春、陕西西安等地都建设了一定规模的生产基地（表 14.12）。

表 14.12　我国新型储能主要生产基地布局

序号	企业	生产基地	2023 年储能电池系统出货量/GW·h
1	宁德时代	福建宁德、青海西宁、江苏溧阳、四川宜宾和成都、广东肇庆、上海临港、福建厦门、江西宜春、贵州贵阳、山东济宁、河南洛阳等	53
2	比亚迪	深圳龙岗、广西南宁、江西宜春、陕西西安等	28
3	亿纬锂能	广东惠州、湖北荆门和武汉、四川成都、云南玉溪和曲靖、江苏启东、浙江宁波、辽宁沈阳等	27
4	阳光电源	安徽合肥、江西高安、江苏盐城等	19

2. 新型储能研发基地区域布局

近年来,随着新型储能技术的快速发展和市场的不断扩大,各地政府和头部企业纷纷加大投入,推动新型储能研发基地的建设。未来,随着新型储能技术的不断进步和储能市场的逐步扩大,这些研发基地将继续发挥重要作用,推动我国新型储能产业的快速发展（表 14.13）。

表 14.13　我国新型储能主要研发基地布局

地区	基地名称	研发单位	研发重点
广东广州白云区	新型储能创新中心	南方电网牵头,联合大唐集团、华电集团、国家能源集团、南方电网储能、亿纬锂能等	新型储能材料、芯片、电池、系统集成、投资运营
福建宁德	福建宁德研发中心	宁德时代	致力于攻克锂电池行业的"卡脖子"技术难题,形成具有国际先进水平的自主知识产权成果。其主要研究方向包括但不限于电池材料、电池系统以及电池回收等产业链的关键领域
深圳龙岗	全球研发中心	比亚迪	致力于开发刀片电池、DM-i 超级混动、e 平台 3.0、"易四方"等颠覆性技术,并进行融合

地区	基地名称	研发单位	研发重点
河南郑州	比亚迪材料研究院	比亚迪	研究方向可能包括但不限于电池材料、电机材料、电控材料以及轻量化材料等
安徽合肥	安徽合肥阳光电源研究中心	阳光电源	主要研究的领域是新能源电源设备，特别是太阳能、风能、储能以及电动汽车等方面的技术研发、生产与销售
广东惠州	广东惠州亿纬锂能研究中心	亿纬锂能	主要研究电化学能源技术，特别是锂电池及相关新能源产品。作为亿纬锂能的重要研发基地，该研究中心致力于在锂电池材料、电池系统、新能源应用等领域取得突破

14.3.3　新型储能装机运营区域分布

我国从 2020 年底开始逐步实施新能源强制配置储能相关政策，新能源强制配储为储能市场带来了较为可靠的潜在储能装机需求。截至 2022 年底，我国已有 20 余个省（自治区、直辖市）出台新能源配储政策，储能配置比例 10%～20%，配置时长 2～4 h。

1. 各省新型储能累计装机情况

截至 2023 年 6 月底，新型储能累计装机规模排名前五的省（自治区）分别为：山东294 万 kW/590 万 kW·h、湖南 264 万 kW/527 万 kW·h、宁夏 197 万 kW/391 万 kW·h、内蒙古 165 万 kW/329 万 kW·h、新疆 122 万 kW/313 万 kW·h，装机规模均超过 100万 kW。华北、西北、华中地区合计超过全国总量的 80%。

其中，华北地区已投运新型储能装机占全国的 30.0%、西北地区占 26.8%、华中地区占 23.5%。

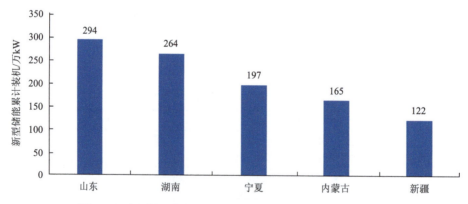

图 14.2　我国排名前五的省（自治区）新型储能累计装机统计

资料来源：中关村储能产业技术联盟。

2. 新型储能装机在电力产业链布局

电源侧储能。内蒙古、新疆等地风光资源丰富，新能源配储需求显著，是典型的电源侧储能。截至 2022 年底，电源侧储能电站累计投运 263 座、装机 3.97GW/6.8GW·h，占比达 48%。其中，内蒙古、新疆、甘肃、山东、西藏、青海比例较高。

电网侧储能。 截至 2022 年底，电网侧储能电站累计投运 78 座、装机 244 万 kW/543 万 kW·h，占比达 39%。宁夏、山东、湖南、湖北得益于储能示范项目的推动则以独立储能为主。

用户侧储能。 用户侧储能约占储能装机的 13%，其中工商业储能应用约占 42%。新型储能运营布局见表 14.14。

表 14.14　我国新型储能运营布局

储能类型	主要地区
电源侧储能（占比 48%）	内蒙古、新疆、甘肃、山东、西藏、青海
电网侧储能（占比 39%）	宁夏、山东、湖南、湖北
用户侧储能（占比 13%）	各地区均有，以东部、中部高耗能地区居多

3. 部分省份新型储能装机规划

截至目前，我国主要省份都发布了"十四五"期间的能源规划，就发布的能源发展规划情况来看，新型储能建设规模也呈现增长态势。从已发布的规划来看，全国各省大多鼓励发展"新能源+储能"，鼓励建设集中式共享储能、电网侧独立储能示范项目，而且多个省份的能源规划都提到，明确储能作为独立市场主体参与电力市场交易。同时，各省在扩展储能应用场景上也提供通道，要求储能在微电网、大数据中心、5G 基站等新型终端用户等处开辟新战场。部分省份"十四五"新型储能规划见表 14.15。

表 14.15　部分省份"十四五"新型储能规划

序号	省份	新型储能总量/GW	序号	省份	新型储能总量/GW
1	青海	6	11	河南	2.2
2	甘肃	6	12	湖北	2
3	山西	6	13	广东	2
4	宁夏	5	14	湖南	2
5	内蒙古	5	15	云南	2
6	河北	4.5	16	广西	2
7	山东	4.5	17	四川	2
8	浙江	3.5	18	辽宁	1
9	安徽	3	19	江西	1
10	江苏	2.6	20	贵州	1

资料来源：课题组据各省（区、市）相关规划整理。

14.4 典型绿色低碳产业区域布局——风电

14.4.1 风电产业区域布局相关政策

风力发电产业链（或风能产业链）主要分为上游、下游两部分，上游属于风电装备制造（包括零部件和装机的制造环节），下游属于风力发电运营端（包括各大发电集团运营的陆上风电场、海上风电场等），因此研究风电产业布局也分为装备制造和运营两部分。

为了大规模发展风力发电，国家相关部委根据全国风力资源分布以及地理因素等影响，针对西部沙漠、戈壁、荒滩以及东部海域推动发展大规模集中式风电项目，并就近配套风电产业装备制造基地（表 14.16）。根据中国可再生能源学会风能专业委员会发布的《2022 年中国风电吊装容量统计简报》，2022 年，中国风电市场有新增装机的整机制造企业共 15 家，排名前五的市场份额合计为 72.3%，排名前十的市场份额合计为 98.6%，行业集中度较高。

表 14.16　我国风电产业布局部分政策梳理

	时间	部门	政策	主要内容
国家层面	2019 年 12 月	中共中央、国务院	《长江三角洲区域一体化发展规划纲要》	因地制宜积极开发陆上风电与光伏发电，有序推进海上风电建设，鼓励新能源龙头企业跨省投资建设风能、太阳能、生物质能等新能源
	2021 年 3 月	中华人民共和国中央人民政府	《中华人民共和国国民经济和社会发展第十四个五年规划和 2035 年远景目标纲要》	加快发展非化石能源，坚持集中式和分布式并举，大力提升风电、光伏发电规模，加快发展东中部分布式能源，有序发展海上风电，加快西南水电基地建设，安全稳妥推动沿海核电建设，建设一批多能互补的清洁能源基地，非化石能源占能源消费总量比重提高到 20% 左右
	2022 年 6 月	国家发展改革委、国家能源局等 9 部门	《"十四五"可再生能源发展规划》	明确 2030 年风电和太阳能发电总装机容量达到 12 亿千瓦以上；在"三北"地区优化推动风电和光伏发电基地化规模化开发，在西南地区统筹推进水风光综合开发，在中东南部地区重点推动风电和光伏发电就地就近开发，在东部沿海地区积极推进海上风电集群化开发
	2022 年 2 月	国家发改委、工业和信息化部等 12 部委	《关于印发促进工业经济平稳增长的若干政策的通知》	实施好沙漠戈壁荒漠地区大型风电光伏基地建设，鼓励中东部地区发展分布式光伏，推进广东、福建、浙江、江苏、山东等海上风电发展，带动太阳能电池、风电装备产业链投资
	2022 年 8 月	国务院	《关于支持山东深化新旧动能转换推动绿色低碳高质量发展的意见》	支持山东大力发展可再生能源，打造千万千瓦级深远海海上风电基地，利用鲁北盐碱滩涂地、鲁西南采煤沉陷区等建设规模化风电光伏基地，探索分布式光伏融合发展模式 支持山东布局大功率海上风电、高效光伏发电、先进核电等清洁能源装备与关键零部件制造

续表

	时间	部门	政策	主要内容
地方层面	2021 年 3 月	吉林省人民政府	《吉林省国民经济和社会发展第十四个五年规划和 2035 年远景目标纲要》	充分发挥白城、松原等地风光资源丰富、未利用土地多等优势，大力发展风电、光伏发电，建设省内消纳、外送、制氢 3 个千万千瓦级新能源生产基地
	2021 年 11 月	内蒙古自治区人民政府办公厅	《内蒙古自治区新能源装备制造业高质量发展实施方案（2021—2025 年)》	统筹产业基础、区位条件、资源要素等因素，以包头市、通辽市、乌兰察布市、锡林郭勒盟等地区为重点，集中部署风电装备制造项目；以呼和浩特市、包头市、鄂尔多斯市为重点，集中布局光伏装备制造项目
	2022 年 8 月	上海市发展和改革委员会	《上海市能源电力领域碳达峰实施方案》	加快陆海风电开发。制定新一轮海上风电发展规划，进一步提升海上风电开发利用水平。推进长江口外北部、长江口外南部、杭州湾以及深远海海域四大海上风电基地建设，预留南、北海上风电场址至市区通道走廊。"十四五"期间重点建设金山、奉贤、南汇海域项目，启动实施百万千瓦级深远海海上风电示范。"十五五"重点建设横沙、崇明海域项目，建成深远海海上风电示范。避开生态保护红线和自然保护区，科学建设陆上风电场。结合各区沿江沿海、工业、港口、旅游岸线区域资源，建设分散式风电。2025 年、2030 年全市风电装机力争分别超过 262 万 kW、500 万 kW
	2023 年 3 月	海南省工业和信息化厅、科学技术厅	《海南省风电装备制造业创新中心三年行动计划（2023—2025 年)》	统筹推进儋州洋浦、东方海上风电装备制造基地"两位一体"协调发展，打造海南西部海上风电产业园

14.4.2 风电装备制造产业布局

1. 风电装备制造产业布局

2019～2022 年，中国海上风电规模从 7GW 发展到 30GW，占据全球近 50%的市场份额。其中，贡献最大的是风电装备制造商，他们实现了海上风机从 6MW 到 18MW 的跃迁，不断推陈出新的大型机组使海上风电的造价下降了 50%，推动去补贴后的中国海上风电高质量健康发展。

"十四五"期间，我国规划了山东半岛、长三角、闽南、粤东、北部湾五大千万千瓦级海上风电基地集群。围绕这五大海上风电基地区域，全国大大小小的海上风电产业基地相继规划建设。同时，地方政府对风电装备产业支持力度明显增大。浙江、福建、广东、海南等在政府工作报告中都明确提出，对风电装备制造业进行链条式培育，集群式发展。

截至 2023 年，全国已经建成或正在建设约 20 个海上风电装备制造基地，遍布沿海的辽宁、山东、江苏、浙江、福建、广东、广西以及海南等省份（表 14.17）。其中，广东（阳江）海上风电装备制造产业基地、汕头海上风电创新产业园、汕尾海洋工程基地、广西北部湾风电零碳产业基地、防城港市新能源装备产业集群、广西钦州海上风电装备产业园等六个海上风电装备制造基地/产业园均提出到 2030 年实现千亿元产值目标。

表 14.17　我国主要海上风电装备制造基地/产业园布局

省份	产业集群	产业园	入驻企业	产值目标/元
江苏	盐城	大丰风电产业园	金风科技、中车电机、美国 TPI 叶片、海力风电、锦辉集团、广茂电机、江苏双菱重工、强盛塔筒、双瑞叶片、丹麦 JBS 等	超 100 亿
		射阳港新能源及其装备产业园	远景能源、时代新材、天顺风能、大连重工、LM 叶片、中车电机、迈景机舱罩、长风海洋装备等	超 100 亿
	南通	南通风电母港装备产业基地	中国海装、上海电气、重通成飞、明阳智能、中天科技海缆、海力风电等	超 100 亿
广东	阳江	广东（阳江）海上风电装备制造产业基地	明阳智能、金风科技、中车电机、山东龙马、广东蓝水、中材科技、东方电气、大金重工等	超 1 000 亿
	汕头	汕头海上风电创新产业园	鲁能、上海电气、广东电网、华海科技、青岛盘古、青岛武晓塔筒等	2 000 亿
	汕尾	汕尾海洋工程基地	明阳智能、广东长风、南海海缆、广东海宇、海力塔筒	超 1 000 亿
山东	东营	东营海上风电装备产业园	山东能源、中国海装、上海电气、金雷股份、天能重工、中复连众	500 亿
	烟台	中国海上风电国际母港产业园区	中国华能、中国广核、上海电气、东方电气、大金重工、法国液化空气集团等	350 亿
	威海	乳山海上风电装备制造产业基地	国家电投、明阳智能、远景能源、豪迈重工、江苏海力等	超 100 亿
辽宁	大连	太平湾风电母港国际产业园	三峡能源、运达股份、招商局集团、中水电四局等	超 100 亿
		中船重工庄河海上风电装备产业园	中船重工、海为电气、中船海装等	超 100 亿
浙江	宁波	象山大型海上风电智能化装备产业园	中船海装等	167 亿
	温州	温州深远海海上风电零碳总部基地	中船海装、中信重工、东方电气风电叶片、中车电机等	600 亿
海南	儋州	洋浦海上风电产业园	中国大唐、东方电气、中国电建、电气风电、海力风电等	124 亿
广西	钦州	广西钦州海上风电装备产业园	远景能源、中船集团、锦峰海洋重工、西门子	超 1 000 亿
	北海	北部湾风电零碳产业基地	金风科技、中国中车等	超 1 000 亿
	防城港	防城港市新能源装备产业集群	中国广核、广西投资集团、明阳智能等	超 1 000 亿
福建	福清	福建三峡海上风电国际产业园	金风科技、东方电气、LM 叶片、中车电机、中国水电四局	150 亿
	漳州	漳州海上风电装备产业园	中船海装、中信重工、东方电气风电叶片、天顺风能等	500 亿

当前多数大型化集群均以装备制造为牵引,加快向海上风电全产业链集群方向发展。例如,山东蓬莱的中国海上风电国际母港产业园区,分列重装港区、主机及大部件制造区、风电母港综合服务区、配套产业园区四个板块,是山东省内第一家风电装备制造全产业链园区;位于福建福清的三峡海上风电国际产业园,是国内建设较早的集技术研发、设备制造、检测认证、建设安装、运行维护为一体的世界级海上风电产业集群。

2. 风电装备制造企业研发中心布局

2022 年,我国陆上风电设备制造主要由金风科技、远景能源、明阳智能、上海电气风电、运达股份、联合动力、东方风电、华锐风电、中国海装、中车风电、三一重能、哈电风能、Vestas、SG、华创风能等企业占主导。

根据表 14.18 可以看到,风电企业的科技创新中心主要布局在东部区域,北京、上海,浙江、江苏等地成为重要的风电研发基地,而西部的西安、重庆也成为重要的区域研发中心。

表 14.18　我国主要风机企业科研创新布局

序号	风电整机厂商	中国市场新增装机容量/万 kW	中国市场份额/%	科研创新主要布局区域
1	金风科技	1136	22.8	北京全球研发总部、新疆乌鲁木齐国家风电技术创新中心、无锡能源物联网研发基地、温州漂浮式海上风电技术创新基地、盐城研发实验监测基地
2	远景能源	782	15.7	远景能源上海总部、江苏南京智能能源软件研发中心
3	明阳智能	621	12.5	以中山为总部,在天津、内蒙古、甘肃、吉林、青海、河南、江苏、云南等地建立了研发、制造、工程服务一体化的基地
4	运达股份	610	12.2	总部和研发中心位于杭州,拥有杭州临平、河北张北、宁夏吴忠、哈尔滨制造中心等制造研发基地
5	三一重能	452	9.1	在北京、长沙设有风电研发机构,并在北京建立三一北京超级计算中心
6	中国中车	374	7.5	中车株洲电力机车研究所有限公司、山东风电有限公司
7	中国海装	336	6.7	在重庆建有国家海上风力发电工程技术研究中心、设备制造公司也设在重庆
8	上海电气风电	325	6.5	在北京、上海、杭州、西安建有研发中心,与高校合作建立产学研平台

14.4.3　风力发电运营产业布局

1. 全国风电装机分布

我国风能资源丰富区主要分布在北部及沿海两大风带。适合大规模并网型风力发电的地区主要分布在内蒙古、吉林松原和白城、辽宁阜新、甘肃酒泉、新疆哈密和吐鲁番、河北张北和承德,以及沿海地区;新疆伊犁州、环青海湖、甘肃中部、陕西榆林市、山西大同市、云南昭通市和曲靖市以及贵州六盘水市等地区的风能资源也十分丰富。我国近海风能资源最丰富的是福建、浙江南部和广东沿海海域，其次是海南、浙江北部、江苏、广西北部湾以及渤海湾沿海海域等。

风力发电产业布局。由于风力发电与风力资源具有正相关性，因此只有风力资源丰富的区域才适合发展大规模风电产业。可以看出，国内目前陆上风电已经发展到一定规模，华北、西北和东北三北地区成为风电的主要产业基地，同时由于海上风力资源丰富，所以山东、江苏、福建、广东以及浙江等区域的海上风电装机量也呈现快速增长的态势。

根据图 14.3 可以看出，截至 2022 年，我国风力发电装机量排名最高的是内蒙古，达到 4 548 万 kW；其次是河北、新疆、山西、山东、江苏、甘肃等省（自治区），装机量都超过 2 000 万 kW 以上。

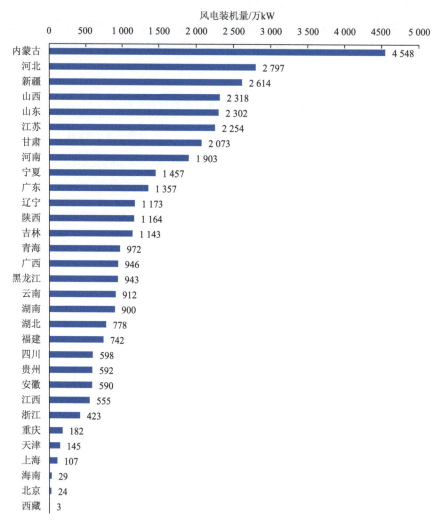

图 14.3　2022 年我国各省（自治区、直辖市）风电装机量统计

资料来源：国家统计局、中电联

风电装机量前十大省份总装机量达到了 2.36 亿 kW，约占全国的 65%，其中七个属于三北地区，三个属于沿海省份。

虽然西藏风力资源丰富，但是受多种因素影响，风电装机量仅 3 万 kW，除西藏和北京外，排名靠后的海南、上海、天津均有较大潜力发展海上风电，其风电装机量仍将有较大规模增长的预期。

2. 全国陆上风电运营产业布局

从图 14.4 可以看出，我国陆上风电装机量排名前十大省份中，除了排名第五的山东和第七名的河南以外，均位于三北地区，内蒙古、河北、新疆、山西、甘肃、宁夏、陕西以及辽宁陆上风电装机量位于前列。

3. 全国海上风电运营产业布局

我国沿海省份近远海风力资源丰富，因此《"十四五"可再生能源发展规划》提出五大海上风电基地新增并网规模：山东半岛（5 000 万 kW）、长三角（3 000 万 kW 以上）、闽南（100 万 kW 左右）、粤东（600 万 kW 以上）、北部湾（300 万 kW）。

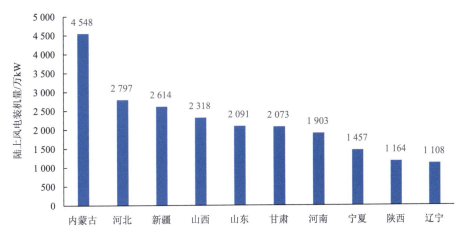

图 14.4　我国前十大省份陆上风电装机量统计

资料来源：国家统计局、中电联。

截至 2022 年底，江苏省海上风电累计装机达到 1 183.3 万 kW，国内排名第一，其次广东省累计装机达到 791 万 kW，福建省装机 321 万 kW，浙江省、山东省装机也达到 200 万 kW 以上，而上海、广西、海南均已建成或正在建设海上风电项目，天津、河北也在积极推进海上风电项目。

4. 风电运营企业研发中心区域布局

随着我国新型电力系统和新型能源体系建设的逐步推进，新能源相关技术研发的重要性不断得到提升。近年来，国内"五大六小"等主要发电企业通过与地方政府、高校、装备企业等合作建设新能源研发中心，促进风光等新能源技术迭代升级。

江苏盐城华能海上风电技术研发中心：成立于 2019 年 9 月，利用盐城风力资源丰富的优势，该中心以中国华能技术力量为主体，由中国华能集团江苏分公司和中国华能集团清洁能源技术研究院牵头，联合中国电建华东勘测设计研究院、中国能建江苏省电力设计院、盐城工学院、西安热工研究院、南瑞集团、远景能源、金风科技、中国海装等单位组成技术创新联盟，在盐城共同开发海上风电核心先进技术。

华电阳江海上风电实验室联合试验中心、柔直联合研发中心：2023 年 6 月，阳江海上风电实验室与中国华电集团广东分公司合作签约，并揭牌成立华电阳江海上风电实验室联合试验中心、柔直联合研发中心，将在人才汇聚、科研创新、成果转化等方面深入合作，为海上风电产业高质量发展提供强有力支持。

国家能源风电运营技术研发（实验）中心：2022 年 8 月成立，由国家能源集团龙源电力集团股份有限公司负责建设，位于西安市高新区，占地面积约 3 600 m²，下设风电机组运行数据分析、电控技术、润滑技术、网络安全、风资源研究、碳排放与捕捉等多个专业研究室，围绕风电运营全产业链，重点研究适合我国环境特点和地形条件的风电场开发、建设以及运营等关键技术，全面提升我国风电场的设计、施工及运行管理水平，是国内首个风电运营技术研发科技创新实验平台。

14.5　典型绿色低碳产业区域布局——光伏

14.5.1　光伏产业区域布局相关政策

结合太阳能资源分布特点，我国所有的省（自治区、直辖市）均有光伏产业布局，逐步形成了集中式光伏电站和分布式光伏电站两大应用模式以及相关的配套产业。根据国家和地方政策可以明确，中东部地区以整县推进的分布式光伏产业为主，而西部地区利用面积广阔的沙漠、戈壁以及荒漠等建设集中式光伏产业基地。全国光伏产业布局主要政策梳理见表 14.19。

表 14.19　我国光伏产业布局主要政策梳理

时间	部门	政策	主要内容
2018 年 4 月	工业和信息化部、住房和城乡建设部等	《智能光伏产业发展行动计划（2018—2020 年）》	在有条件的城镇建筑屋顶，采取"政府引导、企业自愿、金融支持、社会参与"的方式，建设独立的"就地消纳"分布式建筑屋顶光伏电站和建筑光伏一体化电站，促进分布式光伏应用发展
2021 年 6 月	国家能源局综合司	《关于报送整县（市、区）屋顶分布式光伏开发试点方案的通知》	要求具有比较丰富的屋顶资源；有较高的开发利用积极性；有较好的电力消纳能力；开发市场主体基本落实，开发建设积极性高，有实力推进试点项目建设。此外，党政机关建筑屋顶总面积可安装光伏发电比例不低于50%；学校、医院、村委会等公共建筑屋顶总面积可安装光伏发电比例不低于40%；工商业厂房屋顶总面积可安装光伏发电比例不低于30%；农村居民屋顶总面积可安装光伏发电比例不低于20%

续表

时间	部门	政策	主要内容
2021 年 11 月	国家发展改革委	《"十四五"特殊类型地区振兴发展规划》	支持地方因地制宜利用沙漠、戈壁、石漠化以及荒坡荒滩等地区发展光伏、风电等可再生能源
2021 年 11 月	国家发展改革委、科学技术部、工业和信息化部、自然资源部、国家开发银行	《"十四五"支持老工业城市和资源型城市产业转型升级示范区高质量发展实施方案》	支持包头、鄂尔多斯、石嘴山等城市以及宁东能源化工基地等地区因地制宜利用沙漠、戈壁、荒漠以及采煤沉陷区、露天矿排土场、关停矿区建设风电光伏发展基地
2022 年 2 月	国家发展改革委、国家能源局	《以沙漠、戈壁、荒漠地区为重点的大型风电光伏基地规划布局方案》	计划以库布齐、乌兰布和、腾格里、巴丹吉林沙漠为重点，以其他沙漠和戈壁地区为补充，综合考虑采煤沉陷区，规划建设大型风电光伏基地。到 2030 年，规划建设风光基地总装机约 4.55 亿 kW
2023 年 3 月	自然资源部办公厅、国家林业和草原局办公室、国家能源局综合司	《关于支持光伏发电产业发展规范用地管理有关工作的通知》	鼓励利用未利用地和存量建设用地发展光伏发电产业。在严格保护生态前提下，鼓励在沙漠、戈壁、荒漠等区域选址建设大型光伏基地；对于油田、气田以及难以复垦或修复的采煤沉陷区，推进其中的非耕地区域规划建设光伏基地。光伏发电项目用地实行分类管理，光伏方阵用地不得占用耕地，光伏方阵用地涉及使用林地的，须采用林光互补模式

14.5.2 光伏装备制造产业区域布局

我国光伏企业居于全球产业链、供应链的优势地位，在组件、电池片、硅片等各环节的全球市场占有率分别超过 75%、80% 和 95%。光伏装备制造企业在区域空间的布局呈现典型的"去中心化"，无锡、常州、西安、乐山、包头、徐州、成都等如棋盘在中国北部、中部、西北部、西南部布局。根据北极星太阳能光伏网资料①，光伏制造业产值超千亿元或接近千亿元的产业之城已经达 10 余个。其中，产值超过千亿元城市有五个，分别是常州、盐城、无锡、合肥、包头；产值接近千亿元城市有四个，分别是苏州、义乌、嘉兴、滁州；产值在百亿元以上并计划在几年内达千亿元城市有三个（仅统计三个具有代表性城市），分别是乐山、西宁、曲靖。

表 14.20 我国光伏制造主要城市布局

城市	多晶硅	硅锭、硅棒	硅片	电池片	光伏组件	浆料	胶膜、背板	玻璃	逆变器	边框、支架	金刚线
常州											
盐城											
苏州											

---

① 北极星太阳能光伏网：最新光伏产业城市版图. https://guangfu. bjx. com. cn/news/20230705/1317167. Shtml. [2023-07-05].

续表

城市	多晶硅	硅锭、硅棒	硅片	电池片	光伏组件	浆料	胶膜、背板	玻璃	逆变器	边框、支架	金刚线
无锡		√	√	√	√			√		√	
义乌				√	√						
嘉兴		√	√	√	√						
滁州				√	√						
合肥				√	√			√			
西宁	√	√	√								
包头	√	√	√								
曲靖	√	√	√	√							
乐山	√	√	√								
西安		√	√	√							√
上饶		√	√	√	√						
杭州				√				√		√	
宁波				√	√				√		
鄂尔多斯	√										

注：标灰代表拥有该产品或产业布局。

光伏装备制造产业已经形成了以长三角为电池组件制造基地、中西部为原材料供应基地的产业分布格局。例如，常州、盐城、苏州、无锡、义乌等东部沿海城市主要布局光伏产业链的电池、组件、逆变器等环节，包头、乐山、西宁、曲靖等中西部城市，则是上游光伏硅材料的重要投资区域。

14.5.3　光伏产业研发中心区域布局

光伏科学与技术国家重点实验室（天合光能 PVST 光伏科学与技术国家重点实验室）：位于江苏常州，依托常州天合光能股份有限公司建设，2010 年初获科学技术部批准成立，2013 年 11 月 4 日顺利通过科学技术部的验收。

比亚迪太阳能光伏研发中心：成立于 2012 年，是整合浙江省宁波比亚迪半导体工厂现有资源和设备，进行晶体硅太阳能电池制备工艺方面的研发和试验的平台，其目的在于提高晶体硅太阳能电池的光电转换效率和降低生产成本。

通威太阳能全球创新研发中心：2023 年底在四川省成都双流开工建设，通威太阳能全球创新研发中心项目为"电池片+组件"的研发中心，旨在打造未来 5 年、10 年甚至更长时间企业防风险、找方向、定位市场、引领研发方向的重要引擎，建设一个技术水平强劲的国家级企业研发中心。在人才方面，项目计划引进博士研究生不低于 25 名、硕士研究生不低于 120 名、本科及各类专业技术人才不低于 300 名，形成不低于 1 000 人的研发团队。

隆基研究院：2022 年 7 月 25 日在陕西省西安市西咸新区泾河新城正式投用。隆基研究院是隆基绿能科技开展光伏产业研发工作的重要载体平台，是目前技术水平最先进的电池研发中心，正式投用后将陆续引进约 4 000 名高端科研人才，硕博学历人员占比超过 85%，约 20% 人员为新能源相关研究领域的顶尖人才。

我国主要光伏企业科技创新中心布局如表 14.21 所示。

表 14.21　我国主要光伏企业科技创新中心布局

序号	企业名称	科技创新中心布局
1	隆基绿能科技	总部位于陕西省西安市，同时在江苏、安徽、浙江、云南、宁夏、香港、山西等地设有研发、制造等基地
2	天合光能	研发中心位于江苏省常州市（全球总部和研发中心）、上海（国际总部），在常州、盐城、宿迁、义乌、西宁、滁州、淮安、扬州、德阳、内蒙古设有制造基地
3	阳光电源	研发中心位于合肥（总部）、南京、上海、深圳
4	晶科能源	研发中心位于上海、北京、西宁、保定等地，建有江西上饶、浙江海宁、浙江玉环、浙江义乌、安徽滁州、四川等生产基地
5	通威太阳能	合肥、双流（全球研发中心）、眉山、金堂、彭山、盐城、南通七大基地
6	协鑫集团	在上海、南京、徐州和苏州设立研发中心和孵化基地

可以看出，我国光伏产业研发中心主要布局在企业总部所在地以及北京、上海、西安、成都等重要的中心城市，依赖企业总部以及地方的资源，在资金、科技、人才方面可以得到最大化的支持。

参 考 文 献

北极星太阳能光伏网：最新光伏产业城市版图. https: //guangfu. bjx. com. cn/news/20230705/ 1317167. Shtml.[2023-07-05].

董战峰，毕粉粉，冀云卿，2022. 中国陆地生态系统碳汇发展的现状、问题及建议. 科技导报，40(19): 15-24.

工业和信息化部，2022. 国家先进制造业集群名单. https://www.gov.cn/xinwen/2022-11-30/ 5729722/files/ 4f50411cc5a144669fea2c3f47afd94e. pdf.

国际能源网/氢能汇，1800 公里！我国输氢管道建设突飞猛进！https://h2.in-en.com/html/h2-2421572.shtml

国家发展改革委 北京市人民政府关于印发《北京城市副中心建设国家绿色发展示范区实施方案》的通知. https://www. gov. cn/zhengce/zhengceku/202403/content_6939703. htm.

国家统计局，2023. 中华人民共和国 2022 年国民经济和社会发展统计公报. http://www.stats.gov.cn/xxgk/ sjfb/zxfb2020/202302/t20230228_1919001. Html

何钰江，刘会灯，王皓宇，等，2023."双碳"目标下氢能发展体系构建和产业创新布局展望. 电工电能新技术，42(9): 65-76.

贾大猛，张正河，2023. 农业绿色发展：内涵、现状与对策. 国家治理，(8): 66-70.

蒋庆哲，王志刚，董秀成，等，2023. 中国低碳经济发展报告蓝皮书(2022~2023). 北京：石油工业出版社.

交通运输部，2023. 2022 年交通运输行业发展统计公报. https: //xxgk. mot. gov. cn/2020/jigou/zhghs/

202306/t20230615_3847023. html.

宁东能源化工基地党工委 管委会关于印发《宁东能源化工基地碳达峰实施方案》的通知. http: //ningdong. nx. gov. cn/xwdt_277/gsgg/202311/t20231106_4339404. html.

蒲长廷, 2022. 大兴国际氢能示范区起步区北区建成投运. 北京青年报, 2022-03-23(版次: A04 版)

人民日报, 2022. 提升建筑能效 助力低碳发展. https://www.gov.cn/xinwen/2022-01/11/ content_ 5667577. htm.

山西省人民政府印发山西省碳达峰实施方案的通知. https: //www. shanxi. gov. cn/zfxxgk/zfxxgkzl/ fdzdgknr/lzyj/szfwj/202301/t20230119_7825853. shtml.

王金树, 2023. 资源与产业协同发展路径——以福建海上风电产业为例. 中国市场, (25): 58-61.

王科, 李世龙, 李思阳, 等, 2023. 中国碳市场回顾与最优行业纳入顺序展望. 北京理工大学学报(社会科学版), 25(2): 36-44.

张贤, 杨晓亮, 鲁玺等, 2023. 中国二氧化碳捕集利用与封存(CCUS)年度报告. 中国 21 世纪议程管理中心.

张颖, 2022. 双碳目标引领下, 氢燃料电池重卡的崛起与挑战. 汽车与配件, 2022-02-25.

中国建筑节能协会建筑能耗与碳排放数据专业委员会, 2022. 2022 年中国建筑能耗与碳排放研究报告. 重庆: 中国建筑节能协会建筑能耗与碳排放数据专业委员会.

第15章 我国绿色低碳产业区域布局存在的主要问题[*]

15.1 绿色低碳产业体系化布局和顶层设计不完备

我国绿色低碳产业体系化布局和顶层设计不完备，绿色低碳产业总体空间布局呈现"东强西弱、南强北弱"，各省（区、市）发展不均衡的态势，主要存在以下问题。

一是绿色低碳产业空间布局整体上呈现地域性强特征，缺乏整体性规划。目前，我国绿色低碳产业体系涵盖的细分产业种类多，每一个单项产业结合自身产业特征已有区域布局规划，但是绿色低碳产业空间布局在顶层设计上缺乏整体系统考虑。同时，虽然国家已经出台了一系列支持绿色低碳产业发展的政策，但涉及绿色低碳产业区域布局的相关政策体系仍不健全，存在一些漏洞和盲区，影响了产业的健康发展。例如，我国燃料电池相关产业集中在东南沿海地区，比如上海、广东等区域发展相对迅速，呈现出地域性明显的特征，缺乏国家层面的燃料电池产业规划布局，整体氢能布局及应用方面不明确。以储能产业为例，尽管2021年以来我国陆续发布了《关于加快推动新型储能发展的指导意见》《新型储能项目管理规范（暂行）（征求意见稿）》等产业顶层设计文件，并在《2030年前碳达峰行动方案》等碳达峰、碳中和工作顶层设计文件中，明确了储能产业的主要发展思路和发展目标，但"可再生能源+储能""储能构建新型电力系统"的发展战略仍缺乏具体规划，尤其是在新能源配储方面也集中暴露出一些矛盾，如：已投项目整体利用率低，造成社会投资浪费；缺少较为完善的成本回收机制，投资回报无法保证；新能源配储政策"一刀切"现象较为普遍等。

二是绿色低碳产业发展相关法律法规不完善。虽然我国制定了《节约能源法》《循环经济促进法》《可再生能源法》《能源效率标识管理办法》等法律法规，但是到目前为止我国尚无专门为绿色低碳产业经济发展而立法。一方面是由于我国有关立法在体系上并不完善，如石油、天然气等化石能源单行法律仍然缺失，同时也缺少能源公用事业法，这将导致能源与环境相协调的作用领域不够全面；另一方面，我国现有的立法规定不够详细，缺乏足够的可操作性，导致绿色低碳的环境执法效果不佳、环保状况不能得到根本改善。例如，对环境污染行为的处罚力度不够，对绿色低碳技术的知识产权保护不够等。

三是我国绿色低碳产业发展相关标准体系不健全。绿色低碳产业的发展和空间布局也需要有统一的标准体系来规范和引导。然而，目前我国绿色低碳产业发展的相关标准体系建设还存在很多不足。例如氢能产业布局，虽然国家和地方均出台了产业发展规划，

---

* 本章作者：于立东、张葵叶。

但是由于产业尚处于发展初期，各个环节仍不成熟，包括生产、运输、储存、应用等环节相关标准体系尚不完善，影响了产业的发展和空间布局，后续需要氢能产业主管部门和行业团体共同努力统一标准。

在影响我国风电和光伏未来产业空间布局的绿电及绿证相关标准方面也比较突出。随着我国以风电、光伏为主体的新能源发电装机快速增长，使得我国成为全球拥有最多绿色能源及电力资源的国家之一。绿证及绿电交易市场机制体系若能获得国际认可，可以满足更多的跨国经营企业的绿色能源消费需求，极大地扩展和提升国际绿证市场的活跃度，促进全球绿色能源及电力交易。但是，目前我国绿证的国际认可度低，国际互认机制尚未落实，直接影响我国企业的国际竞争力；同时，我国绿证系统与碳市场缺乏协同度，导致绿证通用性受限；政策规定国内项目只能申领国内绿证，不利于其提高国际认可度，虽然《关于做好可再生能源绿色电力证书全覆盖工作促进可再生能源电力消费的通知》提出要积极推动国际组织的绿色消费、碳减排体系与国内绿证衔接，但目前仅出台纲领性文件，尚缺具体实施细则。

15.2　部分地方绿色低碳产业重复建设

绿色低碳产业属于战略性新兴产业，由于国家和地方政策统筹性不够，地方政府较多从自身角度出发进行布局和谋划，从而造成了部分绿色低碳产业同质化严重、产能过剩。有些地方政府虽然发展绿色低碳产业的积极性很高，但限于思维定势，在绿色低碳产业发展思路方面仍然延续传统产业发展的老办法，投入的大量资金往往流入后端的制造环节，造成重复性建设很多。

例如，我国在光伏装备制造领域已经确立了全球领先的市场地位。统计数据显示，我国各环节光伏产品的市场占有率都位居世界第一。其中，光伏组件占全球的75%以上，电池片占80%左右的市场份额，硅片的市场占有率更是达到95%以上。2022年底以来，我国光伏制造行业产能过剩就已经开始，目前众多光伏企业仍在布局新产线，中低端现有产能压力大，光伏制造行业产能过剩的影响已经显现，2023年由于光伏产业产能过剩导致光伏产业链价格呈现下滑趋势，全年多晶硅、硅片、电池片、组件价格最大降幅分别达66%、49%、55%、48%。

另外一个问题是新能源配储带来的重复建设问题。目前我国新能源配储带来新型储能规模化发展，但也带来已投储能项目整体利用率低、整体呈现出新型储能重复建设造成社会投资浪费等问题。同时，新能源配储也缺少较为完善的成本回收机制，投资回报无法保证，当前也急需解决新能源配储政策"一刀切"现象及其带来的各种问题。

15.3　绿色低碳产业内各环节布局尚不合理

绿色低碳产业内各环节的布局确实尚不合理，这主要表现在以下几个方面。

一是产业结构不合理，造成产能过剩。目前，一些地区的绿色低碳产业结构不够合理，某些产业或领域过于集中，导致资源分配不均，甚至出现资源浪费的情况。同时，一些关键的绿色低碳产业环节相对薄弱，缺乏足够的竞争力，影响了整个产业的健康发展。以光伏为例，经过多年发展，我国光伏产业工艺技术水平不断升级，产业制造和装机应用规模持续扩大，光伏发电成本不断降低，产业生态及产业链供应链建设逐渐完善，产业综合实力达到国际先进水平，但是也由于光伏企业纷纷大规模扩产，从硅料、硅片、电池片、组件到逆变器、玻璃等辅材的全面扩张，产能过剩迹象出现，市场竞争加剧的同时造成组件价格下降，部分企业盈利困难。2024 年上半年，我国光伏产业链主要环节的价格下滑明显：硅料、硅片价格下滑超过 33%，N 型 TOPCon 电池片、组件价格缩水逾 30%。为了光伏等新能源产业健康有序发展，既需要政策合理引导光伏上游产能建设和释放，也需要企业加强技术创新，避免低端产能重复建设。

二是产业链不完整。绿色低碳产业的发展需要完整的产业链支持。然而，目前一些地区的绿色低碳产业链尚不完整，上下游企业之间的衔接不够紧密，导致资源无法得到有效利用，增加了生产成本和能源消耗。以储能为例，为构建新型电力系统，储能的作用不可或缺，目前以电化学储能、压缩空气储能、重力储能、氢储能等多种类型的新型储能蓬勃发展，但是也面临产业链不完善的问题，例如压缩空气储能、重力储能等，度电成本较高，会整体推高新型电力系统的成本。

三是区域布局不合理。在一些地区，绿色低碳产业的区域布局不尽合理，导致地区间的产业竞争和资源分配存在矛盾。一些地区可能因为地理、环境、政策等方面的原因，在绿色低碳产业布局上存在优势或劣势，如果布局不合理，将影响整个产业的协调发展。

以储能为例，目前，电力系统在建及建成的储能项目中，发电侧的分布式储能项目多，电网侧、用电侧的共享储能项目少。由于发电侧分布式储能主要是为新能源发电企业配套建设的项目，储能容量小，所属电网调度部门一般不掌握其运行和储能状态，只能对局部电网有一定的稳定作用。而共享储能是独立为区域电网配套的大容量储能项目，既可建设在大型火电厂或水电站附近，也能设在区域负荷中心，不受新能源场站地理环境的限制，其容量依据区域电网新能源规模来配置，并且受到所属电网的直接调度，直接参与电网电力平衡，从而可以更好的有效平衡电网。

15.4　绿色低碳产业间布局缺乏协同

绿色低碳产业间布局缺乏协同问题主要体现在以下几个方面。

一是资源分布与产业分布不平衡。受地理位置的影响，矿产资源和能源资源丰富的地区相对自然环境较为脆弱，不具备产业发展的位置基础。例如，山东长岛地区虽然海风资源较为丰富，布局了风力发电厂，但是由于对周边海鸟等生态环境造成了较大的影响，因此不得不拆除风电设施，以修建海底电缆的方式解决长岛用电难题。而具有发展基础的地区相对资源又比较匮乏，资源丰富区域与产业发展区域形成空间布局错位，资源分布与产业分布的不均衡导致整体的开发成本增加，降低资源的利用率。

二是缺乏统一规划和管理。绿色低碳产业涉及多个领域和部门，缺乏统一的规划和管理，导致产业布局分散、无序发展、重复建设等问题，难以形成产业集聚和协同效应。

三是产业链上下游不匹配。绿色低碳产业的上下游企业之间缺乏有效的衔接和配合，导致产业链断裂或冗长，无法实现资源的高效利用和循环利用。

四是区域间竞争与合作并存。在绿色低碳产业发展过程中，区域间存在着竞争与合作并存的关系。由于资源禀赋、产业基础、技术水平等不同，各地绿色低碳产业发展水平参差不齐，难以形成有效的协同发展格局。

15.5　科技对绿色低碳产业区域布局支持不够

以氢能为例，我国氢能产业的发展需要强大的科技支撑，尤其是在氢气制备、储运和应用等方面需要进行持续的科技创新。目前我国的氢能科技创新还存在一定的不足，技术水平和国际先进水平仍有较大差距，如国内加氢站核心设备仍然无法实现国产化，其建站投资成本较高。

总体来讲，科技对绿色低碳产业区域布局支持不够的问题，主要表现在以下三个方面。

一是科技创新资源分散。由于缺乏有效的整合和统筹，科技创新资源在区域间的配置不均衡，部分地区科技资源过剩，而其他地区则资源不足，如西部甘肃、新疆等地，科技创新资源薄弱，影响了科技对当地绿色低碳产业区域布局的支持力度。

二是技术研发与市场需求脱节。在绿色低碳产业的发展中，技术研发与市场需求的不匹配问题较为突出。一些具有创新性的技术研发成果，由于缺乏市场需求或者推广应用渠道，难以转化为生产力，无法有效推动绿色低碳产业的区域布局优化，如由于我国光伏产业主要围绕晶硅太阳能电池，而薄膜太阳能发电技术转化率低、寿命短、成本高，以及缺乏配套产业支持，逐步被市场所淘汰。

三是科技成果转化难度大。绿色低碳产业科技成果的转化需要涉及多个领域和环节，但目前这些方面还存在一定的难度。例如，一些前沿技术在实验室中已经取得突破，但在产业化过程中却遇到诸多障碍，无法实现大规模应用。

15.6　重大项目示范带动作用不强

以风电装备制造为例，目前我国风电装备制造产业集群发展或者产业园区落地往往是通过政府主导或市场主导的模式，造成产业聚集速度慢，难以尽快形成产业协同优势，但是如果由行业龙头企业牵头主导建设产业集群，可以使产业链投资项目迅速落地，也为地方的产业转型升级提供加速器。

在绿色低碳产业的发展中，重大项目示范带动作用不强的问题确实存在，主要表现在以下两个方面。

一是缺乏具有引领作用的龙头企业。绿色低碳产业中，缺乏具有国际竞争力、技术创新能力强的龙头企业。这些企业能够在产业中发挥引领作用，带动其他企业跟进，形成良好的产业生态。以氢能为例，虽然在一些区域逐步形成了一定的氢能产业布局，但是主要为中小型企业，缺乏行业龙头企业带动，产业发展较为缓慢。

二是政策支持不足。由于很多绿色低碳产业为新兴产业，如氢能等，短期内投入产出比较低，因此政府政策支持力度有限，难以为产业布局提供有力支撑，导致产业发展缓慢，重大项目难以落地。

参 考 文 献

冯奎, 2009. 中国发展低碳产业集群的战略思考. 对外经贸实务, (10): 9-12.

刘璟, 2012. 区域产业协同发展及空间布局策略研究. 中国经济特区研究, (1): 39-61.

任继球, 盛朝迅, 魏丽, 等, 2024. 战略性新兴产业集群化发展: 进展、问题与推进策略. 天津社会科学, (2): 89-98, 175.

石清华, 2016. 长江经济带制造业产业同质化及其布局优化. 商业经济研究, (1): 200-201.

张峥嵘, 2010. 合芜蚌自主创新试验区发展低碳产业的问题及对策. 知识经济, (21): 75-76.

第16章 优化我国绿色低碳产业区域布局的思路及建议[*]

16.1 我国绿色低碳产业区域布局总体思路

16.1.1 加强顶层设计统筹绿色低碳产业总体布局

现阶段，国家正在加快推动绿色低碳产业的发展进程，我国绿色低碳产业建设也正值优化升级时期，亟须国家在顶层设计上整体系统考虑绿色低碳产业区域布局的总体思路，推进区域统筹发展，走好协调发展全国一盘棋。

随着我国绿色低碳产业的快速发展，全国各省份基本都出台了绿色低碳产业重点细分领域的发展规划，推进地区产业链建设，部署区域性产业集群发展。

广阔的市场发展空间给行业带来巨大机遇的同时，也会出现各地区过度竞争、重复建设等问题。我们应强化行业顶层设计，切实保障产业健康持续的发展。

首先建议秉承全国发展一盘棋精神，基于《全国主体功能区规划》以及国家总体发展布局，综合考虑区域的资源禀赋、产业特征以及发展差异，明确绿色低碳产业在区域发展中的定位，找准区域在国家战略中的定位，与宏观政策进行有效衔接，实现区域与国家发展的战略性融合。

其次建议按照区域比较优势进行发展规划，做好中长期市场部署，充分发挥区域自身优势，打造区域特色绿色低碳产业，提升补链强链塑链能力，实现闭环发展，不断增强产业链供应链韧性和竞争力。

再次建议以区域绿色低碳产业发展为基础，进一步增强区域发展的协同性、联动性、整体性，建立健全区域合作机制、互助机制、区际利益补偿机制等，从全局谋势统筹区域协作，有效促进区域协调发展以实现优势互补、合作共赢。

最后建议国家做好顶层设计，省级发改委以及能源主管部门提出各地区绿色低碳产业规模及项目布局，并做好与国家相关规划的衔接。

16.1.2 推进绿色低碳产业区域布局三大发展模式

党的二十大报告提出：推动战略性新兴产业融合集群发展，构建新一代信息技术、人工智能、生物技术、新能源、新材料、高端装备、绿色环保等一批新的增长引擎。

发展绿色低碳产业是实现"双碳"目标的重要路径，因此全国各省（自治区、直辖

---

* 本章作者：张葵叶、于立东。

市）将绿色低碳产业纳入了支柱型产业或战略性新兴产业的发展规划，但是由于各省的社会、人口、资源禀赋、经济条件、产业结构存在诸多不同，绿色低碳产业逐步在各省之间落地并差异化发展，目前基本形成了三类不同的绿色低碳产业区域布局模式。

一是资源依赖型基地化集群模式：主是受资源禀赋的影响，逐步形成在西北地区的"风、光"大基地、西南地区的水电基地、东部沿海地区的海上风电基地和核电基地等。

二是装备制造产业集群模式：主要是制造业集聚发展形成，典型类型包括上海新能源汽车及关键零部件制造集群、江苏盐城的风电装备制造集群、深圳市先进电池材料产业集群等。

三是基础设施一体化（网络化）集群模式：主要是基础设施类，如天然气管网、氢能管网、智能电网（特高压输电线路等）、集中供热管网等。

16.1.3　搭建世界级-国家级-省级绿色低碳产业集群梯度培育体系

拥有一批具有国际竞争力和影响力的产业集群是产业强国的重要标志。我国地域辽阔，经济发展仍然不平衡，应综合考虑各地区的地域特色、产业结构、基础设施、政策支持等因素，构建不同类型绿色低碳产业集群。其中，通过建设若干具有较高集聚性、根植性的"世界级-国家级-省级"绿色低碳产业集群梯度培育体系，引导优质资源向集群高效集聚，充分带动产业链条中的企业在前沿技术的科研水平和创新创业的活力，为绿色低碳产业做大做强和促进我国"双碳"目标的实现打下坚实基础。

现阶段，我国需要研究制定推动先进绿色低碳产业集群加快向世界级迈进的绿色低碳产业集群培育体系，构建世界级-国家级-省级绿色低碳业集群梯度培育体系。部分绿色低碳产业集群梯度培育体系如表 16.1 所示。

"十四五"末期到"十五五"，在全国着力打造 5～10 个世界级绿色低碳产业集群，如四川省水力发电大基地、青海省新能源大基地、广东省绿色石化产业集群、江苏省盐城市风电装备制造产业集群、上海市新能源汽车及关键零部件制造产业集群、南京市新型电力（智能电网）装备产业集群、常州市新能源装备制造产业集群，均有发展成世界领先的产业集群潜力。

"十四五"末期到"十五五"，在全国着力打造 10～15 个国家级绿色低碳产业集群，如广东省海上风电基地、广东省核电基地、江苏省海上风电基地、宁波市绿色石化产业集群、黄河能源金三角现代煤化工产业集群、宁德市动力电池产业集群、德阳市高端能源装备产业集群、保定市电力及新能源高端装备产业集群、深圳市先进电池材料产业集群、粤港澳大湾区新能源汽车及关键零部件制作产业集群、重庆市绿色低碳产业集群等。

"十四五"末期到"十五五"，在全国着力打造 20～30 个省级绿色低碳产业集群，如吉林省白城市新能源产业集群、湖北省绿色化工产业集群、宜宾市动力电池产业集群、云南省光伏产业集群、海南省风电装备制造产业集群、新余市动力电池产业集群、甘肃省新能源制造及开发产业集群、江西省宜春市锂电新能源产业集群、江西省上饶市光伏产业集群、山东省新能源汽车及零部件制造产业集群、湖州市绿色电池先进制造业集群、广东省核能装备及开发集群、四川省乐山市晶硅光伏产业集群等。

表 16.1　部分绿色低碳产业集群梯度培育体系

一级分类	二级分类	世界级产业集群	国家级产业集群	省级产业集群
低碳零碳能源产业	零碳能源设施建设和运营	四川省水力发电大基地、青海省新能源大基地	广东省海上风电基地、广东省核电基地、江苏省海上风电基地	吉林省白城市新能源产业集群
	化石能源清洁高效低碳开发利用	广东省绿色石化产业集群	宁波市绿色石化产业集群、黄河能源金三角现代煤化工产业集群	湖北省绿色化工产业集群
低碳零碳制造业	原材料低碳加工业		赣州市稀土新材料及应用产业集群	
	低碳零碳专用设备和产品制造业	江苏省盐城市风电装备制造产业集群、上海市新能源汽车及关键零部件制造产业集群、南京市新型电力（智能电网）装备产业集群、常州市新能源装备制造产业集群	宁德市动力电池产业集群、成都市和德阳市高端能源装备产业集群、保定市电力及新能源高端装备产业集群、深圳市先进电池材料产业集群、粤港澳大湾区新能源汽车及关键零部件制作产业集群、重庆市绿色低碳产业集群	宜宾市动力电池产业集群、云南省光伏产业集群、海南省风电装备制造产业集群、新余市动力电池产业集群、甘肃省新能源制造及开发产业集群、江西省宜春市锂电新能源产业集群、江西省上饶市光伏产业集群、山东省新能源汽车及零部件制造产业集群、湖州市绿色电池先进制造业集群、广东省核能装备及开发集群、四川省乐山市晶硅光伏产业集群

16.2　我国绿色低碳产业区域布局的相关建议

16.2.1　利用规划和市场解决地方产业重复布局问题

以氢能产业为例，我国各地区资源禀赋存在较大差异，经济发展水平也不均衡，对氢能源产业的规划、布局也更应"因地制宜"。一直以来，由于技术研发和基础设施建设等方面的原因，氢能产业的投资成本较高，下游产业的发展更需要大量的投资，因而经济更发达的中、东部和沿海地区氢能源产业的发展更快，如京津冀、长三角和珠三角这些地区的政策支持、基础设施、技术创新和产业链建设等方面都具有优势。然而，风光资源更好的西部才是绿氢主要的生产基地，但由于缺乏足够的资金、技术和政策支持，关键材料和核心技术存在偏差，发展潜力严重不足；地方政府抢占先机获得相关补贴，但产业规划趋同性，缺少对于产业上中下游的统筹措施，导致整体氢能产业相对滞后，难以与发达地区竞争，限制了氢能产业的合理布局和发展。建议区域氢能产业布局作如下调整：①西部地区可发挥可再生资源富足、产业发展成本低、示范应用潜力大的优势，打造规模化绿氢供应基地、规模化应用场景以推动产业发展。②东部地区可发挥技术创新能力强、装备制造基础坚实的优势，推动氢能关键技术和装备产品持续迭代，加速先进技术成果转化。③沿海地区则可积极发掘海上风电制氢潜力，打造"海上能源岛"，实现大规模海风资源消纳利用。

为了改善我国光伏装备制造重复建设带来的产能过剩问题，首先需要国家和地方制定光伏产业发展规划，规划应充分考虑各地的资源、环境、市场等条件，明确各地方的定位，引导企业合理布局，避免盲目建设和过渡建设。其次加强政策引导和监管，引导企业在适合的地区进行布局。同时，要加强对光伏产业的监管，确保企业按照规划要求进行建设和运营。最后推进产业链协同发展，光伏产业的发展需要与上下游产业进行协同和整合，通过建立产业联盟、加强产学研合作等方式，提高整个产业链的技术水平和竞争力。

总体上，针对绿色低碳产业布局可能出现或已经出现的地方产业重复布局问题，需要从规划和市场两个方面入手，从根本上解决问题。具体措施建议包括以下四个方面。

一是强化规划引导。建议国家层面制定科学的绿色低碳产业发展规划和政策，明确各地区的产业定位和优势，引导企业根据自身特点和市场需求进行合理布局。同时，国家应加强对规划执行的监督和评估，确保规划的有效实施。

二是推进市场化改革。建议国家进一步推进市场化改革，完善市场机制和规则，促进资源的自由流动和优化配置。通过市场竞争，企业可以根据市场需求和自身优势进行自主决策和布局，减少重复建设和无序竞争。例如，通过健全完善电力市场机制体制，有助于推动能源结构调整，利于资源禀赋优异的地区布局新能源装备和发电运营产业。

三是加强区域合作与协调。加强区域间的合作与协调，促进产业分工和协作。建立区域产业协作机制，可以促进各地区之间的产业互补和协同发展，避免盲目的竞争和冲突。例如，京津冀地区发展氢能产业，可以分别利用北京的科技创新优势、天津和河北的生产制造优势，形成产业分工，协同发展。

四是优化产业组织结构。建议通过政策引导和市场化手段，优化产业组织结构，推动产业集聚和产业链整合。培育龙头企业和大企业集团，可以带动产业链上下游企业的发展，形成产业集群和竞争优势。例如，西安通过培育和发展隆基集团，带动光伏上下游产业链发展，目前西安市光伏产业相关注册企业超 17 000 家，覆盖了上中下整个光伏产业链条。新能源、新材料产业已经成为西安市的支柱产业之一。

总之，解决地方产业重复布局问题需要政府和企业共同努力。政府应加强规划和市场引导，推进市场化改革和区域合作，优化产业组织结构。企业应根据市场需求和自身优势进行合理布局和转型升级。这些措施的实施可以促进产业的健康发展和经济的持续增长。

16.2.2　过程优化完善绿色低碳产业内各环节布局

首先，在"双碳"目标下，地方政府应加强对国家和本区域关于绿色低碳产业发展重大决策部署的贯彻落实，统筹协调推进绿色低碳产业发展；加强部门联动和协调配合，充分发挥科研院所、行业协会、产业联盟等机构的桥梁纽带作用，合力推进绿色低碳产业发展。

其次，政府应加大对关键产业和薄弱环节的支持力度，推动要素资源与关键产业和优质企业匹配，引导金融机构为区域绿色低碳产业发展提供专业化的绿色金融产品和服务；鼓励符合条件的企业发行绿色债券；支持符合条件的绿色企业上市融资和再融资，解决产业发展资金问题；同时，推动交流合作，促进校企合作、产教融合，推动科研院所、高校、企业加强产学研用合作对接，加强科技创新能力推动技术创新和产业升级。

然后，政府还应促进企业之间的合作和产业链的整合，如可以积极搭建企业合作的平台，举办产业对接会、技术交流会等活动，为企业之间的信息交流、技术合作和业务拓展提供便利。同时，还可以建立线上合作平台，利用互联网技术突破地域限制，促进产业链各企业间的远程合作，引导上下游企业形成紧密的合作关系，实现资源共享、优势互补；同时，鼓励企业通过兼并重组等方式，实现产业链的横向和纵向整合，提高产业集中度和竞争力。

最后，政府应加强对区域布局的规划和协调，创造推动地区间的产业合作和协调发展。

以储能产业为例，新型储能产业链协同布局发展方面需要新型储能原材料、储能系统集成和安装、储能应用场景的协同布局；同时，也需要新型储能与其他产业之间协同布局发展，包括储能产业应与新能源发电产业、电网产业和工业高耗能产业协同布局发展。

以分散式风电装备产业区域布局为例，与分布式光伏逐步成为光伏装机半壁江山相比，目前分散式（小型化）风电装备制造以及应用规模仍然偏小，发展缓慢。据中国可再生能源学会风能专业委员会统计数据，截至 2022 年底，国内分散式风电累计装机仅 1 344 万 kW。我国约有 69 万个行政村，假如其中有 10 万个村庄可以在田间地头、村前屋后、乡间路等零散土地上找出 200 m^2 用于安装 2 台 5 MW 风电机组，全国就可实现 10 亿 kW 的风电装机。虽然 2021 年国家能源局提出了"千乡万村驭风计划"，目的就是要大力发展分散式风电，但是由于没有出台相关支持政策，实际发展未达预期。因此，国家和地方应出台分散式风电发展规划和扶持政策，引导风电装备企业以及开发企业主动布局，以分散式风电项目作为支撑，将产业振兴视为风电助力乡村振兴过程中最关键的抓手，对于中东部乡村地区风速偏低，居民众多，环境、土地限制因素多的现状，风电装备制造及开发企业应探索研究与乡镇政府、村集体、乡镇企业、工商业负荷企业开展公平、合理、自愿的多元合作模式，实现"乡村振兴+风电"协同发展。

16.2.3　产业集群式布局促进绿色低碳产业之间协同发展

以风电产业为例，我国风电装备制造企业主要集中在东部沿海地区，尤其是江苏、浙江、福建等省份。这些地区经济发展较快，技术实力较强，市场前景广阔，因此吸引了大量风电装备制造企业聚集。然而，中西部地区的风电装备制造发展相对滞后，存在较大的发展空间和潜力，建议通过国家和地方出台规划和政策引导风电装备产业逐步向中西部转移。例如，可以出台税收优惠、资金扶持等政策，吸引风电装备制造企业到特定地区投资建厂，形成产业集聚。同时，风电装备制造企业也可以在中西部中心城市，成都、西安等城市拥有较强的资源优势，可以为企业提供科技、人才、资金等方面的支持。

以光伏为例，建议光伏与其他绿色低碳产业区域协同布局。当前光伏产业与其他绿色低碳产业之间有着广泛的协同发展空间，两者的协同发展是实现经济、社会和环境可持续发展的重要途径。通过政策引导、技术创新和市场驱动等多方面努力，可以推动绿色低碳产业的全面发展，主要从以下两个方面协同发展布局：一是能源协同，光伏产业可以与风能、水能等可再生能源产业相互补充，共同构建多能互补的能源供应体系；二是区域协同发展，在城市规划、乡村振兴、生态保护等方面，光伏产业可以与当地的优势资源和特色产业相结合，形成区域性的绿色低碳发展模式，如光伏农业、光伏渔业、光伏建筑等，推动地区经济的可持续发展。

绿色低碳产业内涵丰富，覆盖多种产业类型，结合"16.1.2"节对绿色低碳产业区域布局当前已经形成的资源依赖型基地化集群模式、装备制造产业集群模式、基础设施一体化（网络化）集群模式等三类不同发展模式的总结，未来要通过打造产业集群促进绿色低碳产业之间协同发展，建议采取以下措施。

一是加强统一规划和管理。政府应加强绿色低碳产业的统一规划和管理，制定产业发展目录和规划，明确发展目标和重点领域，引导企业有序发展。例如国家发展改革委、国家能源局印发的《氢能产业发展中长期规划（2021-2035 年）》，为各地区布局氢能产业提供政策支持，同时引领企业积极创新，通过示范作用促进氢能产业链逐步成熟。

二是促进产业链协同发展。政府应加强产业链上下游企业的衔接和配合，推动企业间建立合作关系，实现资源的高效利用和循环利用。例如安徽省通过搭建对接平台[①]，每年举办百场产需对接活动，在关键装备制造、汽车、新材料等多个领域为产业链上下游企业牵线搭桥，促进企业合作，实现产业链协同发展。

三是加强区域合作与交流。政府应加强区域间的合作与交流，建立合作机制和平台，促进各地绿色低碳产业的互补发展和协同发展。例如长三角地区为加强区域合作，成立长三角人工智能产业链联盟、长三角集成电路融合创新发展联盟、长三角生物医药产业链联盟、长三角新能源汽车产业链联盟等，推动长三角产业链相关企业在产供销、要素配置、仓储物流等方面建立协同发展机制。

四是推动科技创新和人才培养。政府应加大对绿色低碳产业科技创新和人才培养的支持力度，推动产业向高端化、智能化、绿色化方向发展。例如福建省通过打造省创新实验室、快建设产业技术研发公共服务平台、创建国家级创新平台等多个举措，围绕绿色低碳产业，以设区市创建为主，引导政产学研金服多方参与投入，为企业提供技术研发与转化服务。

五是政府与行业组织、企业界共同努力构建中小企业节能服务体系。在众多的产业集群地区，政府和行业协会都要充分发挥行业协会和节能专业服务机构的作用，探索适应市场经济体制的节能新机制，积极推广节能自愿协议、合同能源管理及采用国外先进节能技术等节能管理新模式。

---

① 安徽省工业和信息化厅. 关于加强产业链上下游配套协作的意见的通知. https://jx.ah.gov.cn/public/6991/146390071.html.

16.2.4　完善配套产业提升重大项目示范意义

加快推广绿色低碳产业重大项目示范的意义毋庸置疑，在部署重大项目示范过程中，既可以在特定的产业集群中展开，也可以结合部分市（县、区）开展的低碳城镇规划、低碳园区示范等同步规划进行，强化项目试点及示范工作与低碳经济研究相结合，取得经验逐步推广。同时，开展绿色低碳产业重大项目试点示范的同时，仍需要重视相关配套产业的提升，包括开展有利于绿色低碳产业布局区域的交通与物流规划、市政设施规划、碳汇系统规划等。

综合来讲，建议从以下七个方面采取措施。

一是完善法规和政策支持。政府应制定和完善相关的法规和政策，为相关配套产业的发展提供明确的指导和规范。这些法规和政策可以包括税收优惠、资金支持、市场准入等方面的内容，以鼓励和引导企业积极参与配套产业的发展。例如新疆为优化企业营商环境，出台了包括精简备案流程等50条举措。

二是健全基础设施建设。政府应鼓励和引导企业积极投资于与配套产业相关的基础设施建设，如交通、通信、能源等，以提高配套产业的生产效率和竞争力，包括改善交通网络、提升通信速度和质量、确保能源供应的稳定性等。例如西部省份，远离国家经济核心区域，交通不便，随着近年来加快高速公路、高速铁路、能源通道等建设，极大地改善了基础设施条件，承接了包括新能源汽车、新能源、新材料、大数据中心等多个新兴产业。

三是打造人才培养制度。应加强专业人才的培养，提高从业人员的素质和技能，以满足配套产业发展的需求，可以通过与高校和研究机构合作，开展专业培训、技能提升课程等方式实现。例如浙江省经信厅围绕产业创新发展和企业实际需要，明确"数字工程技术、先进制造技术、前沿工程技术"三大培养方向，推动各级各类人才计划向"415X"先进制造业集群倾斜，截至2024年2月产生首批489名卓越工程师以及428名后备人才。

四是提供资金支持。政府应为提供财政、金融或其他形式的资金支持创造便利条件，帮助配套产业中的企业进行技术创新、扩大生产规模等，可以通过设立专项资金、提供贷款担保、引导社会资本投入等方式实现。例如江苏省昆山市发展改革委发布《关于推进绿色低碳产业高质量发展的若干政策措施（试行）（征求意见稿）的公示》，支持引进新能源、节能环保、资源循环利用等领域高端制造项目，对承担国家重大战略任务、率先打破国外垄断、国内首次示范应用的，按照规定给予不超过项目投资的30%、最高1亿元的支持；对其他先进制造项目，按照规定给予不超过项目投资的10%、最高1000万元的支持。

五是引进或培育龙头企业。政府可以通过政策支持、资金投入等方式，引进或者培育具有国际竞争力、技术创新能力强的龙头企业，发挥其在产业中的引领作用，吸引或培育其上下游及相关配套产业集聚，形成产业集群，有助于提升整个配套产业的水平和竞争力。作为西部省份，本身产业发展薄弱，通过引入行业龙头企业，带动本区域产业链发展，有极大的推动作用，例如陕西西安引入比亚迪，目前新能源汽车产业已经进入全国前列。

六是完善产业链。围绕重点发展的绿色低碳产业，从上游、中游到下游打造构建形成较为完整的产业链，选择符合当地发展定位的绿色低碳产业，承接并构建有特色的产业链模式，有助于提升产业链的协同效应和整体竞争力。

七是提升相关配套服务。政府应积极改善营商环境，提高生产性服务行业尤其是金融服务业的服务水平，包括优化审批流程、简化办事程序、提高服务质量等方面，以吸引更多的企业和投资进入配套产业。

16.2.5　提升科技对绿色低碳产业布局的带动作用

科学技术是第一生产力，科技创新是绿色低碳产业发展的重要动力，可以解决产业发展中遇到的问题和瓶颈，实现绿色低碳产业的快速进步，因此提升科技创新水平，对于绿色低碳产业发展和布局有极大的助力作用。

针对如何利用科技创新带动绿色低碳产业区域发展布局可以采取以下措施。

一是加强科技创新资源的整合和统筹。政府应加大对科技创新资源的整合力度，通过制定统一的发展规划和政策，促进科技资源的均衡配置，提高科技对绿色低碳产业区域布局的支持力度，包括推动高校和研究机构投入更多的资源进行基础研究和应用研究，促进新技术的产生和现有技术的升级；为企业与高校、研究机构建立紧密的产学研合作平台，形成技术创新的合力。同时，鼓励企业加大研发投入，培养自主创新能力，推动产业向高端化、智能化、绿色化方向发展。

二是引进和培养科技创新人才。政府应加强教育和培训体系建设，培养具备创新思维和实践能力的人才；建立激励机制，吸引和留住高层次科技人才，为产业发展提供人才保障。

三是推动科技创新与绿色低碳产业发展的融合。政府应积极引导企业加强市场调研和需求分析，根据市场需求进行技术研发和产品开发，促进技术成果的产业化应用；政府应为培育和发展科技型企业提供发展土壤，推动形成一批具有核心竞争力的创新型企业和产业集群。

四是完善科技成果转化机制。政府应建立健全科技成果转化的政策体系和机制，加强产学研结合，推动科技成果的产业化应用，提高科技对绿色低碳产业区域布局的支撑作用。

在氢能产业方面，建议国家联合相关企业以及研发机构加强技术的研发，根据各地区资源禀赋和优势条件，进一步确定和布局"国家级氢能科技创新示范区"，在政策与资金上给予适当的支持，结合产业发展实际情况，加强技术创新投入、人才培养和引进，提高整个氢能产业的技术水平。同时，需要加强国际合作，引进先进技术，加快技术转化和应用。

在储能方面，储能产业的发展需要强大的科技支撑，尤其是在技术路线和成本控制等方面，需要进行持续的科技创新和发展。目前，研发更多尖端和实用的技术还是以龙头企业的科技力量和研发机构为主，国家应在原有基础上，进一步确定和布局国家级储能科技创新中心和示范区，结合产业发展实际情况，加强技术创新投入、人才培养和引进，提高整个储能产业的科技水平。同时，需要加强国际合作，引进先进技术，加快技术转化和应用。

参 考 文 献

安徽省经济和信息化厅. 关于加强产业链上下游配套协作的意见. https://jx. ah. gov. cn/sy/wjgg/ 146383821. html.

北京市经济和信息化局. 北京市"十四五"时期制造业绿色低碳发展行动方案. https://www. beijing. gov. cn/gongkai/guihua/wngh/qtgh/202206/t20220610_2734294. html.

冯奎, 2009. 中国发展低碳产业集群的战略思考. 对外经贸实务, (10): 9-12.

吴晓波, 赵广华, 2010. 论低碳产业集群的动力机制：基于省级面板数据的实证分析. 经济理论与经济管理, (8): 15-19.

周辉, 罗良文, 2011. 科技金融推动低碳产业发展模式研究. 科技进步与对策, 28(24): 78-81.

第五部分　政　策　篇

  政策对绿色低碳产业发展至关重要，这是因为从理论上看，绿色低碳产业发展具有多重外部性，包括研发外部性、环境外部性等问题；而从实践层面上看，绝大部分绿色低碳技术成本仍高于传统高碳排放技术。政策是一个复杂的体系，就产业发展政策而言，大致涉及供给端政策、需求端政策以及综合性政策。本篇重点围绕这三方面开展论述，并结合国际形势、国内已有政策，提出我国绿色低碳产业发展的政策体系。

第17章 国际主要国家的绿色低碳产业发展战略及对我国影响*

在逆全球化的背景下，中国绿色低碳产业的国际环境不容乐观，尤其是在西方以美国为首的国家打压下，我国绿色低碳产业发展的矿产资源保障、供应链安全、市场空间等均受到一定程度的影响，绿色低碳源产业是国家经济社会向绿色低碳转型的重要产业之一，对国家进行能源结构调整具有关键作用和重大意义。随着我国能源结构的不断优化，产业结构也将升级变迁，这不仅是促进经济高质量发展的基石，还是大力推动技术创新和提高金融发展水平的重要因素。现阶段，国家正在加快推动节能减排和绿色低碳，我国绿色低碳产业发展正值优化升级时期，需要更完善的举措强化顶层设计、技术创新、财政金融、标准体系等支持。

17.1 我国绿色低碳产业发展对全球的依赖情况

当前我国以新能源、新能源汽车为代表的绿色低碳产业发展势头良好，占据全球领先地位。但从主要矿产资源、关键技术、市场依赖的角度来看，我国相关绿色低碳产业与全球是高度融合在一起的，未来发展存在着一系列的不确定性。

17.1.1 矿产资源依赖情况：有较高的关键矿物对外依存度

在绿色低碳时代，化石能源的需求大幅度降低，但也催生了对锂、镍、钴、稀土、石墨等关键矿物的需求。例如，铜是所有电力技术的基石；动力电池高度依赖锂、镍等；汽车车身轻量化增加对铝资源的需求；稀土元素对于新能源汽车的永磁电机、风电等必不可少。据估算，一辆续航里程600km、装载三元锂电池的新能源汽车将消耗10~50kg的锂、镍、钴、锰或者铜等（IEA，2021）。虽然不同技术路线下矿产资源需求存有差异，但总体而言，实现碳达峰碳中和离不开这些关键矿产资源。

当前，我国关键矿物形成"海外开采+本土制造"的格局，相当部分关键矿产资源依靠海外进口，面临着较大的风险。

第一，本土储量较少。我国虽是矿产资源大国，但锂、钴、镍等资源的本土储量不高，占全球的比重分别为7.1%、1.1%、3.0%，同时面临着硬岩锂开采难度大和成本高、高镁锂比盐湖提锂分离技术未完全成熟等现实问题。近年来，我国通过在外购买矿产资源、入股合作等方式，拥有较高占比的海外权益资源（图17.1），但依旧面临着一系列政治风险。

---

* 本章作者：黄冬玲、苏利阳。

第二，对外依存度极高。由于本土储量较低且开采提炼成本较高等，我国关键矿物的供给在很大程度上依赖于海外进口。除稀土、钨、钼等矿种外，近年来我国锂、钴、镍、锆、铬、铜等对外依存度高达 70%～90%。

第三，进口来源相对单一。由于关键矿产资源的空间分布极不均衡，我国关键矿产资源进口来源和海外矿产资源权益投资相对单一或过于集中。在钴资源方面，超过 94% 钴矿来源刚果（金）；在锂矿方面，海外投资过度集中在澳大利亚等。

总体来看，我国发展绿色低碳产业的关键矿物供给高度依赖国际市场，很难形成相互割离的模式。

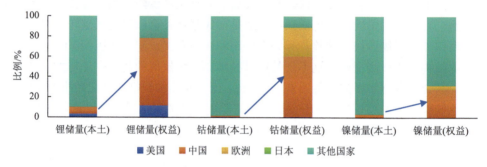

图 17.1　不同国家和地区锂、镍、钴的本土储量和权益储量（2020 年数据）

17.1.2　产业链供应链依赖情况：部分零部件依靠国外进口

尽管我国在风光储和新能源汽车领域形成较好的全产业链格局，但依旧在部分产业链供应链环节上高度依赖国外生产。从另一方面来看，这也因此存在着较大的国产化替代空间，主要体现在两个方面。

一是高端制造领域。以风电为例，国产化率较低的主要是轴承，目前仅为 16% 左右。风电轴承是作用于风电装机上的一类轴承，具有使用环境恶劣、维修成本高、要求高寿命的特点，主要可以分为主轴轴承、偏航轴承、变桨轴承三大类，不同轴承结构和特性各异，被应用在不同的工作位置。总体来看，轴承本身技术壁垒高，国内轴承厂商与国外仍存在明显差距（表 17.1）。

表 17.1　我国主要风光装备的国产化率

零部件	单台实务用量	"十四五"平均新增市场规模/亿元	竞争格局	全球化程度
主轴	一根	43	金雷+通裕约占全球 40%	中国企业全球份额 70%
齿轮箱	一套	242	主变版会城市占率 25%当更步，医股。三家合计全球市占率 70%，杭也前进，重边望江佛力佳均在开苏	中国企业全球份额 30%
铸件	18～20 t	129	主要公司:日月胶份、豪达、吉露、大连重工水男江苏。国内 CR3.60%	中国企业全球份额 70%～80%

续表

零部件	单台实务用量	"十四五"平均新增 市场规模/亿元	竞争格局	全球化程度
时片	三根	403	国内中材料技、前代料材、艾朝料技、中复注众、中科宁能消阳双圳等 20 余家;海外 LMTP 国内 CRS.70%	中国企业全球份额 25%
变流器	一套	64	国内乐盟、阳光电湾、海博控制;国内 CR3-556	中国企业全球份额 14%
塔筒	一套	397	主要公司:天收风验、天能重工、大金量工季胜风境。国内 CR4 约 30%	中国企业全球份额 50%
海缆	—	142	主要公司为东方电晚、中天科技、亨通光电、生胜股份,设场股份;国内海项 CR3=70%	中国企业全球份额 10%~20%
轴承	主拍 1~2 个。佛统 1 变奖 3 个。论箱轴乐 15~23 个发电机轴承 2~3 个	182	海外斯乱孕会弗期、NTN、铁姆间,利教海尔;国内瓦轴、活轴、新强联、大冶轴、天天国产化率为 16%	中国企业全球份额 10%

二是能源电子领域,尤其是以 IGBT 等为代表。IGBT 模块应用于大功率变频器、电焊机、新能源车、集中式光伏等领域。全球 IGBT 竞争格局看,行业较为集中,根据 Yole,2020 年行业 CR3 达 50%,英飞凌是行业绝对龙头,市场占有率达 27%。分行业来看,新能源车的 IGBT 国产率较高,2022 年比亚迪、斯达、时代电气市场占有率达 20%、17%、11%,国产化率将近过半。在光伏和储能方面,2020 年该领域国产化率接近为 0。根据固德威 2021 年年报,IGBT 元器件生产方面,国内产商较少,且产品稳定性、技术指标与进口部件相比,存在一定差异。目前,国产半导体的性能稳定性及相关技术指标未能完全满足公司产品的技术要求,预计短期内不能完全实现进口替代。

17.1.3　市场需求依赖情况:海外构成重要的市场

中国以风光储、新能源汽车等为代表的绿色低碳产业,目前在全球的市场占有率较高,一方面得益于企业的核心技术、产能扩大和成本优势,不断以更有竞争力的产品占据更多的国际市场份额;另一方面,政府不断出台多项出口激励政策,推动市场向上发展。总体上,当前我国在碳中和相关产业方面,"中国制造+海外应用"已成为重要的模式。

当前,我国风光储、新能源汽车等产业的出口规模位列全球前列,对国内制造业发展有着重要的作用。锂离子电池、新能源汽车、太阳能电池甚至成为我国出口"新三样"。2022 年,我国锂离子蓄电池出口额达到 3 426.57 亿元,同比增长 86.7%,占到 2022 年我国锂电池产业总产值的 28%;2023 年第一季度出口额达到 1 097.92 亿元,同比增长 94.3%,部分企业海外营收占比更是超过 90%。2022 年,我国光伏产品出口规模达到 512

亿美元，占到 2022 年我国光伏产业总产值的 25%。欧洲依旧是中国光伏产品的主要出口国家，并且出口规模增幅最大，约占出口总额的 46%，占比继续提高。在国家和产品方面，组件作为出口规模最大的产品在 2022 年主要销往荷兰、波兰等欧洲市场（中关村储能产业技术联盟，2023）。

从全球市场来看，未来新增的市场空间主要在中、美、欧等国家和地区，占领国际市场对于我国而言意义重大。以储能为例，根据中关村储能产业技术联盟（CNESA）数据，2022 年全球新增投运电力储能项目装机规模 30.7GW，同比增长 98%，其中新型储能投运规模达到 20.4GW。中国、欧洲和美国继续引领全球储能市场发展，三者合计占全球市场的 86%。2023 年，全球储能需求有望达到 189GW·h，同比增长超 60%。美国、中国、欧盟成为全球三大储能市场。国际能源署预测未来 5 年全球储能装机容量将增长 56%，到 2026 年达到 270 GW 左右。

17.2　当前国际政策环境的总体判断

尽管对待碳中和的态度取向有所差异，但绿色低碳化已经成为世界经济未来发展的必然趋势。以晶硅太阳能、陆上风电行业、电动汽车、海上风能、储能行业为代表的低碳技术迅速发展，成为新兴产业和新的经济增长点，为全球经济提供强有力的支撑。世界银行报告指出，发展低碳经济情景下，到 2030 年全球 GDP 可望每年额外增加 2.6 万亿美元或 2.2%（World Bank，2014）。国际可再生能源署（IRENA）报告指出，到 2050 年全球可再生能源行业有望创造 2 600 万个就业机会（IRENA，2017）。国际能源署（IEA）认为非化石能源份额到 2040 年时达到 40%（IEA，2017）。因此，各主要经济体均在加快布局绿色低碳产业和技术创新，形成一场绿色技术和产业竞赛，力图在将来的国际竞争中取得优势。

17.2.1　各国绿色低碳产业主要战略取向[①]

1. 美国：追求"本土制造+创新优势"

由于两党交替执政，美国政府应对气候变化政策一直摇摆不定。但尽管如此，美国仍然以追求能源安全和产业技术竞争力为重要战略导向，积极加大清洁能源技术研发投入，加快布局绿色低碳产业。特别是在拜登上台后，很快就宣布重返《巴黎协定》，并提出到 2030 年实现温室气体排放量比 2005 年减少 50%，2050 年实现碳中和。2022 年 8 月，拜登签署《通胀削减法案》，未来 10 年将在气候和清洁能源领域加大投资。

在绿色低碳产业方面，美国总体战略是实现制造业重返和供应链自主可控，在此背景下强调要通过研发大幅度降低关键清洁能源、氢能等成本，确保这些新技术产品在美国制造，并迅速推动商业化应用。例如，美方的《通胀削减法案》将提供高达 3 690 亿

---

① 本部分参考王建芳等（2022）。

美元补贴，以支持电动汽车、关键矿物、清洁能源及发电设施的生产和投资，其中多达9 项税收优惠是以在美国本土或北美地区生产和销售作为前提条件。

2. 欧盟：追求"产品领先+本土制造+全球规则制定"

欧盟是全球应对气候变化的先行者，2019 年 12 月欧盟推出《欧洲绿色协议》，提出了 2050 年气候中和战略。2020 年 3 月，欧盟发布《欧洲气候法》草案，将碳中和目标转化为法律约束，并在能源、工业、交通、农林等关键领域，明确制定减排战略规划和具体任务。

在绿色低碳产业方面，欧盟也希望利用自身的研发优势、市场规模和全球影响力占据引领优势。一是加速商业化进程，欧洲以《欧洲绿色协议》为基础，协调欧盟研发与创新框架计划"地平线欧洲"、欧盟"创新基金"等多个科学计划，以重点支持气候友好技术研发和商业示范，并投入 500 亿以上欧元支持清洁能源创新、工业转型及低碳建筑和智能交通等方面的关键技术突破和商业示范。二是通过制定产品碳排放标准、碳边境调节税等影响全球供应链。以新能源汽车为例，欧盟 "电池法案"对电动汽车电池增加了回收效率和材料回收目标的要求，规定只有满足要求的动力电池才能在欧盟市场销售。三是欧盟同样期望推动本土化生产，如"电池法案"计划到 2025 年将欧洲打造成全球第二大电动汽车电池供应地；2023 年 2 月 1 日，欧盟委员会推出《绿色协议产业计划》，增加对欧洲绿色产业的资金支持，以提高欧洲绿色产业的竞争力，为欧盟的碳中和转型提供支持。

3. 日本：强调"技术优势+国际合作"

日本将应对气候变化、推动绿色转型视为经济复苏新增长点，有限的自然资源使日本不断寻求绿色低碳的发展模式，确立向绿色低碳社会转型的目标，2022 年通过《全球变暖对策推进法》修正案。

在绿色低碳产业方面，日本同样雄心勃勃，2020 年发布《革新环境技术创新战略》，提出将在五大领域、39 项重点技术方面加强技术创新，包括可再生能源，氢能，核能，碳捕集、利用与封存，储能，智能电网等绿色技术；2020 年 12 月，日本颁布了《2050 年碳中和绿色增长战略》，提出 14 个重点产业发展目标和关键任务，构建面向碳中和的绿色产业体系，最终实现绿色经济与绿色社会的形成；2021 年 6 月，更新了《2050 年碳中和绿色增长战略》，将旧版中的海上风电产业扩展为海上风电、太阳能、地热产业，希望将以上优势领域的知识产权竞争力转化为产业竞争力，并建立基于技术发展阶段（研发-示范-推广-商业化）的行业支持政策体系，协同推动技术、经济社会体系和生活方式的创新。

由于国内市场规模相对有限，日本注重通过引领国际规则和标准制定，促进自身新技术在世界范围内的使用。例如，提出将氨与煤炭混燃技术扩展至东南亚地区，形成日本主导的国际产业链。

表 17.2　主要经济体的绿色低碳产业发展战略定位及重点领域

经济体	核心战略	顶层设计文件	重点领域
美国	本土制造+成本优势	"变革性清洁能源解决方案"	氢能、下一代建筑材料、电池储能、CCUS、可再生能源、先进核能
日本	技术优势+国际合作	《2050 年碳中和绿色增长战略》	海上风电、氨燃料、氢能、核能、下一代住宅、商业建筑和太阳能、汽车和蓄电池、船舶、碳循环产业等
欧盟	产品领先+本土制造+绿色贸易规则	《欧洲绿色协议》下协调欧盟"创新基金""地平线欧洲"	可再生能源发电技术、电网基础设施与输电技术、氢能技术、高能效建筑关键技术、超快速充电基础设施、锂离子或新型化学电池技术、低碳产品设计、CCUS

17.2.2　逆全球化背景下国际绿色低碳产业的国际形势

1. 绿色贸易壁垒和贸易保护主义兴起

在国际绿色低碳产业战略布局下，一些国家和地区不可避免地以促进碳减排和加快经济绿色低碳转型的名义，形成"绿色保护主义"，阻碍他国高碳排放产品、绿色产业有关产品和服务进入本国市场，从而对本国市场和企业形成保护。

第一，建立产品可持续标准体系。一是建立产品碳足迹，西方国家和地区正在以产品全生命周期碳排放为基础，将能源结构优势转化为新的产品属性，试图建立新的国际贸易壁垒。二是设定资源回收标准，如欧盟新电池法对电动汽车电池增加了回收效率和材料回收目标的要求，规定只有满足要求的动力电池才能在欧盟市场销售，如到 2026 年1 月，电池中的钴、铜、铅、锂、镍的回收水平需要分别达到 90%、90%、90%、35%、90%。

第二，设立碳边境调节机制。这主要是以欧盟的碳边境调节机制（CBAM）为代表。CBAM 可能会影响由国家间相对成本差异驱动国际贸易格局的模式，进而对贸易模式和碳减排格局产生影响，容易给发展中国家碳密集产业的国际竞争力及产品出口造成较大冲击，使发展中国家出口商品的比较优势下降甚至发生逆转。CBAM 作为一项单边措施，牵涉国际贸易、气候变化、地缘政治、外交政策等多项议题，易引发国际的摩擦与冲突。

第三，实行 ESG 规则和要求。例如，矿产资源开采是一种严重破坏生态的经济行为，大规模的资源开采会产生严重的环境和社会影响。尽管政府、消费者和投资者越来越多地呼吁企业寻找可持续和负责任生产的矿产资源，但需求的快速扩张可能会使矿产开采者铤而走险。近年来，欧盟发起《采掘业透明度行动计划》，强调"劳工和环境保护"。我国在刚果（金）的钴、铜矿业投资中经常遭受腐败交易、滥用童工、生态破坏等指责。

2. 采取定向扶持方式发展本土绿色低碳产业

在逆全球化背景下，发达国家正努力构建一个所谓的安全可靠的供应链体系，其中最为主要的举措是发展本土制造业，实现制造业回流。

美国采取重点扶持美国货方式扶持产业发展，不断加大对其本土新能源汽车、清洁能源开发等绿色产业的保护力度。拜登宣布将推动从"原材料到零部件"的国产化，帮助美国车企制造新能源汽车。2021 年 8 月，拜登签署总统行政令，要求严格落实购买美国货的要求，将 65 万辆校车、公交以及联邦车队全部更换为美国国产的新能源汽车。《基础设施投资和就业法案》将投资 75 亿美元用于建设电动汽车充电桩，接受补贴的充电桩必须在美国制造和组装。《通胀削减法案》计划投资 3 690 亿美元，为美国本土生产的可再生能源发电和存储相关组件提供补贴，并为新能源汽车购买者提供税收抵免，前提条件包括车辆最终组装在北美进行；从 2023 年起 50%的电池组件产自北美，到 2028 年提高至 100%；从 2024 年起 40%的关键金属来自美国或与美国签订自由贸易协定的国家，到 2026 年提高至 80%。

欧盟通过实施严格的国家补贴规定以维护成员国间的公平竞争。欧盟委员会提议到 2025 年底前放宽国家补贴规定，允许欧盟国家政府以更快的速度为清洁能源和脱碳产业提供更多支持，并设立欧洲主权基金，满足绿色产业长期投资需求。

美欧绿色保护主义做法或引起其他经济体效仿，导致更大范围的保护主义浪潮。发达经济体之间已开始进行"以邻为壑"的补贴竞赛。欧盟谴责美国《通胀削减法案》通过巨额补贴诱使欧企将投资转向美国，导致欧盟面临产业空心化的威胁。例如，瑞典电动车电池制造商 Northvolt 原本拟在德国投资设厂，美国《通胀削减法案》实施后，该企业可在 10 年内享受 80 亿美元税收减免，相当于运营成本的 1/3，因此决定优先考虑赴美设厂。欧盟委员会提出《绿色交易产业计划》一定程度上也是为应对《通胀削减法案》带来的不公平竞争。

3. 采取国家间非经济竞争手段打压竞争对手

这一措施以美国为主，以超越经济的手段来打击竞争对手。其中，以关键矿产资源供应安全、关键先进科学技术为核心。

以关键矿产领域为例，目前，其已经渗透到大国博弈的地缘政治领域，不确定性增加，市场脆弱性凸显。欧美明确表示对中非矿产资源合作表示担忧。2019 年，美国联合澳大利亚、巴西等通过《能源资源治理倡议》，美国将向这些国家分享矿业经验，以帮助这些国家勘查开发锂、铜和钴等矿产。IMF 承诺为刚果（金）提供 15 亿美元信贷，条件是清理不公平的采矿协议。此外，资源国正在涌现出一股关键矿物的国产化浪潮，要求将主要的矿产资源国有化，逼迫外国投资者离开，从而影响中国海外权益储量优势。

17.3　国际环境对我国绿色低碳产业发展的潜在影响

在逆全球化背景下，我国发展绿色低碳产业的国际环境将面临机遇与挑战并存、挑战大于机遇的格局。从正面影响来看，西方国家的举措也将倒逼我国加快能源和产业结构调整，积极开展绿色技术研发，完善碳市场交易机制，加快形成绿色低碳循环发展的新格局和发展机制，推动我国加快部署绿色低碳产业转型，推进经济社会高质量发展，在国际竞争中构建新的竞争优势。

但从负面影响来看，我国绿色低碳产业发展还存在着市场规模总体受限、海外布局技术泄密、关键矿物受制约等挑战。

一是市场需求规模总体受限，企业规模扩张面临重大不确定性。我国以新能源为代表的绿色低碳产业在国际市场上占有重要地位，其中欧美等是主要的出口对象。在碳边境调节税、产品碳足迹标准、"双反"制裁下，国内相关产业和企业的发展实际上存在着很大的不确定性。一方面，随时可能遭受各种贸易壁垒的制约，造成产能空置或者严重过剩；另一方面，在绿色保护和贸易壁垒屏障下，我国各经济产业将会面临更加严苛的排放政策，相关行业产品出口价格将显著增加，削弱出口竞争力。

二是推高绿色低碳产业的相关成本。无论是关键矿物，还是特定的技术，我国绿色低碳产业都有可能面临增加成本的风险。国际绿色低碳保护主义设置的技术壁垒，势必会进一步提高我国对绿色低碳技术的引进成本。

三是海外产业布局存在着产业转移和技术泄密的潜在风险。为规避欧美的制裁或者获取补贴，国内企业有可能选择在欧美等发达国家建厂。欧美巨大的市场和高额的补贴，对企业发展有较大的吸引力。但在海外建厂，又有可能在很大程度上导致产业转移和技术泄密。

第 18 章　我国绿色低碳产业政策历史演进、现状及问题 *

18.1　我国绿色低碳产业政策的历史演进

中国扶持产业发展的思路主要是由各级政府制定发展规划，以及制定并实施各类支持性政策。对于绿色低碳产业来说，由于其涵盖处于不同发展阶段的技术和解决方案，政府需要通过不同的政策组合来满足不同产业发展的需求。我国绿色低碳产业政策从无到有，经历了不同发展阶段。

1. 节能减排战略驱动下的绿色低碳产业发展政策

从“十一五”开始，我国开始实施节能减排行动，将能源强度下降率和污染物总量减排作为约束性指标纳入国民经济发展规划中。2006～2010 年，中国扭转了“十五”时期能源强度快速上升的趋势并实现 19.1%的下降，节能 6.3 亿 t 标准煤；二氧化碳排放强度下降 20.8%，减碳 15.5 亿 t。这一期间，我国节能产业、环保产业、资源回收利用产业的需求空间被打开，在设备制造、节能减排服务方面取得了长足的进展。

在该时期，绿色低碳产业没有专门的产业政策。节能产业发展等更多的是在节能减排政策引导下发展起来，《中华人民共和国节约能源法》的通过及修订，明确了节约能源是国家经济发展的一项长远战略方针，是我国社会经济史上的里程碑，自此节能减排成为我国的基本国策，为节能提供了法律保障。2002 年，我国陆续通过了《中华人民共和国清洁生产促进法》《中华人民共和国环境影响评价法》，对促进清洁生产、经济、社会和环境的协调发展，以及为低碳产业的发展发挥了积极作用。

2005 年 2 月 16 日，《京都议定书》正式生效。这是人类历史上首次以法规的形式限制温室气体排放，也标志着我国的碳排放政策步入新发展阶段。同年，我国通过了《中华人民共和国可再生能源法》，2009 年 12 月通过了《中华人民共和国可再生能源法（修正案）》，该法进一步明确可再生能源发电强制上网及全额保障性收购制度、可再生能源专项基金制度、可再生能源发电项目的财政补贴和税收优惠等规定，大大促进了可再生能源的开发利用，大力推进了绿色低碳产业的发展。

从 2006 年“十一五”规划开始，在经济快速发展和节能减排政策的推动下，中国的低碳发展在降低能源强度、促进新能源和可再生能源发展、增加森林碳汇三个方面取得了显著成就。2006 年《中华人民共和国国民经济和社会发展第十一个五年规划纲要》中“节能减排”被重点提及，随后的低碳发展政策也围绕节约资源、生态环境、发展循环

---

* 本章作者：詹　晶。

经济等方向展开。

2007 年，《中华人民共和国节约能源法》进行了第一次修订，将节约能源的激励措施独立成章，并对能源消费、节能管理、节能技术进步、提高能源利用率等方面做了进一步阐述，调整了覆盖范围，在强调工业节能的同时，增加了建筑、交通运输和公共机构等领域的节能。此外，国务院还制定了《民用建筑节能条例》和《公共机构节能条例》两个行政法规规范我国低碳建筑和公共机构节能行为。

2008 年，我国通过了《中华人民共和国循环经济促进法》，在生产、流通、消费等各环节加大对碳排放指标的评估，提升对能源资源的再利用。同年，可再生能源被正式纳入"五年规划"，将可再生能源发展提升到国家战略地位，并与 2007 年制定的"中长期发展规划"形成了长短期互补的协调布局。

2009 年，全国人大通过了《关于应对气候变化的决议》，明确指出要加强应对气候变化的立法要求，提出"要把加强应对气候变化的相关立法作为形成和完善中国特色社会主义法律体系的一项重要任务，纳入立法工作议程。适时修改完善与应对气候变化、环境保护相关的法律，及时出台配套法规，并根据实际情况制定新的法律法规，为应对气候变化提供更加有力的法治保障。按照积极应对气候变化的总体要求，严格执行节约能源法、可再生能源法、循环经济促进法、清洁生产促进法、森林法、草原法等相关法律法规，依法推进我国应对气候变化工作。要把应对气候变化方面的工作作为人大监督工作的重点之一，加强对有关法律实施情况的监督检查，保证法律法规的有效实施。"这对我国加强应对气候变化的法治建设至关重要。

2010 年，国家发改委发布了《关于开展低碳省区和低碳城市试点工作的通知》（发改气候〔2010〕1587 号），确定首先在广东、辽宁、湖北、陕西、云南五省和天津、重庆、深圳、厦门、杭州、南昌、贵阳、保定八市开展试点工作，具体任务包括编制低碳发展规划、制定支持低碳绿色发展的配套政策、加快建立以低碳排放为特征的产业体系、建立温室气体排放数据统计和管理体系、积极倡导低碳绿色生活方式和消费模式。

"十一五"时期，我国低碳产业方向的法规政策密集出台，呈"井喷式"发展，且政策多样性明显、法制政策框架基本建立，有效促进了节约能源、循环经济等方面的发展。此阶段，在节能减排"千家企业行动方案"的实施中，其"目标责任制"的雏形逐渐形成，国家为了推动绿色低碳产业的发展，政府综合运用多种政策工具，逐渐形成多项工具协同的政策体系。在政策、技术、投资发展等的推动下，中国低碳产业规模发展快速，我国在节能减排相关政策的指导下完成"十一五"规划确定的目标任务，节能环保产业"十一五"期间年均增长率在 15%～20%，实现了高速发展。

2. 战略性新兴产业框架下的绿色低碳产业政策

这一阶段，包括节能环保、新能源、新能源汽车在内的碳中和相关产业被纳入战略性新兴产业当中，明确战略性新兴产业是新一轮科技革命和产业变革的方向，其战略地位得到了前所未有的提升。2010 年，我国发布了《国务院关于加快培育和发展战略性新兴产业的决定》，随后国家及各级政府相继出台扶持政策，大力推进了节能环保产业、新能源产业、新能源汽车产业的快速发展。

　　国务院于 2012 年印发《"十二五"国家战略性新兴产业发展规划》《服务业发展"十二五"规划》，2013 年印发《国务院关于加快发展节能环保产业的意见》，财政部等部门 2016 年联合发布《关于构建绿色金融体系的指导意见》等文件，有效支撑了这一时期低碳产业的发展，有效推进缓解气候变化、调整产业结构等工作。与此同时，国家在能源、节能、非能源活动温室、碳汇等方面也有政策安排，碳排放交易和低碳城市也开始试点，如 2011 年印发的《关于开展碳排放权交易试点工作的通知》以及 2010 年发布的《关于开展低碳省区和低碳城市试点工作的通知》，首批低碳试点城市诞生，并在 2012 年、2017 年确立了第二批和第三批低碳试点，促进了政策的落地实效。

　　国家及各部委、各地区陆续出台政策推进产业升级、技术应用、示范建设等的发展。宏观政策工具主要由供给型、环境型、需求型组成，具体分布于目标规划、公共服务、技术研发、法规规范、应用示范、税收优惠、金融支持等方面。根据文献调研，这个阶段新能源产业应用最多的是环境型政策工具，占比达到 50%，其次是供给型政策工具（28%）和需求型政策工具（22%）（中国工程科技发展战略研究院，2019）。在具体政策工具分布中，应用最多的是目标规划，其次是法规规范和公共服务。

　　以光伏产业为例，"十一五"时期开始，国家层面明确提及太阳能光伏发电建设，"十二五"时期我国光伏产业进入了缓慢的成长发展期，国家层面的光伏产业政策框架主要集中在价格、补贴、税收、并网等方向，集中式光伏电站和分布式光伏发电等多样化发电设施的新增、技术不断升级，为市场竞争机制的建立打下了基础。2012 年，中国光伏制造业遭遇欧美"双反"政策，为抵御"双反"影响，解决光伏审批难、补贴难等问题，2012～2014 年国家出台 50 多项政策。2015 年前后，针对光伏产品、市场发展等方面，国家陆续出台相关规范或者标准，助力光伏行业规范化发展。"十三五"时期，我国光伏产业政策体系基本建立，政策文件的重点更多倾向于技术研发及产业发展环境优化方面（张云鹏，2022）。2017 年，分布式光伏补贴政策不受规模限制、模式稳定、盈利可预期，实现爆发式增长。2018 年 5 月 31 日，国家发改委、财政部及国家能源局下发《关于 2018 年光伏发电有关事项的通知》，在电价上确定规模及电价同时下调的原则，对规模进行了缩减。2019～2020 年，光伏竞价政策深入实施，电站呈现大型化、规模化发展，平价电站陆续出现。

　　在新能源汽车方面，2010～2020 年，新能源汽车产业主要受政策驱动，逐步成长为全球领先的行业。但这一期间，我国新能源汽车的发展是典型的政策驱动模式，基本上形成了市场需求激励、供给管制放松的政策体系。在市场激励政策方面，我国形成了货币补贴和非货币补贴共同激励、货币补贴逐步优化调整的政策体系。2009 年，政府启动"十城千辆"工程，2010 年又启动了私人购买新能源汽车补贴，对新能源乘用车给予最高达 12 万元的补贴。2014 年，新能源汽车车辆购置税开始免征。2015 年，财政部等部门联合发布了《关于 2016～2020 年新能源汽车推广应用财政支持政策的通知》，明确了新能源汽车的补贴标准，规范了补贴对象，提出实施补贴退坡制度。在非货币激励方面，2013 年《大气污染防治行动计划》要求"北京、上海、广州等城市每年新增或更新的公交车中新能源和清洁燃料车的比例达到 60%以上"，对公共领域新能源汽车推广做出了强制性规定；2015 年交通运输部要求限购限行城市放宽对新能源汽车的限制。

在供给端政策方面，2007 年国家发改委发布的《新能源汽车生产准入管理规则》不仅对新能源汽车进行了定义，还规范了企业生产资格、产品管理等，标志着国家对新能源汽车的生产管理开始规范化。2017 年，工业和信息化部等五部委公布《乘用车企业平均燃料消耗量与新能源汽车积分并行管理办法》，要求对汽车企业的生产行为实行积分管理，此方法会督促传统汽车企业减少传统汽车的生产，向新能源汽车转型。2020 年，我国海关对与新能源汽车生产相关的关键零部件和先进的生产设备等多项商品实行低于最惠国税率的进口税率，在帮助国内企业引进先进设备的同时，低关税也增加了国内新能源汽车企业的竞争压力，督促其进行研发。

3. 碳达峰碳中和时期的绿色低碳产业发展政策

2020 年 9 月，习近平在第七十五届联合国大会上首次提到 2030 年前实现"碳达峰"、2060 年前实现"碳中和"，为 2020 年后的低碳发展指明了方向。"十四五"开局之年，我国提出明确了"1+N"政策体系。

2021 年 10 月 24 日，中共中央、国务院《关于完整准确全面贯彻新发展理念做好碳达峰碳中和工作的意见》（以下简称"双碳意见"）发布，对碳达峰碳中和工作做出系统谋划，明确了总体要求、主要目标和重大举措；10 月 26 日，国务院印发《2030 年前碳达峰行动方案》（以下简称"2030 方案"），"双碳意见"与"2030 方案"共同构成贯穿碳达峰、碳中和两个阶段的顶层设计，为各领域出台指导性方案明确了方向。

"双碳"目标提出后，我国低碳产业发展进入了新的征程，政策在金融和产业等多端发力。据不完全统计，2021～2022 年，我国相关部委陆续出台了系列文件，锂电池、新能源产业、新能源汽车成为经济发展的驱动力，部分领域政策开始退坡和调整，但同时也开始陆续出台政策大力支持氢能、CCUS 等新兴产业。从顶层设计、项目建设、电力市场等方面给予支撑，各领域低碳产业政策进行互动整合，有效提升了低碳产业整体发展质量及速度。

18.2 绿色低碳产业发展政策体系现状

2020 年 9 月，中国在第七十五届联合国大会一般性辩论上提出实现碳达峰与碳中和的目标愿景，为经济高质量发展及全面绿色低碳转型指明了方向，也为全球应对气候变化和实现绿色复苏注入了强劲动力。实现"双碳"目标涉及经济社会的方方面面，关系到发展方式的全面转型与统筹协调，是系统性、全局性工作，需要在实践过程中不断探索和完善实现路径。当前，我国经济已由高速增长阶段向高质量发展阶段转变，在优化经济结构、转换增长动力的关键时期，如何构建符合"双碳"战略目标的绿色低碳产业体系至关重要，需要将市场在资源配置中的决定性作用与产业政策的宏观调控引导作用有机统一起来，才能积极壮大和培育绿色低碳产业发展新动能。

1. 绿色低碳产业战略和规划体系

实现绿色低碳产业发展目标，需要对产业的形成和发展进行宏观调控和政策引导，通常以规划、纲要、目录、计划、意见等文件形式发布实施,如通过制定国民经济发展规划、产业结构调整计划、产业发展目录、财政补贴计划、产业准入清单等方式,引导产业绿色转型升级并形成新的经济增长点。近年来,国家出台了一系列规划和政策,不断建立完善政府有力主导、企业积极参与、市场有效调节的体制机制,激发全社会参与绿色发展的积极性,逐步形成了相对完善的产业战略和规划体系,有助于引导产业绿色发展、推动产业结构转型升级、促进国民经济可持续发展。

高规格定位绿色低碳产业,在落实碳达峰碳中和目标任务过程中形成新的产业竞争优势。党的十九大报告明确提出"加快建立绿色生产和消费的法律制度和政策导向,建立健全绿色低碳循环发展的经济体系,壮大节能环保产业、清洁生产产业、清洁能源产业"。党的二十大报告明确指出"完善支持绿色发展的财税、金融、投资、价格政策和标准体系,发展绿色低碳产业,倡导绿色消费,推动形成绿色低碳的生产方式和生活方式"。2022 年中央经济工作会议提出,要在落实碳达峰碳中和目标任务过程中锻造新的产业竞争优势,这是实现经济高质量发展的重要途径,也是建设人与自然和谐共生的现代化的内在要求。

高目标创造产业需求,"双碳"目标加速推动我国绿色低碳产业发展及传统产业转型升级。中共中央、国务院连续印发《关于完整准确全面贯彻新发展理念做好碳达峰碳中和工作的意见》《关于深入打好污染防治攻坚战的意见》,提出坚定不移走生态优先、绿色低碳的高质量发展道路,加快推动产业结构、能源结构、交通运输结构、用地结构调整,加快推动绿色低碳发展,可见降碳、减污、扩绿、增长已贯穿生产生活全领域、全要素。强化节能减排降碳硬约束,倒逼产业绿色低碳转型,完善和强化能耗"双控"制度,坚决遏制"两高"项目盲目发展。

2. 绿色低碳产业激励政策体系

产业政策是国家用于宏观调控经济发展的重要途径,同时也通过影响微观层面的企业行为达到产业调整的目的。绿色发展需要不断完善绿色低碳产业激励政策体系,构建有利于绿色产业发展的政策环境。《关于完整准确全面贯彻新发展理念做好碳达峰碳中和工作的意见》提出,要大力发展绿色低碳产业,推动新兴技术与绿色低碳产业深度融合。国家从宏观政策层面,不断激励绿色金融产品和工具创新,促进形成绿色低碳转型及产业发展的多元化投融资市场机制。

当前,绿色低碳产业激励政策主要由财政补贴、金融手段及市场化机制等组成,其中财政补贴领域范围相对较小,市场化机制以碳交易市场为主,面临覆盖行业和参与市场主体较为单一的问题。绿色金融主要为促进环境改善、应对气候变化和资源节约高效利用的经济活动提供投融资服务,发展绿色金融是实现绿色发展的重要措施,能够有效解决绿色低碳产业发展及转型升级过程中的巨大资金需求,已经形成了包括绿色贷款、绿色债券、绿色股票、绿色保险、绿色基金、绿色信托、碳金融产品等多层次绿色金融产品和服务。2021 年,中国绿色贷款余额 15.9 万亿元,同比增长 33.1%,存量规模居全球第一位,这些绿色信贷资金主要投向碳减排项目。目前绿色信贷占整个绿色金融资金总额的 90% 以上,在碳中和的绿色金融矩阵中发挥着主体作用。其他绿色金融产品与创新工具也发展迅速,我国绿色金融标准体系已逐渐形成(表 18.1),市场进入不断壮大与完善的过程，绿色金融对于推动经济社会发展和低碳绿色转型发挥了重要作用。

表 18.1　绿色金融标准体系文件构成

时间	文件名称	主要内容
2016 年 9 月	《关于构建绿色金融体系的指导意见》	我国绿色金融发展史上具有里程碑意义的重要文件，要求完善与绿色金融相关监管机制，统一和完善有关监管规则和标准
2018 年 1 月	《金融业标准化体系建设发展规划（2016～2020 年）》	建立健全绿色金融标准化工作机制，依据绿色金融标准研究构建绿色金融标准认证体系
2018 年 11 月	《绿色投资指引（试行）》	明确绿色投资的内涵，推动基金行业发展绿色投资，改善投资活动的环境绩效，促进绿色、可持续的经济增长，根据相关法律法规和行业自律规则制定
2019 年 2 月	《绿色产业指导目录（2019 年版）》	进一步厘清产业边界，引导有限的政策和资金到对推动绿色发展最重要、最关键、最紧迫的产业上，促进绿色产业发展壮大
2019 年 12 月	《绿色贷款专项统计制度》	将绿色信贷按用途划分为节能环保产业、清洁生产产业、清洁能源产业、生态环境产业、基础设施绿色升级、绿色服务六大类，统计范围也从单位贷款扩大至单位贷款和个人经营性贷款
2020 年 7 月	《绿色融资专项统计制度》	同样基于《绿色产业指导目录（2019 年版）》，但与《绿色贷款专项统计制度》存在出入，如核电被列入国家发改委《绿色产业指导目录（2019 年版）》和《绿色贷款专项统计制度》，但并未纳入绿色融资范畴
2021 年 4 月	《绿色债券支持项目目录（2021 年版）》	专门用于界定和遴选符合各类绿色债券支持和适用范围的绿色项目与绿色领域的专业性目录清单，实现了境内市场绿色债券认定标准的统一
2021 年 5 月	《银行业金融机构绿色金融评价方案》	扩大了绿色金融考核业务范围，将绿色债券和绿色信贷同时纳入定量考核指标，定性指标中更加注重考核机构绿色金融制度建设及实施情况，还扩大了参评银行范围
2021 年 7 月	《金融机构环境信息披露指南》	提供了金融机构在环境信息披露过程中遵循的原则、披露的形式、内容要素以及各要素的原则要求
2021 年 7 月	《环境权益融资工具》	规定了环境权益融资工具的分类、总体要求和实施流程，填补了绿色金融领域行业标准空白，有利于拓宽企业绿色低碳融资渠道、完善全国统一的环境权益市场
2021 年 8 月	《可持续金融　基本概念和关键倡议》（ISO/TR 32220：2021）	由中国专家提出和召集制定，标志着我国参与国际标准化组织（ISO）可持续金融国际标准化工作实现了重要突破
2021 年 12 月	《气候投融资试点工作方案》	为实现国家自主贡献目标和低碳发展目标，引导和促进更多资金投向应对气候变化领域的投资和融资活动，是绿色金融的重要组成部分
2022 年 6 月	《银行业保险业绿色金融指引》	要求银行保险机构加强绿色金融能力建设，建立健全相关业务标准和统计制度
2022 年 6 月	《可持续金融共同分类目录报告——减缓气候变化》（更新版）	建立了国际认可的绿色经济活动认定标准，有利于提升国际可持续金融分类标准的可比性、兼容性、一致性，也为全球投资者进一步参与我国绿色低碳发展创造了条件
2022 年 7 月	《中国绿色债券原则》	标志着国内初步统一、与国际接轨的绿色债券标准正式建立，彰显了中国绿色债券市场高质量发展的决心和行动

除了全国统一部署、开展工作外，地方政府也积极出台与绿色金融相关的标准办法，如贵州省发布了《绿色金融项目标准及评估办法》，广州市花都区出台了《绿色企业认定办法》和《绿色项目认定办法》，湖州市发布了《绿色融资企业评价规范》和《绿色融资项目评价规范》。同时，我国绿色金融积极与国际接轨，为全球绿色金融发展贡献中国智慧，如中国人民银行与欧盟委员会相关部门于 2022 年 6 月共同完成了《可持续金融共同分类目录报告——减缓气候变化》，就中欧两方绿色金融分类目录开展比较与分析，为推动中欧绿色分类标准协同做出了重要贡献。

气候投融资作为绿色金融的重要组成部分，聚焦实现国家自主贡献目标和低碳发展目标，引导和促进更多资金投向减缓气候变化和适应气候变化领域的投资和融资活动，是实现"双碳"目标的助推器，最终通过抑制高碳投资、促进低碳投资，实现应对气候变化和高质量发展的协同目标。根据国家应对气候变化战略研究和国际合作中心测算，到 2060 年我国新增气候领域投资需求规模将达约 139 万亿，年均约为 3.5 万亿，占到 2020 年 GDP 的 3.4%和全社会固定资产投资总额的 6.7%左右。2021 年，生态环境部办公厅、国家发改委办公厅等九部门联合发布《关于开展气候投融资试点工作的通知》，共有 23 个地方入选第一批气候投融资试点，主要通过构建绿色低碳产业体系、发展可再生能源、推行绿色建筑、打造低碳交通出行体系、提升城市系统碳汇能力及应对气候变化韧性城市等方面，推进气候投融资产品与服务创新等，为城市绿色低碳发展注入新动力。2022 年 11 月，生态环境部印发了《气候投融资试点地方气候投融资项目入库参考标准》，充分发挥气候投融资项目库作用，提高气候投融资项目入库质量，提升气候投融资资金使用效益，引导和促进更多资金投向减缓和适应气候变化领域，为应对气候变化和碳达峰碳中和工作提供有力支撑。

绿色低碳产业发展也需要财政政策发挥重要作用。绿色发展过程中往往会产生额外的成本，而财政政策一方面通过税收等手段，把污染导致的负面外部成本内部化，一方面通过专项资金、生态补偿、转移支付、税收减免等激励政策支持绿色生产方式和生活方式，补偿绿色发展的额外成本。仅 2022 年，财政部门就发布了近 20 项支持政策，促进绿色低碳产业发展（表 19.2）。例如，在推进生态旅游发展过程中，国家会设置适当的财政补助或专项资金，积极打造良好的生态旅游环境；在生态环境保护领域，也会设置专项资金用于污染防治减排和生态修复，改善生态环境质量，还会通过税收政策，对从事绿色低碳生产经营活动的企业进行一定额度的税收减免，推动产业快速发展。以清洁能源领域绿色产业政策为例，光伏产业从 20 世纪 80 年代到现在，经历了宏观层面支持、财政补贴措施、补贴力度弱化的不同阶段，一定时期内补贴等激励性手段成为光伏产业迅速发展的关键驱动力，不断推进发电成本持续下降，促进未来光伏产业的发展方向从成本控制向更高效的光电转换率迈进。地方政府也积极探索绿色低碳产业发展的促进路径，深圳市南山区于 2022 年 12 月发布了《南山区促进绿色低碳发展专项扶持措施》，是全国首个区级绿色低碳综合性扶持政策，对绿色低碳企业及产品、绿色低碳项目、绿色低碳管理、绿色低碳活动等进行综合性扶持，同一企业最高可获 150 万元资助。

表 18.2　2022 年财政部门相关绿色低碳产业激励性政策

时间	文件名称	主要内容
2022 年 1 月	《关于组织申报 2022 年中央财政国土绿化试点示范项目的通知》	重点支持区域突出生态问题，围绕营造林、防沙治沙、油茶营造，通过采取一体化、系统治理的措施，按照集中连片、综合治理的方式，科学开展国土绿化试点示范
2022 年 2 月	《关于组织申报 2022 年北方地区冬季清洁取暖项目的通知》	补贴标准按照中央财政对纳入支持范围的城市给予清洁取暖改造定额奖补，连续支持 3 年，每年奖补标准为省会城市 7 亿元、一般地级市 3 亿元。计划单列市参照省会城市标准
2022 年 3 月	《关于完善资源综合利用增值税政策的公告》	从事再生资源回收的增值税一般纳税人销售其收购的再生资源，可以选择适用简易计税方法依照 3% 征收率计算缴纳增值税，或适用一般计税方法计算缴纳增值税
2022 年 4 月	《关于组织申报政府采购支持绿色建材促进建筑品质提升试点城市的通知》	以推动城乡建设绿色发展为目标，运用政府采购政策积极推广绿色建筑和绿色建材应用，建立绿色建筑和绿色建材政府采购需求标准，推动政府采购工程项目（含政府投资项目）强制采购符合标准的绿色建材
2022 年 4 月	《中央对地方重点生态功能区转移支付办法》	重点生态功能区转移支付列一般性转移支付，用于提高重点生态县域等地区基本公共服务保障能力，引导地方政府加强生态环境保护
2022 年 5 月	《财政支持做好碳达峰碳中和工作的意见》	到 2025 年，财政政策工具不断丰富，有利于绿色低碳发展的财税政策框架初步建立，有力支持各地区各行业加快绿色低碳转型。2030 年前，有利于绿色低碳发展的财税政策体系基本形成，促进绿色低碳发展的长效机制逐步建立，推动碳达峰目标顺利实现
2022 年 6 月	《关于下达 2022 年可再生能源电价附加补助地方资金预算的通知》	电网企业应严格按照《资金管理办法》，按月将相关资金拨付至已纳入可再生能源电价附加补贴清单的风电、太阳能、生物质等发电项目

此外，环境规制也对绿色低碳产业的投资发挥了一定作用。绿色投资具有显著的经济效应、生态效应及社会效应，能够引起能源结构、产业结构、技术结构以及消费结构的绿色化调整，并引导资源在区域间合理配置。在环境规制日趋严格的形势下，污染密集型企业不断压减产能规模、进行绿色转型升级，在一定程度上引导社会资金投向低碳低污染产业，加大了对绿色低碳产业的投资力度。环境绩效考核也不断倒逼企业进行绿色技术创新和升级改造，进而选择增加污染治理和资源循环利用投资的长效运行机制。

3. 绿色低碳产业发展规范政策

为了促进绿色低碳产业发展，除了采用投融资支持、财政补贴、市场化机制等激励性产业政策外，还需要从产业规划布局、产业准入政策、产业标准政策等规范性产业政策入手，充分发挥产业政策在绿色低碳产业发展过程中的引导保障作用，以系统性思维构建绿色低碳产业体系，助推经济社会全面绿色化转型。

在"十四五"规划、《关于完整准确全面贯彻新发展理念做好碳达峰碳中和工作的意见》、《关于加快建立健全绿色低碳循环发展经济体系的指导意见》、《"十四五"节能减排综合工作方案》等纲领性政策文件中，国家从全局角度出发，对我国绿色低碳产业的发展方向和发展目标进行总体规划和部署，各部委也针对特定领域制定了实现"双碳"目标和绿色高质量发展的方案意见（表 18.3），提出了生态环保、工业、交通、城乡建设、可再生能源、新能源汽车、电力、氢能等领域的发展方向和目标要求,以推进碳达峰碳中和为牵引,坚持绿色生产、绿色技术、绿色生活、绿色制度一体推进,推动建立健全绿色低碳产业发展的经济体系。

表 18.3　各部委关于绿色低碳产业规范发展的政策要求

时间	文件名称	主要内容
2021 年 10 月	《绿色交通"十四五"发展规划》	到 2025 年,交通运输领域绿色低碳生产方式初步形成,基本实现基础设施环境友好、运输装备清洁低碳、运输组织集约高效,重点领域取得突破性进展,绿色发展水平总体适应交通强国建设阶段性要求
2021 年 12 月	《"十四五"时期"无废城市"建设工作方案》	推动 100 个左右地级及以上城市开展"无废城市"建设,到 2025 年,"无废城市"固体废物产生强度较快下降,综合利用水平显著提升,无害化处置能力有效保障,减污降碳协同增效作用充分发挥,基本实现固体废物管理信息"一张网","无废"理念得到广泛认同,固体废物治理体系和治理能力得到明显提升
2022 年 1 月	《关于加快建设全国统一电力市场体系的指导意见》	到 2025 年,全国统一电力市场体系初步建成,国家市场与省(区、市)/区域市场协同运行,电力中长期、现货、辅助服务市场一体化设计、联合运营,跨省跨区资源市场化配置和绿色电力交易规模显著提高,有利于新能源、储能等发展的市场交易和价格机制初步形成。到 2030 年,全国统一电力市场体系基本建成,适应新型电力系统要求,国家市场与省(区、市)/区域市场联合运行,新能源全面参与市场交易,市场主体平等竞争、自主选择,电力资源在全国范围内得到进一步优化配置
2022 年 1 月	《"十四五"现代能源体系规划》	到 2025 年,国内能源年综合生产能力达到 46 亿吨标准煤以上,原油年产量回升并稳定在 2 亿吨水平,天然气年产量达到 2300 亿立方米以上,发电装机总容量达到约 30 亿千瓦。规划还指出,大力发展非化石能源。加快发展风电、太阳能发电。全面推进风电和太阳能发电大规模开发和高质量发展,优先就地就近开发利用,加快负荷中心及周边地区分散式风电和分布式光伏建设,推广应用低风速风电技术
2022 年 3 月	《氢能产业发展中长期规划(2021~2035 年)》	明确了氢的能源属性,是未来国家能源体系的组成部分,充分发挥氢能清洁低碳特点,推动交通、工业等用能终端和高耗能、高排放行业绿色低碳转型。同时,明确氢能是战略性新兴产业的重点方向,是构建绿色低碳产业体系、打造产业转型升级的新增长点
2022 年 6 月	《城乡建设领域碳达峰实施方案》	到 2025 年,城镇新建建筑全面执行绿色建筑标准,星级绿色建筑占比达到 30%以上,新建政府投资公益性公共建筑和大型公共建筑全部达到一星级以上。2030 年前严寒、寒冷地区新建居住建筑本体达到 83%节能要求,夏热冬冷、夏热冬暖、温和地区新建居住建筑本体达到 75%节能要求,新建公共建筑本体达到 78%节能要求。推动低碳建筑规模化发展,鼓励建设零碳建筑和近零能耗建筑
2022 年 6 月	《"十四五"可再生能源发展规划》	到 2025 年,可再生能源年发电量达到 3.3 万亿千瓦时左右。"十四五"期间,可再生能源发电量增量在全社会用电量增量中的占比超过 50%,风电和太阳能发电量实现翻倍。继续推进清洁能源示范省建设,推动四川、宁夏、甘肃、青海等可再生能源资源丰富地区进一步提升可再生能源消费占比,生物质发电方面,提出探索生物质发电和碳捕集、利用与封存相结合的发展潜力和示范研究
2022 年 6 月	《工业能效提升行动计划》	到 2025 年,重点工业行业能效全面提升,数据中心等重点领域能效明显提升,绿色低碳能源利用比例显著提高,节能提效工艺技术装备广泛应用,标准、服务和监管体系逐步完善,钢铁、石化化工、有色金属、建材等行业重点产品能效达到国际先进水平,规模以上工业单位增加值能耗比 2020 年下降 13.5%。到 2025 年,新增高效节能电机占比达到 70%以上,新增高效节能变压器占比达到 80%以上,新建大型、超大型数据中心电能利用效率(PUE)优于 1.3,工业领域电能占终端能源消费比重达到 30%

续表

时间	文件名称	主要内容
2022 年 8 月	《工业领域碳达峰实施方案》	"十四五"期间，产业结构与用能结构优化取得积极进展，能源资源利用效率大幅提升，研发、示范、推广一批减排效果显著的低碳零碳负碳技术工艺装备产品，筑牢工业领域碳达峰基础。到 2025 年，规模以上工业单位增加值能耗较 2020 年下降 13.5%，单位工业增加值二氧化碳排放下降幅度大于全社会下降幅度，重点行业二氧化碳排放强度明显下降

随着经济社会发展水平不断提高和资源环境承载要求日益严格，《绿色产业指导目录（2019 年版）》适时修订，在此基础上形成了《绿色低碳转型产业指导目录（2024 年版）》，为绿色产业界定提供统一标准，以引导绿色产业发展方向。工业和信息化部、国家标准化管理委员会共同组织制定了《绿色制造标准体系建设指南》，并定期遴选绿色工厂、绿色设计产品、绿色工业园区、绿色供应链管理企业等绿色制造标杆，推动资源利用效率最大化、环境影响最小化，构建完善绿色制造体系，推进工业绿色发展，助力工业领域碳达峰碳中和。国家市场监督管理总局制定了《绿色产品标识使用管理办法》，规范绿色产品标识使用，并对绿色产品标识使用实施监督管理。企业可以通过绿色产品标识，展示绿色发展理念，证明企业实力、科技水平和产品质量，体现企业社会与行业责任感，树立企业品牌。

传统工业发展及转型升级过程中，严把准入门槛，执行最严格的城市规划、土地利用、环保、安全、节能、节水等标准和规范要求，坚决遏制高耗能、高排放、低水平项目盲目发展。《高耗能行业重点领域节能降碳改造升级实施指南（2022 年版）》要求严格执行节能、环保、质量、安全技术等相关法律法规，坚决淘汰落后低效产能，对能效水平在基准值以下，且无法通过节能改造达到基准值以上的煤化工产能，加快淘汰退出。《关于加强高耗能、高排放建设项目生态环境源头防控的指导意见》则从"两高"项目环评审批角度提出了严格要求，新建、改建、扩建"两高"项目须符合生态环境保护法律法规和相关法定规划，满足重点污染物排放总量控制、碳排放达峰目标、生态环境准入清单、相关规划环评和相应行业建设项目环境准入条件、环评文件审批原则要求，并严格落实区域污染物削减要求，腾出足够的环境容量，推进"两高"行业减污降碳协同控制。

18.3 绿色低碳产业政策存在的问题与不足

实现"双碳"目标是一场涉及经济、科技、产业、社会的系统性工程，高度的复杂性决定了需要多方面驱动来共同实现目标。产业政策作为政府调控产业结构的重要手段，以鼓励实体企业发展、促进企业创新为主要目标，对实体经济的发展产生了广泛而深远的影响。但是产业政策受各种现实因素的影响，其实施效果有时并不如预期。而绿色低碳产业作为战略性新兴产业，在现有产业结构高碳部门占比偏高、重化工产业能源消费量大的情形下，相关产业政策更是需要不断调整和完善，构建长效机制、贴近市场需求。

1. 传统经济发展模式快速转型过程中，需要产业政策及时创新升级

当前，我国传统经济发展模式与绿色低碳高质量发展的要求还有较大的差异性，这种差异性对绿色低碳产业政策提出了新的要求，也显现出新旧政策存在衔接不够紧密、产业边界不清晰等问题。例如，"双碳"目标提出前，发展绿色产业是推进生态文明建设、实现高质量发展的主要内容，《绿色产业指导目录（2019 年版）》（以下简称绿色产业目录）明确了绿色产业六大领域，并围绕目录出台了多项政策文件；"双碳"目标提出后，双碳意见将产业的"低碳"与"绿色"属性并重，提出"大力发展绿色低碳产业"。绿色产业目录与双碳意见存在产业边界、标准、口径等不一致问题，可能无法准确引导产业政策进一步推动绿色低碳产业发展，所以 2023 年版本的《目录》征求意见稿聚焦解决这些问题，围绕"双碳"目标，建立起绿色低碳产业项目筛选培育机制。

2. 绿色低碳产业指标不明确，激励政策引导性不足

绿色低碳产业发展的相关指标尚不完善，不同产业领域之间存在较大的差距，需要增加单位产值或者单位产品的碳排放强度、资源能源节约量、资源循环利用效率、污染物减排量等通用指标，使绿色低碳指标的产业覆盖面更广。《关于加快建立健全绿色低碳循环发展经济体系的指导意见》提出，多举措、全方位、全过程推行绿色生产，而一些政策仅针对绿色制造产业，导致财政资金对整体产业的撬动作用有限，相关激励政策对推动全面绿色低碳转型的引导性不足。

3. 财政激励依赖性仍然较强，需要强化市场主体作用

财政激励是一种有效的帮助传统企业进行绿色转型升级或引导新兴绿色低碳产业发展的办法，通过财政补贴、税收优惠等政策一定程度上降低供给侧绿色低碳产业的生产运营成本或需求侧企业和消费者的使用成本，促进绿色产业的发展。但是绿色低碳产业发展对财税政策支持的依赖性较强，容易出现财政补贴不到位、生态补偿机制不完善、转移支付模式单一等问题，甚至会出现关键产业投入力度不够、重要领域投入力度相对较小、一些基础设施不完善等现象，进而影响我国绿色低碳产业发展的步伐。与以市场机制为主的政策体系相比，依靠绿色产业财政扶持政策，会因为提供较大规模的财政支持和税收优惠加重财政支出负担。因此，亟须通过市场化机制，不断强化市场主体在绿色低碳产业发展中的作用，通过完善市场机制引导绿色低碳投资项目发展，为市场主体的绿色低碳投资增添活力。

4. 现行价格税费制度建设相对滞后，无法明显体现绿色低碳产业的正外部性

绿色低碳产业具有明显的正外部性，而现有的政策体系尚未能够将资源环境外部性内部化，进而导致绿色低碳产业呈现投资收益低、回报周期长等特征，影响社会资本投资积极性。例如，我国现行的资源税、燃油税、环保税等，税费水平相对较低，不足以体现资源能源稀缺性和补偿环境污染处理的实际成本。碳交易市场虽然已经建立启动，但覆盖行业只有电力行业，市场流动性不足，交易主体、交易产品有限，碳价格尚未能反映碳配额的稀缺性。对绿色低碳产业发展具有激励作用的税费体系建设相对滞后，使得市场完善政策的作用被大大削弱，难以发挥其战略性、全局性的产业引导资源配置功能。未来，激励到位、约束力强的产业政策体系不断建立，会统筹产业结构调整、污染治理与生态保护及应对气候变化，协同推进降碳、减污、扩绿、增长，促进经济社会发展全面绿色转型。

第19章　加快构建绿色低碳产业
高质量发展政策体系*

19.1　总　体　战　略

将发展绿色低碳产业作为推动经济社会高质量发展的支柱性产业，做好新时期美丽中国建设、应对气候变化、产业转型升级的顶层设计，积极发挥政府引导、市场主导作用，充分激发创新驱动、需求拉动、政策带动等产业发展驱动力，统筹国际国内两个市场、两类资源，围绕做大做强绿色低碳制造业、做新做优绿色低碳服务业，在科技成果转化、官产学研结合、财税、政府采购、引进消化吸收、知识产权、科技基础设施建设等方面提供良好的政策环境，促进各项政策措施之间的相互配合和协调，逐步构建起系统完备、运行高效的政策引领体系、科技支撑体系、金融支持体系、服务保障体系，努力将绿色低碳产业培育成为我国产业竞争新优势，统筹推进生态环境高水平保护和经济高质量发展。

19.2　供给端政策体系

（1）健全绿色低碳科技创新体系。继续加大绿色科技研发的财政投入。采用税收优惠、财政补贴、金融支持等手段，鼓励和吸引企业投资绿色技术广，加强绿色技术与设备的引进、消化、吸收、再创新。协调整合现有节能、环保、低碳等研发项目，重点开发具有全局影响的关键绿色技术和技术群，特别要关注商业化示范项目。引导开展关键共性技术攻关，加快突破一批原创性、引领性绿色技术；加快推进低碳前沿技术装备、智慧环保技术装备、海洋环保技术装备、清洁生产技术装备研究，重点开展大气污染物与温室气体排放协同控制、典型行业碳捕集碳汇关键技术、重点行业清洁生产先进技术等领域的科技创新；加速研发拥有独立知识产权的绿色低碳重大核心、共性和关键技术，对"双碳"领域中所涉及的相关产业链的成套技术和设备进行研究，推动其在国内的创新推广和使用；加快重点设备和核心部件的国产化进程，提高整个设备和相关产业链的自主性；解决重要行业"卡脖子"问题，维护产业链和供应链安全；强化知识产权保护；聚焦关键技术、核心领域、重要环节，鼓励环保企业开展技术攻关和高价值专利培育，强化知识产权保护与产业化应用，支持企业积极参与制定国际、国家、地区、团体等标准，引导企业占据价值链高端；加强立法，加大对知识产权的保护力度，增强品牌意识，规范市场环境。

* 本章作者：苏利阳、黄冬玲。

（2）构建绿色低碳科技创新平台体系。规范布局建设各类创新平台。鼓励支持龙头骨干企业建设国家重点实验室、工程技术中心和省级企业技术中心等，与国内外科研单位、环保龙头企业组建产业技术创新联合体、创新战略联盟；力争搭建高水平创新平台，在产业链上下游协同上提高企业的核心竞争能力，以技术的创新带动产业的创新，以产业化反哺科技研发投入；要加快推进低碳领域科技创新综合改革试验区的建设，在制度上、方式上、方法上、技术上都要做好相应的支撑工作；加强产学研结合，构建高校研究院、产学研联盟和产教融合基地，提高技术对产业化及相关制造业的整体支持能力；加快建设技术创新平台；搭建高水平的碳中和服务科技创新平台，可以为各类企业机构、专家教授、高校院所开展高频技术交流提供重要机制，有利于提升产业链的技术创新能力，提高企业的核心竞争能力；构建新型的碳中和服务科技创新的交流合作平台，可提供多元化、分布式、专业性、开放性的信息系统，定期组织开展各类交流活动，加强在碳中和服务领域的国际科技交流合作，推动建设跨区域、跨领域、跨行业的国际化交流纽带，加快科技成果转化和应用。

（3）完善绿色低碳技术全链条转化和推广机制。定期发布先进适用技术指南，建立科技成果库和转化项目储备库，推进成果转化和示范应用；广泛吸纳社会力量参与绿色科技的研发，构建产业技术联盟，形成政府、企业、社会相结合的多元化、多渠道的绿色科技投入格局和官产学研合作机制；积极培育并发展各种类型的科技成果转移转化机构，加速建立起绿色低碳技术转移体系，建立起以市场为导向、以企业为主体的绿色低碳科技成果转移转化直通机制，促进科研成果系统化、配套化和工程化，强化其应用示范和场景创新；构建企业与高校、科研院所之间的协作网络，联合从事技术开发转移、中试、示范等全链条研发转化；鼓励自主创新示范区、高新技术产业开发区和成果转移转化示范区等企业建立协作关系，为企业提供有针对性、"定制化"的成果转移转化服务，并支持以产业链的形式，构建从咨询、孵化加速到市场的整个科技创新工程系统。

（4）加强绿色低碳产业发展要素支撑。对绿色低碳产业给予在土地供应、项目立项、入库储备、资金支持、评先树优等方面的重点支持，在高新技术企业、专精特新企业、瞪羚企业等认定方面给予倾斜性支持；优选绿色低碳产业集群、龙头骨干企业、生态工业园区，以及生态保护修复、碳减排、生物多样性保护、秸秆等农林废弃物综合利用等相关领域项目，纳入绿色金融项目库，定期向金融机构推送融资需求。统筹利用相关财政资金，发挥引导性作用，重点支持绿色低碳关键技术攻关、成果转化应用和技术改造等。

（5）完善绿色低碳产业发展标准规范体系。标准化的程度是衡量一国工业的核心制造能力水平的重要标志，建立全面系统的低碳制造相关产业标准化体系将对产业产生积极意义。一是通过对产品的标准化，促进企业的制造技术革新，增强企业的市场竞争实力。从根本上讲，产业竞争归根结底就是技术与制造工艺的竞争，而产品标准化也是支撑技术创新的重要原动力，高质量的产品来自于技术及生产工艺标准化。二是要通过对绿色低碳工艺规范的运用，提高产品的质量，降低因原料的浪费而引起的经济效益，以实现企业的规模效益。标准化的运用与要求，可以有效地提高产品合格率，防止浪费，优化产品生产效率。三是通过技术标准化，提高全行业的国际竞争力。随着全球各国对碳排放的重视，绿色低碳产业在发展中将会更加频繁地面对国际市场的竞争和挑战。我国绿色低碳标准化的实施会为产业在国际竞争中提供一个非常重要的竞争力因素，全面打造中国绿色低碳品牌，向国际市场推广中国绿色低碳产品。

（6）健全投融资体系。积极引导金融机构加大绿色信贷、转型信贷发放力度，提升绿色金融服务水平；积极支持符合条件的企业发行绿色债券，用于绿色低碳相关工程；支持技术领先、综合服务能力强的骨干企业上市融资；通过指导金融机构，加强对有很大发展前景的绿色低碳产业技术产业化的扶持，把大部分的资金都用于重点项目上，这样才能为拥有较大减碳潜能的重点产业的产品开发和市场开拓提供保证；促进科技金融的发展，鼓励银行、保险、担保等金融机构，发展知识产权质押、科技保险、投贷联动等金融产品，并设立低碳产业基金用于创业初期起步孵化投资。

19.3　需求端政策体系

1. 需求创造政策

加快推动能源双控向碳排放双控转型。针对能耗双控带来的发展制约问题，国家在2021年提出优化能耗双控制度，重点增强能源消费总量管理弹性，并将新增可再生能源和原料用能不纳入能源消费总量控制，并实行"年度评价、中期评估、五年考核"。从未来发展趋势来看，我国需要加快建立加快推动能源双控向碳排放双控转型，建立健全碳排放预算制度，以国家经济社会发展战略为基础，与国际减排履约承诺相衔接，制定中长期温室气体排放目标。

实施重点行业领域节能减污降碳行动。推动钢铁、建材、有色金属、化工、石化、电力等重点行业尽早实现碳达峰；深入开展绿色技改；提升重点行业的园区集聚水平，深入推进园区循环化、清洁化改造；加强城市基础设施建设，开展交通基础设施绿色提升工程，推动城市公交车电动化，加快新能源充电设施建设，加快实施新能源汽车下乡行动；实施政府和国企绿色采购政策；进一步建立健全绿色低碳采购引导机制，加大绿色产品采购低碳力度，支持绿色低碳技术创新和绿色建材、绿色建筑的发展。

2. 财税价格政策

探索能源及电力市场的价格形成机制。充分考虑价格税费政策和环境资源产权市场交易的成本效益，慎重评估制度运行成本、环境资源价格稳定性，选择合理的政策工具。根据"受益者付费"的原则，加快探索研究和总结推广两山转化机制，加快建立健全生态产品价值实现机制。

切实贯彻落实已出台的节能、环保、资源综合利用优惠政策，减轻企业负担。加快落实有利于生态环境保护和资源能源节约的价格政策、税收优惠政策。对于涉及民生问题的价格政策，应通过公正透明的程序，听取利益相关方对于资源性产品定价的意见。

3. 市场化机制

加快推行碳排放权交易，对于参与全国和地方碳排放交易的企业，允许将其碳排放权纳入抵质押融资担保品范围，支持企业利用碳排放权开展融资，建立健全自然、农田、城镇等生态系统保护修复激励机制，逐步提高生态系统碳汇交易量；探索中小型绿色企业发行绿色资产支持票据和绿色项目收益票据等；健全绿色保险机制，按照国家部署积极推进实施环境污染强制责任保险制度。

19.4　综合性政策体系

1. 制定绿色低碳产业规划

未来在低碳能源产业发展方面，要牢固树立全球发展思维和视野，以国家"双碳"目标为导向，立足于发展可持续性的低碳产业体系的需要，制定绿色低碳产业规划，来推动产业的发展与优化升级。首先，根据国际低碳能源发展趋势及绿色制造体系发展规律，提升国内研发创新平台与国际高端科技资源对接能力，加强行业大数据互联共享程度，科学预测低碳能源产业中长期动态发展路径。其次，提升各级产业技术研发、标准制定和产品推广的同步性，着力推动产业发展和科技创新互动发展，促进绿色低碳领域新技术的产业化。最后，加大对测量技术及方法的研究力度，提高测量和监控系统的研制和开发能力，对国际国内标准进行深入的比较分析，并将其与节能减排行业标准制定的经验相结合，形成先进的碳排放基准与标杆标准，为国际合作与竞争创造新优势。

2. 加快构建产业基础数据库

快速推动区域地方、企业园区、社区和产品等多层面数据库建设，为绿色低碳产业标准化、规范化发展提供基本指引，同时也为制定减排政策措施提供基本依据。依托现有的产业基础，特别是电子信息类企业，运用人工智能、5G、大数据、云计算等各类技术，绘制企业、工业园区、公共建筑等不同层面的碳排放近实时、高分辨率排放分布图，建立温室气体排放台账。并进一步开展分行业、分产品的碳排放数据摸底工作，开展行业对标分析，掌握各层面温室气体排放水平。

3. 完善国土空间布局

顶层设计上整体系统化考虑绿色低碳产业总体区域布局。强化规划引导，按照区域比较优势进行发展规划，明确各地区的产业定位和优势，做好中长期市场部署，充分发挥区域自身优势，打造区域发展新增长点，提升补链强链塑链能力，不断增强产业链供应链韧性和竞争力。同时，政府应加强对规划执行的监督和评估，确保规划的有效实施。

加强区域间的合作与协调，促进产业分工和协作。通过建立区域产业协作机制，促进各地区之间的产业互补和协同发展，避免盲目的竞争和冲突；加强产业链上下游企业的衔接和配合，推动企业间建立合作关系，实现资源的高效利用和循环利用，促进各地绿色低碳产业的互补发展和协同发展。

进一步推进市场化改革,完善市场机制和规则,促进资源的自由流动和优化配置。通过市场竞争,企业可以根据市场需求和自身优势进行自主决策和布局,减少重复建设和无序竞争,促进科研成果系统化、配套化和工程化,强化其应用示范和场景创新。

建立基于绿色低碳产业目录的激励体系。推动绿色产业目录的定期调整和优化,建立健全绿色产业认定标准,建立绿色金融项目库,对绿色低碳产业和重大项目给予相应的激励;完善产业发展组织机制与激励约束机制,统筹协调部门、地区、行业关系,形成发展合力,促进绿色低碳产业发展和绿色低碳技术的推广应用。

4. 加大国际合作力度

绿色低碳产业的发展应采取开放式、合作型的发展模式,全方位整合国内外创新资源,打造高能级合作平台,提升"引进-消化-吸收"能力,积极培育创新发展新优势。

加快引进国际高端科技人才,大力吸引全球范围内的优秀人才和团队,努力培在绿色低碳技术创新和产业发展上形成世界级的人才高地。

鼓励国内企业利用全球科技资源,在海外设立专业型研发机构,吸收国外高新技术,在更高起点上进行技术创新,为绿色低碳产业高质量发展创造更多有利条件。

加强可再生能源、关键矿物科技领域的交流和合作,全方位加强信息、知识流通,促进技术、产品的转让和交易,共同合作开发相关绿色低碳技术。

推动科技创新和人才培养。政府应加大对绿色低碳产业科技创新和人才培养的支持力度,推动产业向高端化、智能化、绿色化方向发展;政府应加强科技创新和人才培养,提高企业的技术水平和核心竞争力;通过科技创新和技术改造,推动企业转型升级和提质增效,减少对传统产业的过度依赖。

参 考 文 献

张云鹏, 2022. "双碳"背景下光伏产业发展政策研究. 节能与环保, (12): 30-31.

中关村储能产业技术联盟, 2022. 储能产业研究白皮书 2023.

International Energy Agency, 2017. World energy outlook 2017. Paris: IEA.

International Energy Agency, 2021. The role of critical minerals in clean energy transitions. https://www.iea. org/reports/the-role-of-critical-minerals-in-cleanenergy-transitions.[2022-08-20].

International Renewable Energy Agency, 2017. Renewable enegy and jobs—Annual review 2017.Paris: IREA.

World Bank. Climate Work Foundation, 2014. Climate-Smart Development.

附表 绿色低碳产业政策工具

领域	综合政策		需求端政策				供给端政策			
	相关规划	统计核算	需求创造市场准入	市场化机制与价格	财税金融政策	产业准入和标准	产品和技术推广	主体培育	科技研发	创新平台
国家发改委	-战略性新兴产业规划 -未来产业规划 -约束指标 -绿色低碳产业目录		-政府采购 -碳中和标签 -碳足迹	-绿证交易 -电力定价机制 -用能权交易	-预算内投资补助 -地方专项债	-产业准入标准 -产业发展指标（可再生能源上网指标等） -用地指标 -生态红线	-节能设备推广目录 -绿色低碳先进技术示范工程	-绿色技术创新领军企业认定		-绿色低碳科技创新平台 -绿色低碳重点领域原创技术策源地建设
工信部门		-工业领域碳达峰碳中和标准体系			-国家产融合作平台 -绿色低碳技术改造项目库 -首台（套）重大技术装备推广应用指导目录		-资源综合利用等先进适用工艺技术装备目录 -重大低碳技术目录 -国家绿色低碳先进技术成果目录	-专精特新"小巨人"企业认证 -绿色制造体系认证 -高新企业认证	-产业基础再造工程 -重大技术装备攻关工程	-制造业创新中心 -试验验证平台 -中试平台
生态环境部门			-低碳产品认证 -环境标识产品	-碳排放权交易	-气候投融资项目库					
自然资源部门										
科技部门								-科技领军企业认定	-重大研发项目	-重点实验室
国家市场监督管理总局		-碳达峰碳中和标准体系	-绿色产品认证							
农村农业部门			-绿色有机农产品认证							
财税部门				-政府补贴	-税收优惠政策					